猴面包树

J. D. SALINGER

A LIFE

KENNETH SLAWENSKI

# SALINGER
塞林格传

[美] 坎尼斯·斯拉文斯基 著  唐悦 译

中央编译出版社
Central Compilation & Translation Press

**致**

我的母亲

# 目录

前言 008

1. **小宝** 012
2. **雄心** 044
3. **彷徨** 074
4. **转移** 118
5. **地狱** 140
6. **炼狱** 216
7. **赏识** 242
8. **再次证明** 268
9. **霍尔顿** 296
10. **十字路口** 336

11. **安顿** 376
12. **弗兰妮** 396
13. **两个家庭** 410
14. **祖伊** 430
15. **西摩** 470
16. **暗峰** 496
17. **分离** 530
18. **告别** 544
19. **沉默之诗** 578
20. **走出麦田** 620

**致谢** 646

**参考书目** 648

# 前言

自从我开始维护一个专门介绍塞林格生平和作品的网站以来，网站的规模日渐扩大，也拥有了众多访客，但每天收到的邮件寥寥无几。因此，在2010年1月28日周四那天，当我查看邮件时，你能想象我有多惊讶：竟有75封邮件等着我阅读，而不是往常的三四封。又过了几小时，我才鼓足勇气面对它们。我匆匆看了一眼第一封邮件，便清楚地知道发生了什么，也意识到我将永远记住这一天。这封邮件在收件箱里瞪视着我，在所有邮件中，它的标题是最直白、最缺乏美感的，上面写着：安息吧，J.D.塞林格。而在我看来，这标题该写作"噩耗"。

我大概需要做些解释。在我经营塞林格网站的这段日子里，我一直断断续续地写着这本书，并下决心在某一天完成它。它将真实地、公正地、理智地描述塞林格的生平，并恰当地表达对其作品的赞赏。历时七年，我终于完成了这一任务。事实上，就在一周前，我才递交了最后一章的定稿。七年来，我完全沉迷于有关塞林格的一切：他的写作、他的哲学、他人生中的细枝末节。他早已成为我忠实的伙伴，而如今，他却离开了。

虽然我可以暂时不理会那堆电子邮件，但无法忽视我的网站。三周前，我发帖祝贺塞林格迎来91岁生日，并在文末祝他长寿，如今这最后一篇帖子似乎显得有些冒犯。

对于塞林格的逝世，我总得说几句话。我搜肠刮肚，想寻找一篇悼词来表达我的哀悼之情。我本该有所准备，却压根儿无从思考；我无法找出一篇墓志铭，也无法找到一种与他相称的感伤。我记得霍尔顿·考尔菲尔德厌恶所有给艾里墓碑献花的伪君子，因为一旦下起雨来，他们就转头去做别的事了。[01]我知道，塞林格不相信死亡。我需要致敬、致谢而不是怀揣悲伤。塞林格应得的是一份肯定，我请求大家和我一起来表达这种肯定。

我的致辞也许质量不高，与无数文采斐然的悼词相比，它显得如此逊色。但它是诚实的、真挚的，不是在哀悼死者，而是在邀请人们致敬。不是向有关J.D.塞林格的记忆

---

**01**　霍尔顿·考尔菲尔德是《麦田里的守望者》的主人公，这是作者提到的书中的情节。——译者注

致敬，而是向他本人致敬。无论是现在还是其他时候，对于所有缅怀塞林格的朋友，我在此献上自己的挽词：

请阅读并研究《麦田里的守望者》，无论是第一次还是第二十次。请读一读《九故事》《弗兰妮与祖伊》《抬高房梁，木匠们；西摩：小传》，重新感受塞林格的作品，向这位深深根植于其中的作家致敬！塞林格已经逝去——世界因此失去了一位伟大的作家，但他将在自己创造的文字中获得永生。今天或者明天，他仍将通过艺术保持着旺盛的生命力，正如他走上纽约林荫大道或者漫步于新罕布什尔森林。

坎尼斯·斯拉文斯基

2010年3月

# 1 小宝

第一次世界大战改变了一切。当人们从1919年的第一缕曙光中醒来时,一个全新的世界展现在眼前。这是一个希望与迷茫并存的世界。如今,那些数十年来无可争议的传统生活方式、信仰和设想无不遭受怀疑或扫荡。距离枪声止息仅仅过去几周,旧世界仍处于废墟之中,而美国已焕然一新,准备好成为世界的领导者。在这片土地上,没有哪个城市比纽约更满怀期待、跃跃欲试。

1919年元旦,在世界恢复和平后的第一年的第一天,米丽娅姆·吉里奇·塞林格诞下一子。她和丈夫所罗门·塞林格怀着喜悦与宽慰之情迎接这个新生儿的降生,因为自从六年前生下女儿多罗丝,米丽娅姆便饱受数次流产的折磨,而这个儿子也险些夭折。他们给他起名叫杰罗姆·大卫,但从他降生的第一天起,他们就叫他"小宝"。

小宝出生在一个特立独行、野心勃勃的中产阶级犹太家庭。塞林格家族的祖辈们生活在沙俄帝国境内位于波兰—立陶宛边境的小型犹太人定居点——苏达尔加斯村。记录显示,至少从1831年起他们就居住在这个村庄里了。但塞林格一家却并非传统或怀旧之人。在小宝出生时,他们与祖辈生活的那片土地已经失去了联系。所罗门·塞林格是一个精力充沛、积极进取、有着坚定人生目标的人。正像许多移民之子那样,他认为父母的出生地是落后的,因此决心摆脱与故土的任何联系。那时的所罗门并未察觉,其实这份叛逆正源自家族传统。塞林格家的几代人都坚持走自己的道路,很少回头,而每前进一步,家族都会变得更加繁荣。当小宝某天回想时会发现,他的祖先们有个令人称奇的癖好:喜欢"从半空中往小水桶里扎猛子",且总能命中目标。¹

为了入赘一户显赫家庭,小宝的曾祖父海曼·约瑟夫·塞林格从苏达尔加斯村搬到了更繁荣的陶拉盖镇。通过塞林格笔下的小丑"揍揍",海曼得以名传后世。[01]塞林格尊他为家族族长,并感到曾祖父的灵魂一直在守护着他。海曼一辈子都没离开过俄国。在塞林格出生的九年前,他便去世了。塞林格只能通过一张相片了解曾祖父,但这张相片也使他窥到了另一个世界。相片上的老年农民充满贵族气质,身穿黑色长袍,身型笔直,白须飘飘,硕大的鼻子引人注目——这一特征使塞林格不寒而栗²。

小宝的祖父西蒙·塞林格也是一个有远大抱负的人。虽然1881年的饥荒并未波及陶拉盖镇,但西蒙却离开父母,只身移居美国。来到美国后不久,他便和同为立陶宛移民的范妮·科普兰在宾夕法尼亚州威尔克斯-巴里市成

---

**01** 在《抬高房梁,木匠们;西摩:小传》中提到,塞林格的曾祖父是著名的波兰犹太裔小丑,艺名为"揍揍"。参见译林出版社丁骏译本。——译者注

婚。这对夫妇随后搬去了俄亥俄州克利夫兰市，在该市众多的移民社区中找了一套公寓。1887年3月16日，范妮在那里生下了所罗门·塞林格，这是她五个幸存孩子中的老二[3]。

1893年以前，塞林格一家一直居住在肯塔基州的路易斯维尔市。西蒙在俄国接受的宗教训练令他受益匪浅，作为犹太拉比，他能自费去医学院深造[4]。获得医学学位后，西蒙告别宗教讲坛，在短暂返回宾夕法尼亚州后，带领全家来到芝加哥市中心。在那里，他们最终定居下来，西蒙在离库克县医院不远的地方开设了一家全科诊所[5]。塞林格很了解他的祖父，因为西蒙医生经常去纽约探望他的儿子。《麦田里的守望者》的读者们也同样了解他，因为主人公霍尔顿·考尔菲尔德的祖父正是以他为原型。在书中，这位可爱的祖父会在公交车上大声朗读所有路标，这让霍尔顿尴尬不已。西蒙·塞林格于1960年去世，离他的百岁生日仅差数日。

…………

在《麦田里的守望者》开篇，霍尔顿就拒绝与读者分享有关他父母的过去，嘲笑任何"他们在我出生前是干吗的，还有那些大卫·科波菲尔故事式的废话"。"如果我说了什么关于他俩的私事，他们准会气得吐血。"他解释道。霍尔顿的父母难以捉摸的形象直接折射出塞林格父母的态度。所罗门和米丽娅姆很少谈论过去的事情,对孩子说得更少。他们的这种态度在家庭内营造出一种秘密的氛围,在这种氛围中成长起来的多罗丝和小宝也非常注重个人隐私。

塞林格一家对隐私的坚持甚至引发了谣言。多年来,所罗门和米丽娅姆的故事被不断添油加醋。1963年,文学评论家沃伦·弗伦奇在《生活》杂志上发文称,米丽娅姆是苏格兰-爱尔兰后裔。此后,这种说法又演变为塞林格的母亲其实出生于爱尔兰科克郡。因此,关于塞林格的父母,人们最常提及的故事是这样的:米丽娅姆的父母(据说是爱尔兰天主教教徒)坚决反对她嫁给犹太人所罗门。这对恋人别无选择,只好私奔。在得知女儿的反抗后,米丽娅姆的父母再也没和她说过一句话。

尽管这些传闻都缺乏事实依据,但即便是塞林格的姐姐多罗丝,直至2001年去世时也信以为真。她认为母亲出生于爱尔兰,她和弟弟与外祖父母断绝关系是有意为之。

即使不像谣言所传,米丽娅姆的家庭环境和婚姻状况也已令她相当痛苦。塞林格的父母试图向孩子们隐瞒过去,从而加剧了这份痛苦。这不仅导致人们臆造了他们的历史,也令孩子们感到困惑。通过抑制多罗丝和小宝天生的好奇心,米丽娅姆和所罗门让他们一辈子都相信着一段虚构的往事。

小宝的母亲本名玛莉·吉里奇，1891年5月11日生于艾奥瓦州中西部的大西洋小镇[6]。她的母亲内莉当时22岁，父亲小乔治·莱斯特·吉里奇24岁，她在六个孩子中排行老二[7]。玛莉的祖父母老乔治·莱斯特·吉里奇和玛丽·简·本内特是第一批定居在艾奥瓦州的吉里奇家族的成员。老乔治是德国移民后裔，他从马萨诸塞州搬到俄亥俄州，并在那里与妻子相识、结婚。内战期间，他曾在俄亥俄州第192团短暂服役。1865年，他退伍回家后，玛丽·简生下了小乔治。老乔治成了一名成功的粮商，直到1981年他一直稳坐吉里奇家族的头把交椅，儿子小乔治和弗兰克也加入了他的生意。

尽管玛莉后来坚称她母亲内莉·麦克马洪在1871年生于堪萨斯城，是爱尔兰移民的女儿，但1900年、1910年、1920年和1930年的四次人口普查却表明内莉更可能来自艾奥瓦州。根据家族传说，玛莉是在1910年吉里奇家族农场附近的县集市上结识所罗门的(该地点并不可信，因为这个农场根本不存在)。那时，所罗门是芝加哥一家电影院的经理，家人叫他"索利"，朋友叫他"索尔"。他身高六英尺，带着一种大城市人的老练世故。17岁的玛莉明艳动人，白皙的皮肤和红色的长发与索尔橄榄色的面容形成对比。他们一见钟情，你侬我侬，从刚谈恋爱起索尔便决心要迎娶玛莉。

这一年接连发生了许多事,包括一些令人心碎的消息。1910年春,玛莉嫁给了索尔。此时的塞林格家族在西蒙的带领下社会声望稳步提高,而吉里奇一家却突逢变故。玛莉的父亲在一年前逝世[8],她母亲因为无法维持生计,只好带着最小的孩子搬到密歇根州。后来,她在那里另嫁他人。由于恋情和年龄,玛莉没有随母亲一起搬家。在小宝出生的那年——1919年前,内莉也去世了[9]。由此看来,玛莉与所罗门的闪恋闪婚可谓天意。也许失去双亲之痛足以令玛莉不愿在孩子面前谈论他们。她没有沉溺于过去,而是全身心投入与丈夫开启的新生活中。为了融入她现在唯一的家庭——塞林格一家,玛莉改信犹太教,并改名为米丽娅姆(这是摩西妹妹的名字)。

玛莉乳白色的皮肤和红褐色的头发让西蒙和范妮认为她看着更像个爱尔兰人[10]。他们从未想过索利会将一个来自艾奥瓦州的红发外邦人[01]领回家,毕竟芝加哥城里有数千名适婚的犹太姑娘,但他们接受了这个新媳妇儿。米丽娅姆很快便搬进了塞林格家,还在索尔的电影院里当起了售票员。

尽管两人辛勤工作,但电影院还是因为经营不善而被

---

[01] 外邦人,原文为 Gentile。是犹太人对非犹太人的通称。——译者注

迫倒闭，这对新婚夫妇不得不再度求职。索尔很快在J.S.霍夫曼公司 (J. S. Hoffman & Company) 谋得一份差事。这是一家销售欧洲奶酪和肉类的进口商，品牌名为Hofco。经历了影院失败带来的沮丧后，索尔发誓在今后的生意上一定要取得成功，于是，他开始全心全意在新公司中履职。他的付出得到了回报。1912年12月，多罗丝出生后[11]，他被提拔为霍夫曼纽约分公司总经理，他冷静地宣布自己为"一家奶酪厂的经理"。

塞林格一家随即迁往纽约，在靠近哥伦比亚大学和圣约翰神明大教堂附近的西113街500号一套舒适的公寓中定居下来。索尔成功地延续了塞林格家前进的步伐，并超越前人，取得了令他无比自豪的成就。然而，工作几乎取代了他的生活，1917年30岁生日时，他的头发已完全灰白[12]。

..........

20世纪20年代的美国空前繁荣，没有哪座城市比纽约更耀眼。它是美洲乃至全世界经济、文化和人才中心。它的价值观通过广播遍传整个美洲大陆，通过出版物为数百万人所接受。它的街道为各国经济带来活力，它的广告和市场决定着一代人的欲望和品位。借着这番天时地利，塞林格家族迎来了繁盛时期。

1919年到1928年间，索尔和米丽娅姆搬了三次家，每次都搬进一个更加富裕的曼哈顿社区。1919年，小宝出生时他们住在北哈莱姆区百老汇大道3681号。年底前,他们又搬回原先的社区,住在西113街511号。1928年,他们踌躇满志,在距离中央公园仅仅几个街区的西92街215号租了一套公寓。这所房子还配有佣人宿舍,他们很快就雇用了一个名叫珍妮·伯内特的英国住家女佣。小宝在优渥的环境中长大,父母的宠爱和家族不断提升的社会地位使他度过了无忧无虑的童年。

20世纪20年代,一个人的社会地位越高,国籍和信仰就显得愈发重要。在纽约,家世门第和新教徒身份更是体面的象征。随着塞林格一家向上流社会迈进,来到纽约市中心的他们逐渐陷入一种令人不适的偏狭氛围中。

因此,他们在教育小宝和多罗丝时采取较为温和的宗教及民族态度,从不强迫孩子去犹太教堂,不仅庆祝逾越节,也过圣诞节。塞林格后期塑造的大部分人物也有着相似的背景。不论是格拉斯家族还是坦嫩鲍姆家族,都会轻易承认他们继承了一半犹太思想和一半基督教文化。霍尔顿·考尔菲尔德说,他爸"曾经是个天主教徒,但后来放弃了天主教信仰"。

米丽娅姆非常爱自己的儿子。也许是因为产子不易,或是因为年轻时失去双亲的不幸,米丽娅姆简直溺爱他,小宝做什么都是对的。这让所罗门两头为难,他既要管教儿子，又不能激怒妻子（虽然那是常有的事）。在大多数人眼中，每当家里出现争执，米丽娅姆总会占据上风。

就这样，小宝在母亲的照看下无拘无束，茁壮成长。对塞林格而言，母亲始终是他最亲近的人，他甚至将《麦田里的守望者》献给他的母亲。他和母亲都相信，他自己注定会成为伟大的人物。因此，他们之间有种罕见的默契。成年后，塞林格和母亲依然写信闲聊。在信中，他喜欢描述相识之人，用尖刻的语调讲述他们的故事。即使在战争期间，米丽娅姆仍会剪下电影明星杂志上的文章寄给儿子，并在空白处潦草写下自己的评论。塞林格则在前线花上几小时阅读母亲寄来的剪报，头脑中浮现出好莱坞和家乡的样子。母子俩通过这样的方式增进情感，共享着一种幽默感和亲密感。这常使他们团结一心，眼中唯有彼此。由于母亲对他十分了解且充分相信他的才华，因而塞林格开始期待别人也会有同样的想法。他不能忍受或体谅那些怀疑他或不认同他观点的人，而他的父亲就在其中。

随着社会地位的上升，索尔开始向邻居们看齐（他们大多是富有的商人和证券经纪人），他将自己的犹太血统谨慎地掩藏起来。在1920年的人口普查中，他称自己为"奶酪工厂"经理，父母诞生于俄国。到了1930年，他却对调查员说自己是农产品代理商，父母来自俄亥俄州。显然，在所罗门眼中，融入主流社会是通往成功的必经之路。一些人还认为，这对父子在虚构方面的天赋可谓一脉相承。但索尔的行为却代表了他儿子所鄙视的价值观：他的虚伪、妥协和贪婪正是塞林格笔下人物强烈谴责的。

更糟糕的是，索尔似乎从不理会儿子的抱负，反而希望他更务实些。塞林格小时候想做一名演员，索尔便不顾妻子的默许表示坚决反对；随后，他宣布自己打算当一名作家，索尔再次冷言相讥。因此，塞林格从小就认为父亲短视、冷血，他们间紧张的关系不足为奇。即使多年后，当小宝最好的朋友赫伯·考夫曼回忆起他十几岁时在塞林格家的一次晚餐，他还记得索尔与儿子的争吵。他说："索尔不希望儿子当一名作家。"塞林格对父亲也有偏见。

也许是在索尔的坚持下，小宝每年都被送去远离纽约的缅因森林深处参加威格瓦姆夏令营（Camp Wigwam）。假如索尔指望露营经历能教会小宝循规蹈矩，那他就错了。成立于1910年的威格瓦姆夏令营是多元化的典范，对体育运动和创造性艺术同样重视。小宝在这种氛围中如鱼得水。夏令营的记录显示他擅长体育和其他团体活动，对戏剧尤其感兴趣。1930年，11岁的杰罗姆（人们在夏令营中既叫他杰罗姆，也叫他小宝）出演了多部营地戏剧，还主演了其中两部，并被评为"最受欢迎的营地演员"[13]。这使他很长一段时间都沉迷于戏剧。塞林格的身体条件十分突出。在1930年的夏令营合影中，他仿佛鹤立鸡群，比其他孩子都高。他还模仿"泰山"，调皮地把衬衫扯下一截。

他喜欢威格瓦姆营地，享受这种引人瞩目的感觉，在这里度过的每个夏天都带给他生动、欢乐的童年回忆。在以后的生活中，他在类似的环境里寻求慰藉，把他的人物们一个个送去夏令营[01]，从而重温那些美好的记忆。

…………

1930年，大萧条席卷美国，纽约不再是机遇之城。乐观主义和繁荣的商业景象消失不见，只剩下绝望情绪和等待领取救济粮的队伍。如果说十年前索尔和米丽娅姆能步入上流社会已是不同凡响，那么如今他们的成就更是令人震惊。当全城都被贫穷的浪潮淹没时，塞林格家的财富却持续增长，社会地位进一步提高。1932年，他们迈出了最后一步：穿过中央公园，进入繁华的上东区。索尔将一家人搬到91街公园大道1133号卡内基山的一套豪华公寓中。在一个社区差异明显的城市里，地理位置是体现自我价值的决定性因素，塞林格家的新居因此被视作成功的象征。

---

01　威格瓦姆营地在成立百年后仍在运作，几乎和塞林格离开时没有什么两样。西摩·格拉斯在《哈普沃斯，1924年6月18日》中对护士一见钟情的那间医务室还在。营地也仍然规定"花自己家的钱"，霍尔顿·考尔菲尔德曾在《满是保龄球的海洋》中对此大为不满。

这栋著名的建筑物奢华舒适,抬头便能望见中央公园,可步行至大都会艺术博物馆和中央公园动物园。塞林格一家对新居感到非常自豪,以至于他们多年来使用的定制信笺抬头就包括新家地址,却没有家族姓氏。

在搬去1133号前,小宝一直在西区公立学校上学。但公园大道成功商人们的儿子可不读公立学校,他们接受的是私立教育,通常在离家很远的著名寄宿学校里念书。塞林格夫妇希望儿子也能接受类似的教育,但又舍不得他搬走,于是让他依旧留在熟悉的西区,去西63街的迈克伯尼中学(McBurney School)上学。

能在迈克伯尼中学上学,已经是一大进步,虽然仍比不上邻居家孩子就读的那些著名预科学校。让人惊讶的是,这所学校是由附近的基督教青年会管理的,这意味着13岁的小宝在受戒礼**01**结束后就直接进入基督教青年会。

在迈克伯尼,小宝对戏剧的兴趣日渐浓厚,参演了两部校园剧。他还是学校击剑队队长(后来他声称将击剑器械落在了地铁上)。

此外,他开始写作,为校报《迈克伯尼人》撰稿。在学习上,他却心不在焉。他觉得课程很无聊,整天不是看

---

**01** 受戒礼(Bar Mitzvah)是犹太教为年满13周岁男子举行的成年礼。根据犹太教传统,男子年满13周岁后必须遵守犹太教的613条诫命,可以加入成年教徒行列。——译者注

着窗外的中央公园就是去附近的自然历史博物馆闲逛。因此,他成绩勉强合格,在班上几乎垫底。1932—1933学年,他的代数考了66分,生物77分,英语80分,拉丁语66分;1933—1934学年考得更糟,英语72分,几何68分,德语70分,拉丁语71分[14]。在公立学校里,这样的成绩还算马马虎虎,但私立学校学生的平均绩点会影响学校获得的资助,小宝的学业表现就不尽如人意了。尽管他暑假去了曼哈西特中学提高成绩,但学校依然拒绝他在1934年返校报到。

被迈克伯尼开除学籍也切断了小宝与基督教青年会的联系,这是他童年时期最后一次与正规宗教组织有关联。随着家庭社会地位的提高,小宝和多罗丝的成长环境变得逐渐世俗化。到20世纪30年代中期,塞林格家已经不隶属于任何教派。1935年5月,多罗丝结婚时,婚礼就在家中客厅举办,司仪既不是拉比也不是牧师,而是著名的人道主义改革家、纽约道德文化协会领袖约翰·洛夫乔伊·埃利奥特博士。

…………

1934年9月,小宝快16岁了,父母意识到他正处于人生的十字路口。在家里,米丽娅姆的溺爱让索尔无法管教孩子,他们不得不承认小宝需要更严格的环境,而寄宿学校就是个不错的选择。小宝想要学习表演，但索尔却不以为然。大萧条迫在眉睫，他的儿子不能去做演员，而应该去一所军事寄宿学校。

不难想象，把小宝送走是索尔对他被迈克伯尼开除的一种惩罚，但种种迹象表明，是一家人共同决定送他去福吉谷军事学院(Valley Forge Military Academy)的。小宝本人大概也赞成，而并非像霍尔顿·考尔菲尔德那样坚决反对或闷闷不乐。因为米丽娅姆不会强迫他做任何违背意愿的事，索尔又不敢忤逆妻子。

与学校取得联系后，索尔没有陪儿子参加面试。他的缺席常被视作父子关系恶化的证据，但这背后也许有个更恼人的原因。大萧条使美国的犹太人噤若寒蝉。和其他地方一样，20世纪30年代的美国反犹主义盛行，许多美国人将经济崩溃归咎于贪婪的银行家，而犹太人在金融业的名声招致侧目与怨恨。这种敌意正不断加深，意欲将犹太人边缘化或直接驱赶出社会生活的各个层面。教育上也不例外，许多大学和私立学校都限额招生，尽量减少犹太学生人数。索尔当然知晓这些政策，所以在小宝面试福吉谷军校当天，他待在家里，代替他去的是皮肤白皙、一头赤色秀发的米丽娅姆。没有证据证明索尔曾试图放弃犹太教信仰，但在这种时候，他决定退避三舍，以免耽误了儿子的前程。尽管外界对父子间的关系众说纷纭，但那天索尔的缺席反而说明了他对儿子深沉的爱。

1934年9月18日，周二，小宝和母亲、妹妹一起来到福吉谷军事学院。他们表现不错，入学时间定在下周六，良好的第一印象显得尤其重要。迈克伯尼中学寄来了小宝的档案以及一则简短的评价报告。报告上说他注意力不集中，在18人的班级中排名第11位，智商大概在111分左右，他多才多艺却不认识"industry"这个词。报告最后总结道："在我校的最后一学期备受青春期的打击。"（原文如此）[01]幸运的是，作为一所年轻的学校，福吉谷军校还在和更富有、更受欢迎的学校竞争，它可不会因为申请人的注意力不集中而不让他缴纳学费。小宝的入学申请被接受了。两天后，在曼哈顿富兰克林街的办公室里，索尔总算松了口气，他给学校寄去50美元的注册费以及一封给面试官的感谢信。考虑到迈克伯尼的报告，索尔还在1934年9月20日写信给校方官员查普林·沃尔德马·伊万·鲁坦，保证"杰罗姆会好好表现，而且……你会发现他的学习精神非常出色"。

…………

1934年，杰罗姆进入福吉谷军事学院时学校共有350

---

**01** 原文为"Hard hit by adolescence his last semester with us (sic)"。这里作者引用了迈克伯尼中学报告的原文，尽管有些语法错误。因此，译文也保留原文的语法和语序。——译者注

名学员。他们每天都要遵循军校严格的纪律，参加军事和常规训练。早上6点，学员们就得起床，接着是列队、上课、演讲和不断地练习行进。所有活动都是团体性的，且必须严格遵守时间表。学员们睡在集体宿舍里，一起在餐厅吃饭，周日必须参加教堂礼拜。晚上10点，熄灯号准时吹响，一天就这样结束了。军校生活处处受到严格监控，弥漫着一种强调责任、荣誉和服从的军事气息。福吉谷规矩很多，违反任何一项都会受到严厉处罚，连学员的个人物品都要按规矩整理。制服要随时穿在身上，保持整洁；擅自离开学院属于严重违纪行为；校园中不得出现女性；未经父母书面同意，不得抽烟；宿舍内禁止吸烟。

杰罗姆从小娇生惯养，荒废学业，公然藐视强加于己的一些规则，因此这所纪律严明的军事学院对他来说是个巨大的冲击。同学们对他的厌恶使他更难接受这种转变。塞林格是个瘦长的少年（学校照片上，他总是站在后排，穿着肥大的制服，一副笨拙的模样），身上带着点儿纽约人的气质。有的学员觉得这种气质代表着傲慢自大，有的学员怨恨他，仅仅因为他比大部分人晚来两年，不用被老生欺负。小宝孤身一人，第一次失去了家人的支持。他假装冷漠，对人冷嘲热讽，以此寻求慰藉，但这种态度更让他不得人心。

然而，塞林格很快便适应了一切。他不再使用小名小宝，也不允许别人叫他杰罗姆，如今的他只有一个名字：杰里·塞林格(Jerry Salinger)。他的聪明和刻薄吸引了部分学员，其中一些人成了他最忠实的朋友。一些年长的学员，包括威廉·费森和赫伯特·考夫曼，在毕业后的很长一段时间里仍与塞林格保持着友谊。室友理查德·冈德和威廉·迪克斯和他关系也很好。数十年后，当塞林格回忆起迪克斯时，称赞他是"最好的、最善良的人"[15]。而冈德在回忆他与塞林格的往事时，也愉快地说道："杰里虽然盛气凌人，但充满了爱心。"[16]

很显然，福吉谷军校就是《麦田里的守望者》中霍尔顿就读的预科学校的原型。读者们一直试图从少年塞林格身上找到霍尔顿的影子。杰里和霍尔顿有许多相似之处，他们都嘲讽虚伪的学校和那些循规蹈矩、古板做作的人。和霍尔顿一样，塞林格喜欢破坏校规，哪怕只是偷偷溜出校园几小时或在寝室里抽烟。两个男孩都喜欢模仿、说冷笑话和讽刺性的俏皮话。然而，尽管塞林格在福吉谷时流露出种种霍尔顿式的特质，但他也展现出与其笔下人物完全不同的特点。

塞林格有时会被英语老师请去家中喝下午茶。这些会面无疑启发了霍尔顿对斯潘塞教授的拜访(但肯定没有涉及书中斯潘塞教授关于人生和埃及人课程的说教)。

有一个学员名叫阿克利,和塞林格同时入校。他的朋友在小说出版很久后还站出来为他激烈辩护,愤怒地声称书中人物和他朋友一点儿都不像。

詹姆斯·卡斯尔这个悲情人物似乎也有原型。塞林格的同学说,就在塞林格入校前,一个学员从学院窗户坠落身亡,没人知道他是怎么摔下来的,但这个悲剧立马变成了学校的传奇故事。

福吉谷军校创始人贝克上校和潘西中学[01]校长瑟默博士也有很多相似的地方。两人都喜欢四处筹款,搞些华而不实的东西,到了周日就把学员的家人叫来炫耀一番。贝克上校总穿着硬挺的军服,还佩戴着勋章,不免成为塞林格辛辣嘲讽的对象。然而,多年后,塞林格曾在许多场合向贝克寻求帮助或建议,而贝克也比其他人更认可塞林格的性格。

塞林格在福吉谷表现优异。无论他内心多么反抗学校权威,福吉谷确实提供了他所需的自律。他的成绩明显提高,身边有了一群亲密好友。他开始参加校园活动,比如校内体育运动,甚至一反常态地加入了合唱团。他在福吉谷参加的社团和组织让他此后受益良多。法语俱乐部、士

---

01 潘西中学是《麦田里的守望者》中霍尔顿就读的中学。——译者注

官俱乐部、新生特遣队(军官学员团体)、航空俱乐部以及两年的预备役军官训练营生涯都有助于他在第二次世界大战期间的服役。尽管这位作家不愿承认,但这些经历也许帮他在战火中幸免于难。

尽管塞林格符合军官学员[01]的所有要求,但他真正的兴趣却在戏剧和文学上。除了参加规定活动,他干的两件最重要的事是加入面具——马刺戏剧社以及为学校年鉴《十字马刀》撰稿。

在迈克伯尼上学时,虽然教师们对他充满敌意,却不得不钦佩他的戏剧表演能力。表演是他的舒适区,他渴望在福吉谷继续这项爱好。因此,塞林格加入其他俱乐部都是出于义务,而加入面具——马刺戏剧社却是信念使然。戏剧社其他18名新演员都不具备杰里的天赋,他们演的每部戏里都有他的身影。无论大家是否喜欢他,都一致认为塞林格是个天才。一个同学回忆道,即使在台下,"他说话也总是拿着腔调,就像在背诵莎士比亚的台词"。在学校年鉴的几张重要照片中,塞林格兴高采烈,穿着全套戏服兴奋地在镜头前手舞足蹈。

塞林格常说,他是在福吉谷成为一名作家的。根据友

---

**01** 1936年春天,塞林格因为符合学校在道德和学业方面的要求而受到嘉奖,在毕业前被提拔为上校学员。

人的回忆，熄灯号吹响后，塞林格还拿着手电筒在被窝里匆匆写作直到深夜。

他做了两年学校年鉴的文学编辑，并在其中占据重要位置。翻开1935年和1936年的《十字马刀》，差不多每一页都有塞林格。他几乎出现在学校每家俱乐部、每部戏剧的照片里，甚至出现在年鉴制作者的合影里。在1936年的年鉴中，塞林格的照片很大，占了半页篇幅，因此有人怀疑他参与了年鉴排版。这些年鉴几乎可以看作《麦田里的守望者》的图片附录。照片记录了教堂、足球赛中欢呼的人群、骑在奔马上的年轻人，但塞林格对年鉴最大的贡献是他的文字。人们可以在每一页"听"到他的心声：讽刺、敏锐、善良而又机智。在一个名为《班级预言》的栏目中，塞林格对班级同学做了预言。他预测一个同学"将和Mahatmi Ghandi 玩脱衣扑克"[01]，而他自己则会写出一部伟大的戏[17]。

经过两年富有成效的学习，塞林格于1936年从福吉谷军事学院毕业。他似乎找到了方向。无论入校时心怀何种顾虑，他都在这里已经充分发挥了才能，而这在纽约是不可能的。通过早熟和辛辣的文字，塞林格似乎承认了他对

---

[01] 这里作者引原文"playing strippoker with Mahatmi Ghandi"，其中 Mahatmi 应为拼写错误，正确拼写应为 Mahatma Gandhi，指圣雄甘地。——译者注

福吉谷的喜爱。《十字马刀》是他赠予母校的毕业礼物,也真正代表了他在那里的精神状态:真挚的温情中夹杂着含蓄的讽刺。1936年,他曾写了首班歌,至今这首歌仍在福吉谷传唱:

在最后的日子里,莫要隐藏眼泪,
你的悲伤并非令人羞愧;
脱下灰色的行军服,
将往日的游戏作废。
亲爱的,四年寒暑共欢度,
旧时光能否继续奉陪?
且请您在此时此刻,
珍惜这光阴如飞!

当最后的阅兵进行时,
我们感到心在下沉。
眼前的新生,如今的我们
将很快迎来告别的时辰。
离开看似遥远,到来却是转瞬,
因为岁月短暂,数年不过尔尔。
不久,他们便会知晓,

此刻我们为何眼眶湿润。

灯光变暗,号角响起,
这曲调我们永远铭记。
一群微笑的孩子,
带着遗憾,挥手别离。
再见说毕,得向前进,
去把那成功寻觅。
我们的身影虽已远离,
但心灵却仍留此地。

…………

1936年秋,塞林格来到位于华盛顿广场的纽约大学,在此攻读文学学士学位。华盛顿广场位于格林威治村,于是塞林格再次回到了公园大道的家中,而他当初被送到福吉谷,就是为了躲避家里的环境。摆脱军校纪律的束缚后,他很快又陷入一种百无聊赖、神不守舍的状态。

乍看之下,华盛顿广场似乎是个理想之地。这个纽约大学的主校区有着前卫气质和先锋潮流,以学术和艺术精神的融合而闻名。大家都认为塞林格可以在这里大展拳脚——也许他自己也有这个打算,但格林威治村的波西米亚环境令人心神恍惚，塞林格没能找到机会施展才华。村中有不少剧院、电影院和咖啡馆，这样的校区环境可比教室更有诱惑力。我们无法确定塞林格实际修习了多少门他注册的课程，但在第二学期的期中考成绩出来后，他知道自己无法通过，就索性离开了学校。

塞林格从纽约大学辍学后，父亲试图为他指明方向。索尔是个讲求实际的人，他希望儿子能从事奶酪和肉类进口生意，毕竟他在这一行曾尝过甜头。塞林格自然不愿子承父业，所以索尔只能一边好言相劝，一边旁敲侧击。索尔告诉儿子："正规教育已经正式结束了。"[18]他以提高法语和德语水平为由，"漫不经心"[01]地提出送儿子前往欧洲的计划。索尔希望儿子能在旅途中对进口生意产生兴趣，于是安排他作为生意伙伴的随行翻译前往波兰和奥地利。这位生意伙伴大概是霍夫曼的火腿进口商奥斯卡·罗宾孙，他是波兰巨富之一，在欧洲有"火腿之王"的美誉。塞林格同意了。实际上，这不是他的选择。无论在这件事上他本人的选择是什么，他糟糕的学业成绩都使他失去了选择权。1937年4月初，塞林格启程前往欧洲，他将在那里度过接下来的一年。

---

01　塞林格暗指父亲从未直接告诉他要去波兰，否则他会重新考虑欧洲之行。

在伦敦和巴黎短暂停留后,塞林格来到维也纳。他住在当地的犹太人社区,与一户人家共处了十个月,他很快爱上了这家人,并和这家的女儿开始了认真的初恋。我们对这家人知之甚少,只知道塞林格把他们理想化了,以至于在他的余生中,这家人都成了纯洁和正直的象征。塞林格常常带着理想主义回忆起他们,总把自己的家庭生活与在维也纳遇到的幸福家庭进行对比。他后来告诉海明威,他的初恋是何等纯洁美丽。战争结束后,他曾万念俱灰,他返回奥地利去找她,却寻觅无果。1947年,他写了一篇名为《我认识的一个女孩》(A Girl I Knew)的故事,借此永久纪念女孩和她的家人。

当塞林格在奥地利追求他的浪漫爱情时,他的波兰赞助商奥斯卡·罗宾孙却因心脏病猝死于维也纳的一家赌场。据说他在轮盘赌桌上赢了钱。塞林格随后被派往波兰北部小镇彼得哥什,住在罗宾孙肉类加工厂访客公寓里。他体验到了父亲进口生意中最基础的部分[01]。天没亮,他就得起床,去城市屠宰场和农民一起辛苦劳作。每天早上他都要拖着疲惫的身躯去宰杀生猪,这些猪将作为"野餐火

---

[01] 波兰为与塞林格的关系感到自豪。彼得哥什镇正计划每年举办塞林格节,并在他工作的地方立一座雕像。此地现在是一家购物中心。《克拉科夫邮报》报道,2009年的中标项目是将塞林格的雕像放置在一片生机盎然的麦田中。

腿罐头"运往美国市场。陪伴他的是屠宰场主任。这人喜欢用枪射击灯泡，子弹从猪的头顶穿过，惹得猪棚里一片哀嚎。如果是鸟儿胆敢从他的道儿上飞过，他就举枪射击。杰里很快就明白，不论肉类进口商的生活如何，猪都是其中的主旋律。如果说塞林格在波兰学到了什么，那就是父亲的事业并不适合他。

1944年，塞林格曾说，父母为了让他继承家业，把他"拽去"波兰"杀猪"。[19]1951年，《纽约客》编辑威廉·麦克斯韦尔总结道，虽然塞林格讨厌他父亲解决问题的办法，但"对小说家而言，无论经历快乐与否，都是有价值的"[20]。此外，我们无法脱离时代背景来考察塞林格在欧洲度过的一年。那时，奥地利和波兰笼罩在一种恐怖的氛围中，这无疑对满怀抱负的年轻作家产生了深远影响，而悲伤也玷污了他对这些地方最美好的回忆。

塞林格在欧洲的一年恰逢历史关键时期。1938年，欧洲正逐渐走向第二次世界大战。在维也纳，奥地利纳粹分子正盛气凌人地攫取政权。许多纳粹暴徒不论原先所犯何罪都从监狱中放了出来，在街上大肆制造恐怖。路人中若有谁被怀疑是犹太人，就要被迫在围观者的嘲笑声中清洗排水沟。犹太人的住宅和店铺被暴徒洗劫一空。塞林格目睹了这场噩梦，比起个人安危，他更担心他所寄居的那户维也纳家庭。他可以随时离开这个危险的地方，但他的房东却无处可逃。在塞林格返回纽约前，德国军队已经占领了维也纳，奥地利作为一个国家已不复存在。到1945年，在奥地利接待过塞林格的那户人家在大屠杀中惨遭杀害。

抵达波兰后，塞林格发现这个国家的氛围同样紧张。强敌环伺下的波兰充斥着一种令人窒息的不安情绪。在目睹奥地利所发生的一切后，塞林格不由自主地感受到了这种不安。塞林格在屠宰场里认识的那些人，仅有少数存活下来。

1938年3月9日，塞林格在南安普顿乘坐法兰西岛号返回美国。他很高兴能安然回到公园大道的家中，远离欧洲的紧张局势。然而，麦克斯韦尔的观察还是有一定道理的。塞林格的生活可能不会像他父亲所希望的那样因欧洲之行而改变，他回来之后也许仍和从前一样漫无目的。但是，在欧洲，他所接触的人过着与他截然不同的生活，他所经历的日子则常年处于挣扎和危险之中，他因此学会了欣赏那些从前与他有着天壤之别的人。在未来的岁月里，当他在第二次世界大战期间与德国兵作战时，这种态度的转变尤为明显。1937年到1938年旅欧期间，塞林格逐渐接受了德国文化、德语和德国人民。这使他学会了如何区分值得崇敬的德国人民和他们中间的纳粹分子。

............

1938年秋天，塞林格进入乌尔辛纳斯学院 (Ursinus College) 学习。该学院位于弗吉尼亚州乡间，离福吉谷军事学院不远。要不是他对这所学院的地理位置熟悉，这所学校不太可能成为塞林格的目的地。学院是由德国改革派教会资助的，许多同学都来自宾夕法尼亚州德裔家庭。乌尔辛纳斯的学生在校需佩戴姓名牌，见面时要相互问候。这是一个与世隔绝的小地方，与塞林格在曼哈顿上东区成长的复杂环境截然不同。

一个出身优越且来自纽约的犹太男孩，来到这样一所偏僻的学校，其影响必定非同一般。塞林格在乌尔辛纳斯的许多同学日后都说对他毫无印象，也有人提起他就咬牙切齿。这些讨厌他的人通常是男同学，而对他留有好印象的总是女生（这也许能解释男同学的愤怒）。塞林格在乌尔辛纳斯上学时，即将年满20周岁，面容英俊，脸上总挂着顽皮的笑容。他身高6英尺2英寸，身材高瘦，在人群中很显眼。他的手指修长，就算因吸烟发黄，或指甲被啃，都不难看。他有着橄榄色的皮肤和黑色的头发，而最令人难以忘怀的还是他那一双深邃、锐利、幽暗的眼睛。所有这些特质构成了一副在1938年的乌尔辛纳斯罕见的外貌，使女生们对他情有

独钟。即使四十七年后,乌尔辛纳斯的校友还回忆说:

> 你无法轻易忘记杰里。他是一个英俊帅气、温文尔雅、精明练达的纽约人。他穿着黑色柴斯特菲尔德大衣……我们从未见过这样的打扮。我们都被他尖刻的幽默给迷住了。大多数女孩一见他就神魂颠倒。[21]

除了吸引女生,塞林格还以一种全新的热情发展其他兴趣。在他选修的8门课程中,有4门都和语言或写作有关:英国文学、法语和两门不同的英语写作课。他还加入了校报《乌尔辛纳斯周报》编辑部,并很快开设了个人专栏。这一专栏最初名为《一个社会大二生的沉思:溜走的文凭》(Musings of a Social Soph: The Skipped Diploma),没过多久,又改成《J.D.S.的溜走的文凭》(J.D.S.'s The Skipped Diploma)。专栏的文章主要是杰里对各种校园话题的评论,比如对校园生活油腔滑调的介绍,以及对戏剧作品的长篇讽刺。此外,他总是批评小说"弄虚作假"。

有一次,他批评作家玛格丽特·米切尔:"为了好莱坞,《飘》的作者最好重写一遍小说,让郝思嘉小姐的一只眼睛稍稍斜视,一颗牙突起,或穿上一只9码的鞋。"[22]在另一篇图书评论里,他对后来的朋友欧内斯特·海明威同样不屑一顾:"海明威完成了他的第一部标准长度的戏剧。我们希望这出戏能配得上他。自从写完《太阳照常升起》《杀手》《永别了,武器》后,我们发现欧内斯特对工作有所懈怠,有些犯迷糊。"

《J.D.S.的溜走的文凭》当然算不上纯文学,但这是塞林格的文字首次发表,至今他的崇拜者还在阅读它——尽管阅读时带着失望和谅解。如果说《J.D.S.的溜走的文凭》有什么内容与塞林格自身的处境相关,或至少与他就读乌尔辛纳斯的决定有关的话,就是他在1938年10月10日发表的第一篇评论《故事》(Story)。他在其中写道:"从前有个年轻人,他厌倦了留胡子,不想为任何不讲理的人打工(包括他老爸),所以他又回到了校园里。"

不管他愿不愿意为"老爸"打工,塞林格在乌尔辛纳斯只待了一学期就回家了。尽管他在乌尔辛纳斯成绩不好,但他非常享受这段经历,并高度评价了这所学院和他在那里度过的时光。他已经找到了明确的人生方向:成为一名职业作家。这项决定需要自信和信念,也需要他人的支持。

离开乌尔辛纳斯后,塞林格没有寻求父母对他未来道路的认可。相反,他只是宣布自己要当一名作家,这是一个既成事实。母亲自然全力支持他,但索尔却漠然置之。1938年,美国还在大萧条中挣扎。在过去九年里,索尔成功保护了他的家人免受贫穷和绝望的困扰。眼看着那些优秀商人在经济不景气的几年里一蹶不振，他明白生活中没有一劳永逸。在索尔看来，小宝的决定既鲁莽又危险。如果说父子关系原先已有裂痕，那么如今这个裂痕更大了。直到晚年，塞林格依然很难原谅父亲，因为父亲认为他没有远见和信心。

塞林格从一个比他父母更客观的人那里得到了支持。在福吉谷，他结识了一名来自斯塔滕岛的学长威廉·费森，与他成了好友。在毕业前，费森曾把塞林格介绍给他的姐姐伊丽莎白·默里。伊丽莎白刚和丈夫以及10岁的女儿从苏格兰回来。她年芳三十，举止优雅，富有教养，游历甚广。塞林格很高兴认识她，马上就把她的意见看得比任何人的都重要。伊丽莎白也完全支持塞林格。1938年，他们经常结伴而行，在格林威治村的饭店和咖啡馆里度过漫长的夜晚，讨论文学和塞林格的抱负。塞林格把作品读给她听，她提出建议。在伊丽莎白的推荐下，塞林格开始阅读弗朗西斯·斯科特·菲茨杰拉德的作品。他发现菲茨杰拉德不仅是位值得效仿的作家，还与他志趣相投。在塞林格最需要鼓励的时候，伊丽莎白·默里进入了他的生活，他欠了她一笔巨大的人情债。在今后的日子里，他们一直是好朋友、好知己。1938年即将结束，塞林格已下定决心，立志成为一名职业作家。父母中只有一方支持他的决定。与父母商议后，他做出了让步，同意再次回到学校，学习写作。

## 2 雄心

1939年1月，塞林格被哥伦比亚大学录取。他选修了惠特·伯内特（《故事》杂志编辑）的短篇小说写作课以及剧作家查尔斯·汉森·汤的诗歌课。虽然塞林格已经决定以写作为生，但他还没确定从何种体裁入手。他对表演很感兴趣，希望能创作电影剧本，同时对短篇小说的创作也兴致勃勃。为了做出决定，他便选修了这两门课程。这两门课都由名家教授，在风格和方法上却大不相同。

惠特·伯内特是个冒险家。1931年，在大萧条最严重的时候，他和妻子玛莎·福利在维也纳创办了《故事》杂志。1933年，夫妻俩将杂志社搬到了纽约第四大道。在伯内特的经营下，《故事》致力于展示有为青年的作品。这些青年作家中的大多数都被更传统而当红的杂志拒之门外。伯内特的审美直觉非常可靠，他向世界推出了田纳西·威廉姆斯、诺曼·梅勒、杜鲁门·卡波特等作家。1939年，《故事》的发行量只有2.1万份，勉强能够维持收支平衡，但它在文学界却备受推崇，在当时极具先锋意识。

与伯内特正相反，查尔斯·汉森·汤却是个守旧者。塞林格选修他的课程时，汤已经61岁了，在文学的所有领域都很出色。在专业方面，他曾是一名成功的编辑，参与过许多流行杂志的制作，如《大都会》(Cosmopolitan)、《麦克卢尔》(McClure's)、《哈泼时尚》(Harper's Bazaar) 等。除此之外，他还在业余时间从事写作。"高产"和"多样"这两个词并不能完全概括他的写作。他撰写了剧本、小说、歌词，甚至还有一本礼仪手册。然而，他最大的爱好是写诗。他的诗歌和其他作品都非常成功，因为它们满足了读者的期待。他的诗歌总是押韵的，并且使用了当时读者喜爱的华丽短语。下面是他写于1919年的诗歌《一个自杀者》，体现出他的典型风格。

> 当他跌跌撞撞地回到上帝面前，
> 他的诗写了一半，他的工作未完，
> 谁知道他受伤的双脚在哪条路上蹒跚，
> 他登上的是和平还是痛苦的山峦？
>
> 我希望上帝握住他的手，展露笑颜，
> 说道："我可怜的逃学生，热情的傻子！"
> 要理解人生之书实在困难，
> 何不重返校园，埋首书案！

塞林格究竟想从上述诗歌中学到什么，我们尚不清楚。他之所以被汤吸引，可能是因为汤作为剧作家的名声，而不是因为他的诗歌。然而，汤选择在哥伦比亚大学教授诗歌，这就迫使塞林格学习一种他从来都不感兴趣的艺术形式。

在哥伦比亚大学上学,是塞林格多年来第三次进入大学,这是一次豪赌。在乌尔辛纳斯,他向班级同学吹嘘说,总有一天他将写出伟大的美国小说。他还向父母提出要求,请求他们允许他参加写作班,以此发掘他的潜能。但新学期一开始,塞林格又一如既往地无精打采、心不在焉了。在伯内特的课堂上,塞林格很少主动发言,什么事儿也没干成。倒是伯内特常提醒他,因为他总坐在后排,呆呆地看着窗外。[1]

相比于在伯内特课上的冷淡态度,塞林格在诗歌课上却更加认真。毫无疑问,较之伯内特,他觉得自己和查尔斯·汉森·汤有更多相同点。作为作家,汤比伯内特更成功,他在表演和戏剧写作方面的激情也让塞林格趁心如意。通过汤的课,塞林格真正对诗歌产生了兴趣。他尝试写诗,以此表露对上流社会自命不凡的蔑视。他在哥伦比亚大学的短篇小说作业已无法找到,但有几篇诗歌依然保存了下来。汤收集了几篇哥伦比亚大学学生1939年的作业,其中就包括杰里·塞林格的作品。这首诗题为《中央公园的初秋》,塞林格在其开头写道:"口齿不清,熙来攘往,你们咒骂棕色的树叶……"[2]

在第一学期结束时,为表彰他的专注(如果不是奖励他的天赋的话),塞林格收到了一本汤在1937年出版的诗集《四月之歌》(*An April Song*)。汤很有可能给他的十名学生都分别赠送了一本,送给塞林格的那本上写着:

> 致杰罗姆·塞林格,
> 表扬他在1939年春季课程上的不懈努力。
> 查尔斯·汉森·汤,于哥伦比亚大学,纽约,
> 1939年5月24日

在哥伦比亚大学,塞林格经历了一件意义非凡的事,从此他不再骄傲自满。这件事并不像他预料的那样发生在汤的诗歌课上,而是发生在伯内特的课上。尽管这件事看似不起眼,却永远改变了他。一天,伯内特正在课堂上大声朗读威廉·福克纳的《夕阳西下》(*That Evening Sun Go Down*)。他面无表情地读道:"你们得自己感受福克纳,不需要任何中介。"塞林格回忆道:"伯内特一次也没有……介入作者和他心爱的沉默的读者之间。"³这次授课教会了塞林格什么是优秀作者和什么是对读者的尊重。在他的写作生涯中,他一直记着伯内特的教诲,努力隐藏在文字背后,从不介入读者和故事之间,掩盖自我,让读者和角色直接互动。

塞林格说,伯内特上课经常迟到、早退,但他的教学

态度谦逊且卓有成效。他对短篇小说的热情感染了整个班级，而这种热爱本身，就是对于学生来说最好的老师。他向学生们介绍各种作家，无论声名大小或风格异同，他不加评论地推荐各类小说，不仅强调优秀作品的重要性，也重视良好的阅读方法。

所以，最后是伯内特的启迪发挥了主要作用。塞林格终于全身心地投入写作中。放学后，他在家里独自写作。在第一学期，他总是盯着窗外，时不时和邻座同学插科打诨，荒废光阴。因此，他决心重修伯内特的课，他要再尝试一次。

9月，塞林格选修了伯内特周一晚上的课。他依旧安静地坐在后排，努力掩饰着他内心发生的变化。实际上，他在学生时代一直表现出的自大和尖刻正在逐渐消失。在同年11月写给伯内特的信中，塞林格表达了忏悔之情，他承认自己一向懒惰，太过自我。[4]他终于严肃起来，鼓足勇气，拿着自己写的各类作品拜见老师。伯内特一边翻阅，一边惊讶地发现，这位坐在后排的冷漠少年身上，竟然隐藏着严肃的才华。"他的打字机似乎一下就能打出好几部小说，"多年后，伯内特回忆时依然很惊讶，"其中的大部分作品后来都发表了。"[5]

学期结束时，伯内特成了塞林格的导师，甚至充当了一个近乎父亲的角色。塞林格向他寻求建议,希望得到他的认可,对他顶礼膜拜,千方百计讨好他。塞林格在信中把自己塑造成非常天真的孩子,滔滔不绝地述说自己的无知和大量甜言蜜语。他对伯内特的关心感激不尽,甚至有一次向他保证,自己可以为他做任何事——除了杀人。[6]

1939年年底,塞林格完成了短篇小说《年轻人》(The Young Folks),并将它交给伯内特审阅。伯内特非常喜欢这篇小说,建议塞林格向《克利尔》(Collier's)投稿。这是一本著名杂志,喜欢在眼花缭乱的广告夹缝中刊登短篇小说。当时,《克利尔》、《星期六晚邮报》(The Saturday Evening Post)、《哈泼时尚》(Harper's)以及各种各样的妇女杂志被称为"光面杂志"。20世纪三四十年代,这些杂志为短篇小说提供了重要平台。[01]

11月21日上午,塞林格手里攥着小说手稿来到市中心的《克利尔》杂志社,亲自递交他的作品。然而,不出塞林格所料,小说被退回了。[7]这是他职业写作生涯中遇到的一个坎坷,但他却坚定地认为这篇小说是有价值的。

伯内特看到自己学生的作品在"光面杂志"那里碰了壁,就要回了《年轻人》的原稿,把它送到了《故事》杂志社。整整几个星期,伯内特都纠结于是否该在《故事》上发

---

**01** 这个绰号主要是指这类杂志使用的光滑纸张。不少文人使用这一绰号时暗含讥讽,暗示这类杂志内容浅薄、华而不实。

表这篇小说。对塞林格而言，他事先并没有得到伯内特的任何承诺，因此这样的等待就显得遥遥无期。

伯内特没有拔苗助长。他没有在星期一的课堂后排发现一位文学天才后，立马助他一举成名，相反地，他逼着塞林格自己去寻求成功。作为一名导师，他很想出版学生的作品，但作为一名教师，他首先要求学生自己竭尽所能。只有当《年轻人》被其他杂志社拒稿后，他才雪中送炭，拯救这部小说。

1940年1月，塞林格刚度过21岁的生日，就收到了《故事》杂志社的通知，告诉他《年轻人》被录用了，即将发表。他写信给伯内特说他感到"十分激动"，同时也松了口气。"感谢上帝，"他想象着老同学们的反应，"这事儿他已经说得够多的了！"[8]这一成就使塞林格备受鼓舞，他决定单枪匹马闯荡事业。因此，他不再重返哥伦比亚大学，他的学生时代就此结束。

如今，塞林格确信自己走上了一条通向胜利的光明道路，他把《年轻人》视作初生的婴儿。2月5日，《故事》杂志就通知他，他们将正式寄送小说出版的卡片，宣布作者进入文坛。塞林格兴高采烈地提供了收件人姓名，也收到了杂志社寄来的样刊。

塞林格说，等待这期杂志出版的每一天都好像圣诞前夜。他焦急不安，想出门庆祝一下，但父母不在家，家中仅剩他一人。他只好整日听听唱片、喝喝啤酒，把打印机从一个房间搬到另一个房间，对着空荡的公寓高声朗读。[9]他因激动而六神无主。2月24日，直到《年轻人》被收纳后近六周，他才想起应该感谢《故事》杂志社的青睐。伯内特对塞林格的热情给予了慈父般的回应。他告诉塞林格，希望这篇小说能印证他"挑剔的眼光"，并邀请塞林格参加5月份作家俱乐部年度晚宴。塞林格高兴地接受了。[10]

《故事》杂志春季刊终于向世人推介了塞林格的作品。红白相间的封面之下，正是塞林格的5页小说。他还收到一笔姗姗来迟的25美元稿酬。这篇小说讽刺的人很像他自己和他认识的人：来自上流社会的大学生，被肤浅生活中的琐碎细节所困扰。小说极具时代性，写作风格深受菲茨杰拉德的影响。

《年轻人》主要记录了一对年轻男女在派对上的对话。女主人公埃德娜·菲利普斯在派对上不太受欢迎，而男主人公小威廉·詹姆森则是个爱咬指甲、喝威士忌酒的酒鬼，这让人不禁想到了塞林格本人。大部分时间里，他们的谈话氛围都很紧张，因为埃德娜想拼命吸引詹姆森的注意力，但后者却无动于衷，因为他完全被隔壁房间里浅薄的金发女郎给迷住了。

与塞林格未来笔下的众多人物一样，这些不合群的年轻人为消遣而不停地抽烟，由此塞林格引出了小说中的主要道具——一只镶嵌莱茵石的烟盒。埃德娜从里面抽出最后一支香烟。等詹姆森离开后，她走上楼梯，走进一个禁止年轻人入内的房间，在那儿待了一会儿。二十分钟后，埃德娜回到派对中。年轻男士们正在客厅另一头簇拥着一位迷人的金发女郎。其中一人，一手抓着威士忌，嘴里啃着另一只手的指甲。埃德娜又打开她那镶满莱茵石的黑子小盒子，里面装着十几根烟。她取出一支，让派对上的其他人换首音乐，她想跳舞了。

…………

大萧条在持续蔓延，人们喜欢看到富人生活中幸运的一面。但《年轻人》没有将富家子弟的生活描绘得惹人艳羡，反而赤裸裸地揭示了上流社会枯燥无聊的真相。小说体现了年轻人娇生惯养、空洞乏味的生活和并不浪漫的现实。塞林格第一篇小说中的人物沉闷、脆弱，他们的社交技能微不足道，无法自我反省，也无法产生同理心。

当塞林格对《年轻人》的狂热消退后，他发现自己的第二个故事卖不出去了。八个月里，他一次次向各种杂志投稿，却只收到退稿函。他表面上强装坚忍，声称这样的过程是有意义的，还向伯内特报告说自己终于适应了这份新职业,但在内心深处,他却越来越沮丧,正重新考虑做一名演员或剧作家。

1940年3月,塞林格将新小说《幸存者》(The Survivors)递交给伯内特。这篇小说是他一年前开始写的。这部作品证明了塞林格的才华,但伯内特认为结尾模棱两可,就退回去让他修改。4月,塞林格又献上了另一篇小说《去看艾迪》(Go See Eddie)。故事由紧张的对话构成,主人公是一个美丽但自我的蛇蝎美人,她为了摆脱无聊而不惜毁掉他人的生活。伯内特委婉地拒绝了这篇小说,并解释说尽管他个人很喜欢这部作品,但认为它不适合《故事》杂志。这是《故事》杂志社惯用的借口。[11]4月16日,伯内特致信塞林格,建议将这篇小说投给《绅士》(Esquire)杂志,并附上一封个人推荐信,请他转交给编辑阿诺德·金里奇。次日,塞林格写了一封乐观的回信,以此掩饰自己的失望,感谢伯内特对这篇小说的认可。"这已经够令人满意了。"他含糊其辞地写道。但就在他写下这些话时,《去见艾迪》已经在伯内特的推荐下投往《绅士》杂志社。[12]几周后,塞林格的乐观情绪开始消减,《绅士》拒绝了《去见艾迪》。很显然,塞林格的其他投稿尝试也面临着相同的命运。

然而,那年5月,麦迪逊大道上最富盛名的文学经纪公司之一哈罗德·奥伯联营公司同意代理塞林格的作品。公司指派刚入行两年的多萝西·奥尔丁负责塞林格的作品。多萝西年仅30岁,在行业内却已声名鹊起,赛珍珠和阿加莎·克里斯蒂都是她的客户。塞林格不是冲着奥尔丁来的,他看中哈罗德·奥伯联营公司是因为那是他的偶像菲茨杰拉德的文学经纪公司。然而,要是塞林格指望新经纪人能确保将他的小说卖出去,那他就错了。与奥尔丁签约后不久,他写信说有篇小说即将在《哈泼斯》上发表。可直到1949年,《哈泼斯》才刊登了塞林格的小说,关于这篇小说的其他信息却无人知晓。8月,另一篇题名不详的小说被交给伯内特,但也被《故事》杂志社拒绝了。

塞林格安慰自己说,菲茨杰拉德的作品也曾遭冷遇。而事实上,塞林格只需走过一个街区就可以看见菲茨杰拉德的公寓,这位作家曾坐在公寓里,为作品卖不出去而发愁。菲茨杰拉德刚搬来曼哈顿时,塞林格才出生六个月。他住在92街列克星敦大道1395号,正位于塞林格所住的公园大道的拐角处。

奥伯似乎无力推销他的作品,塞林格因此变得焦虑起来,几次三番提及要改变方向,成为一名剧作家。他提出要为剧院改编《年轻人》,并亲自担任主角。有段时间,他试着写广播剧本,还和《故事》杂志社短暂地合作了一个广播节目。[13]总体而言,他在剧本写作方面并不成功,并认真考虑过彻底放弃写作。[14]"我在想我是不是才21岁就过时了。"他悲伤地写道。

1940年夏末,塞林格开启了为期一个月的新英格兰和加拿大之旅,在旅途中思考人生方向。周围的环境和独处的静谧似乎产生了治愈性效果,他开始创作一部长篇小说,描述一群坐在酒店客厅里的人。他从魁北克给伯内特写信,高兴地说:"这个地方充满了故事。"他逐渐恢复了热情,意识到自己注定要成为短篇小说作家。在余下的日子里,每当他感到创作力枯竭时,就会回想起在加拿大的时光。

当塞林格回来时,他比以往任何时候都更乐观,但接下来发生的一连串事件打击了他的信心。9月4日,《故事》杂志社再一次退稿。同一天,塞林格写完了他在加拿大开始的那篇关于酒店的小说,并将它寄给雅克·尚勃朗。这位经纪人在圈内不太出名,是伯内特在3月15日推荐给他的。[15]据塞林格的说法,他指示尚勃朗将小说投给《星期六晚邮报》[16],但在随后的信件中,他没再提起这篇小说,也没提到尚勃朗,看来小说又被拒绝了。塞林格并不气馁,他把先前那篇《幸存者》又找了出来,重新修改后再次投给《故事》杂志。他说这篇文章是他从"最底层的抽屉"里翻出来的。这次,他还连带寄去一封忸怩的道歉信,称小说质量不高。正如他预料的那样，伯内特再次拒稿，这篇小说也就没有了下文。

尽管经历数次挫折，但塞林格依旧泰然自若。他非但没有泄气，还向伯内特和伊丽莎白宣布，他计划写一部自传体小说。他承诺要写些"新东西"。[17]他的生活究竟有什么引人注目之处，尚不清楚，但值得人们花钱阅读。伯内特对这个想法抱有极大热情。他对塞林格近来所写的作品态度甚为冷淡，到底他的兴趣还有多大，实在叫人捉摸不透。但塞林格毕竟年轻又天真，虽然他可能另有想法。假如塞林格认为长篇小说能使他的其他故事更吸引编辑的话，那么他就错了。伯内特最初只是对他的新计划有兴趣，很快就坚持催他动笔。虽然来自《故事》杂志社的退稿并未停止，但如今却多出来一封约稿函，要求他写一部长篇小说。

…………

塞林格虽然有着强烈的使命感，但也不时对自己深表怀疑。在一些自我贬损的评论中，这种情绪显得尤为明显，有时呈现为发自内心的沮丧。然而，塞林格也许天生拥有或后天练就了一种非凡的职业韧劲，这种韧劲在他的写作生涯中贯穿始终。他从不允许自我怀疑妨碍他的雄心。这几乎是他最有价值的特质。

当我们考察塞林格的写作生涯，尤其是他早年的写作经历时就会发现，区分他的雄心和信心是很重要的。当然，塞林格总是充满自信，但有些时候，当他的自信衰竭时，是雄心推动着他继续前进。1940年，他渴望获得认可，并在文学上取得成功。在未来几年里，他的目标会改变，但他的雄心壮志却从未消失。

塞林格能在这一时期安之若素，还有个原因：他的小说《去见艾迪》终于发表了。虽然小说没有被知名杂志选中，但它终于被接受了。这对作者而言，也是一种证明。

1940年即将结束，《去见艾迪》在《堪萨斯大学评论》上发表。这是一本学术杂志，发行量有限。与此同时，塞林格开始为一部长篇小说草拟提纲。这部小说就是日后的《麦田里的守望者》。

就在《去见艾迪》出版、塞林格重拾信心之时，菲茨杰拉德在好莱坞逝世，年仅44岁。

............

1941年，塞林格已经成为文坛冉冉升起的新星，他不仅洞察力敏锐，且颇有市场。[01]如今他面临的挑战是方向问题：这一年里，塞林格可以写出两种截然不同的故事，一

---

**01**　这一年并非没有退稿。6月，多萝西·奥尔丁向《故事》杂志社提交了《三人午餐》。这篇文章已经被《纽约客》拒绝过一次，随即又被《故事》杂志社退稿。

种是商业性的，另一种则越来越引发读者自省。随着时间的推移，他逐渐走向成熟，名声也越来越大，却在这两种方向之间左右为难。

1941年的开头和结尾最生动地描绘了这种左支右绌。年初，塞林格飞扬浮躁、心烦意乱，年末则赶上了即将到来的战争。《去见艾迪》的成功让他欢欣鼓舞，但他手头拮据，急需一份工作。1941年年初，他和最好的朋友赫伯·考夫曼在康谢尔姆号上担任娱乐项目员工。这是一艘装修奢华的邮轮，由瑞典—美国航运公司经营。[18]

2月15日，这艘邮轮从寒冷的纽约港悄然驶出，开始为期19天的加勒比之旅，沿途停靠波多黎各、古巴、委内瑞拉和巴拿马。乘客们想通过旅行体验热带的舒适温暖，或暂时摆脱战争的阴霾。而塞林格则开始享受一次漫长的工作假期，在阳光下与女孩调情，与朋友玩耍。

作为娱乐工作者，塞林格在船上出演戏剧，陪富家千金跳舞，还要组织和参与甲板上的各项体育运动。塞林格曾在船上拍过一张照片，照片里他神情愉快、衣着无可挑剔，打扮得干净利落，给人一种春风拂面之感。他挺喜欢在船上度过的时光。后来，当他的思绪试图逃离黑暗现实时，他就会想起这段旅程，想起波多黎各阳光明媚的海滩和月光映照下的哈瓦那港。

事实证明，船上的那段时光不过是黑夜降临前的黄昏，对塞林格是如此，对整个国家亦是如此。第二次世界大战在欧陆爆发已一年有余，虽然美国极力避免被卷入冲突，但战争的阴影笼罩着美国人生活的方方面面。1940年德国入侵法国后，国会立即通过了《选择性征兵法案》(Selective Service Act)，这是美国历史上第一次在和平时期征兵。

即使在康谢尔姆号上，战争也是大家不断谈论的话题。3月6日，塞林格下船后便准确地捕捉到读者的兴趣，当时的人们喜欢阅读乐观积极的军事类短篇小说。他意识到自己可以招徕报酬丰厚的商业杂志，立马动笔写了《诀窍》(The Hang of It)。这是一篇讲述部队生活的传统短篇小说。为了迎合广大读者的期待，这篇小说不再揭露上流社会青年的缺点，也不包含深刻的心理暗示。这是一个简单的故事，配上流行的欧亨·利式结尾，旨在博读者一笑，以增加销量。

也许是想模仿故事中的军人，或是为了效仿23年前参军的菲茨杰拉德，塞林格在写完《诀窍》后准备应征入伍，以此实现他在1940年夏天表达的愿望。他天真地把自己想象成一个会写小说的士兵。

由于塞林格过去从未公开表现出爱国精神，这种愿望也许令人费解。人们只能推测，他发现与父母住在一起时，写东西越来越困难。鉴于他的年龄和抱负,他目前处境尴尬:《年轻人》只赚了25美元,即使他每月能卖出一部小说,显然也无法自食其力。

考虑到他和母亲的关系,米丽娅姆必定不舍得儿子离家,而即使他提出要求,父母也不太可能给他买套公寓。也许是出于独立谋生的动机,而不仅仅出于欧洲战争的感召,塞林格才渴望当兵。他甚至认为军队生活可以给他充裕的时间创作小说,这样的想法实在令人惊讶。

而让塞林格震惊的是,当他抵达征兵办公室,他竟被拒绝了。体检报告显示,他有轻度的心律不齐,他自己并未察觉。[19]当时,美国征兵办把前来注册的人从合格到不合格,分成1-A到4-F等不同级别,塞林格的心脏问题导致他被列为1-B级——虽不会对健康造成太大威胁,却足以使他无法入伍。塞林格对这一结果愤愤不平。1948年,他通过《就在与因纽特人开战前》(*Just Before the War with the Eskimos*)中的人物富兰克林生动地回忆起这次伤害,而他笔下的数个角色也都尝过"某种心脏疾病"的苦果。[20]

尽管军队拒绝了作家入伍,却欣然接受了他的故事。1942年和1943年,《诀窍》被《士兵、水手、海军陆战队丛书》(*The Kit Book for Soldiers, Sailors and Marines*)收录。这套书是陪伴军人上战场的故事和漫画合集。因此,《诀窍》是塞林格第一篇被收入书中的小说，并被无数士兵带到战场上。

…………

在被收入《士兵、水手、海军陆战队丛书》之前，7月12日《诀窍》已经在《克利尔》上发表过。杂志还为小说配了整版插图。一方面，塞林格觉得很害羞，建议朋友们不要读这篇故事；另一方面，考虑到自己的雄心和职业成就，他又把小说在《克利尔》上的首秀视作一次胜利。在电视出现前，阅读是娱乐休闲的主要方式。《克利尔》是美国最受欢迎的杂志之一，它能让撰稿人一夜成名，又能提供丰厚的稿酬。虽然塞林格对这个故事因缺乏严肃内容而感到不满，但其商业价值带来的回报却使他心花怒放。他还认为，一旦他在这些流行杂志中站稳脚跟，它们自然会改变主意，接受他那些更深刻、更冒险的作品。[21]

1941年夏天，塞林格和他在福吉谷的老朋友、伊丽莎白·默里的弟弟威廉·费森一起度假，这让他好好利用了一番刚取得的成就。他们在默里家中消夏，默里的家位于富裕的新泽西海滨小镇布里埃尔。塞林格给默里取了个绰号，叫"黄金女郎"。默里为塞林格最近的成功感到骄傲，急于把他推荐给自己的朋友们，其中包括初入社交场的名媛和她们的父母。1941年7月，塞林格置身于一群年轻女孩中。她们美丽富有，常出现在报纸的八卦专栏中——

这些女孩正是他在作品中严厉批评的。她们之中，有一组形影不离的三姐妹：正在和作家威廉·萨洛扬约会的卡罗尔·马库斯、著名的"可怜又有钱的小姐"格洛丽亚·范德比尔特和剧作家尤金·奥尼尔的女儿乌娜·奥尼尔。

乌娜·奥尼尔活泼迷人，她的美常被描绘为"难以忘怀的""神秘的"。不仅如此，她还另有优势。她父亲是美国最重要的剧作家之一，这更加抬升了她在塞林格心中的地位。尽管多数人对她的美貌赞不绝口，却很少有人谈到她性格上的缺陷。她似乎是个肤浅的、以自我为中心的富家女，有人将此归咎于她父亲。尤金·奥尼尔在乌娜不到2岁时就抛弃家庭，忽视对她的教养，因此养成了她渴望被关注的性格。在同伴马库斯和范德比尔特的影响下，她变得更加轻浮。也许默里的女儿对年轻时的乌娜的描述是最恰当的，她回忆道："乌娜脑袋空空，却有着惊人的美貌。"[22] 奥尼尔正是塞林格长期以来鄙视的那种女孩，虽然难以理解，但这也许就是塞林格深爱她的原因。

塞林格庆幸不已，因为乌娜回应了他的追求，最初也许是看在他和伯内特友谊的分上，因为她父亲和伯内特有业务往来（乌娜非常想念父亲，据说她为父亲做了一本剪贴簿，提醒自己不要忘记他的样貌）。乌娜16岁，比她的新爱慕者小6岁，可能是被塞林格相对的成熟和知名作家的身份所吸引。从塞林格的评论和信件中,我们可以明显看出他对乌娜的肤浅以及他们不稳定的关系不抱幻想。"小塞林格无可救药地爱上了小乌娜。"他哀叹道。[23]然而,他还是对她情真意切。返回纽约后,两人开始正式恋爱,这段浪漫关系影响了作家多年。

8月,塞林格回到纽约,但没有回家。也许觉得在父母身边难以工作,他在东49街的比克曼酒店躲了两周。这家酒店离洛克菲勒中心不远。尽管他声称在比克曼待着的这段日子里一事无成,但实际上他还是写出了一篇小说,题为《六号桌上死去的可爱姑娘》(The Lovely Dead Girl at Table Six),它现在的名字是《麦迪逊街边的小叛乱》(Slight Rebellion off Madison)。这是他写的第一个关于考尔菲尔德的故事,也是他上一年开始写的长篇小说里的一部分。[24]

离开比克曼后,他把小说寄给了奥伯公司的经纪人们,而得到的回复不温不火。"节奏有点慢,"经纪人们评论道,"但氛围不错,是孩子的视角。"[25]

1941年5月,塞林格写完了他下一篇即将发表的小说《破碎故事之心》(The Heart of a Broken Story)。很少有读者意识到这部作品旨在讽刺商业杂志所推销的小说。这部作品妙趣横生,不仅戏仿浪漫电影,还有当时流行的黑帮片。小说也有阴郁严肃的一面,展示了塞林格目前面临的困境:追求作品的质量还是销量?故事有个典型的开头,一个男孩遇见一个女孩。主人公贾斯汀·霍根施拉格和雪莉·莱斯特一同乘坐第三大道的公交车上班。霍根施拉格对雪莉一见钟情,迫不及待地要约她出去。这时,塞林格打断了叙事,向读者解释说,他无法按原计划写下去(他指出,这篇小说原本打算投给《克利尔》),因为这些人太普通了,支撑不起他设计的情节。他好像无法让他们"以合适的方式在一起"[26]。塞林格先是引领读者经历了一系列幽默的场景,这些场景将倒霉的霍根施拉格送进了监狱。最后,塞林格放弃了构建浪漫故事的想法,现实又回来了:霍根施拉格和雪莉从没对彼此说过一句话。在故事的结尾,他们下了公交车,继续过着没有爱情的平淡生活。

在《破碎故事之心》中,塞林格开始拒绝塑造虚假的人物,不再强迫人物谈情说爱或者充当英雄。这不是一个商业性的故事,也算不上严肃文学,它在挑战读者的认知,让他们自行判定。《破碎故事之心》真的是"破碎心灵之故事"吗?读者会继续接受流行杂志兜售的轻松娱乐,还是开始追求不够快乐却更可信的替代品呢?作者的选择是明确的。如果《破碎故事之心》的读者期待一个幸福的结局,他们难免会大失所望。

…………

1941年9月,《破碎故事之心》发表,但并不像塞林格期望的那样，刊登在《克利尔》上，而是发表在《绅士》上。这是一本新潮前卫的杂志，主要受众是男性读者。虽然故事本身诙谐幽默，但它充满质疑精神的结局表明，塞林格不愿放弃严肃文学。与此同时，他也知道自己首先要维持生计，因此他有意识地将作品分为两类：一类发人深省、意蕴深刻；另一类更符合市场需求，能帮他轻松地挣些快钱。

塞林格总是嘲笑他写的商业类小说，比如《诀窍》，它质量不高，却颇受流行杂志欢迎。然而，有一本杂志是塞林格最梦寐以求的，无论结果如何，他都不会将次等小说投给这本杂志。这本杂志就是《纽约客》——业内最受推崇的文学刊物之一，润笔丰厚。能在《纽约客》上发表文章，是作家们翘首以盼的事。

虽然已是职业作家，但塞林格心里却忐忑不安。不知怎的，他的日常生活和他取得的成就并不相称，好像没有什么证据可以证明他真的"成功了"。他依然和父母住在一起，这种情况让他越来越难以忍受；他和乌娜的恋情并非尽善尽美，他总是任凭女方差遣。他不满意作品的发行量和销售方式，最好的作品因营销不足而默默无闻，不重要的作品却议论蜂起。塞林格将《纽约客》视为解决一切问题的"金主"。如果能说服《纽约客》发表一篇更有深度、质量更高的作品,他就会赢得应有的尊重,让乌娜·奥尼尔佩服他,从而改变他目前的处境。

《破碎故事之心》发表时,塞林格已经写完了他迄今为止最黑暗的小说《洛伊丝·塔格特漫长的首次亮相》(The Long Debut of Lois Taggett)。故事讲述了一个初入社会的少女和她在社交界的奇特经历。这个凄凉的故事依旧围绕上流社会的青年们展开。故事里,塞林格将时尚潮流视为虚伪和价值观的匮乏。书中主人公洛伊丝自始至终都在挣扎着应对残酷的现实,逐渐获得读者的怜悯;她的第一任丈夫患有精神病,第二段婚姻没有感情,孩子死在婴儿床上。经历了这一切后,她才终于放下伪装。

尽管故事有许多怪异之处(例如,洛伊丝的丈夫对彩色袜子过敏),但塞林格还是确信这篇小说是他的突破之作,能在《纽约客》上发表。[27]小说刚一写完,他就指示奥尔丁投给《纽约客》。

…………

1941年年底,塞林格笔耕不辍,每部作品都是一次实验,旨在找寻自己的写作风格,摸清不同杂志社的喜好。令他失望的是,《纽约客》拒绝了《洛伊丝·塔格特漫长的首次亮相》,他只好把小说投给了《小姐》(Mademoiselle),这表明塞林格的目标降低了。[28]事实上,1941年《纽约客》不仅拒绝了《洛伊丝·塔格特漫长的首次亮相》,还退回了塞林格的七部作品。《诀窍》是3月份退还的,《破碎故事之心》是7月,《洛伊丝·塔格特漫长的首次亮相》是在夏末。除此之外,《渔夫》(The Fisherman)、《鸡尾酒独白》(Monologue for a Watery Highball)、《我与阿道夫·希特勒一起上学》(I Went to School with Adolph Hitler)均被《纽约客》拒稿,而且连底稿都找不到了。[29]遭遇了一连串的失败后,塞林格极度渴望任何形式的肯定。他的确在退稿中寻求到了一些鼓励。虽然《纽约客》编辑约翰·莫舍拒绝发表另一篇现已失传的小说《三人午餐》,但他给多萝西·奥尔丁写了封短信,表达了他个人对小说的积极评价。"故事里包含了一些轻快活泼的东西。"他写道。然而,《纽约客》要找的是更为传统的短篇小说。[30]

与此同时,塞林格的私人生活也面临着棘手难题。从新泽西海滨回来后,他与乌娜·奥尼尔在曼哈顿约会了几次。她在布里尔利女校上学,离塞林格家很近。为了适应乌娜肆意张扬的作风,他陪她在第五大道上招摇而行,在高级餐厅里用餐(他几乎付不起饭钱),晚上在迷人的鹳鸟俱乐部喝鸡尾酒,与俱乐部里的电影明星和社会名流打交道。这样的环境必定让塞林格感到局促不安。他向伊丽莎白·默里坦白,"他简直迷上了乌娜"。然而,到10月,两人见面的次数越来越少,不得不通过信件维持浪漫关系。[31]

与乌娜的关系降温后,塞林格就更急着要在《纽约客》上发表作品了。只有这种高调的成功才能吸引乌娜的注意力,使他接近鹳鸟俱乐部里那些春风得意的人,获得乌娜的仰慕。

1941年10月,塞林格收到通知,《纽约客》收纳了他的一份稿件,这是他在比克曼酒店里改写的小说中的一部分,他在8月交给了经纪人。他把故事重新命名为《麦迪逊街边的小叛乱》,并将它描述为"一部伤心的小喜剧,讲述了一个预科学校男孩的圣诞假期"。[32]塞林格承认,这部小说具有自传体性质,主人公霍尔顿·莫里西(Morrisey)·考尔菲尔德是一个不满现状的纽约少年。[塞林格在拼写莫里西时只写一个"s",与常见的拼写(Morrissey)有所不同。]

为了配合小说的圣诞节背景,《纽约客》计划在12月发表这部作品。塞林格欣喜若狂,他终于取得了殷切期盼的认可。当他收到消息时,他正在为一篇名为《辛彻夫人》(Mrs. Hincher)的文章收尾。他说这是他写的第一篇也是最后一篇恐怖故事。[01]接下来,他要集中精力写霍尔顿的故事了。

---

[01] 得克萨斯大学奥斯汀分校保存着这部小说的残本。故事的女主人公认为她是自己生的孩子。这可能是塞林格已知的小说中最荒诞的一部。辛彻先生冲进卧室,发现妻子蜷缩在婴儿床上,想象自己是个婴儿。小说完成后,塞林格将其重新命名为《葆拉》(Paula),投给《雄鹿》(Stag)杂志。文章迟迟没有发表,最终也未与读者见面。1961年,《雄鹿》声称在档案里没有找到这篇小说。

《麦迪逊街边的小叛乱》开辟了一条新的创作之路，由此改变了塞林格的一生。

在塞林格九篇描写霍尔顿家族的小说中，《麦迪逊街边的小叛乱》是第一部，它为塞林格的职业生涯铺平了道路。塞林格得以沿着这条路稳步前行，直至攀越顶峰《麦田里的守望者》。塞林格向伊丽莎白·默里宣布，他的小说即将登上《纽约客》，还吹嘘说杂志社要求他多写几篇有关霍尔顿·考尔菲尔德的故事。塞林格说他确实还有一篇考尔菲尔德的故事准备投稿，但还在犹豫。最终，他递交了另一篇小说。[33]

后来发生的事表明，《麦迪逊街边的小叛乱》的经历可谓一波三折，既包含痛苦，也带来成功。塞林格多次修改这篇小说，甚至还修改了小说名。1943年，他仍在努力创作这部小说，他用沮丧的口吻提起它，自嘲道："你是在用头撞墙吗？"不幸的是，不管塞林格希望借助小说达成什么目的，哪怕是在艺术上有所成就，但他最终仍是一无所获。尽管他对这个故事近乎痴迷，却从未心满意足。[34]通过这部小说，他第一次深刻审视自己的性格。他过去的作品都直指他人缺点，但在《麦迪逊街边的小叛乱》中，他与霍尔顿·考尔菲尔德紧密相连，把自己的精神投射到主人公身上。他不再对个人问题闪烁其辞，而是逐渐开诚布公，将其视作读者与小说人物建立联系的一种方式。他呈现出的人物更加人性化，因为这些特点来自他自身。

圣诞假期，霍尔顿从潘西中学回家，先和女友萨莉·海斯去剧院看戏，然后去无线广播城溜冰。在溜冰场里，霍尔顿开始一边喝酒，一边滔滔不绝地痛骂他所厌恶的东西：学校、剧院、新闻短片、麦迪逊大道上的巴士……为了摆脱陈规，霍尔顿邀请萨莉和他一起私奔去新英格兰。"我们就住在有小溪之类东西的地方，"他告诉她，"再过些时候，我们可以结婚还是怎么的。"萨莉拒绝后，霍尔顿去酒吧喝酒，又在男厕所里生闷气，还遇上了酒吧里弹钢琴的家伙。钢琴手问他："你怎么不回家，老弟？"霍尔顿喃喃道："我不走，我不走。"[35]

现在的读者看完《麦迪逊街边的小叛乱》，有时会对它不予理会，把它当作《麦田里的守望者》中未经修饰的一章。虽然这篇故事包含了读者熟悉的人物和事件，但其格调和感觉却是陌生的。《麦田里的守望者》中的霍尔顿和《麦迪逊街边的小叛乱》中的霍尔顿背后有着不同的内驱力，这种不同不仅改变了人物，也改变了故事传达的主要信息。就风格而言，《麦迪逊街边的小叛乱》是生硬的，它塑造的人物面无表情。故事里的霍尔顿仿佛站得很远，用第三人称叙述，与读者相隔万里。当时的塞林格还在创作深度小说或是商业类小说之间摇摆不定,《麦迪逊街边的小叛乱》介于两者之间，与《年轻人》和《麦田里的守望者》有许多相同点。

故事的驱动力来自霍尔顿的宣言，他宣称讨厌一系列事物，这段带着苏格兰威士忌酒气的长篇大论后来也出现在《麦田里的守望者》中。但在短篇小说里，其言辞更为激烈，自嘲意味更浓厚。在《麦迪逊街边的小叛乱》中，霍尔顿是个典型的富家公子，他所做的事平淡无奇，任何一个中上流阶级的男孩都会做。塞林格特别强调了这一点，指出女生们经常看到霍尔顿在城里购物，但其实认错了人。然而，在他传统的外表下，霍尔顿快快不乐，渴望逃离这个捆缚他的世界。

通过描绘霍尔顿的不满和对他人期望的反抗，塞林格揭示了一种个体的骚动，它悄然隐伏于现实生活的表面之下。《麦田里的守望者》和《麦迪逊街边的小叛乱》中的霍尔顿都被两股不同方向的拉力撕扯，一个是满足期望，一个是反抗。在萨莉·海斯的眼中，没有比修剪圣诞树更寻常的事了。尽管霍尔顿反对从众，但当海斯几次三番请他帮忙修剪时，他还是答应了。他执行了这一传统仪式，并把它视为一种安慰。他在蔑视平凡生活的同时，又迫切地希望被生活接受。

故事的结尾巧妙地设置了一个讽刺性的转折，我们发现霍尔顿又冷又醉，在麦迪逊大道上等着他厌恶的公交车。如果说这个故事含有自传性质，就体现在这最后一个场景中。显然，霍尔顿渴望着他声称憎恨的东西。《麦迪逊街边的小叛乱》包含自嘲成分，描述了一个因自我经验的局限性而陷入困境的个体。就像他的创造者那样，霍尔顿藐视世俗，但世俗也正是他所知道的一切，并且塑造了他。萨莉·海斯很像乌娜·奥尼尔，见识鄙陋，只关心流行的传统，却过得安逸自在。相反地，霍尔顿内心复杂，喜欢反思，无法对这个世界深信不疑。故事结尾的悲伤之处在于，我们意识到霍尔顿已经成了他所鄙视的那类人。他虽然讨厌公交车（象征着日常生活），却依然依赖它。

尽管塞林格致力于揭露和戏仿曼哈顿上流社会的空虚，但这又是他唯一熟知的世界。这个世界铸造了他，虽然他对此冷嘲热讽，但他已然是其中的一员了。

《麦迪逊街边的小叛乱》是一次自白，是一次对挫折的解释，当时塞林格正经历着这种挫折。当他在职业方向上举棋不定时，他在个人生活中遇到了类似的矛盾。当霍尔顿·考尔菲尔德谴责上流社会的虚伪时，他的创作者正坐在鹳鸟俱乐部里，享受着附庸风雅的生活，追求着他在作品中极力痛斥的东西。

# 3 彷徨

1941年12月7日，日本偷袭珍珠港，美国被迫卷入第二次世界大战中。四天后，杰里·塞林格坐在公园大道家里的书桌前，试图平复遍涌全身的愤怒和爱国激情。[1]成群结队的人涌向征兵局，但塞林格却万分沮丧。他不顾一切，想为战争贡献力量。他向伯内特抱怨，因为他的1-B级健康状况令他有心无力。幸好《麦迪逊街边的小叛乱》即将在下期《纽约客》上发表，这有助于缓解他此时的悲伤。[2]

两天后，美国政府临时征用了康谢尔姆号，这艘豪华邮轮被用来运输部队，船舱里的时尚家具被搬出来扔到码头上。塞林格珍视的作品也惨遭相似的厄运。在珍珠港遭袭后不久，《纽约客》重新评估了公众情绪，决定从下期杂志中删去《麦迪逊街边的小叛乱》，并无限期停刊。这个国家不再渴望读到上流社会青年无用的抱怨。

塞林格收到撤稿消息后心灰意冷。但他生性倔强，立即指示多萝西·奥尔丁将《洛伊丝·塔格特漫长的首次亮相》投给《故事》杂志社。不顾《纽约客》的侮慢，他又寄去一篇新文章，内容是关于"一个肥胖男孩和他的姐妹们"的。[3]这篇文章可能就是塞林格在1月2日的信中提及的《赖利的无吻生活》(The Kissless Life of Reilly)。《纽约客》拒绝发表（《故事》杂志社也拒绝了）。尽管《纽约客》对《麦迪逊街边的小叛乱》态度暧昧，但它声称希望读到霍尔顿·考尔菲尔德的故事。《纽约客》的编辑威廉·麦克斯韦尔在退稿时告诉奥尔丁:"如果塞林格先生没有这般费尽心思耍些小聪明的话,情况对双方都更有利。"[4]

然而,塞林格铁了心要在《纽约客》版面上看到自己写的小说,他的决心比以往任何时候都更坚定。他越来越顺从《纽约客》的要求,最终提交了他们想要的霍尔顿·考尔菲尔德的故事——《麦迪逊街边的小叛乱》的续集,即《霍尔顿在公交车上》(*Holden on the Bus*)。[5]这篇小说再次被拒。这一次,《纽约客》指出了霍尔顿的缺点,说他"不成体统,不知道何时该闭嘴"。这句评论极具讽刺意味。《麦迪逊街边的小叛乱》后投的这两篇稿子都失踪了。[6]

塞林格发现自己处境尴尬,他也许还担心乌娜·奥尔丁的反应。整个世界当时都沉迷于战争,人们很少谈论别的。广播、电影、报纸和杂志更助长了这种狂热。他认识的人几乎都已参军,23岁的他却留在父母的公寓里,因为轻度心脏病无法履行战时义务。更糟糕的是,他选择的职业怠慢了他,在他告知所有人《麦迪逊街边的小叛乱》即将发表后,《纽约客》却没有任何刊发意向。

塞林格不知道该找谁帮忙,于是想到了福吉谷军校的创始人米尔顿·G.贝克上校,请他就入伍一事从旁协助。[7]他的请求是多余的,因为当时军队已经下调了选征标准,塞林格很快发现自己符合服役要求。1942年4月,他收到了征兵通知。

塞林格兴致勃勃地填写了调查问卷,这份正式入伍记录充满了他独特的幽默感。在"职业"这一栏下,他填的是铁道车辆木工。当被问及受教育程度时,他说只上过"文法学校"。[8]尽管他的入伍经历复杂曲折,可一旦开始服兵役,他反倒轻松了。

然而,他现在要离家了,是去打仗而不是写小说。塞林格渐渐直面现实,开始反思他的动机。他最初想要参军是想远离家庭,摆脱失意,而在珍珠港事件后应征报名则是出于爱国热情。他无法忽视父母眼睁睁看着孩子去前线打仗的痛苦,面临着国家利益与家庭责任的矛盾。要说他在参军这件事上左右为难的话,那也夸大其词了。只是这时的他突然发现自己与家庭和亲人之间存在着一种亲密联系,这是他从前未曾察觉的,令他深感惊讶。此前,他一直试图与家人保持距离,现在他开始欣赏将家庭成员联结在一起的简单事物,思考家庭结构中普通而复杂的动态关系。

塞林格内心也涌现出恐惧,他害怕自己正离开一个再也无法返回的世界。他害怕的不是死亡,而是这个世界的倾塌。这是家的世界,是美丽的世界。在此时,塞林格已经隐隐感觉到这个世界正在迅速丧失它的纯真。

在《最后也是最好的彼得·潘》中，塞林格审视了他对入伍和离家做出的复杂反应。与此同时，他创建了霍尔顿·考尔菲尔德家族，用以替代自己的家庭。《最后也是最好的彼得·潘》从未出版，一直保存在《故事》杂志社的档案里。1965年，这些档案被捐赠给普林斯顿大学。这是一部极具个人色彩的作品，探讨了塞林格最亲密的关系——他与母亲的关系。《最后也是最好的彼得·潘》深入探究了米丽娅姆的坚强性格、她对儿子的保护以及塞林格对母爱的矛盾情绪。

塞林格化身《最后也是最好的彼得·潘》中的叙事者——霍尔顿的哥哥文森特·考尔菲尔德。故事虽然提及霍尔顿，但他并未现身。相反，《最后也是最好的彼得·潘》主要是文森特和他母亲玛丽·莫里亚蒂间的对话。文森特一开始就描述了母亲包容的性格和引人注目的红发。一天，他发现母亲截获了征兵局寄来的调查问卷，藏在厨房抽屉里。他大为恼怒，跑去和母亲对质。他们随即就问卷调查和参军一事展开了激烈争论。玛丽为自己的行为做出辩解，说当兵无法给文森特带来快乐。为了强调家庭的乐趣和战争的危险，她特意让文森特注意身穿蓝色新外套、在户外玩耍的妹妹菲比。文森特的心中登时充满了爱，但他拼命回过头,将目光从妹妹身上挪开。玛丽又提醒他不要忘了弟弟肯尼斯的死。文森特对肯尼斯的死感到歉疚。玛丽意志坚决,有很强的控制欲。文森特告诉读者:"她似乎有点害怕触及这一话题,但她还是一如既往,有所准备地重提旧事。"[9]在小说最后一段,心烦意乱的文森特指责母亲在无意中做了不少虚伪的事,比如问瞎子时间或让瘸子接住从悬崖上爬下的孩子。回到房间后,文森特意识到母亲不愿在肯尼斯死后再失去一个儿子,他称母亲为"最后也是最好的彼得·潘",不求自身长寿,而力求保护孩子的生命。文森特依然无法解决内心的矛盾,尽管在故事结尾他明确表示会去打仗。在塞林格将来的故事里,文森特·考尔菲尔德变成了情感压抑的象征,深陷于痛苦之中。

..............

1942年4月27日,列兵杰罗姆·塞林格在新泽西州迪克斯炮台报到服役,编号为32325200。[10]不久,他又从迪克斯炮台被分配到驻扎在新泽西州蒙茅斯堡的陆军通信兵一营A连。通信兵负责传递军事信息,从开发雷达到部署信鸽,任务多种多样。通信兵种最注重技术能力,而这些技能又是新兵所缺乏的。蒙茅斯堡靠近桑迪胡克和泽西海岸,对塞林格而言,这一地理位置非常理想。他休假时回家很方便，驾车去波因特普莱森镇也不远。乌娜和她母亲在那里有一幢房子。

蒙茅斯堡周围尽是沼泽、小溪和树林。尽管风景了无生机，但它提供了多种训练环境，对军方来说非常实用。当塞林格抵达时，蒙茅斯堡正在进行战时扩建，到处都在施工。因为不断有部队开拔和新兵涌入，基地在喧哗声中秩序井然。容纳新兵的木制营房还在修建，塞林格只好在中央阅兵场的大帐篷里过夜。基地准备了几十个这样的帐篷。他和全国各地来的新兵挤在一处，他抱怨帐篷里的其他人"总是在吃橘子或收听智力比赛节目"，搞得他没法写作。[11]

如果从塞林格后期呈现出的形象来看，很难想象他在军队里是快乐的。他是叛逆的代名词，沉溺于公园大道精致的生活中，似乎与军营格格不入，他的个人哲学也与军队生活的哲学背道而驰。他喜欢独来独往，崇尚个性，这些特质已成为他的属性。然而，塞林格有一种追求秩序的倾向，这使他在看似随意的事件背后寻求意义。虽然人们说他年轻时态度冷漠，但作为一名作家，他遵守纪律、坚忍不拔，这些品质成功转化为军人生活所需的尽忠职守和昂扬斗志。

军队生活最终对塞林格的作品产生了深远影响。他被抛进现实的大熔炉中,身边既有来自南方腹地的士兵,也有在内陆城市租房的穷人,他被迫改变了对周围人的态度。每次遇到一个新人后,他对人性的理解都因之改变,这深深影响了他的文学敏感性。福吉谷军校的教育,使得他比绝大多数人更适应军队生活,他开始与日常生活中接触不到的人建立友谊。

最初,塞林格在军队的安逸生活对他的写作造成了障碍。抵达新兵训练营后不久,他告诉伯内特,尽管他"很想念他的小打字机",但他也期待能暂停写作。1942年一整年他都写得很少,相反,他把心思放在如何提高官衔上,最终当上了委任军官。

从作家到士兵的突然转变让塞林格和伯内特的关系第一次出现了细微裂痕。塞林格接受过军事教育,也曾在预备役军官训练营中服役,他觉得自己理应被委任为军官而不是继续当列兵。6月,他又申请就读候补军官学校(Officer Candidate School)。为了得到委任状[01],他请伯内特和福吉谷军事学院创始人贝克上校为他写推荐信。贝克的推荐信热情洋溢:

---

01 在美国,军官是委任制,委任状以总统的名义颁发,经国会批准。——译者注

我认为,此人具备成为一名优秀军官的所有特质和性格。列兵塞林格品性优良,头脑敏锐,运动能力高于平均水平,工作勤勉,忠诚可靠……我相信他会为国争光。[12]

相比之下,伯内特的信则充满不确定的语气:

　　我与杰里·塞林格相识三年,他曾在哥伦比亚大学接受我的指导。他富有想象力,聪明伶俐,能采取迅速、果断的行动。他是一个有责任心的人,如果他决心向这方面发展的话,他应该能成为军官中的佼佼者。[13]

　　就算塞林格读懂了伯内特最后一句的含混之处,他也没有点明。也许他能理解这位编辑的勉强。在他请求伯内特推荐的同一封信里,塞林格承认,自从入伍后他就停止了写作。除了略显敷衍的推荐信,伯内特还寄来一封短笺,说他收到了《洛伊丝·塔格特漫长的首次亮相》并且很喜欢。伯内特似乎对塞林格采取了一种萝卜加大棒的政策,为的是让塞林格继续留在作家圈子里。
　　《洛伊丝·塔格特漫长的首次亮相》被《故事》杂志接受,这使它免于被读者遗忘,也使塞林格感到高兴。但塞林格却被候补军官学校拒绝了,而这让伯内特很高兴。如果说塞林格因为入校失败的事想怪罪伯内特,那么他也没有表现出来。7月12日,他在写给伯内特的信中感谢他的"来信、收稿以及他所给予的一切帮助",但在信的结尾塞林格宣布自己已经是一名陆军航空学员。这次提拔要求塞林格搬到离新泽西较远的地方,他无法在周末回到公园大道和《故事》杂志社。

夏末,塞林格登上了开往南方的运输列车。他在距离蒙茅斯堡1000英里(1英里=1.609344千米)的佐治亚州威克罗斯转车,一路向西,穿越瓦尔多斯塔镇,最后到达他此行的目的地——位于佐治亚州班布里奇的美国陆军航空基地,他将在这里连续待上九个月。

班布里奇在许多方面都与蒙茅斯堡相似。在班布里奇,施工的喧哗被飞机噪声所取代。巨大的水塔在营地上投下长长的影子,营房是木制的,不太结实,屋顶上铺着黏糊糊的黑色柏油纸。虽然基地建在湿地上,但班布里奇的空气里满是灰尘,热得让人窒息。为了逃离这一恶劣环境,士兵们总是穿过河,到对岸的班布里奇镇上。这里是迪凯特县的县政府所在地。镇上有一座广场、一家装饰华丽的法院和一座联盟国战争纪念碑。此外,镇上还有一座精美的凉亭。对过路人而言,这个小镇显得古色古香,仿佛还停留在过去，令人昏昏欲睡。但对塞林格来说，这是他的圣赫勒拿岛。数十年后，当他再次回忆起这个流放地时，他打趣说："班布里奇可不是塔拉。"[14]

塞林格向伯内特抱怨说，这个基地是福克纳和考德威尔"可以进行文学野餐"的地方，但一个来自纽约的小伙只想离开。这是塞林格第一次流露出思乡之情。他哀叹道，他宁可待在向北1000英里的地方。但班布里奇将为塞林格提供与福吉谷相同的机会。在单调的日常训练之余，他有时间进行写作。他在这里写了很多作品。佐治亚州的安稳日子给了他闲暇去全面审视他人，对他来说，这恐怕还是第一次。这一点在他这个时期创作的小说中有所体现。他甚至在河对岸那个静谧的小镇中找到了浪漫。

随后，塞林格被提拔为一级军士长教官和通信兵教官。班布里奇是美国陆军航空队基础飞行学校所在地，塞林格就在这里训练学员。被候补军官学校拒绝后，他一直期待着被提拔。但当这份任命真的到来时，塞林格难免有些惊讶。他对机械不太擅长，但还是得教别人一些飞机的工作原理。

他白天指导新兵，训练飞行员，晚上就有空从事写作。尽管他入伍后很少动笔，但他的军旅经历使他开始重新考虑自己的工作。他进入新环境中，与拥有不同背景的士兵交好，这都为他的创作提供了全新的认识。一年前，《洛伊丝·塔格特漫长的首次亮相》刚写完，他就急着发表，可当它最终刊登在9、10月份的《故事》杂志上后，他却说他现在发现这篇故事"很无聊"[15]。

得知塞林格重新写作，伯内特如释重负。但他仍然担心军队生活会使塞林格失去大好前程，因此他催促塞林格写出更多作品。他还多次找多萝西·奥尔丁商量，要她"问问塞林格有没有兴趣写书"。"如果塞林格不忙的话，"伯内特写道，"我希望他能着手写个长篇小说。"[16]

伯内特和奥尔丁都期待塞林格继续写有关霍尔顿·考尔菲尔德的书，但塞林格却无法做出保证。1942年年底，他告诉两人，虽然他又开始写作了，但部队任务繁重，他没法完成这部长篇，因为他没那么多时间。他承诺，如果将来有机会，他会考虑把这部小说继续写下去。[17]而事实上，他在班布里奇安顿下来后，就开始积极写作。当他就长篇小说回复伯内特和奥尔丁时，他至少同时在写四篇相互独立的短篇小说。

9月，刚到班布里奇时，沉浸在懊悔和思乡中的塞林格想到了乌娜·奥尼尔。在佐治亚州的第一晚，他写信给乌娜，告诉她他有多爱她、多想念她。他在班布里奇给她写了很多信，这是第一封。他日复一日地写，把这些信写成了小型中篇小说(有的长达15页)，他的情书中既有浪漫也有讽刺。乌娜被这些信迷住了，感到很得意，还拿去向朋友们炫耀，尤其是卡罗尔·马库斯和格洛丽亚·范德比尔特。她们对塞林格本人和他的信意见不一。她们推断，乌娜的这个男朋友好像有双重性格，既多愁善感又厚颜无耻。

杜鲁门·卡波特在他未完成的小说《应许的祈祷》(Answered Prayers)中记述了乌娜的朋友们对塞林格来信的反应。根据卡波特漫谈式的描述，卡罗尔·马库斯认为"这些信有点像情书文集，非常温柔，比上帝还温柔，甚至有点太温柔了"。对于他们的评价，塞林格毫不介怀，因为在他眼中，马库斯和范德比尔特既无聊又奇怪。

卡罗尔和萨洛扬的订婚几乎被塞林格的这些信件毁掉(还和她自身的大胆有关)。萨洛扬是塞林格所崇敬的作家，他最近刚被征召入伍，这让卡罗尔陷入尴尬的境地。为了维持两人的关系，她不得不写信给他。正如卡罗尔所说："我告诉乌娜，我担心如果我给比尔写信，他会发现我是个白痴，就不想娶我了。因此她在杰里的来信中标记出一些聪明的段落，让我抄下来，写到我给比尔的信里。"[18]等到萨洛扬与她再次见面时，她得知对方还不确定是否娶她，简直忧心如焚。原来，在读了卡罗尔寄来的那些"油腔滑调的蹩脚情书"后，萨洛扬改变了对她的看法。卡罗尔只好疯狂地承认自己的欺骗行为,在得到萨洛扬的原谅后,他们于1943年2月成婚。[01]

塞林格同时写几个故事,因为他希望公众不要淡忘他。为了实现这一目标,他需要马上发表一篇商业类小说。他用旧配方写了一部必会成功的小说,投给《克利尔》杂志,尽管好几个月前他还在痛批《克利尔》是庸俗高调作品的捍卫者。1942年12月12日,《克利尔》发表了《一个步兵的个人笔记》(Personal Notes of an Infantryman)。很明显,塞林格写出《一个步兵的个人笔记》完全是权宜之计。它和《诀窍》有着相同的模式,本质上是一样的故事。两部小说都被《克利尔》选中,这并不出人意料。塞林格渐渐摸清了门道,知道哪些杂志喜欢哪种风格的小说。和《诀窍》一样,《一个步兵的个人笔记》也采用欧·亨利式的结尾,干净利落,在读者预料之中。小说充满了对爱国主义和军队的热情颂扬。

尽管《诀窍》和《一个步兵的个人笔记》非常相似,但它们在塞林格的职业生涯中留下了不同的痕迹。1941年7月,《克利尔》发表《诀窍》时,塞林格兴奋不已,将它视作一次突破。正是这篇小说打动了乌娜·奥尼尔。相反,塞

---

[01] 卡罗尔·马库斯和萨洛扬实际上结了两次婚,分别在1943年和1951年。1959年,她又嫁给了演员沃尔特·马修。卡罗尔是霍莉·戈莱特丽的原型,这是杜鲁门·卡波特的小说《蒂凡尼的早餐》的女主人公。卡罗尔于2003年7月去世。

林格只把《一个步兵的个人笔记》当作一种填充物,用来弥补他这段时间在文学上的懒散,也用来填充更具深度的作品之间的空白。这篇小说显然不值得塞林格吹嘘,它也不像《诀窍》那样能引起乌娜的注意。不管怎样,乌娜现在身处洛杉矶,她母亲阿格尼丝·博尔顿希望把女儿培养成电影明星。

...........

1943年伊始,塞林格创作了好几篇商业类小说,希望像《一个步兵的个人笔记》那样在《克利尔》上顺利发表,而他把更好的作品投给了《纽约客》。[19]他甚至开始考虑把故事卖给好莱坞,这样他就能打动乌娜,在战后与她走得更近。

1943年年初,塞林格的商业主义转向并不令人意外。他发现创作这类小说很容易,尤其考虑到他在军队服役花费的时间,这样的做法很有吸引力。而且,那些发表在"光面杂志"上的小说报酬很高。1943年,他在信件中透露出对金钱的渴望。

1942年年末到1943年年初的那几个月里,塞林格还向《纽约客》投了两篇讽刺小说。一篇是《没有海明威的男人》(Men Without Hemingway),嘲讽了战后可能会出现的那些以战争为背景的浮夸小说。另一篇的名字挺别扭,叫作《我们渡海走吧，20世纪福克斯》(Over the Sea Let's Go, Twentieth Century Fox)，这是对好莱坞宣传片的滑稽模仿。当时好莱坞正层出不穷地推出各种宣传片。[20]这两篇稿子都被《纽约客》退回。1943年2月，塞林格又给《纽约客》寄去一篇短篇小说，题为《破碎的孩子》(The Broken Children)，他认为这是他参军后写过的最好的作品。[21]结果，《破碎的孩子》不仅被《纽约客》退稿，连《故事》也拒绝了它。这几次退稿意味着这些故事都没能流传下来。

不难理解，1943年间塞林格对《纽约客》越来越不满。杂志已经收纳《麦迪逊街边的小叛乱》快两年了，塞林格开始怀疑他还能不能看到这篇小说发表。他认为《纽约客》只关注那个"小海明威们"的小圈子（按照他的说法）。[22]他感到被排挤，黯然神伤，只好将期望放在其他杂志上。

4月，他的经纪人把《瓦里奥尼兄弟》(The Varioni Brothers)卖给了《星期六晚邮报》，菲茨杰拉德的第一部短篇小说就发表在这本杂志上。凭借诺尔曼·罗克韦尔的出色封面，《星期六晚邮报》已经发展为20世纪40年代美国杂志中的典范。它比《克利尔》更受欢迎，更为人推崇，全国发行量达400万册，足以向塞林格支付一笔丰厚的报酬。然而，这些都没能阻止塞林格嘲讽这本杂志，贬低那些从他手里买去的短篇小说。

读过《瓦里奥尼兄弟》的读者会发现，塞林格对自己作品的嘲讽实在是令人费解。他为这篇小说道歉，说它质量不高，因为他在创作时心里还想着好莱坞。[01]但他的解释似乎不够真诚。诚然，乍看之下，小说有一种电影风格，但《瓦里奥尼兄弟》探讨了成功对真实灵感的摧毁力，清楚地分析了作者自身，这是一个好莱坞无法理解的精妙寓言。

《瓦里奥尼兄弟》讲述了兄弟俩的生活，一个是追求成功的音乐家，一个是追求作品质量的作家。音乐家对名声的渴求战胜了他脆弱、敏感的兄弟，迫使后者放弃了写在火柴盒后面的小说，为他的歌曲写词。这些歌曲大获成功，兄弟俩一夜暴富，声名大噪。阅读《瓦里奥尼兄弟》时可以明显感觉到，兄弟两人都是以塞林格为原型的。为了塑造鲜活的人物，作者将自己的性格一分为二，在他面前呈现出两条截然不同的职业道路。一方面，塞林格把乔·瓦里奥尼写成一位作家，在一所小学里边教英语边写作。乔的文字虽然有些杂乱无章，但却是严肃的，塞林格将其提升到"艺术"的高度。小说中有个对乔产生重要影响的教授(一个伯内特式的学者)，他甚至把乔当作"诗人"。乔·瓦里奥尼正是塞林格想要成为的那种专心致志的作家，如果他没把

---

**01**　塞林格不仅在与伯内特的交流中为《瓦里奥尼兄弟》的质量寻找借口——这是职业性的坦白，还当着好朋友的面嘲笑这个故事，并且偷偷嘲笑那些推崇这部作品的人。

小说投给《纽约客》的话，读者倒要惊讶了。另一方面，乔的兄弟虽有才华，却只在乎名利。他并不把音乐当成艺术，而只把它视为产品。这一事实在他的悲叹中表露无疑：他"无法听到"自己创作的音乐。[23]他懒惰、固执，有时还很坏。为了让读者理解得更清楚，塞林格还给他取名为"桑尼"[01]，这是作者年轻时的小名。如果《克利尔》杂志有音乐部的话，桑尼早就在门口露营了。

《瓦里奥尼兄弟》是一部俗气的道德小说，没有太大的艺术价值。不出读者所料，桑尼的贪婪最终摧毁了他的兄弟。一天晚上，在一个名流云集的聚会上，一个歹徒将乔误认成桑尼，用枪将其击毙。此时的乔正一反常态，坐在钢琴前弹奏了一首名叫《我想听到音乐》的曲子。塞林格传达出的信息是明确的，他担心商业上的成功会扼杀创作的纯洁性。与《破碎故事之心》不同的是，《瓦里奥尼兄弟》表达的意义是清楚的：商业主义代表着纯碎的邪恶，塞林格幼稚地被商业主义所吸引，这等于走向死亡。

............

塞林格没打算通过《星期六邮报》或者其他杂志公开发表《瓦里奥尼兄弟》。尽管他的许多作品，包括《麦田里

---

**01**　Sonny 也有小家伙、小宝的意思，是年长者对男孩的称呼，也是塞林格父母对他的称呼。——译者注

的守望者》，都表达出对电影的鄙夷，但他始终热爱电影，希望在大银幕上看到自己的名字。《瓦里奥尼兄弟》被《星期六晚邮报》买下前，塞林格把这部小说和其他几篇作品都交给了知名文学经纪人马克斯·威尔金森。威尔金森将小说带去好莱坞，试图卖给电影制片厂。[24]好莱坞表现出了一些兴趣，但关注的时间不长。随着塞林格与威尔金森失去联络，这部小说被拍成电影的可能性也消失了。最终，塞林格尝试进军电影业，特意为好莱坞写了几个质量不高的作品。他日后承认此事时也颇为尴尬。[25]

塞林格想把小说卖给好莱坞，这似乎与他作品中表达的想法不一致，但这种行为也只是为了掩盖他内心的绝望罢了。1942年秋天，乌娜·奥尼尔搬去洛杉矶后，他们的关系破裂。自从她离开纽约后，塞林格给她写了许多长信，却很少得到回复。1943年1月初，他开始在八卦专栏上看到他女朋友的名字和一位传奇演员联系在一起，这个人就是查理·卓别林。

乌娜确实和卓别林关系暧昧。她和母亲到加利福尼亚时，卓别林正在为新片《影与物》选角，乌娜参加了女主角试镜。她当时已经上过几节表演速成课。实际上，这部电影并没拍成，乌娜的好莱坞明星梦也从未实现。尽管卓别林比她大36岁，但她却开始主动追求他。卓别林是出了名的喜欢年轻女性，他很快就拜倒在乌娜的石榴裙下。两人的恋情成了爆炸性新闻。与此同时，卓别林还卷入一桩丑闻，他被指控为女演员琼·巴里所生孩子的父亲。巴里的年龄更加引发了公众的义愤（巴里比卓别林小31岁）。这场亲子诉讼案占据了1943年的大部分时间，卓别林与乌娜的恋情就是在这种惊人的背景下展开的。当他们的关系被曝光后，人们指责卓别林道德沦丧，甚至说他"不是美国人"。他的电影遭到了抵制。[01]

乌娜与塞林格分手，而和卓别林在一起，是他一生中最大的爱情悲剧。他当时几乎躲不开这个话题：报纸头版刊登了卓别林在亲子案中被提取指纹的照片，并附有文章指控这位演员正在进行一场邪恶的"白奴"买卖，诱骗美国最著名剧作家年轻、"天真"的女儿。卓别林偷走了塞林格的"小乌娜"，那是他理想中的妻子。[26]这件事是对塞林格的一次公开羞辱。每个人都知道他对乌娜的感情。他曾经自豪地向战友们展示乌娜的照片，如今他们却投来同情的目光。

虽然经历了这些伤心事，但塞林格的骄傲和坚毅不允

---

[01] 卓别林回到祖国英国后，这场争议依然困扰了他数年。1956年，英国王室曾考虑授予卓别林爵士头衔。根据英国外交部的说法，1943年的亲子诉讼丑闻（卓别林输掉了官司，尽管后来的血液测试证明他不是孩子的父亲）以及卓别林与乌娜·奥尼尔的关系都是推迟授予他荣誉的原因之一。卓别林最终在1957年被授予爵士称号。

许他沉湎其中，他也没有公开表达悲伤。相反，他或是对此事视而不见，或是假装无动于衷。1943年1月11日，他在写给伊丽莎白·默里的信中说，他对乌娜已经失去了激情，他得了一种浪漫失忆症。他不怪乌娜，也不怪卓别林，但责怪乌娜的母亲致使他们分手。[27]事实上，塞林格除了不时抱怨他的小毛病(过敏反应和持续性牙疼)，加上情绪不太稳定之外，没有流露出任何恨意。直到7月，他才承认自己讨厌卓别林。[28]

塞林格不愿承认所受的伤害，这倒解释了他在班布里奇写的另一篇小说《小兵之死》(*Death of a Dogface*)。这篇小说中有部分内容令人费解，也许塞林格当时的感受能为此提供解答。这是一部商业类小说，本打算卖给《克利尔》或《星期六晚邮报》，有作者当时的经历。小说不乏趣味性，它真实地描述了塞林格对军队、战争和爱情的感受。

故事的主人公是丑陋而敏感的伯克中士，他将新兵菲利·伯恩斯招致麾下，给了他迫切需要的信心。这个故事清楚地表明，塞林格与战友们正越来越紧密地团结在一起。这位中士最终在珍珠港事件中因拯救他人生命而牺牲，塞林格却把他的死写得孤独、血腥甚至不光彩。这种写法与当时的大多数故事形成了强烈对比。《小兵之死》还包含了一个与塞林格个人生活相关的章节，这也许是种无意间的讽刺。伯克中士带菲利去看卓别林的电影《大独裁者》,知道他暗恋的女孩也在剧院里。当时的读者大概没在意卓别林在小说中的出场,但如果联系塞林格的生活的话,读者的麻木和漠然简直异乎寻常。

> "怎么了,伯克先生,您不喜欢卓别林吗?"……伯克说,"他还不错。我只是不喜欢那些滑稽的小个子成天被大人物追着。好像永远找不到女朋友,永远。"[29]

然而,卓别林并没有"永远找不到女朋友",1943年6月16日,查理·卓别林和乌娜·奥尼尔结婚。直到卓别林1977年去世前,他们一直相互陪伴,并育有8个孩子。[01]

...........

在服役期间,塞林格培养了通过转移精力来对抗不幸的能力。情场失意时,他要么重新寻求浪漫,要么投身写作。写作不顺时,他就沉浸于军队工作中。晋升失败时,他变得更坚强了。他的抱负使他没有时间充分处理痛苦。他有能力转移注意力,但这种能力也使他无法正确管理自己

---

[01] 当时很多人都不相信这段婚姻会长久。在他们的新婚之夜,塞林格写了一封嘲讽信并抄写给朋友们看。尤金·奥尼尔对他们的结合感到十分震惊,他从此再没和女儿说过话。他勃然大怒,在遗嘱中规定乌娜不能继承任何遗产。1945 年,卓别林逃离美国后,乌娜也放弃了美国国籍,转而加入丈夫的国籍。乌娜的朋友们说,1977 年卓别林死后,乌娜魂不守舍。她在 1991 年去世。

的不安全感、创伤感和失落感。正因如此,在塞林格的文字里,无论是口头语言还是书面表达,总是对于由事件产生的种种情绪矢口否认或避而不谈。在心神不安的1943年间,塞林格的信中充满了逃避。他的通信显示出一种倾向:言辞闪烁地承认一些重大问题,突然提出一个主题,随即又马上离开。因此,1943年他写给伯内特和赫伯·考夫曼的那些信,即使不是故意欺骗读者,也具有一定的误导性,无法完整描述当年发生的事件和他本人真实的精神状态。这种倾向从私人通信延续到了工作中。他在1959年的小说《西摩:小传》中提到了这一点,他警告说:"听一个人的坦白,要听他没有公开承认的。"[30]

1943年发生了三件事,足以说明塞林格的"坦白"还有许多难以捉摸的地方。第一,他拒绝承认与乌娜有关的事件。有几次提到这个话题时,他否认对她的情感,虽然在几个月前他还满怀激情地示爱。[31]第二,他为《瓦里奥尼兄弟》做了拙劣道歉。其实这部小说包含的私人信息比他承认的要丰富得多,他私下里很喜欢这个故事。第三个例子也许最能体现他写作中"打了就跑"的特点:佐治亚的蜜桃。

那年春天,他没有理会上一段失败的恋情,在信中反复表达对婚姻的渴望,并提到他与一个前女友再续前缘。

这位姑娘是纽约人,就读于芬奇女中。这位芬奇女孩的其他信息我们就一概不知了,他们分手的原因似乎是塞林格不愿使用电话。那年6月,就在乌娜嫁给卓别林时,塞林格告诉伯内特,他之所以还单身是因为分心而不是乌娜的抛弃,他坚持认为自己的工作和多情让他无法安定下来。比如,他描绘了以下场景:他走进营地服务社,立刻就爱上了那里的女员工。[32]他假设性地呈现这一场景,不过是要掩饰真相。如果仅仅阅读了塞林格的信件,伯内特可能没有意识到这件事确实发生了。就像在他的许多故事中那样,塞林格看似平淡地描述了一件事,人们很容易忽视它,其实真相就在其中。

1942年秋,劳伦娜·鲍威尔遇见了还是列兵的塞林格。那年她17岁。她在班布里奇陆军航空基地服务社工作,是个标致、聪明的年轻女孩。在家人的印象里,她依然是个"佐治亚的蜜桃"——一个传统的南方美人。她生长在班布里奇,突然看到故乡涌入一群士兵,一定觉得是件有趣的事。她在这个令人昏昏欲睡的南方小镇长大,突然间接触到许多男人,也算是一次大开眼界的经历。塞林格的英俊外表和纽约人的成熟老练令她心动,塞林格则被她的美貌和"无限深度"所吸引。[33]尽管塞林格三心二意,劳伦娜也拥有大批爱慕者,但他们的关系还是持续了至少六个月。

对塞林格来说，两人相遇的时机再好不过。与劳伦娜的相处无疑会减轻被奥尼尔抛弃的那几个月里遭受的打击。这就解释了为什么他在1月写给伊丽莎白·默里的信中宣布对奥尼尔已经丧失激情。与劳伦娜的相遇使塞林格找到了宣泄浪漫情感的渠道。劳伦娜还回忆说，塞林格曾向她求婚。至于男方是否真的提议结婚，依然是个未解之谜，但劳伦娜回忆的求婚时间确实与塞林格在信中表达结婚意图的时间一致。他对这段感情很认真，甚至把母亲和妹妹从纽约接来见劳伦娜。[01]

无论两人的感情有多深，他们的结合对双方都有好处。然而，劳伦娜的母亲克莱塔立刻对这个来自纽约的精明男孩产生了警惕，对两人的恋情不太看好。1943年早春的一个晚上，劳伦娜和塞林格站在班布里奇鲍威尔家的客厅里。克莱塔正从餐厅的门里向外窥看，她悄悄潜伏着，观察这对情侣在镜子里的一举一动。据劳伦娜的说法，当塞林格想要俯身吻她时，"门突然开了，妈妈冲了进来，要他马上离开，再也不要见我"。塞林格很少和人对着干，于是快速溜走了，只剩劳伦娜抽泣着跑回了自己的房间。两

---

[01] 这类细节使他们的恋情更为真实。按照当时的礼节，女方应当与男方的父亲见面。索尔没有出现，倒是塞林格的母亲和妹妹来了。尽管劳伦娜也许无法理解，但这就是塞林格家族的典型特征。

人的恋情就此结束。5月,"佐治亚的蜜桃"已经和另一个更受欢迎的纽约人订婚了。此人是名空军中尉,塞林格认识他,却不喜欢他。

这段关系的突然终结让塞林格大为不解或不愿讲述其中的细节。他在1944年发表的短篇小说《两个孤独者》(Two Lonely Men)中表达了这种困惑和回避。小说的场景就设置在班布里奇。它再次体现了塞林格的写作特色:将个人经历穿插到故事中,在被迫做出解释前又迅速逃离。《两个孤独者》的叙述者描写了主要人物在军事基地的生活,甚至明确提到了劳伦娜·鲍威尔。

> 有时——或者说刚开始那会儿——他和一个深色头发的女孩约会,她长得挺漂亮,在服务社工作——但后来发生了一些事——我不确定是什么……[34]

两人分手后,《星期六晚邮报》在1944年2月至7月间发表了三篇塞林格的短篇小说。这些都是他在班布里奇写的(至少是到达班布里奇后开始写的)。第四篇小说在1945年3月发表。劳伦娜一连数月请求母亲允许她阅读《星期六晚邮报》上的小说,克莱塔终于同意了,劳伦娜读到了其中一篇。她对这个故事印象深刻,因为她发现自己被写进了故事里。她读的可能是《当事双方》(Both Parties Concerned)，塞林格给这篇小说最初起的名字是《打雷时叫醒我》(Wake Me When It Thunders)。果真如此的话，这部小说不仅将劳伦娜塑造为一个敏感的年轻女性，也可能解释了塞林格作品的激烈转向。露丝这个人物是塞林格作品中第一个富有同情心的女人。塞林格对故事中的女性人物突然变得如此宽容体恤，这得感谢劳伦娜·鲍威尔的出现。

《当事双方》讲述了一对夫妻如何努力经营婚姻，承担为人父母带来的责任。现代读者可能觉得故事情节有些老套，没有吸引力，但对20世纪40年代的读者来说，它及时而又亲切地反映了他们的生活。比利和露丝·冯默是一对新手父母，他们承认结婚太早，违背了露丝母亲的意愿。尽管人生进入了新阶段，但比利还是想保持青年时的生活方式，他每晚都带露丝去一家叫"杰克"的乡村夜总会。比利没有注意到，与丈夫相比，婚姻和母性使露丝变得更加成熟。她宁愿待在家里，和全家人一起度过一个安静的夜晚，也不愿在路边酒吧里跳舞喝酒。两人对生活中主次事项的不同看法最终升级为一场争吵。一天晚上，比利下班回到家时，发现露丝已经收拾好行李，要带着孩子回娘家。比利毫无办法，只能自个儿喝着波旁酒生闷气，假装自己是萨姆——电影《卡萨布兰卡》里的钢琴手。最后，露丝带着孩子回到了比利身边，这让她母亲很恼火。这段经历使比利意识到自己有多么自私，也教会他感谢妻子和她的温柔。为了让读者明白比利终于成熟了，并承担起了作为丈夫的责任，作者安排了以下情节：比利告诉露丝，如果夜里打雷她感到害怕的话，就叫醒他。当晚，果然雷声大作，比利醒来时却发现妻子不在床上。这里，塞林格又一次用巧妙手法掩饰了要点。比利四处寻找妻子，却惊讶地发现她在厨房里。他原本以为妻子会躲在壁橱里——这是她经常藏身的地方，她常在暴风雨来临时蜷缩其中。如果我们以前没发现比利的粗心大意，那么我们现在肯定意识到了。什么样的丈夫会在暴风雨中安然入睡，留下他的妻子在壁橱中瑟瑟发抖呢？有多少次恐惧迫使敏感的露丝寻求保护，但她的丈夫却不能提供庇护呢？这段插曲很重要，它突出了比利的不负责任和露丝的敏感天性。[35]

小说在1944年2月出版后大受欢迎，读者们一眼就能认出其中的人物。人们读完故事后，能直接与露丝和比利产生共鸣，或者能在他们身上看到熟人的影子。当时，美国已经参战将近两年。数百万男人远离家庭和故乡，在前线作战。他们的妻子和女友生活在恐惧中，担心他们将一去不复返。许多男人努力回忆起妻子的面容，有些人从未见过新生的孩子。当他们阅读《当事双方》时，不仅对小说表示认可，而且羡慕小说中的人物。他们不仅与主人公感同身受，甚至希望取而代之。如果他们身处人物所在的情境，就会知道应该做些什么了。

露丝和比利被塑造成简单的角色，这反而使人物更加可信。他们对事件做出的普通反应使读者与人物间产生了亲切感。这个故事最成功的部分，大概是比利发现了露丝写的信，信中解释了她出走的原因。伤心的比利一遍又一遍地读着这封信，直到他能倒背如流。这是一个愚蠢的行为，却很容易打动读者，让人感到更心痛。比利流利地背着露丝的信，信里的文字深深触动了他的心。不知何故，这使得我们自己生活中那些相似的时刻也变得合理了。塞林格通过这种方式将自我形象传递给读者，这种能力使他的写作充满了生命力。

…………

1943年5月下旬，塞林格从班布里奇被调往田纳西州纳什维尔的陆军航空兵分类中心。在接下来的八个月中，他还将面临一系列改派和调遣。在分类中心，他接受了很多测试，以此确定他应该充当飞行员、投弹手还是领航员。但塞林格对这些筛选感到失望，他再次申请就读候补军官学校。这一次，他的申请通过了，但几个星期后又不见下文了，他的欣慰很快变成了沮丧。他特意前往华盛顿特区，试图说服那里的官员为他说情；他再次写信给贝克上校，请求他向候补军官学校施压，授予他军官职务。纳什维尔的测试结果出来后，他被提拔为代理一级军士长，但这个级别使他更加恼怒。为了得到军官头衔，他把能做的都做了，现在已经无计可施。"我太想当军官了，"他哀叹道，"但他们就是不让我当。"[36]

在纳什维尔，塞林格心中闷闷不乐。他对自己的任务和军衔都不满意，甚至开始怨恨起军队生活。他讨厌做一名非委任士官，觉得平凡的职责正在消耗他的精力。[37]最重要的是，他感到孤独。他怀念班布里奇，在那里他还有几个好朋友。但在纳什维尔，他形单影只。他自称喜欢纳什维尔的士兵，但又觉得和他们很疏远。他感到越来越疲惫，越来越愤世嫉俗，甚至自己都不认识自己了。他想回家。[38]

7月，塞林格又被调往俄亥俄州费尔菲尔德的帕特森基地，他被任命为上士，负责挖沟。不用说，这次任命也没能缓解他的失望情绪。当不用埋头于文书工作时，他就整日对新兵发号施令，就算不是在灌输恐惧的话，也得让他们驯服。他不得不虚张声势，向士兵隐瞒自己的文学爱好：他们不太可能服从一个文学爱好者。

白天训练新兵，晚上塞林格就开始安静地写作。在纳什维尔，他尝试写一篇名为《巴黎》(Paris)的奇幻小说。故事讲的是一个法国人将阿道夫·希特勒绑架了，并把他封在大箱子里。没有出版商会对这种情节感兴趣。[39]7月17日，《星期六晚邮报》刊登《瓦里奥尼兄弟》后，塞林格非常兴奋，他马上又给《星期六晚邮报》寄了两篇小说，但都被退稿了，原稿如今已不知下落。其中一篇题为《雷克斯·帕萨尔在火星上》(Rex Passard on the Planet Mars)，这篇小说先是被《星期六晚邮报》拒绝，随后在《故事》那里遭遇了相同的命运。另一篇名为《贝琪》(Bitsy)，是塞林格最喜欢的作品之一。塞林格说这篇故事讲的是一个女孩，她喜欢在桌子底下抓别人的手。但塞林格的故事梗概不够完整，有时还具有误导性。《贝琪》被《星期六晚邮报》退稿后又被寄给《故事》，结果同样被退回，因为小说主要写了个酒鬼。

随着时间的推移，塞林格的文学兴趣开始拓宽。休假时，他喜欢独自一人前往附近的代顿市。他把自己关在吉本斯酒店的房间里，阅读那些更加复杂的文学作品。此前，他常读同时代作家林·拉德纳和舍伍德·安德森的作品，如今他转向了费奥多尔·陀思妥耶夫斯基和列夫·托尔斯泰。

不过，对塞林格而言，最重要的还是自己的小说。在构思了许多霍尔顿·考尔菲尔德的故事后，他犹豫再三：究竟是把这些故事组合成一部完整作品，还是把它们作为一个个单独的短篇写进故事集里？1943年夏天，塞林格似乎做出了决定。他告诉伯内特:"我非常了解我笔下的这个男孩,他值得成为一部长篇小说的主角。"伯内特对这个决定自然十分满意。

1943年上半年,塞林格写了几部商业类小说,随后他又重新投入严肃文学的创作中。他从初夏开始写的《伊莱恩》(Elaine)就是其中最好的证明。塞林格原本想把故事写得商业味十足,以便在《星期六晚邮报》上发表,但他很快就发现,自己对每句话都要反复斟酌,不断修改文中细节。等他写完《伊莱恩》后,他自信地认为这是他迄今为止最好的作品。他对这个故事有着强烈的占有欲。这篇小说代表着塞林格对纯真的探索进入一个新阶段。毫无疑问,他夜间的新朋友——伟大的俄国作家们对他产生了巨大影响。

《伊莱恩》写的是一个漂亮女孩,她头脑不太聪明,在一个急于吞噬她的世界里随波逐流。伊莱恩·库尼心地善良,惹人喜爱,但轻信他人。她心智有些迟钝,需要九年多的时间才能读完八年级。毕业后,她踏入社会,身边可靠的人只有她的母亲和祖母。但她的监护人们沉迷于电影制造的幻想中,没有留意到伊莱恩的缺点或向她逐渐逼近的危险。相反,一家人仿佛朝圣般从一家电影院来到另一家电影院,不停变换,乐此不疲。在其中一家电影院里,伊莱恩遇到了一个叫特迪的引座员。他陪着这个毫无戒心的女孩到海滩玩，适时地占她的便宜。一个月后，他们结婚了。但伊莱恩的婆婆和她母亲库尼夫人大吵一架，搞砸了婚宴。母亲和祖母突然意识到她们对新娘的爱，发觉离了她就无法生活下去，所以把她从特迪和客人们的手中抢了回来。[40]

《伊莱恩》之所以超越了塞林格此前的作品，是因为它暗示了女主角再也无法回到一个天真的幻想世界中。一旦被玷污后，她的纯洁就开始褪色。我们还可以推测，突如其来的母爱无法满足伊莱恩的情感需求。而这份母爱将很快因为库尼夫人的好莱坞幻想而湮灭。伊莱恩会再次落入特迪手中，她的生命之花最终将凋零。

然而，伊莱恩也能在电影的幻想世界中找到安慰。鉴于人物的局限性，叙述者支持她拥有自己的现实，正如我们在面对天真的孩子时也会同意他们创造个人的现实。

塞林格不想让挖沟的士兵们知道他的文学追求，但正是文学追求将他从讨厌的世俗职责中解救出来。他在费尔菲尔德的上级偶然间读到了《星期六晚邮报》上刊登的《瓦里奥尼兄弟》和《士兵丛书》中收录的《诀窍》，于是将他调到陆航后勤指挥部公共关系科从事文字工作。1943年7月，塞林格对伯内特说，他的新办公室"看起来又大又蠢，里面有很多打印机"。虽然这不是他一直渴望的军官委任，但他对这份工作还算满意。如果说为陆航后勤指挥部写宣传稿没什么意思的话,坐在打字机后面还是很有吸引力的。

除了在代顿的总部写新闻稿之外,塞林格还会去华盛顿特区和纽约等地出差。9月,上司安排他飞往加拿大一个荒无人烟的地方,同行的还有《生活》杂志的一名摄影师。他要为陆航后勤指挥部撰写一篇宣传稿,文章将发表在《克利尔》杂志上。[41]然而,塞林格在公共关系科的工作突然被中止,加拿大之行也随即被取消。[42]

早在7月,政府就开始调查塞林格的政治可靠性。为收集情报,调查员们走访了迈克伯尼中学和福吉谷军校。这次调查完全是塞林格自找的,他申请了反情报部队的职位。陆军部还向伯内特等人寄去了调查信。

> 对象:杰罗姆·大卫·塞林格
>
> 请您从判断力、性格、正义感和对国家及国家机构的忠诚度这四个方面,对此人进行评价,并将您的意见告知本办公室。他是否隶属于企图颠覆我国宪政的某个组织?是否有理由怀疑他对美国的忠诚?如您掌握了上述问题的相关信息,请一并告知。
>
> 詹姆斯·H.加德纳
>
> 陆军航空兵上尉[43]

当塞林格知道了调查信的内容时,一定会忍俊不禁。[01] 判断力和忠诚度正是他入伍后丢失的品质。在参军的十八个月里,部队没能赏识他的才华。相反,他被迫在不同的驻地和岗位之间蹦来蹦去。事业进展缓慢,使他心灰意冷,打算放弃军事抱负,重拾写作理想。如今,在带给他无数失望和羞辱后,部队终于开始关注他了。

但部队看中的不是塞林格的写作才华,也不是他接受的军事教育或早年的服役经验,他们关注的是塞林格的语言知识,尤其是法语和德语水平。还有一件事吸引了部队的注意力:他在现在的德国占领区待过一年,亲眼见证了德奥合并(德奥组建政治联盟)。塞林格服役一年半后,军队终于替他找了个合适的差事,不是委任军官,也不是公共关系科职员,而是反情报部队特工。

从本质上说,反情报部队特工就是军事间谍,但不是传统意义上的间谍。在过去几年里,他们被安插到部队中,检测国内军队在爱国方面的可靠性。第二次世界大战的爆发彻底改变了他们的职业目的。1943年年底,万众期待的盟军反攻欧洲计划即将实施,每个参战团都配有一个由两名特工组成的小分队,负责与当地居民沟通,清除任何隐

---

[01] 塞林格记住了这个好问的加德纳。不到一年,他的名字就被用在了《神奇的散兵坑》(*The Magic Foxhole*)中那个不幸的主角身上。

藏在群众中的纳粹分子。作为一名特工，塞林格将在战争期间加入小分队，除了与战士们并肩作战外，他还需利用自己的才能，逮捕或调查人群中潜伏的危险分子，从而提高部队前进的安全性。

为了准备这项新任务，塞林格被调往马里兰州的霍拉伯德堡，这是巴尔的摩郊区的一个军事基地。[01]在那里，他被重新归为下士，开始接受反情报训练。10月3日，他向伯内特报告了这次调任，并透露他最终将被派往海外，参加登陆欧洲的作战。他不忘安慰伯内特，承诺道："我不会忘记写那部长篇小说的。"[44]

经过了近两年的准备，即将到来的战争使塞林格做出了一个习以为常的反应：写作。《最后一次休假的最后一天》(Last Day of the Last Furlough)说明塞林格的事业和人生都迎来了一个关键时刻。刚开始，他无法把握这篇小说的质量，一反常态地对这部作品保持中立态度。[45]当时他还不知道这篇小说将对他未来的写作生涯产生影响。的确，在他写《最后一次休假的最后一天》的时候，他不确定自己是否还有未来。伊恩·汉密尔顿将这篇小说解读为塞林格倘若不幸阵亡时写给亲人的家书。这是一个意味深长的感人故事。

---

[01] 霍拉伯德堡还是把军用吉普车运往海外的中转仓库，任何时候都存储着成千上万的吉普车。在这里，塞林格爱上了吉普车。吉普车一直是他首选的交通工具，直到晚年依然如此。

《最后一次休假的最后一天》是关于考尔菲尔德的第三篇小说，扩展了《最后也是最好的彼得·潘》中首次出现的主题和情感冲突。在很多方面，《最后一次休假的最后一天》是上一篇故事的延续，也是系列故事的第二部。这个系列讲述了文森特·考尔菲尔德和他的朋友技术军士约翰·"贝比"[01]·格拉德韦尔在战争中的故事。尽管文森特在小说中扮演着重要角色，但塞林格主要将部分自我投射到贝比这个人物身上。小说的第一行就告诉读者，贝比在军中的编号是32325200，这也是塞林格自己的编号。

　　为了尽可能多地表达情感，塞林格将《最后一次休假的最后一天》分为五个场景，每个场景都传递出不同的信息。第一个场景描述了介于青年和成人之间的贝比，他是个24岁的士兵，周围还堆着他童年时的那些道具。故事开始时，贝比从军队休假回家，房间里到处是书。和作者本人一样，贝比也在阅读陀思妥耶夫斯基、托尔斯泰、菲茨杰拉德和拉德纳的作品。贝比的母亲给他端来巧克力蛋糕和牛奶，随后安静地坐在角落里，充满爱意地端详着儿子的脸庞。在第二个场景中，贝比在学校门口遇见了妹妹玛蒂。他带着雪橇，这是他从少年时起就一直使用的物品。

---

**01**　原文为Babe，带有引号。Babe也可译为"宝贝儿"，是对爱人的昵称。——译者注

这个场景较短，由一些看似无关紧要的事组成。然而，塞林格已经能在平凡小事中蕴藏深刻意义，这个场景实际上讲述了责任、妥协和亲情的力量。贝比想带妹妹坐上雪橇，沿着春街一路滑下去，因为这里的斜坡最适合滑行。但玛蒂有些害怕，她觉得春街是个危险的地方，只有年纪较大、满嘴脏话的男孩才敢在这儿玩雪橇。贝比试图安慰她，向她保证道："你和我一起，不会有事的。"当他们来到春街坡顶爬上雪橇时，玛蒂从后面紧紧抱住了贝比。贝比感到她在发抖，心里很难过。他告诉妹妹，他们可以换一条更安全的道路滑雪橇。但玛蒂信任哥哥，为了哥哥她愿意从春街滑下去，因为贝比已经立下承诺。玛蒂的信任使贝比内心充满力量，他最终做出了让步。

塞林格在这一场景中传达的信息与1922年艾略特在《荒原》中描述的童年记忆截然不同。艾略特和塞林格的雪橇场景都处于相似的时代背景下，即世界大战爆发前。这不仅是一场结束童稚与天真的仪式，也预示着世人即将一起滑向深渊。艾略特的雪橇之旅是在呼唤一个失落的、无法挽回的世界，而塞林格的版本却给人注入能量。玛蒂对哥哥的信任造成了一种协同作用，建立起克服恐惧的人际关系。这是一个充满希望的场景，尽管无法确定希望。由于这篇小说写于一个充满变数的时期，塞林格无法确定这段旅程是否会是最后一次，就像艾略特诗中写的那样，但他给这个场景灌输了力量，这一点艾略特却没做到。小说暗示，如果我们能战胜春街，那么战后还会有更多雪橇之旅。

《最后一次休假的最后一天》的第三个场景描写了贝比的朋友文森特·考尔菲尔德的到来，探讨了友情和可能发生的死亡。这个场景也许和塞林格本人关系最大，他通过两个人物来说明自己的情感："贝比"表达了他对部队和离家的感受，"文森特"表达了他的职业人格以及他对战争可能影响写作的预感。虽然塞林格明显选择将贝比作为传递信息的载体，但考尔菲尔德身上也具备作者的许多个人特质。小说里的文森特迷人、镇定，拥有敏锐的智慧，与作者大同小异。通过这个场景，我们还得知文森特是一名作家，虽然他是写肥皂剧的。在贝比面前，29岁的他显然像个大哥哥。这个场景主要由两人的对话组成，提及友谊和战友情。

这个场景最著名的部分提到了文森特19岁的弟弟霍尔顿。文森特告诉贝比，霍尔顿在行动中失踪了。他多次提起此事，越来越担心弟弟的失踪。文森特对霍尔顿的描述都很简短，除了这个场景就再也没提起其他。但后来，在小说《没有蛋黄酱的三明治》(*This Sandwich Has No Mayonnaise*) 中，塞林格将深入探讨文森特对弟弟失踪的看法。

第四个场景是塞林格就战争发表的声明。主角们围坐在餐桌旁，贝比和父亲正展开一场讨论。格拉德韦尔先生是一名退伍老兵，当他回忆起自己参加第一次世界大战的经历时，贝比打断了他，批评他不该颂扬战争及其怀旧情绪，提醒他注意不要美化战争对历史产生的严重后果。这是一次出于贝比自我意识的崇高演讲，它表达的情感和一年前塞林格刚入伍时的感受大相径庭。那时的塞林格还是个普通列兵，对军旅生活的方方面面都欣然接受。在演讲的末尾，贝比发誓等战争结束后他再也不会提起这场战争了：

> "我相信……所有上过战场以及即将上战场的人都该闭上我们的嘴，这是我们的道德义务。一旦战争结束，就再也不要以任何方式提起它。让那些死去的人白白送命吧，上帝知道，换种方式是行不通的。"[46]

这几句引文很出名，代表着一种誓言，塞林格自己从未违背这一誓言。《最后一次休假的最后一天》的最后一个场景，读者一定了如指掌。它描写了一个沉思的时刻，一件接近顿悟的事件，就发生在孩子的床边。到了深夜，贝比难以入睡，他独自坐在房间里想着妹妹玛蒂。他喃喃自语，为妹妹祈祷，想到自己可能再也见不到她了。这是一段精美的独白，告诫小玛蒂童年时光转瞬即逝，企盼妹妹在成长过程中保持年少时的美德。当贝比为玛蒂低声祈祷时，读者能感受到他对自己的童年也依依不舍。"试着活出最好的自己。"他恳求道。与其说他在恳求妹妹，不如说在恳求自己。这是贝比出国前的最后一晚，他想再看妹妹一眼。他渴望再次感受她的美好，体会自己残存的天真。他担心未来不得不放弃这些优秀品德。他溜进玛蒂的房间，吻了吻她，然后向自己发誓——这让我们想起悬崖边的霍尔顿，防止人们因天真任性而面临堕落的危险。贝比发誓要用枪保护妹妹，虽然他的誓言充满了温柔，但也是对战争的文饰。这段誓言也定义了什么是"家"，那是通过他妹妹才能通达的精神圣地。当贝比轻柔地抚摸着玛蒂和她代表的天真时，他也重新建立起与自己童年的联系，获取了他以为早已远离他的纯洁。在以后的几篇故事里，这种联系至关重要。而在《最后一次休假的最后一天》中，贝比的责任感和他可能再也无法回家的不确定性淡化了这种联系。

《最后一次休假的最后一天》是一份无可奈何的宣言，塞林格表示愿意在战场中履行职责。尽管通过这篇小说他承认自己有责任保护他所珍视的人，然而要欣赏这个故事，却并不需要了解作者，因为这篇小说忠实地描述了战士们在上战场前的情感和焦虑。1944年7月，小说发表在《星期六晚邮报》上，获得了巨大成功。

就算现在的读者很难理解当时的环境，不明白这种环境如何使1944年发表的《最后一次休假的最后一天》大受欢迎，他们也依然可以在小说中找到蛛丝马迹，以便深入了解塞林格此后的作品。就像大多数考尔菲尔德的故事那样，《最后一次休假的最后一天》在人物和主题上都指向《麦田里的守望者》。当文森特提到霍尔顿在行动中失踪时，小说已经直接与《麦田里的守望者》产生了联系。小说中弥漫着塞林格对死亡的恐惧，他害怕自己会战死沙场。他随时可能被派往海外，所以他把《最后一次休假的最后一天》当成最后一篇故事来写。如果他死在欧洲，霍尔顿·考尔菲尔德也将与他一同被埋葬。

《最后一次休假的最后一天》与《麦田里的守望者》最大的相似点体现在两部小说的结尾，它们都强调了对美的认识和对天真的保护。贝比在妹妹床边释放情感的画面使我们联想到霍尔顿。他坐在菲比床边，诉说着他渴望成为麦田里的守望者的梦想。虽然我们要过上几年才能听到霍尔顿的自白，但当贝比为玛蒂的天真低声祈祷时，我们已

经清楚地听到了霍尔顿的声音:

"等你长大后你会变得很聪明,但如果你只是聪明,却不能做个好女孩儿的话,我可不想看到你长大。做个好女孩儿吧,小玛蒂。"

当贝比劝玛蒂做个"好"女孩儿时,这个"好"指的是"真诚",与霍尔顿口中的"虚伪"相对。塞林格已经将"真诚"这个概念提升到一个更高的境界,这是他笔下人物必须为之奋斗并小心守护的真理。通过将"家"与玛蒂的童真建立联系,塞林格定义了"家"这一概念,因此贝比想要回家的愿望就拥有了双重含义。小说结尾,贝比说:"如果能回家,就太好了。"[47]

《最后一次休假的最后一天》所表达的思想直接而有力。即便面对死亡，贝比依然能从妹妹的纯真中发现美，这表明，在一个冷漠、肤浅、颂扬战争的社会里，美带来了希望，使生活充满了意义。

小说于10月在费尔菲尔德完成。纳什维尔给塞林格造成的痛苦尚未散去，即将到来的战斗又带来一种新的不确定性，但这个故事却没有任何消极因素。在焦虑和沮丧的重压下，塞林格依然能感知生活之美，这不仅证明了他个人的坚忍意志，也证明了他文学思想的演变。这些观点不仅是提供给读者的，在这个故事里，塞林格将写作作为一种治愈疗法，作为一种缓解恐惧的手段，这是显而易见的。通过《最后一次休假的最后一天》，塞林格的作品从表现观察转变为提供希望。

# 4 转移

1944年1月1日,塞林格在霍拉伯德堡庆祝自己的25岁生日。起初,他预计在那里逗留6周左右,但三个月后,他仍留在原地等候海外部署令。登陆欧洲的作战计划还在筹备中,但霍拉伯德已流言四起,人们都说盟军即将在来年春天发起总攻。[1]

等候调遣期间,塞林格一边学习各项反情报技能,一边继续他的文学事业。他无法预料自己在欧洲的命运,因此专心写作,创作并投寄了大量文稿,但也收到了许多退稿信。从1943年10月到1944年2月初,仅《故事》杂志就退回了五篇文章。由于《故事》往往是塞林格最后的选择,可以推测,退稿总数很可能达到十篇以上。

《故事》的退稿自然有其正当理由,但在当时的情况下,有些退稿信却写得冷酷无情。依照惯例,退稿信一律简洁明了,但其中大部分信的口吻都近乎讽刺。比如,1943年12月9日,选举日刚过去不久,惠特·伯内特就告知哈罗德·奥伯公司,塞林格最新提交的作品"没有获得(他的)投票。"在刚刚拒绝《柯蒂斯在柴房里怎么了》(*What Got into Curtis in the Woodshed*)之后,伯内特毫不隐讳地表达了对他的小说的蔑视。他写道:"一个傻小子被带去钓鱼,除此之外,我什么都没看到。"[2]

几乎所有退稿信都要求塞林格撰写他的长篇小说:

"我认为这篇小说不适合发表在杂志上,我还是对那部长篇更感兴趣。"或者:"感谢您提交了塞林格的新作,但我希望看到他写出更长的小说。"[3]另一封写道:"我非常喜欢塞林格的这部作品,但我已经收到过一篇差不多的……我期待有一天能读到他的长篇小说。"[4]

平心而论,伯内特首先是个商人,然后才是导师。在他们成为朋友的五年里,塞林格只在《故事》上发表过两个短篇,伯内特不欠他什么。1943年到1944年冬天,塞林格提交的五篇小说全都被《故事》拒绝,且这些小说的底稿都已丢失,所以很难判断伯内特做出的退稿决定是否明智。这五篇小说中就包括名字奇特的《柯蒂斯》。

失望之余,塞林格却在写作上取得了迄今为止最大的成功。1月的第二个星期,多萝西·奥尔丁告诉他,她已经把三个短篇小说卖给了《星期六晚邮报》。该杂志编辑斯图尔特·罗斯高价买下了《小兵之死》《打雷时叫醒我》《最后一次休假的最后一天》。塞林格欢欣雀跃、如释重负,立即告知伯内特这一消息。他先是怯懦地提醒伯内特,他很快就要出国了,随后又欣喜若狂地宣布,他将在《星期六晚邮报》上连续发表作品。他惊呼道:"我的天呐,您能想象吗?上百万人将会读到这些故事。"[5]

塞林格是不是觉得这笔买卖证明了自己?此刻他是

沾沾自喜还是过度兴奋？人们对此各有解读。但伯内特心里必然会感到一阵刺痛，因为塞林格有了新的赞助人。在《故事》接连发出数封退稿信后，《星期六晚邮报》一口气就买下了塞林格的三篇小说，每篇的报酬都远远高于《故事》开出的25美元的单价。更糟的是，《星期六晚邮报》买下的其中一篇小说提到了霍尔顿·考尔菲尔德，这个人物正是伯内特渴望染指的。

塞林格目前的职业地位其实就介于《故事》和《星期六晚邮报》之间。他把这封充满自信的信寄给伯内特后，又给沃尔科特·吉布斯写了一封类似的信。吉布斯正要接替格斯·洛布拉诺担任《纽约客》杂志的小说编辑。塞林格首先吹嘘了一番他在《星期六晚邮报》那边取得的成功，接着建议《纽约客》拓宽其小说的概念。他告知吉布斯，他的经纪人正要把《伊莱恩》投给《纽约客》。他还给这次投稿立了个规矩：不能以任何方式修改小说。如果《纽约客》想发表《伊莱恩》，就必须保持原样，一个字都不能修改、编辑或者删除。[6]

尽管塞林格觉得自己在信中表现得慷慨大度，但在吉布斯看来，他简直是大言不惭。1941年，《纽约客》对《麦迪逊街边的小叛乱》的突然撤稿仍然令塞林格耿耿于怀。更让他难堪的是，1943年夏天，《纽约客》联系了他，提出在圣诞节特刊上发表他的小说。但后来，杂志社又说小说篇幅太长，部分内容将被删减。得知消息后，塞林格很生气，但又无可奈何，只能任其修改。[7]然而，12月刊公开发行后，《麦迪逊街边的小叛乱》还是不见踪影。塞林格在《星期六晚邮报》那里大获成功后，胆子逐渐大了起来，他对《伊莱恩》的质量也很有信心，所以他觉得在《纽约客》上发表他的作品前可以随意开条件。《纽约客》则对塞林格的要求嗤之以鼻，想找个机会惩罚他的嚣张。一星期后，《伊莱恩》被送到吉布斯的办公室，很快就被退回。编辑威廉·麦克斯韦尔向多萝西·奥尔丁明确指出："这位塞林格先生似乎并不适合本杂志。"[8]

在《伊莱恩》被送往《纽约客》的途中，塞林格正前往欧洲。1月18日星期二，他登上乔治·华盛顿号运兵船赶赴英国，在那里他将完成反情报训练，为登陆欧洲大陆做准备。当启程之日终于到来时，塞林格反而更加镇定了。运兵船会在纽约港停靠，这使他有机会和家人见面，重现贝比·格拉德韦尔的平静告别。正如贝比在《最后一次休假的最后一天》中所做的那样，塞林格尽量避免公开送行，他不想看到那些悲伤的脸。他禁止家人，尤其是母亲，去码头送他。但当队列向运兵船走去时，塞林格突然看见了母亲。她匆匆追着队伍，不时躲到灯柱后面，生怕被他发现。[9] 上船之后,塞林格就坐在自己的铺位上,周围的士兵插科打诨、放声大笑,掩饰着他们的紧张心情。

…………

母亲没有听从安排,前来为他送行,塞林格并不感到惊讶。离别引发的情绪是他在写《最后一次休假的最后一天》时没能预料到的,他试图在另一篇有关士兵告别的短篇小说里坦陈自己的感情。他大概在船上就开始动笔了,新故事名为《一周一次死不了》(Once a Week Won't Kill You),写的是一个离家服役的士兵和他对姨妈的关心。这个故事里没有喧嚣的告别仪式,没有盛大的阅兵式,没有军乐队送别那些即将赴死的年轻人。但故事里镌刻着塞林格对一个世界的怀念,他已经开始思念这个世界,担心无法再看到它。

1944年1月29日,乔治·华盛顿号在利物浦靠岸,塞林格与成千上万的美国士兵一起准备进入被占领的欧洲,发动反攻。他径直前往伦敦,正式加入第4步兵师第12步兵团,担任陆军上士和反情报官。直到战争结束,他一直把这支部队当成他的家。

从1944年2月起,塞林格的所有通信都需接受军方审查,因此我们不太清楚他在英国的具体行动。但通过信件可知,他曾在位于德文郡蒂弗顿的第4步兵师总部逗留,还去过德比郡和伦敦,参加了反情报培训课程。随着登陆欧洲的日子逐渐临近，他还参加了斯拉普顿滩南岸的两栖登陆演习(位于普利茅斯和达特茅斯之间)，以及伍拉科姆湾北岸的另一场演习。盟军最高司令部之所以选择这些地点进行演习，是因为它们与法国的海岸线比较相似。

蒂弗顿与他在1950年的小说《致爱丝梅——怀着爱与污浊》(For Esmé—with Love and Squalor)中描述的小镇很像。这是一个迷人的小镇，在美国大兵进驻前，只有大约一万人居住在这里。蒂弗顿坐落在德文郡的群山之中，是个古朴的地方，狭窄的鹅卵石街道顺着地形蜿蜒起伏。闲暇时，塞林格喜欢在这些街道上漫步，或是走进街边酒吧喝上一杯，或者在唱诗班练歌时溜进教堂。

第4步兵师征用了城内外的许多大型建筑，将总部设在科利普里斯特公馆。这是镇外的一所大庄园，塞林格就在这里收集邮件、汇报任务。就像《致爱丝梅——怀着爱与污浊》中所描述的，他还要参加"相当专业的反攻培训课程"。[10]这些课程教会了塞林格如何在战斗中刺探军情、如何从事破坏和颠覆活动、如何向部队开展安全教育、如何搜查占领的城镇、如何在解放区审问平民和敌军。

塞林格独自在蒂弗顿街道上沉思徘徊的形象，反映出他在英国驻扎期间正陷入深思。在接受培训的那几个月里，他开始重新评估自己对写作和生活的态度。[11]

军队生活改变了他。入伍以来，他变得比年轻时更粗野，不似从前那样举止文雅。在私人信件中，他显得那么粗俗，连他母亲看了都感到羞愧。他开始喝酒，他在英国写的信里间接提到了酗酒问题。他承认自己说话尖刻，一旦喝了酒更变本加厉、话中带刺，并因此与战友发生冲突。在英国，他尝试减少饮酒，就算喝了，也尽量不去激怒别人。[12]

塞林格已下定决心，将来要更冷静、更善良，不仅对他人如此，对自己作品中的人物亦是如此。当他感到脆弱时，他总是本能地转向冷漠和讽刺。但以他目前的处境，这种本能对他没有好处。他和一群紧张不安、前途未卜的士兵们住在一起，他明白宽容和友爱才对自己有利。我们有理由相信，塞林格的自我评估是真诚的。他每天都和许多英国士兵及平民接触，他们的生活早已被战争毁坏，只要不是铁石心肠之人都会反思自己的生活和人生态度。

战争引起的心理变化为塞林格提供了写作素材。在英国，他写了一篇名为《儿童梯队》(The Children's Echelon)的短篇小说。[13]这个故事，他修改了很多遍，却依然无法保证它的质量。无论是从审美角度还是从出版角度，塞林格在英国的小说创作都可谓失败。这个故事也许是他最不成功的一个。小说的灵感来自林·拉德纳以日记形式写成的作品《我无法呼吸》(*I Can't Breathe*)。塞林格最初不太喜欢这种形式，所以他在写自己的小说时采用了第三人称进行叙事。写完后他又觉得不满意，于是重新写了一遍，这次的风格几乎与拉德纳如出一辙。小说定稿长达26页，共计6000字，是他写过的最长的故事。

这篇日记体小说以战争为背景，描写了18岁少女伯尼斯·赫登的生活。她显然还不够成熟，却拼命想在外人面前装大人。随着战事的升级，她对朋友、家人以及战争本身的看法似乎都谨慎地做出了调整，但这些改变都是表面的。虽然她朋友们的丈夫一个个在战斗中牺牲了，但伯尼斯却相信自己不会这么倒霉。为了让自己感觉更成熟，她偷偷和一个相貌平平的列兵罗伊斯·迪滕豪尔结了婚。

在故事最有趣的一幕中，伯尼斯那隐藏着的呆滞暴露无遗。她走进中央公园，一边溜达一边称赞风景"真美"，然后她坐上旋转木马，注视着那些"可爱的"孩子。她的目光被木马上一个身穿蓝色西装、头戴线帽的男孩吸引了。《麦田里的守望者》中也有类似描写，乍一看，对应的场景几乎一模一样。然而，尽管背景相同，但伯尼斯·赫登和霍尔顿·考尔菲尔德的表现却截然相反。在霍尔顿的场景中，他觉得孩子们从旋转木马上摔下来是可以接受的，这代表了真正的转变。而当伯尼斯看到男孩几乎从马上跌落时，她差点儿就喊了出来。[14]

塞林格把《儿童梯队》交到伯内特手里请他审阅，但小说遭到了前所未有的严厉批评。伯内特把这个故事总结为"一个愚蠢的女孩爱上了同样愚蠢的小伙子"，又说故事"有点琐碎，但还过得去"。《故事》杂志社的其他编辑认为，没人会相信世界上有这么笨的姑娘。该杂志的最终评价有些伤人："在这种时候，印刷这篇小说就是浪费纸张。"[15]

这个故事直到1946年才被收入《塞林格文集》，此前从未出版。《儿童梯队》并未到此结束，1947年，塞林格引用其中大量内容写了《一个没有腰身的女孩在1941年》(*A Girl in 1941 with No Waist at All*)。他对原故事稍加修改，正如伯尼斯·赫登改变她的观点那样。

............

正当塞林格为登陆日做准备时，他投给《星期六晚邮报》的那几篇小说开始陆续发表。他得过上几周才能收到杂志，但收到时他不禁目瞪口呆。有两篇小说的名字都被改了：2月20日，《打雷时叫醒我》在杂志上变成了《当事双方》；4月15日，《小兵之死》发表时改成了《脆弱的中士》

(Soft-Boiled Sergeant)。塞林格觉得《星期六晚邮报》背叛并利用了他,趁着他在国外,未经同意就擅自修改他的作品。当他翻看杂志时,更是火冒三丈,他的小说四周满是色彩艳丽的广告,快要把文字淹没了。这些发人深省的小说被电影明星的代言广告和牙粉广告喧宾夺主。他怒气冲冲,发誓再也不和这些骗子打交道了,无论他们给多少钱。他生气地说:"就让我身无分文,籍籍无名吧。"[16]

《星期六晚邮报》的行为验证了塞林格的观点:他要求《纽约客》不要对《伊莱恩》进行任何修改的做法是正确的。这大概也缓解了《纽约客》退稿带来的失望之情。此时,塞林格一定倍感欣慰,因为《伊莱恩》现在在伯内特手上,他在4月14日收到了这篇文章。[17]至少伯内特不会未经他同意就修改他的作品。然而,《星期六晚邮报》的行为以及《麦迪逊街边的小叛乱》经历的惨败,都加深了他对编辑的怀疑,使他越发不信任他们的动机。

虽然对《星期六晚邮报》满腔愤怒,但塞林格尽量不让这份怒火影响他为人处世的新态度。他正努力变得更友好、更善良。他给《故事》杂志举办的短篇小说比赛资助了200美元,因为伯内特称此举"能鼓励其他作家"。他的慷慨解囊让伯内特惊喜,并希望将他树立为典范。他公开在杂志上指出,塞林格是唯一捐钱的作家。

这种无私精神也反映在塞林格的作品中。长期以来,他的小说都关注那些平凡时刻,致力于挖掘简单行为背后的深刻意义。1944年,塞林格开始专门研究如何通过微不足道的小事使人物变得高尚起来。凭借贝比·格拉德韦尔和伯克中士这样的角色,他彰显了忠诚、友谊和责任。他在日常生活中捕捉到这些人的普遍特质和简单行为,并加以提炼升华,以此颂扬每个人身上暗藏的尊严和高尚。对1944年的塞林格来说,承认简单行为中的高贵品质,是他有意选择的哲学,也是他作品中蕴含的力量。[18]

塞林格从不认为人生来就是高尚的。在他最早的那些小说里,他笔下的一些人物有着无可救药的缺陷。但塞林格很少给主角们提供提升自我的渠道。只有他在入伍后写的那些作品里,他才允许人物升华或者保持原样。现在他开始借战争背景考验人物的道德水平,使他们有机会选择做个默默无闻的英雄还是冷酷无情的骗子。按照中世纪道德剧的传统,塞林格将这两种结果作为例子展示给读者:成为英雄的人物是鼓舞人心的榜样,而堕落者则是一个教训。

小说《两个孤独者》的开头是一段对空军基地的滑稽描写。这个基地和班布里奇很像。一个无名叙述者讲述了两个不合群士兵的故事。他们是军士长查尔斯·梅迪和上尉哈金斯，两人每晚都一起玩金拉米纸牌游戏，友情与日俱增。在整个故事中，叙述者穿插了一些看似无关紧要的细节，但却在读者心中营造出一种不安的情绪。部队放假期间，梅迪回到旧金山的家中独自度过休闲时光。哈金斯突然出现在市里，并给他寄了一张明信片，但是他正忙着拜访其他朋友，没空见他的纸牌搭档。回到基地后，两人参加了一场金拉米锦标赛，胜者将赢得五分之一的苏格兰威士忌。哈金斯本来就有酒，他输掉了比赛，却还是得到了奖品。这段插曲之后再也没被提及。在梅迪的提示下，哈金斯把妻子安排在基地附近的酒店里，这时故事的转折点出现了。梅迪未获邀请，所以没去见朋友的妻子。哈金斯不再参加地面课程，也很少见他的朋友。纸牌游戏结束了，梅迪再次感到孤独和痛苦。一天晚上，当梅迪在地面学校里看书时，哈金斯出现了，他心烦意乱，语无伦次，原来是他老婆出事了。她与一名飞行员有染，要与哈金斯离婚，以便嫁给情人。梅迪说他有办法帮朋友修补婚姻，重拾信心，但他必须和哈金斯的妻子单独相处一周半。故事结尾，梅迪醉醺醺地走进军营，向叙述者宣布他已经申请调任海外。当问及原因时，梅迪沮丧地回答说，他不想再见到哈金斯了。[19]当然，哈金斯被他的朋友耍了。回溯上文，我们会发现故事中充满了蛛丝马迹——只是不易察觉，仅有一些令人稍稍不安的细节，作者没有给出答案也没解释。其实，根本没有飞行员与哈金斯的妻子相恋，罪魁祸首一直是梅迪。为了保持他们的友谊，他施计让哈金斯和妻子分手；做得更过分的是他冒充飞行员，引诱哈金斯的妻子出轨。

哈金斯自私自利，梅迪背叛朋友，表面上塞林格似乎严厉惩罚了他们。然而，在故事的结尾，两人与开始时相比并没有发生变化。哈金斯仍然是个傻瓜，被一个不可靠的女人戴了绿帽子；而梅迪还是个恶棍，对真正的友谊依然一无所知。最后，他们都和开始时一样孤独，这是他们的罪孽酿成的恶果。两人其实都有机会通过友谊的纽带增加同情心，但他们都不愿做出一点点努力：履行承诺、真诚邀请、拜访朋友。简而言之，他们拒绝做对的事情。在《两个孤独者》中，塞林格指出，一些微小的疏忽会引发背叛，最终导致毁灭。哈金斯和梅迪都没能成为"普通的英雄"，不是因为他们本性中缺乏这一潜质，而是他们自己选择了这个结局。当成为英雄的机会降临时，他们屈服于自我，没有上前抓住而是让它从身边溜走了。

…………

4月28日上午，斯拉普顿滩上发生了一场灾难。当时，盟军正全副武装，为登陆计划开展军演。这次演习的代号为"猛虎行动",英伦三岛各地都在举办类似演习。塞林格和战友们挤在一艘护航舰里,分批练习抢滩登陆。为了使部队适应猛烈的炮火,行动指挥官下令军舰发射实弹,士兵们也都装备了真枪实弹。

演习被德军鱼雷艇发现,它们立即向舰队发动了袭击。演习舰上满载燃料,挤满了上千名士兵,舰体非常脆弱,一经火炮轰击,立刻燃起一片熊熊大火。这是一场灾难性事故,749名士兵因此丧生,他们的尸体要么从英吉利海峡里捞了上来,要么被冲入大海。[01]

军方迅速掩盖了事实真相,并让在场者都宣誓保密。塞林格从未提过此事。

除了自己发誓外,塞林格还要确保其他战士保持沉默。斯拉普顿滩事故发生后,反情报特工又恢复了先前的职责:监视自己的部队。4月28日上午,特工们被派往接受伤员的各家医院。他们接到命令,禁止伤员与医院工作人员交流。医生和护士在强制性的沉默中分秒必争地抢救伤员,特工们则隐藏在他们身后,恶狠狠地竖起插上刺刀的步枪。[20]

对塞林格而言,这是一个可怕的立场,违背了他所信

---

01 没人对斯拉普顿滩事故公开负责,但舰队司令自杀身亡。有人认为英国皇家空军海岸司令部总司令威廉·道格拉斯应承担责任,因为他们没能保护演习舰。

奉的团结精神。他执行的这项任务要一直持续到登陆计划结束。距离登陆仅剩数周，所有参与部队都已集结完毕，在德文郡南部海岸隐蔽待命，这里的居民早已被清空。军方封锁了该地区，部队无法与外界取得联系，还要受到反情报人员的严密监控。一旦发现任何叛国迹象，特工们将立刻上报。[21]

............

从1940年9月的第一周开始，惠特·伯内特就催促塞林格写一部长篇小说，这部小说就是后来的《麦田里的守望者》。塞林格立马给出令人心安的回复：他会在参军时写这部书。但塞林格入伍后，伯内特逐渐失去了耐心，催他赶紧写完或起码取得一些实质性进展。

塞林格向伯内特提供了充分理由，使后者愿为该小说保驾护航。他在几封信中声称，《故事》杂志社和该小说已订立了某种婚约。他说这部书是为伯内特写的，并一再保证，这部长篇不仅属于作者，也属于《故事》杂志社。与此同时，杂志社已与更富有的利平科特出版公司建立起合作关系，因为《故事》无法独自承担出版图书的费用。这次协议对双方来说都是理想的：《故事》杂志社将凭借其与知名作家和新锐作家的联系提供人脉资源，而利平科特公司则负责筹措资金。有了利平科特的支持，伯内特希望找到一位能写出畅销书的作家，以此来扩大《故事》的财富和声誉。他相信塞林格一定能完成那部长篇。

不过，伯内特也有理由感到担忧。塞林格之前写的都是短篇小说，他写长篇无法得心应手。他习惯于写12页左右的故事，所以《儿童梯队》写得很吃力，部分原因就在于这篇故事超过25页，他甚至认为《儿童梯队》的失败就是因为它太长了。[22]

意识到塞林格的这一倾向后，伯内特开始担心他是否能兑现承诺。塞林格本人也无法担保。为了克服篇幅上的困难，他选择将小说分为几部分，并逐步完成——先写出一系列短篇小说，然后将这些短篇串联成一本书。直到1944年3月，他用这种方式写完了6章，但伯内特一章也没看过。如今，塞林格手头的素材既可以完成一部长篇小说，也可以拆成几个短篇单独发表，他在两种选择间踌躇未决。随着登陆日一天天逼近，塞林格感到越来越焦虑，而伯内特则想方设法阻止他把这些故事分成短篇发表，尽力维持原先的写书计划。

4月14日，伯内特找到塞林格，建议将他的短篇小说汇编成选集出版，还建议以他的第一部短篇小说《年轻人》来命名这本选集。小说集将分为三部分，"前三分之一收录有关战前青年的故事，中间的三分之一是军旅故事，最后再用一两个故事讲述战争的结束"²³。这样的编排能完美避开与霍尔顿·考尔菲尔德相关的作品。不过，在提出这个建议后，伯内特也警告塞林格，如果文集失败了，会毁了他的职业生涯。伯内特坦率地阐述了个人观点——"另一方面，如果文集成功的话，"他谨慎地写道，"它将弥补你在完成长篇小说前留下的空白。"²⁴

对此，塞林格的反应很谨慎。他说小说集的想法把他吓坏了。他对作品的质量非常谦虚，也意识到计划失败后会产生什么后果。他当时还不太出名，要是第一次出书就失败的话，无异于职业自杀，但他也没有拒绝。他还列出八篇自认为适合收入集子的故事。[01] 如果说伯内特在出版选集这件事上语焉不详的话，那么塞林格的回复也同样含糊其辞。在谈到那部长篇时，塞林格的话语倒是很明确。他提醒伯内特，自己已经暂时不写那部书了，但他又保证，他写完的那六篇霍尔顿·考尔菲尔德的故事都在他手上，他经纪人一篇也没有。"我需要它们。"他果断地说。²⁵

1944年4月，塞林格写完的那六篇故事(或章节，这取决于他当时的心情)里就包括《我疯狂》(I'm Crazy)。这部作品本身就有一段

---

01 塞林格列出的是他目前最好的八部作品：《年轻人》《洛伊丝·塔格特漫长的首次亮相》《伊莱恩》《最后一次休假的最后一天》《小兵之死》(《邮报》版名为《脆弱的中士》)《打雷时叫醒我》(《邮报》改名为《当事双方》)《一周一次死不了》和《贝琪》。

有趣的经历。1944年，塞林格把它当成一个指标，用来测试伯内特对出版文集的承诺。第二年，他把故事寄给《克利尔》杂志，后者在1945年12月发表了该小说。最终，这个故事出现在预期的位置上，它被纳入《麦田里的守望者》中，成为描写霍尔顿拜访斯潘塞教授并离开潘西中学的那几个章节。因为《我疯狂》几乎没做什么改动就搬进了《麦田里的守望者》，读者对它的情节应该都很熟悉。然而，这个故事在《麦田里的守望者》出版前六年就写完了，因此它提供了耐人寻味的对比，也让读者可以深入了解《麦田里的守望者》的演变。此外，由于这个故事发生在《麦迪逊街边的小叛乱》首次描述霍尔顿之后，又在霍尔顿正式亮相于《麦田里的守望者》之前，所以它兼顾了两者的基本要素，而它的高潮部分则与《最后一次休假的最后一天》有着异曲同工之妙。

在《麦迪逊街边的小叛乱》中，塞林格使用的是遥远的第三人称来讲述霍尔顿的故事。而《我疯狂》则采用第一人称视角，比塞林格的第一次尝试增添了亲密感。然而，故事并非以意识流展开叙事，《我疯狂》中的霍尔顿与《麦田里的守望者》中的霍尔顿也并不相同。虽然比起《麦迪逊街边的小叛乱》中略显刻意的对话，《我疯狂》要亲近得多，但依然不够自然。《我疯狂》的叙事比《麦田里的守望者》更加审慎和笃定，在某些地方也更精确、更充满诗意。

除了风格上的不同，《我疯狂》和《麦田里的守望者》的主要区别还在于两者的结尾。《麦田里的守望者》的高潮发生在中央公园的旋转木马上，而《我疯狂》的高潮发生在霍尔顿妹妹的床边(这几乎与贝比·格拉德韦尔一样)。在受到父母的惩罚后——这件事我们在《麦田里的守望者》中没见过，霍尔顿趁妹妹们睡着时溜进了她们的房间。他在菲比的床前短暂停留，但真正引起他注意的是另一个妹妹薇奥拉。她只出现在这部小说中，并成为启迪霍尔顿的源泉。薇奥拉正抱着她的唐老鸭玩具睡在幼儿床上，她最近很喜欢鸡尾酒橄榄，霍尔顿就给她带来了几颗。他把橄榄排放在薇奥拉小床的护栏上。他告诉读者："只要有一颗掉在地上，我就捡起来，抹掉上面的灰尘，放进我的夹克衫口袋里，然后转身离开。"[26]这是一个普通而又微小的举动，但也具有一定的象征意义：霍尔顿没收了被灰尘弄脏的橄榄，这意味着他渴望保护妹妹的纯洁，也表明他欣赏薇奥拉的纯真。他在保护妹妹的同时却放弃了属于自己的权利。回到房间后，霍尔顿对读者讲述了自己的妥协，他用斩钉截铁的口吻结束了小说："我知道每个人都是对的，而我是错的。"虽然这是一种退让，但话语里的坚决是《麦田里的守望者》中不曾出现的。

  《我疯狂》是考尔菲尔德系列的第四个故事,深刻阐发了在《最后一次休假》中首次触及的主题。《我疯狂》超越了《最后一次休假的最后一天》和巴比对美的欣赏。该小说描写了霍尔顿与妹妹在精神上的团结,丰富了他的经验,这是《最后一次休假的最后一天》所缺乏的。在《最后一次休假的最后一天》里,贝比详细解释了他与玛蒂产生联结的原因,好像是在努力说服读者。在《我疯狂》中,不存在任何解释,因为不需要解释。读者能自然而然地感受到霍尔顿与薇奥拉之间的联系,不需要被说服。由此,塞林格展现出一种将读者与人物直接联系在一起的天赋,这将成为《麦田里的守望者》成功的基础。

《我疯狂》的结尾温柔、真实甚至有些敏感,但它缺少《麦田里的守望者》里的那股精神力量,而正是这种力量使《麦田里的守望者》引人入胜。霍尔顿在薇奥拉床边对美的承认是平和的,却又不乏深沉,但还缺少感悟。在《麦田里的守望者》里,联结霍尔顿与菲比和艾里的那条纽带尚未形成,这条纽带还将串联起塞林格未来的许多人物。在它形成前,它首先需要作者自身实现精神上的转变和顿悟。

# 5 地狱

> 老虎！老虎！黑夜的森林中
>
> 燃烧着的煌煌的火光，
>
> 是怎样的神手或天眼
>
> 造出了你这样的威武堂堂？
>
> ……………
>
> 群星投下了他们的投枪，
>
> 用它们的眼泪润湿了穹苍，
>
> 他是否微笑着欣赏他的作品？
>
> 他创造了你，也创造了羔羊？
>
> ——威廉·布莱克《老虎》（郭沫若译）

1944年6月6日星期二，这一天是塞林格一生的转折点。登陆日以及此后十一个月的连续战斗对塞林格产生了极为深远的影响。这场战争以及它带来的恐惧、痛苦和教训在塞林格性格的方方面面都打上深深的烙印，在他的作品中反复回荡。他经常提及诺曼底登陆，但他从不叙述相关细节。他女儿后来回忆道："对于那些没说出口的事，他好像觉得我能理解其中的含义。"[1]这些"没说出口"的事困扰了研究人员数十年。塞林格不愿重述往事，加上他在战时从事的情报工作具有保密性质——为执行任务，他可能随时被派往一些不知名的地方，所以传记作家在描述他的战斗生涯时都非常客观，首先引用冷静的数据和地名，然后再匆匆转向记录更为详尽的时期。即使没有塞林格提供的第一手资料，也最好借用他身边人的证词，因为这些人与他经历相同。总之，不能因为省力就抹杀掉那些战争岁月。

1944年5月底，盟军已经完成了人类历史上最大规模的登陆集结。他们将登陆部队分为三个集团军，每个集团军对应一个字母，标明计划中的登陆地点。塞林格所在的第4步兵师组成U特遣队，负责抢占犹他海滩（Utah Beach）。U特遣队包括三个步兵团，分别是第8、第12和第22步兵团。在登陆日当天，第359和第70坦克营也加入了特遣队。这些部队又分成12只船队，准备横渡英吉利海峡，在波涛中抢滩作战。

塞林格在运兵船上待了几天，他当时最有可能停靠在德文郡的布里克瑟姆港，等待前往诺曼底。每天都有人传说即将启航，但最终都被证明是假的，因为登陆时机尚未成熟。等待是痛苦的，士兵们除了胡思乱想，几乎什么都做不了。终于在6月5日晚，士兵们享用了一顿牛排晚餐——这也许是为了增强他们的体质，塞林格所在的船悄悄驶离港口，向法国海岸进发。从出发的那一刻起，士兵们就生怕遭到敌军袭击，毕竟"老虎行动"的惨剧还历历在目，而海峡对岸潜伏着的危险也令人心生恐惧。距诺曼底海岸还有12英里，运兵船的引擎声沉寂下来，远处传来隆隆炮火声，战士们焦急地等待着日出和战斗的指令。

指令下达后，塞林格和其他30名士兵挤进一艘登陆舰。他们在汹涌的海浪中颠簸，在茫茫大海中显得十分渺小。在他们周围，巨大的战舰正发射炮弹，将朦胧的黎明点燃，爆炸声如同雷声响彻天空。登陆舰缓缓靠近海岸，战士们可以看到炮弹落在沙滩上，扬起阵阵沙砾。渐渐地，登陆舰噼里啪啦地纷纷停下，岸上升起一道烟幕，那是发起进攻的信号。有些士兵开始低声祈祷，有些士兵则大声哭喊，但大部分人都只是保持沉默。突然，只见登陆跳板被打开，激浪猛烈地拍打着它，战士们跳下船，涉水冲向海岸。

作为第4反情报特遣队的一员，塞林格本该跟随第一拨部队在早上6点30分登陆犹他海滩，但据一个目击者所述，他是在十分钟后随第二拨部队登陆的。[2]这是一个幸运的时间点。英吉利海峡的水流将登陆士兵朝南推了2000码，使塞林格得以避开德国最密集的防御。这一区域的地雷也比较少，工兵很快就清除了发现的地雷。在登陆诺曼底后不到一小时，塞林格就沿着一条无人防卫的堤道朝内陆挺进，他向西而行，目标是与第12步兵团会合。

第12步兵团就没那么幸运了。虽然他们5小时后才登陆海岸，却遭遇了塞林格没有碰到的障碍。在海滩上，德国人故意用洪水淹没了一片宽达2英里的沼泽，并把火力集中在唯一开放的堤道上。第12团被迫放弃堤道，蹚过齐腰深的污水，冒着敌人持续不断的炮火继续前进。在许多地方，地面突然下沉，战士们走着走着就陷入沼泽之中。第12团花了3个小时才穿越这片沼泽，在往后的日子里，他们只要一想起这段经历，就会感到恐惧。[3]这天结束时，部队被挡在博兹维尔村外，在敌占区只推进了不足5英里。[01]他们遇到了臭名昭著的诺曼底树篱，这是他们在训练中忽视的地形特征。法国人将其称为隔离树林（bocage），这种树墙简直不可逾越，使步兵团无法看见村里的德军。他们没有选择与看不见的敌人交战，而是决定在树篱旁耐心等待。他们度过了一个漫长的不眠之夜——不敢生火、不敢抽烟，也不敢说话。对第12团的战士们来说，"最漫长的一天"远未结束，相反，地狱般的生活才刚刚开始。在接下来的十一个月里，塞林格也被卷入其中。无论如何（塞林格在登陆日那天晚上就意识到了这一点），他必须找到活下去的力量，保留完整的灵魂，脱离绝境。

在接下来的几十年里，塞林格将一个小盒子视为最珍

---

**01**　在登陆日进攻犹他沙滩的所有部队中，第12步兵团是深入敌占区最远的。

贵的财产之一，盒子里装着他最爱惜的几件物品：五颗战斗之星和总统嘉奖勋章（表彰其所在单位的勇气）。[4]虽然身为情报人员，但一旦上了战场，他就被迫成为一名指挥员，负责中队和排的行动与安全。战友们的生命取决于他的命令，因此他毫不退缩，以高度的责任感秉持使命。

与许多急于开展进攻的士兵不同，塞林格对战争从未抱有天真幻想。他厌恶人们用虚伪的理想主义粉饰战斗，并在小说《脆弱的中士》和《最后一次休假的最后一天》中表达了这种反感。他试图将战争解释为一件血腥的、不光彩的事。虽然通过逻辑推理或与亲历者接触，塞林格已对战争的丑恶本质有了深刻认识，但在即将发生的事面前，他依然惊慌失措。

6月7日凌晨，第12团的战士们清晰地观察到，德军已在博兹维尔村以西完成集结。不管有没有树篱，眼前这块区域都阻碍了部队继续前进，他们必须拿下。上午6时，他们与德军交火，这次突袭攻其不备，德军最终逃离阵地。第12团随即向北推进，追击撤退的敌军。

塞林格所在的那个师接到向北进攻、夺取港口城市瑟堡的命令。必须取得港口控制权，才能保证充足的物资补给和人员输送，为盟军进攻提供支持。如果不攻占瑟堡，整个登陆行动就面临失败的风险。但要完成这一主要任务,第12团还需要很长时间。在首日推进了5英里后,部队继续快速行军,但他们还不知道,他们的前进路程很快将以码来衡量,而不是英里。

第4步兵师的三个团（第8团、第12团、第22团）一起追赶敌人,来到一条防线外,这条防线贯穿科唐坦半岛,长约8000码。德国人已沿着防线建造了一系列炮台,他们停止撤退,转身面对追来的猎手。第12团这才发现自己处于腹背受敌的糟糕位置,往前是阿兹维尔要塞的炮火,退后是埃蒙德村据点里的敌人。[5]第12团被困于此,失去了灵活性,第一次真正尝到了战斗的滋味。

敌人的炮火不断袭来,一面是来自埃蒙德村的迫击炮,一面是阿兹维尔发射的重炮。第12团顽强抵抗,战斗持续了两天两夜。师部意识到形势严峻,立即命令周围各团集中兵力攻打阿兹维尔要塞,减轻第12团侧翼的压力,使其专注于埃蒙德村附近的战斗。在那里,第12团正以一敌二,被敌方的猛烈炮击压制在原地。他们向德军阵地发动进攻,但只前进了几英尺,却付出了惨重代价。在匆匆安顿死者和伤兵后,他们再次冲击敌军阵地,这次只占领了一块地方,但又牺牲了更多的士兵。这一天,第12团一次次向敌人扑去,直到德军悄然撤退,才占领了埃蒙德村。[6]战斗结束后,人们才发现损失巨大。第12团共折损300人,他们牺牲了十分之一的士兵才夺取一个人口不足百人的小村子。我们并不知道在这场战斗中塞林格身处何方，但这次经历在战士们的心中留下了深刻的烙印。

直到6月11日，第12团才抵达作战计划中的既定目标——蒙特堡东北部。在埃蒙德村取得的胜利使战士们备受鼓舞，他们以惊人的速度向前推进。事实证明，他们推进得太快了，领先其他部队1英里，随时可能被敌军拦腰截断。蒙特堡已近在眼前，第12团奉命后退，等待第8团从后面赶上来。与此同时，从阿兹维尔撤退的德军重整旗鼓，来到蒙特堡附近，重新占领了此前第12团退出的阵地。[7]据估计，驻守蒙特堡的德军不超过200人，只占该地区敌军的一小部分。但他们占据优势位置，面对第8团和第12团的共同进攻，坚守了一个多星期。在第12团战士的英勇冲锋下，第4师先是重新夺回8天前丢失的阵地，终于在6月19日晚收复蒙特堡。

6月12日，塞林格中士草草地写了一张明信片寄给伯内特，上面只有三句话，这寥寥数语便体现了塞林格正在经历的痛苦。他向伯内特汇报一切安好，随后写道，在这种情况下，他"太忙了，无法继续写那本书"[8]。由于字迹潦草，有些字很难辨认。这张明信片写于诺曼底登陆后的第六日，这可能意味着他写信时很匆忙，在战斗之余仍惊魂未定。

此时，德军已退入瑟堡城内，这是他们的最后一道防线。瑟堡城背靠大海，守备森严，周围环绕着坚固的防御工事，是一座令人望而生畏的堡垒。占领蒙特堡为盟军打开了通往瑟堡的通道，他们开始包围这座城市。他们缓缓推进，花了5天时间才攻入城区。尽管瑟堡几乎被炸成了废墟，但城内守军拒绝投降。德军已无路可退，被迫继续战斗。接下来是巷战——逐街、逐屋地进行争夺，狙击手那双藏在枪后的眼睛令塞林格胆战心惊。直到6月25日晚，敌军才放弃抵抗，塞林格和战友们进入了这座残破不堪的城市。战争带来的毁坏是巨大的，但是港口保存了下来，为盟军的后续登陆提供了条件。[9]

第12团习惯于在作战中掌握主动权，瑟堡之战就是一个典型例子。在整个诺曼底战役中，塞林格和战友们始终冲在战斗的最前线。在埃蒙德村，他们遭受重击，指挥部不得不调来邻近部队支援他们。获得胜利后，他们一路追击德军至若冈维尔村，并在那里对敌人实施了猛烈报复。在蒙特堡，他们急躁地跑到其余队伍前面，冒着危险靠近这座防守严密的重镇。在接到后撤并转为防御状态的命令后，他们坚持要夺回前一天占领的阵地。1944年6月里，第12团进行了多场战斗，如果对这些战斗做出分析的话，与其说是在研究战术，不如说是在研究集体情绪。6月6日晚，这支部队还在博兹维尔树篱旁踌躇不前,随后又经历了埃蒙德村的重大损失,但在第9天已经积极地向敌人发起进攻了。埃蒙德村之战激励了第12团的战士们,塞林格也不例外。那里的厮杀是战火对他们的洗礼,赋予他们战斗的意义,增进了战友间的兄弟情。塞林格不是为了解放法国而战,也不是为了捍卫民主而战,他与团里的许多士兵一样,怀着最纯粹的奉献精神参与战斗,不是为了军队,而是为了身边这群兄弟。

在围困瑟堡等战役中,塞林格的反情报职责发挥到极致。他的工作是审问当地人和被俘士兵,以便收集对师指挥部有用的信息。瑟堡战役结束前,敌军已经意识到失败是在所难免的,大批士兵开始投降。6月24日,仅第12团就接收了700名战俘,第二天又接收了800名战俘。塞林格需要决定审问哪些人,以及如何解读他所搜集的信息。这是一项艰巨的任务,他必须在保证自己性命无虞的同时完成工作。

7月1日,第12团奉命从瑟堡南下,前往靠近犹太海滩和博兹维尔的古尔博斯维尔。战士们到达那里时已精疲力尽,上级同意他们休整三天。这是开战26天以来塞林格第一次获准休假,也是他第一次有机会好好洗个澡、换身衣服。师部利用这段时间评估了内部情况:6月6日登陆时,塞林格所属的那个团共有3080人，现在只剩下1130人。后来有人发现，在整个登陆行动中他们团牺牲最大，这更加剧了这些数字带来的失落感。第二次世界大战期间，在欧洲作战的所有美军团级部队中，塞林格所在的团伤亡人数最多。[01]

…………

6月9日，塞林格还在诺曼底作战时，《伊莱恩》被《故事》杂志采用，"照例支付25美元稿费"[10]。同一天，在写给哈罗德·奥伯公司的信中，伯内特说他重新考虑了出版小说选集的提议，还是希望先等塞林格写出那部长篇小说。[11] 人们可能认为小说集和那25美元稿费对此时的塞林格而言没什么意义，毕竟他每天都在生死线上挣扎，但即便在战斗中，他的雄心依然丝毫未减。

多萝西·奥尔丁立即写信告诉塞林格，伯内特已经改变了主意。6月28日，也就是瑟堡被占领两天后，塞林格给伯内特写了封回信。他平静地接受了这件事，还说能理解伯内特不愿出版小说集的原因。他保证在战后会继续撰写有关霍尔顿·考尔菲尔德的那部长篇。他相信，假以时日，他定能速战速决，在六个月内完成作品。[12]

---

**01** 仅在1944年6月，第12步兵团的军官和士兵分别损失了76%、63%。

收到回信后，伯内特无疑松了一口气，但塞林格在信中如此回复的原因是伯内特永远无法理解的。自从登陆后，塞林格的性格就呈现出一种孩童般的特点，他充满好奇和感激，与前几年的愤世嫉俗形成了鲜明对比。他会拿自己的高度紧张开玩笑，说哪怕听到最轻微的爆炸声，他都能一头钻进壕沟里。他承认自己很害怕；要他写战斗经历，他是一个字也写不出来，因为这不是用文字可以表达的。对于1944年6月的塞林格中士来说，只要能活着就很庆幸了，至于《年轻人》小说集这件事，他还是有些耿耿于怀。

攻下瑟堡后，盟军在诺曼底站稳了脚跟。成千上万的新兵和数吨补给被运进瑟堡港，沿着乡村道路向南前行。路上很快就挤满了爬行的坦克和成群的士兵。盟军现在面临的新挑战是冲出诺曼底，横扫欧洲腹地。

在科唐坦半岛下方的旷野中，圣洛城如梦般地拔地而起，正如蒙特堡曾将盟军挡在瑟堡之外，这座古老的城堡如今成了盟军走出诺曼底的障碍。因此，和对付蒙特堡一样，盟军必须不惜一切代价，攻取圣洛古城。圣洛城之战打得极为缓慢而艰苦，充满刀光血影。这座城市位于一片非常适合打游击战的区域。该区域田地阡陌纵横，被树篱分割成不同区块，这种无情的植物曾在登陆日那晚使塞林格和战友们手足无措。这些障碍围绕圣洛城，犹如在平原上筑起一座峡谷迷宫。树篱根深叶茂，连底下的土都翻了上来，形成了一道道天然城墙，要从里面钻过去是不可能的。更糟的是，树篱将部队隐藏起来，使得空中掩护力量无法识别他们，因此地面部队很容易被己方的炮火和炸弹击中。就算坦克来了，他们也无法穿越这些树篱。

在这迷宫般的植被和田野中，第4步兵师只能与敌人展开肉搏。战斗在每块田地上进行着。战士们跨过倒下的尸体，会发现自己已经身处另一块田地，和刚才那块战斗过的田地一模一样。第12团是首先进入这个迷宫阵的部队，对他们来说，眼前的一切仿佛是一场更大规模的埃蒙德之战。

对美军而言，这场"树篱之战"是一次沉重的打击。士兵们原本希望从诺曼底大举进军法国，迅速击溃德军，然而他们遇到了顽强的抵抗和复杂的地形。这种作战环境就连指挥官们也始料未及，但瑟堡港卸下的数千辆增援坦克令他们重振精神。随着信号弹的升空，圣洛城战役打响，盟军对城市及其外围实施了地毯式轰炸，火力支援使第12团信心大增，斗志激昂。但他们很快发现这是一场中世纪斗殴，空中力量和坦克都毫无用处。7月18日，盟军终于攻克圣洛城，城市几乎被夷为平地，人们称它为"废都"。

战斗还在持续，死神如影随形，为了克服随之而来的恐惧，塞林格干脆将其抛诸脑后。许多战士也以同样的方式处理恐惧，这是在战争中生存的必要法则。他们对发生的事情漠不关心，从不当场应付，而是让它遁迹潜形。塞林格意识到自己正在经历这种疏离。他给家里写信说，他能记得诺曼底登陆后发生的所有事和每一个时刻，却无法回忆起当时伴随着他们的恐慌感。至少在目前，他觉得这样面对恐惧还挺好的。[13]

在接下来的两周里，塞林格大概在圣洛城以南的乡村中继续前进，搜查沿途城镇，消除敌军残余势力。一些小村庄，比如维勒迪厄、布雷西、莫尔坦等突然就成了重要的通信中心，反情报特工们纷纷聚集到这些地方，奉命保护当地的铁路、无线电设备和电报局。

当第30步兵师遭遇德军坦克师的猛烈抵抗时，塞林格就驻扎在莫尔坦城外。8月7日上午，抵抗的敌军已经明显增加到4个师，并有步兵加入进来。第30师孤军奋战，抵挡希特勒亲自下令的全面反攻。邻近的第12团迅速与第30师取得联系，赶赴现场，第12团立即发现自己又陷入了两面夹攻的被动局面，敌人在数量上也占有明显优势。[01]这场战役现在被称为"血腥莫尔坦"，根据记录，塞林格所在的第

---

[01] 第12团一直与第30师并肩作战，直到8月13日他们确定危险已经过去为止。

12团当时处于一种疯狂的状态，向决心击溃他们的德军猛烈射击。[14]救星终于来了，战斗轰炸机组成的编队遮天蔽日，在莫尔坦上空连续轰炸了五天，就像圣洛城之战那样，敌人的防线随即瓦解，血腥的莫尔坦战役结束了。

莫尔坦战役失败后，德军开始从法国全面撤退。第4步兵师由第12团领头，率先向巴黎进军。起初，美军司令部想要绕开巴黎。经历了诺曼底一带的惨烈战斗和艰难突围后，他们担心德军会死守巴黎。但对法国人来说，将这座城市从纳粹手中解放出来是件光荣的事，他们成功地争取到美国人的帮助。当第12团逼近巴黎时，城内发生了几件事，足以挽救许多人的生命。8月18日，巴黎市民感到解放在即，号召举行大罢工。当天晚些时候，罢工者开始设置路障，并于第二天与德军作战。8月24日，第12团与自由法国第2装甲师一起占领了巴黎南部的阵地。

正如美国人担心的那样，希特勒下令，要么对巴黎严防死守，不惜战斗至最后一人，要么将巴黎彻底摧毁。在这个关键时刻，拯救从天而降。德军驻巴黎的最高长官迪特里希·冯·肖尔蒂茨将军违抗了希特勒的命令，拒绝守卫或摧毁这座城市(据说希特勒亲自打电话给他，询问"巴黎正在燃烧吗？")。1944年8月25日中午，肖尔蒂茨率17000名德军向法国人投降。

当德国人投降时，塞林格和第12团已经在城里，他们是第一批进入巴黎的美军士兵。[15]虽然一些德国狙击手仍在抵抗，但正如塞林格所观察到的，巴黎人对此似乎并不在意。在这欢欣鼓舞的日子里，他们涌上林荫大道，迎接这座城市的解放者。

从塞林格对巴黎解放的描述中，人们能读到他的喜悦之情。他坐着吉普车沿林荫道一路前行，周围是欢乐的人群。女人们身着盛装，抱起孩子让战士们亲吻，或者自己冲上去等待战士亲吻。男人们急忙献上美酒，作为谢礼。经历了犹他海滩、圣洛城和瑟堡的痛苦战斗后，巴黎人民的欢迎让塞林格感到异常甜蜜。他回忆道，这似乎使诺曼底战役有了意义。[16]

第12团接到命令，清剿从城市东南角到市政厅的敌军残余。塞林格的任务是从法国民众中找出与纳粹合作的人。约翰·基南是塞林格在反情报部队中的搭档，也是他在战争期间最好的朋友。根据他的说法，他们曾抓到一个通敌者，但附近的人们听到风声，立刻聚集到他们周围，将通敌者抢了过去。塞林格和基南不愿向人群开枪，只能眼睁睁看着人们将通敌者活活打死。这件事是一个怪诞的注脚，如果没有此事，这一天一定会是塞林格人生中最美好的日子之一。他抓住的一个大活人在他眼前被活活打死——却并未影响当天的欢乐气氛，这足以说明在1944年夏天，塞林格上士已经对死亡习以为常，这也表明了他此时的疏离态度。

塞林格只在巴黎停留了数日，但这几天是他在战争期间最快乐的日子。他在9月9日写给伯内特的信中回忆了这段日子，而这封信是他至今写过的信中最愉快的一封。

除了军事胜利外，他还获得了更为私人的、属于他本人的胜利：他曾在巴黎与欧内斯特·海明威相处。海明威当时是《克利尔》杂志的战地记者。据报道，他设法在盟军到达前就潜入了巴黎。塞林格知道他在城里，于是决定去找他——他当然知道去哪里找海明威。他和基南跳上吉普车，直奔丽兹酒店。海明威像招待老朋友一样欢迎塞林格的到来。他声称熟悉塞林格的作品，因为见过《绅士》杂志上的照片，所以一眼就认出了他。当海明威问塞林格有没有随身携带新作品时，塞林格弄到了一份《星期六晚邮报》，上面刊登了当年7月发表的《最后一次休假的最后一天》。读完这个故事后，海明威大加赞赏。两位作家边喝边聊，三句话不离写作。塞林格心情舒畅，因为他一直渴望找人聊聊文学。他还欣慰地发现，海明威一点儿架子也没有，也没表现出大男子气概，他之前的担心都是多余的。相反，他发现海明威温文尔雅，文学功底深厚，总之，他"真是个好人"[17]。

乍一看，塞林格似乎在利用这个机会享受海明威的名声，但事实上可能更加复杂。塞林格是个伟大的舞台设计师，他当然知道自己创设的场景效果如何。对于海明威及其作品，他从未公开表示过欣赏。另一方面，他确实很钦佩舍伍德·安德森和斯科特·菲茨杰拉德。多年前，当海明威身处困境时，正是这两位作家在巴黎大街上对他伸出援手。所以，与其说塞林格喜欢和海明威交谈，不如说他在分享安德森和菲茨杰拉德的精神。此外，塞林格认为，他与海明威的会面象征着两代人之间的薪火传承，他去丽兹酒店不是为了表达崇敬，而是去收集他应得的文学遗产。

此后数年里，塞林格和海明威还继续保持着友谊。除了这次会面，他们至少还见过一次，并有一些书信往来。沃伦·弗伦奇在他的著作《J.D.塞林格》中对两人的另一次见面进行了奇特描述，虽然这次见面的真实性无从考证。弗伦奇本人在描述这个故事时也很谨慎，他说海明威当时正在向塞林格解释德国鲁格手枪比美国点45手枪好在哪里。为了证明他的观点，他向附近的一只鸡开了一枪，打掉了鸡脑袋。塞林格对此无比惊骇。据弗伦奇说，塞林格后来在小说《致爱丝梅——怀着爱与污浊》中提到了这件事，并塑造了一个开枪打猫的人物——克莱。尽管这只鸡的故事未必真实，但在战争期间，塞林格通过与海明威的关系获得了巨大的个人力量,他用对方的绰号"爸爸"来称呼他。这种崇敬并不一定会转移到写作上,比如在《麦田里的守望者》中,霍尔顿就痛斥过《永别了,武器》[01],但在战争岁月里,塞林格要感激海明威的友谊,感谢他提供了弥足珍贵的希望。[18]

..........

1944年9月,塞林格把短篇小说《我疯狂》寄给了伯内特,收到稿子的伯内特一定吓坏了。这是第一个由霍尔顿·考尔菲尔德叙述的故事。之前塞林格承诺过给《故事》杂志写一本书,他已经完成了六个章节,《我疯狂》就是其中之一。伯内特知道他的计划,所以当塞林格将《我疯狂》作为短篇小说单独投给他时,伯内特一定觉得他期盼中的小说已经付诸东流。塞林格预料到他会这么想,也知道伯内特不会发表这个故事。

他在这个时候投递《我疯狂》的原因大概有两个。首先,他不确定自己能否在战争中幸存,所以他想确保霍尔顿的叙述能保留下来;其次,他这么做可能是对伯内特的回应,后者在6月撤回了出版《年轻人》小说集的承诺。

---

[01] 塞林格把海明威的职业人格和个人人格分开来看。他告诉伊丽莎白·默里,海明威生性善良,但多年来一直故作姿态,所以现在习惯了装样子。塞林格不赞同海明威作品的基本哲学。他说,他讨厌海明威"高估了纯粹的血气之勇,也就是普通人所谓的'胆量',并将其视为一种美德。这大概是因为我自己缺乏勇气吧"。

伯内特并不是唯一拥有撤销权的人。他对那部有关霍尔顿·考尔菲尔德的长篇小说渴望已久,但这部书最终能否写成则完全取决于塞林格的意愿。塞林格单独投递了《我疯狂》,这暗示着他打算将小说章节拆成独立的故事发表,他大概希望通过此举迫使伯内特再次同意出版文集。

在9月9日那封兴高采烈的信中,塞林格再次谈到小说集的问题,此时的伯内特已经收到了《我疯狂》。要是我们不知道这些事,可能会觉得塞林格在小说集一事上态度暧昧,但是他不仅投递了《我疯狂》,还写了一封热情洋溢的信并添加了长达3页的附言,这些行为足以证明他是在请求伯内特出版他的小说集。他说,不管有没有战争,他都会继续写作,从4月14日到诺曼底登陆日,他已经写完了六个故事。[01] 即使身在前线,塞林格也已经开始撰写另外三个故事。他信心十足地把这些新故事列入一个备选清单,只要伯内特同意出版小说集,就可以派上用场。清单上主要列出已经完成的作品,包括《洛伊丝·塔格特漫长的首次亮相》《伊莱恩》《年轻人》《最后一次休假的最后一天》《打雷时叫醒我》《小兵之死》《儿童梯队》《一周一次死不了》

---

[01] 1944年晚些时候,塞林格声称自1月中旬出国以来他已经写了八篇故事,自诺曼底登陆以来又写了三篇。9月9日信中提到的六个故事仅仅是4月14日以后写的。那天,伯内特首次提出要将他的短篇小说汇编成书。这样算来,1月中旬到4月中旬他还写了两个短篇。如果塞林格的叙述是正确的,这两篇可能也是《麦田里的守望者》中的章节,或者已经佚失了。其中有可能包括塞林格另一篇丢失的作品《已故伟人的女儿》。

《站在田纳西的男孩》(Boy Standing in Tennessee)、《贝琪》《两个孤独者》和《我疯狂》。清单也包括三个尚未写完的故事：第一篇取名为《神奇的散兵坑》；第二篇他不确定用哪个名字好，也许叫《贝比看到了什么》或《哦—啦—啦》；第三篇压根儿没有名字，他只是简单地称为"另一篇无名的文章"。

几周内，惠特·伯内特再次承诺出版小说集《年轻人》。直到10月26日，《我疯狂》还在伯内特手上没有发表，而塞林格已经重返战场。伯内特写信给哈罗德·奥伯公司，通知他们《一周一次死不了》已被《故事》杂志采用，但他表明将"退还手里的另一篇作品——《我疯狂》"[19]。至于清单里第二个没写完的故事，既不叫《贝比看到了什么》也不叫《哦—啦—啦》，而是在1945年以《一个在法国的男孩》(A Boy in France)的名字发表。那个未命名的故事可能是《没有蛋黄酱的三明治》或是《穿肥大衬衫的青年》(A Young Man in a Stuffed Shirt)。这是一篇从未发表过的战争故事，被伯内特拒稿后就一直留在作者手里。

............

在塞林格所有未发表的小说中，《神奇的散兵坑》大概是最好的一篇。这是他在前线作战时写出的第一部作品。小说取材于塞林格在登陆日和随后战斗中的亲身经历，它是塞林格唯一描写实战场景的小说。《神奇的散兵坑》是一个充满愤怒的故事，饱含作者对战争的强烈谴责。这是一个只有战士才能写出来的故事。[01]

小说传达的信息与1944年常见的宣传相反，其中的坦率可以说是颠覆性的。在写完《神奇的散兵坑》后，塞林格预言他的战争故事"几辈子都不会发表"[20]。即使这个故事躲过了军方审查，也很难想象出版商有勇气印刷出来。

《神奇的散兵坑》讲的是诺曼底登陆数天后发生的故事。一艘运兵船缓缓驶来，目的地大概是瑟堡。作者把读者当成一个不知名的搭船士兵，被叙述者接到了运兵船上。叙述者是一个名叫加里蒂的美国士兵。加里蒂称呼读者为"麦克"，他热切地讲述着登陆后他所在营参与的一场战斗，尤其是连队排头兵刘易斯·加德纳的经历以及那些使加德纳感到战斗疲劳的事情。

登陆日那天，加里蒂和加德纳所在的营登上海滩后，迎面碰上了一个德军据点。敌人的数量是他们的两倍，并且已经在山上的树林里安营扎寨。在加德纳的营队和敌军之间还有一片致命的沼泽地，被人们称为"寡妇制造者"。德国人凭借这些地形优势守了两天两夜，加德纳所在的营则要努力攻下敌方阵地。他们一次次爬过沼泽地，试图接

---

[01] 《神奇的散兵坑》的署名可能表明塞林格知道这个故事不会发表。小说上的署名是更为懦弱的"杰里·塞林格"，而不是通常那个更为专业的"J.D. 塞林格"。

近德军，却遭遇对方密集的火力攻击。每当重型武器在他们四周爆炸时，他们就会抢着冲进为数不多的散兵坑，这些散兵坑相距较远，无法同时保护所有人。因为加德纳是队里的排头兵，他总是跑在其他士兵前方50英尺远处，所以他总能成功地躲进一个散兵坑。而他钻进的每一个散兵坑都好像具有魔法，只能容纳他一人。

任何挣扎都是徒劳的，塞林格通过参与者的真实经历传达出一种绝望情绪。通过他的描写，读者可以闻到沼泽的恶臭，可以清晰地感受到战争的巨大损耗。士兵们对德军阵地发起的每一次盲目的、没有意义的进攻，都能激发或增加读者内心的敬佩。这场战斗无关荣誉，只剩下战士们钢铁般的意志和他们为了生存而进行的疯狂拼抢。

随着战斗的继续，加德纳不停地钻进散兵坑寻求庇护，他眼前开始出现一个奇怪的、幽灵般的士兵，他戴着眼镜和新潮时尚的头盔。加德纳把这件事告诉了加里蒂，起初加里蒂还以为他疯了。后来，加德纳又和幽灵士兵见了几次面，他震惊地发现这个幽灵竟然是自己未出生的儿子厄尔。知晓这一点后，加德纳心如死灰。他相信厄尔将在未来参与战争，因此他决心在此刻杀死儿子，希望借此使他避免卷入战争。加里蒂得知了加德纳的计划，惊慌失色，决定和加德纳一起跳进散兵坑，用枪托打晕对方，来拯救加德纳的幽灵儿子。但加里蒂被弹片击中了背部，没能和加德纳一起进入散兵坑。

等加里蒂再次醒来时，他正躺在海边的战地医院里养伤。他还在医院里发现了精神崩溃的加德纳。加德纳不愿待在担架上，可怜巴巴地攥着一根插进沙土里的杆子。塞林格对加德纳的描述体现了一种创作特征，他后来在《纽约客》上发表的小说正是以这种特征而闻名的：他能用只言片语传递多种信息和复杂情感。此时的加德纳穿着病号服站在沙滩上，目光中已经失去了生机。他紧紧抓着杆子，"紧紧抓住，好像他坐在科尼岛的云霄飞车上似的，如果不抓紧就会飞出去，把脑袋撞得粉粹"[21]。

我们仔细回顾就会发现，加里蒂也患有战争疲劳症，但他的病情比他朋友更轻。他说话总是飘忽不定，匆匆忙忙的，思维也比较散乱。他还对苦难产生了病态的迷恋，医院里每天都有伤员输送进来，他就每天去海滩看这些血肉模糊、四肢不全的士兵。他还没病到加德纳的程度，但离这一天也不远了。

在这篇故事中，塞林格对军队的批评非常激烈。他不仅谴责军队压制个性，还提醒人们注意军队的错误政策，按照该政策，患有精神疾病的伤员在康复前就将被送返前线。这篇故事还阐述了一个虽未言明却贯穿始终的事实：士兵们只是炮灰而已。在《神奇的散兵坑》中，军队是一个冷漠无情、没有个性、缺乏同情心的实体，是一台毫无灵魂的机器，它只会重复使用部件，直到整台机器瓦解。小说赞扬了士兵们的忠诚和坚忍，也直接嘲讽了战场背后的军事体制，这种体制驱使士兵们前赴后继，全然不计后果。

故事中的悲伤压倒了愤怒，虽然塞林格的大部分愤怒都指向了军方，但他的绝望则指向毫无意义的战争。这种徒劳感弥漫在小说各处的战斗场景中，在故事结尾得到了最好的体现。加里蒂去找加德纳不是为了察看他的情况，而是想知道他是否杀了幽灵儿子。结果是，加德纳没有。他允许儿子活着，因为他儿子"想在这里"。这句话意蕴深刻，使加德纳深感疲惫，他觉得打仗或看到厄尔的灵魂，都没听到这句话累。加德纳未来的儿子愿意走上战场，这等于宣判加德纳有罪。在目睹了这么多事、经受了这么多苦难后，他做了什么——或没做什么——才会导致战争再度发生呢？经过这场沼泽之战后，他有责任告诉儿子战争的可怕和枉然。但他意识到自己做不到，自己的无能正是厄尔急于"来到这里"的原因，加德纳陷入了疯狂。

此外，塞林格想借用厄尔的这句话来挑战他那一代人的想法，要求他们在教育后辈时不要宣扬战争虚假的荣耀,而要揭示战争的愚蠢残酷。加里蒂在海滩上遇到过一个护士,当他开始讲述这个护士的故事时,读者发现他已经忘记了战争带来的教训。小说结尾,加里蒂朝另一个想搭船的士兵喊道:"嘿!伙计!要搭船吗?想去哪里?"这是塞林格对读者的提问:我们需要做些什么,才能确保战争永远不再发生呢?我们将去向何方?我们要教孩子走怎样的道路?1944年秋天,这篇小说传递的思想可谓惊世骇俗,加上作者是一名在前线服役的中士,这使得小说更具煽动性。

《神奇的散兵坑》最震撼人心的部分是开头那几句话,描写了诺曼底登陆的情景。这一幕以无声的慢动作展开,极具表现力。海滩上空空荡荡,只有尸体和一个孤独的活人,这是一位牧师在沙滩上爬行,他正手忙脚乱地搜寻他的眼镜。当运兵船靠近海滩时,叙述者惊奇地注视着这一幕超现实的场景:牧师被炸成碎片,所有动作都停止了;此时,只能听到爆炸的声音。这一段描写令人难以忘怀,具有高度的象征意义。在战争的白热化阶段,塞林格让一位牧师独自出现在死人堆里,这不是巧合。这位难逃厄运的牧师不顾周围的混乱,拼命要把眼镜擦干净,这也并非偶然。他展现了一个普通人的形象,这个普通人相信自己手握命运的答案,但在最需要答案的时候,发现手里并没有。这是绝望与无望的形象——是痛苦的哀号。这个形象意味着塞林格写作生涯的一个关键时刻到来了。J.D.塞林格第一次提出这样一个问题：上帝在哪里？

…………

巴黎解放后，德军后撤，艾森豪威尔的参谋长满怀信心地宣布："从军事上讲，战争已经结束了。"盟军将领们普遍同意他的说法，甚至丘吉尔和罗斯福也预计10月中旬会取得胜利。战士们接到指令，追击德军，敦促他们投降。同时，军人服务社也收到指示，停止向部队运送家里寄来的圣诞包裹。战争快要结束了。

…………

许特根森林位于德国、比利时、卢森堡三国交界处，占地约50平方英里。在毫无戒备的人看来，这片森林似乎很古老——就像出自童话故事一般，但它是一座现代工事，由德军最高指挥部设计，企图利用地势的每一道起伏，把这里变成来犯者的坟墓。树林里的树木高达100英尺，排列紧密，遮天蔽日。天气经常变化，林子里总是浓雾缭绕，连几英尺外的东西都看不清。丘陵地带建有碉堡，外层覆盖着树叶，和周围环境融为一体，是一道既隐蔽又致命的防御工事。就连树木和地面也满布陷阱，铺设了带刺铁丝网和被称为"跳弹贝蒂"的伪装地雷。在这片神秘的森林里，每次落脚、每次触碰石头或者每次掠过树叶，死亡都可能降临。

在许特根森林深处，与边境平行，纳粹构筑起一道称为齐格菲防线的防御体系，德国人叫它"西墙"。在一些地方，齐格菲防线确实是一堵墙，这部分防线称为"龙牙"，是用混凝土建成的路障。但在其他地区，防线就不太明显了，特意布置得和普通地方没什么区别。越过边线进入森林后，吉普车和坦克在蜿蜒的林间小路上无法行驶，部队进去后会立马从视线中消失，从而使空中掩护失去作用。

为迫使德国人早日投降，艾森豪威尔派出两支军队——第一军和第三军，命令他们攻占齐格菲防线，穿越德国境内的鲁尔河和莱茵河。鲁尔河沿着许特根森林的边缘流淌，美军指挥官决定为了渡河，必须清除森林中的一切抵抗。

然而，希特勒无意投降。事实上，德国人正在组织一场大反攻，这就是后来的阿登战役。希特勒的计划由两部分组成。许特根森林里有一系列水坝，用来调节鲁尔河的水流。希特勒计划在反攻开始时摧毁大坝，淹没美国第一集团军进入德国的道路。把第一军困住后，他就可以投入所有力量抵挡第三军。他将100个刚刚组建的新营派往许特根森林和齐格菲防线。新营接到的任务是，在反攻安排妥当前,阻止盟军进入德国,保护那些对反攻至关重要的水坝。

当塞林格描述巴黎解放的情景时,他正在前往德国边境的路上。9月7日,他所在的团抵达卢森堡,两天后到达比利时,战士们士气高涨。他们相信战争最糟糕的阶段已经留在了诺曼底,从现在开始,他们将扮演横扫千军的英雄角色。塞林格所在的师有幸成为第一支挺进德国的部队。一旦他们进入第三帝国境内,就必须首先突破齐格菲防线,然后扫除许特根森林的所有抵抗,占领阵地,保护第一军的侧翼。

战士们按照计划开展行动,对前方的风险毫无防备。塞林格还不知道,等待他的将是人生中最黑暗的几个月。9月一天天过去,越来越多的迹象表明,一些当时看似不起眼的小烦恼在以后的几个月里将会变得致命。比如,进入德国一周后,由于行军较快,汽油开始出现短缺,这是非常危险的。接着,香烟也开始短缺——这严重影响了部队士气。最不吉利的是,整个9月阴雨连绵,战士们的军靴里灌满了水和泥。大家请求发放套鞋,却没得到上级的回应。塞林格的部队以最快的速度前行,他们身后的道路变得越来越泥泞,后勤部队推进困难,被他们远远甩在后面。部队继续向前。虽然只是9月,但当地气温下降得很快,这也是个不祥之兆，因为这一年的冬季是人们记忆中最寒冷的。毫无疑问，那些下令暂停运送圣诞包裹的官员们几乎没想过为部队提供冬季装备或者套鞋之类的物品。

9月13日，第12步兵团挺进德国，来到一个树木茂密的地区。不远处，西尼艾弗尔山脊投下巨大的阴影，这道壮观的山脊环绕着许特根森林。该地区拥有陡峭的峡谷和起伏的山岭，在战前是德国人的滑雪胜地。除了地势险峻，正如师指挥官预料的那样，第12步兵团未遭遇任何抵抗。士兵们还不知道，后勤部队此时距离他们很远，如果受到攻击，他们坚持不了多久。由于行军顺利，指挥官们如释重负、慷慨激昂，命令第12步兵团和第22步兵团攻破齐格菲防线。

9月14日下午1点，当第4师穿越齐格菲防线时，天空下着蒙蒙细雨。[22]树林里雾气升腾，塞林格和战友们利用寒雾做掩护，爬上西尼艾弗尔山脊，越过了德军防线，沿途没有遇上一个敌军士兵。受此鼓舞，师指挥官们命令第12步兵团防卫该地区主要公路，以便第一军胜利进入德国后使用。第12步兵团立马占据了一座能俯瞰公路的小山，挖壕过夜。

第二天早上，士兵们一觉醒来就发现周围的景象发生了巨大变化。一天前还空无一人的树林，现在满是敌军。废弃的碉堡里有人冒出来，向他们的阵地开火。战士们发现对面的敌人来自党卫军第2装甲师。德国人没料到美军会从崎岖的西尼艾弗尔山地穿越齐格菲防线，因此将兵力集中在更符合逻辑的地区。当他们得知第12步兵团和第22步兵团的行动进展后，立即调度安排，连夜将部队悄悄送到此处。

第12步兵团跌入了险境。白天，他们冒着敌军的火炮和狙击手的子弹开展巡逻，设法清除地雷。晚上，德军会从碉堡里溜出来，重新布设被移走的地雷。为了守住阵地，第12步兵团在西尼艾弗尔地区进行了数场战斗，但他们的阵地已毫无价值，因为敌军已经夺回了公路控制权。

在许特根森林深处，卡尔河谷坐落于田野和村庄的怀抱中。这个山谷实际是个峡谷，河流四周耸立着陡峭的山壁。峡谷顶部有一条卡尔小道，这是一条杂乱的土路，下面就是悬崖，十分危险。山谷及其周围的田野实际上成了德国人的射击场。他们驻扎在附近山头，等着向入侵者开火。11月2日，盟军司令部派遣第28步兵师进入山谷夺取几个位置重要的村镇，只要占领它们就可以控制整片森林。

刚开始，第28师的进展出乎意料地顺利。第28师分出了几个团，每个团作为一个独立作战单位，成功夺取了一个小镇、一部分峡谷和山谷边缘的一片茂密树林。第28师没有意识到德国人故意让他们分兵作战，以便包围每个团，逐个击破。德国人从山头据点和森林内部对他们肆意轰炸，完全没有遇上任何障碍。

由于无法安全地向任何方向移动，第28师被迫在不堪一击的阵地上坚守了两周。[01] 为了解救第28师，盟军指挥部下令将坦克开进卡尔小道，他们竟然不知道这条路上到处都是淤泥和倒下的树木。在很多路段，道路在坦克的重压下坍塌，致使坦克直接坠入下面的深谷。

坦克没能营救第28师，于是盟军司令部派出了第12步兵团。11月6日，该团从建制上隶属于被围困的第28师，因此不得不参与这场血流成河的许特根森林之战。卡尔小道上遍布着烧毁的坦克和死者的尸体，预示着未来几周这里还将爆发残酷战斗。然而，第12步兵团还是尽忠职守，占领了树林地带的阵地，使濒临崩溃的友军残部得以喘息。

按照原计划，第12步兵团要为第28师剩下的战士们开辟一条逃生通道，并保证通道的畅通。但刚进入森林，第28师就命令第12步兵团同样拆成数个作战单位，然后一齐从森林向卡尔河谷发起猛攻。第28师之前的失败正是因为战术不当，现在师部又重蹈覆辙，再次推行这一错误

---

**01** 第28步兵师由宾夕法尼亚国民警卫队成员组成，肩带上绘有象征宾州的红色拱心石，被称为"拱心石师"。在德国人看来，拱心石形似水桶，因为第28师大量士兵死于卡尔小道，他们被德军称为"血桶师"。这个头衔后来成了第28师的骄傲。

战术。第12步兵的战士们拒绝执行该命令，他们指出分兵作战是愚蠢的，但师部对他们的反对意见充耳不闻。第12步兵步兵被迫分成几个单位，无法统一行军，士兵们很快就迷路了。由于相互之间沟通不畅，有的连队所有人都落入德军手中。其余的士兵在森林里走了好几天都找不准方向，当补给耗尽时，只能从尸体身上寻觅食物。弹药短缺，敌军数量又是自己的四倍，战士们陷入绝境。一个幸存士兵回忆说："天哪，太冷了。我们又饿又渴。那一夜我们都在祈祷。第二天早上，我们发现上帝回应了我们的请求。夜里下雪了，整个地区都被大雾笼罩——这是外出的最好时机。补给线上到处都是尸体，和我一起出来的那些人太累了，一脚踩到尸体上。他们实在太累了，连尸体都迈不过去。"[23]

五天内，第12步兵团就损失了500多人，他们接到命令撤至后方，重新组织剩余的兵力。事实上，他们根本无路可退，当精疲力竭的士兵们到达营地时，发现自己的散兵坑早被德国人占领了。团指挥官们再也无法忍受。11月11日，损失惨重的第12步兵团从第28师中分离出来。两天后，除了少数几个伤员外，第28师全军覆没。

然而，战士们仍然不能离开许特根森林。第28师被歼灭后，第4师下属的三个团都被调来接替第28师。尽管此时塞林格和他的战友们战斗力不强，兵力损耗严重，但他们仍被期望留在森林里，支援友军，以某种方法保持攻势。

当塞林格走进许特根森林时，他就跨过了噩梦的门槛。1944年冬天，这里发生的战斗可以说是第二次世界大战西线战事中最为残酷的。许特根森林里日复一日的恐惧将战士们逼向绝境。他们被困在黑暗森林里，死亡随时可能从任何方向降临。敌人都在暗处，战士们需要始终绷紧神经，保持高度戒备，但这种状态很难维持。淤泥的缝隙里、不间断的雨水中，到处都弥漫着疯狂。

许特根森林里的杀戮惨烈至极，第12步兵团只能依靠有限的增援苦苦支撑着。不知为何，上级要求指挥官们在战斗开始前就确定兵员补充数量。结果，部队兵力总是不够，塞林格这样的幸存者要承受更大的负担，他很快成了一名坚强的老兵。补充人员到达后，并没有时间适应战场。多年后，一个后来调入前线的士兵还记得第12团是如何用严酷而有效的方法指导新成员的。

> 我们是一群被派来做替补的新兵，还不知道会面对什么。我们必须走过死去战士的尸体才能到达指定位置。我记得其中有三四具尸体，看上去已经死了很久了。我相信，他们就是用这种方法让我们习惯战场的。[24]

连军营也成了危险的地方。塞林格曾被教导在遭遇炮击时要脸朝下卧倒在地,以免被横飞的弹片击伤。在许特根森林里,德国人采用了树爆策略,在美军头顶上引爆炮弹,使大量弹片和碎木倾泻而下,如千支长矛朝美军掷去。塞林格很快便改变了应敌之法,他在爆炸声刚响时立即"拥抱大树",并尽量用树枝盖住他的散兵坑。

在许特根森林,第12步兵团共计伤亡2517人,其中近一半是天气因素造成的。[25]战士们或是在散兵坑里冻死,或是因冻伤残废了四肢。这个地方十分肮脏,天气不是湿漉漉的,就是冷冰冰的。一个多月里,塞林格和战友们被迫睡在泥泞或结冰的洞穴里,没法换洗衣服。后来,他们终于获得了军队额外发放的毯子、羊毛内衣和大衣。[01]但套鞋和睡袋依然没有送到,尽管第12步兵团从9月初就一直在向上级申请。[26]

战士们穿着像海绵一样的军靴,里面灌满了雨水,战壕足病严重削弱了部队的战斗力。塞林格是幸运的。他后来回忆起自己是如何保持双脚干燥的。原来,他母亲有个习惯,总给他织羊毛袜子。他每周都会收到家里寄来的包裹,每次都装有一双袜子。7月时,面对母亲的这份宠爱,塞

---

[01] 军队发放的厚大衣易吸水,又妨碍行动。多数士兵很快就把它们扔了,一些士兵因此被冻死。

林格会微微一笑，而到了11月，这双袜子却救了他的命。[27]

许特根森林的这场悲剧是毫无意义的。我们无法理解盟军指挥部为什么在如此艰难的环境中还要坚守这片无用的土地。德国人争夺这个地方是为了控制水坝，而盟军只要绕过去而不必穿越森林就可以轻易获取大坝控制权。即使等到盟军指挥官们意识到大坝的重要性，他们也没有改变进攻路线，而是选择了一条笔直的路线——穿越许特根森林进入卡尔河谷，夺取小镇来控制水坝，但盟军在河谷地带只能任由德国人摆布。

出于以上原因，历史学家们认为，许特根森林战役是军事上的失败和生命的浪费。这是盟军在第二次世界大战中最大的失败之一。然而，第4步兵师在森林中取得了巨大进展，他们的战斗为盟军后来从希特勒手里抢回水坝创造了条件，但这一过程付出了惨重代价。这些战绩完全归功于普通士兵的英勇。在1944年那个漫长的冬季里，没有一个师指挥员或参谋人员亲自来到许特根森林。

黑暗的许特根森林中有一线仅剩的光明。在这场战役中，作为战地记者的海明威也来过这里，跟随第22步兵团短暂驻扎于森林中，距离塞林格的营地只有一英里。

一天晚上，在战斗间歇，塞林格找到同伴沃纳·克里曼，他是塞林格在英国训练时认识的朋友，也是第12步兵团的翻译官。"走吧,"塞林格催促道,"咱们走,去见海明威。"[28]两人披上厚重的外套,拿着枪和手电筒,穿过森林,走了一英里后,来到海明威所住的小木屋。屋内灯火通明,有一台奢华的发电机。

这次拜访持续了两三个小时。塞林格和海明威畅谈文学,克里曼在一旁倾听。三人用铝制水壶、水杯喝着香槟。在许特根森林里,这是独一无二的时刻,它让塞林格神清气爽,让克里曼刻骨铭心。五个月后,当塞林格在信中提到这次拜访时,他仍能从回忆中汲取力量。[29]

塞林格之所以选择克里曼作为随行同伴,也许是因为他想表达谢意。在许特根森林之战中,有一个指挥官被克里曼描述为"酗酒者",对部下非常冷酷。这位指挥官明知塞林格没有合适的衣物,还命令他在寒冷的散兵坑里过夜。当晚的气温下降到危险水平,克里曼开始担心朋友的安危。他悄悄溜出营地,发现塞林格在积雪覆盖的洞里瑟瑟发抖,于是偷偷从朋友的物品中取了两件送去。一件是瑟堡解放后从旅店里拿的毯子,一件是塞林格母亲织的袜子,这两样东西帮助塞林格活了下来。

许特根战役深深地改变了塞林格,当然它也改变了所有亲历者。即便是海明威,在见证那场战斗后,也发现写作变成了一件困难的事。他曾公开指责许特根战役,但大多数幸存者再也没有提过那片森林。沉默是普遍的反应。然而，要体会塞林格后期作品的深度，我们必须了解许特根战役，必须认识到塞林格承受的痛苦。在《陌生人》(The Stranger)中，贝比为何为第12团唱起挽歌，在《致爱丝梅——怀着爱与污浊》中X中士为何被噩梦折磨，答案就埋藏在许特根森林里。

…………

当塞林格在许特根战役中苦苦挣扎时，《一周一次死不了》发表在11—12月的《故事》杂志上。这篇小说从外表上看充满了讽刺意味，虽然和作者当时身处的环境相比，其情节可谓微不足道。塞林格一定很难想起写这篇小说时的动因和心理。此前，塞林格曾为《故事》杂志举办的写作比赛捐款200美元，伯内特为此感到高兴，他想利用募捐一事和塞林格的战场经历，在杂志上刊登一篇作者小传。于是，在许特根森林深处，塞林格写了一则简短的自传，并把它邮寄到纽约。

最初，这段简介似乎稀松平常，尤其是考虑到小传的写作时间。这是一段平静的、幽默的自述，让人不免将塞林格和霍尔顿·考尔菲尔德联系起来。塞林格提到从一所学校转到另一所学校，还说他把弹珠掉在了自然历史博物馆印第安人展厅的地上。这段文字底下明显浮动着一种战时的麻木感。在小传中，塞林格承认，自从参军后他就无法想起家乡的人和地方，好像战前生活正从他脑海中溜走，那些正常的日子变得越来越遥远、越来越模糊。当他通过一件又一件伤心事来解释自己的生活时，紧张之情溢于言表。甚至在许特根森林里，塞林格仍向读者保证，"只要他有时间"，只要他能"找到一个空的散兵坑"，他就会"继续写作"。[30]

塞林格还在战斗间隙给伊丽莎白·默里写信。在一封信里，他情绪变化很大，刚回忆完巴黎解放时的愉悦，就描述了森林里令人惆怅的经历。他告诉默里，他见到了海明威，还说只要有机会他就尽量多写点文章。他自称从1月份以来已经写了五个故事，还有三个正在写。多年后，塞林格在反情报部队的同事们还记得他经常溜到一边进行写作。其中一人回忆道，当他们遭遇猛烈炮击时，所有人都低下头开始躲避。士兵们瞥了一眼，发现塞林格正在桌子底下打字，他全神贯注，显然没有被周围的爆炸声打扰。[31]这类例子说明塞林格需要写作。在许特根，他对过去生活的记忆正在逐渐消逝，他只能用写作这种熟悉的方式让自己坚持下去——他把写作当成了一种生存方式。

12月的第一周，第4步兵师的三个团都已疲惫不堪。若要第12步兵团保持战斗力，就必须重新组建队伍。12月5

日,塞林格和战友们收到了离开许特根森林的命令。一个月前进入森林的人里没几个幸存下来,团里有3080名士兵走进许特根,最后只剩下563人。对于这些幸存者来说,能活着走出森林就是胜利。

…………

《一个在法国的男孩》以克制、平静的语言描述了一个疲惫的士兵在散兵坑里短暂休息时的内心活动。在1944年的最后几个月里,塞林格在前线写了三篇小说,这是其中第二篇。[01]虽然这个故事没有提到考尔菲尔德家族的成员,但它的节奏和传递的信息与《麦田里的守望者》以及其他考尔菲尔德的作品是一脉相承的,因此可以把它视作第六个关于考尔菲尔德的小说。

虽然批评家们往往忽视这部小说,但《一个在法国的男孩》代表了塞林格写作发展进程中的一个重要阶段。在《神奇的散兵坑》中他曾探讨过上帝的本质和存在,而《一个在法国的男孩》似乎回答了这些问题。在这部作品中,作者宣布了他的信念,作者的身份和信仰紧密相连。

故事发生在诺曼底,因为塞林格在那里开始写这篇小说,但故事的主要内容反映了他在许特根的经历,所以小

---

[01] 1946年兰登书屋在《星期六晚邮报,1943—1945》(314—320页)中重印了《一个在法国的男孩》,这是塞林格的小说第二次被收录文集出版。

说可能是在森林里完成的。叙事方面，小说采用意识流手法，充斥着只有亲历战斗的士兵才能写出来的真实感。故事一开始，读者就能听到远处隆隆作响的炮火声，闻到潮湿冰冷的泥土气息。一个衣衫褴褛、神情委顿的男孩身穿士兵服，独自睡在这片饱受战乱的土地上。他是法国的一个小伙子。他梦到白天战斗时的可怕场景，从睡梦中惊醒，那些场景令他"无法忘却"。[32]他疲惫的大脑试图让他重振精神，告诉他这里不安全，必须离开。于是，他戴上头盔，收拾好包袱，开始四处寻找安全的地方。临走时，他对另一名士兵喊道："等我找到了叫你。"但他根本不知道自己要去哪里。

最终，因为太过疲倦，他只能先停下来找一个安全的地方休息——一个散兵坑，里面只有一条毯子（刚被一个战死的士兵盖过）和尸体留下的恶臭。他使出最后一点力气，试图把"晦气的地方挖掉"，但没能成功。他只好钻进坑里，当墓穴里的土块掉在他身上时，"他什么都没做"。一只红蚂蚁在咬他的腿，为了捏死蚂蚁，他又碰到了白天弄坏的手指，在战斗中他的整个指甲盖都掉了。他把受伤的手指放到毯子底下，嘴里默念着一连串的愿望，他希望战争暂停，自己回到家中。指甲盖奇迹般地复原了，一个个愿望仿佛一首圣歌从他嘴里吟唱出来，他发誓要将整个世界拒之门外。这段咒语几乎等同于纯粹的诗歌,它是塞林格写过的最优美的文字之一,给这个故事增添了一些魅力,尽管这些魅力和故事背景互相矛盾。

此时的塞林格已经开始创作严肃诗歌。如果调整《一个在法国的男孩》的形式和标点,它就能变成一首诗。例如,把这个男孩的祈祷根据连贯性拆开时,就能分为6个诗节,每一节由重复的那一句"我会闩上门"连接起来。

当男孩睁开眼时,发现自己仍然身处战场,独自一人,手指阵阵作痛。绝望中,他把手伸进口袋,掏出一沓剪报,这是他与故乡之间的纽带。他把眼睛眯成一条缝,缓缓读着剪报上的消息,就像在念一串"咒语",从前这咒语一直是灵验的。这是一段流水账式的报道,描述了一场来自和平世界的电影首映礼,但它空洞的话语在此时此地已经失去魔力。男孩把剪报扔在了一旁。然而,他保留了更加忠实的记忆——一封家里寄来的信,因为他经常阅读,这封信已经变得破破烂烂的。他温柔地捧着信,开始朗读起来,好像在念祈祷文。

读者们逐渐认出这个男孩,原来他是贝比·格拉德韦尔,这封家书是他妹妹玛蒂写来的。塞林格故意隐瞒了士兵的身份,直到故事结尾才揭晓。这部小说既哀伤又真实,其核心人物具有普遍性:贝比代表了每一个因战争而深感孤独和疲惫的士兵。

在家书的开头玛蒂告诉贝比,她知道哥哥在法国。她说现在海滩上很少见到男孩了,莱斯特·布罗根死在太平洋战场上。布罗根夫妇仍然会来海滩,但一来就静静地坐着,从不下水。接着,她讲述了奥林格先生的离奇死亡,她把死亡描绘成一只看不见的手,从他们中间肆意夺走生命。在信的结尾,玛蒂盼望贝比能早日回家。这是一句普通的话,但给贝比注入了活力。看完信后,贝比从散兵坑中站起来,对附近的战友喊道:"我在这里。"然后,他低声对自己说:"请快点回家吧。"说完后,他幸福地睡着了。

这个故事传递的信息取决于贝比最想听到的两首诗歌。一首是威廉·布莱克的《羔羊》(The Lamb),另一首是艾米莉·狄金森的《无图》(Chartless)。这两首诗包含了相似的信息,如果把它们放在一起阅读,将为小说增添一份强有力的说明。

羔羊

小羔羊,谁创造了你?

你知道吗,谁创造了你?

给你生命,叫你去寻找

河边和草地的食料?

谁给你可喜的衣裳，

柔软，毛茸茸又亮堂堂；

谁给你这般柔和的声音，

使满山满谷欢欣？

小羔羊，谁创造了你？

你知道吗，谁创造了你？

小羔羊，我来告诉你，

小羔羊，我来告诉你，

他的名字跟你一样，

他管自己叫羔羊；

他又温柔，又和蔼，

他变成一个小孩；

我是小孩，你是羔羊，

咱们名字跟他一样。

小羔羊，上帝保佑你。

小羔羊，上帝保佑你。

(袁可嘉译[01])

---

[01] 选自《布莱克诗选》，北京：人民文学出版社，1957年，第42—43页。

无图

我从未见过沼泽,

也从未见过大海;

但我知道石楠的模样,

也知道什么是波浪。

我从未与上帝交谈,

也从没去过天堂;

但我确定那个地点,

就像有地图指明方向。

塞林格在许多小说中认为诗歌等同于灵性,《一个在法国的男孩》就是塞林格创作的第一部体现这种思想的小说,它代表了塞林格精神旅程中的重要阶段。在《神奇的散兵坑》中,描写牧师的那幕场景似乎在怀疑上帝的存在,或者说至少质疑上帝对人类生活的参与。而在《一个在法国的男孩》中,上帝的存在得到肯定,至此塞林格承认了他的精神追求。

这一时期的塞林格会有宗教体验,应该不足为奇,前线常常会激发他精神的觉醒。然而,1944年他对上帝的认识还比较抽象,还建立在广为流传的理念上。在《最后一次休假的最后一天》中，贝比认为生活仍有意义，值得人们为之奋斗，因为生活中存在美。在《一个在法国的男孩》中，他意识到上帝正是通过生活之美显灵。在那个散兵坑里，贝比没有看到神秘的幽灵，也没有沐浴在圣光中。但他确实见到了上帝，即便只是通过妹妹那天真之美才看见，他感受到了自己与上帝的联系，从而再次确信自己还活着。

在塞林格进入许特根森林14年后，他回忆起19世纪日本诗人小林一茶写的一首俳句：

> 牡丹硕硕，儿童张臂。

塞林格认为，一茶将注意力转向牡丹花就足够了，剩下的责任在读者手上。他写道："我们是否该亲自去看看他笔下肥硕的牡丹，这是另一回事。"读者需要自己努力，因为诗人"并未限制我们"。[33]

塞林格引用小林一茶的俳句，是因为这首诗与他的写作有关。《一个在法国的男孩》的精髓必须用心阅读才能充分体会，就像牡丹花只有用心才能真正看见。小说中的语言蕴含着重要意义。贝比的新闻简报和玛蒂的信都在向读者提供信息，小说最后几行文字则给出了结论。然而，狄金森和布莱克的诗歌中也包含着深刻经验,这两首歌将小说提升到精神层面。塞林格没有限制读者,相反地,我们必须亲自去经历。在他将来所写的优秀作品中,这将成为他的主要特点。1944年冬天,塞林格的牡丹还要等几年才能盛开,但种子已经种下。令人难以想象的是,它就种在许特根森林那片血腥的土壤里。

............

12月8日,塞林格抵达新驻地。该地区位于卢森堡,被描述为"疲惫士兵的天堂"[34]。证据显示,这里是埃希特纳赫镇,与德国仅隔着一条绍尔河。几周以来,士兵们第一次睡在真床上,吃到了真正的食物,可以洗澡并更换衣服。一些人还得到许可,能前往比利时或巴黎。最令人欣慰的是,之所以选择在这里驻扎,是因为这里远离战火,非常安静。有人认为如果继续让士兵们待在战场上,那么他们非崩溃不可。

12月16日,在度过相对平静悠闲的一周后,第12步兵团——远未完成重建——突然被德军包围。黎明时分,埃希特纳赫及附近城镇遭到敌军炮火袭击,第12步兵团的通信中心被毁,该团与第4师其他部队基本上失去联络。上午9点,德军两个步兵团——人员齐整,精力充沛——向第12步兵团迎面冲来。第12步兵团被打得措手不及,有的连队整个被敌军包围，有的排被分割开，下落不明。

这就是希特勒的大反攻，阿登战役的第一天，最初，德军几乎将所有攻势都集中于第12步兵团。当第12团在这里浴血奋战时，与它相邻的两个团（第8团和第22团）却几乎没有发现敌军的活动。[35]

在美国军事史上，阿登战役是伤亡最惨重的战役之一。而对于塞林格和他的战友们来说，这是许特根之战的延续：还有更多的夜晚，他们将睡在雪地里；还有更多的战斗，将在森林里进行——这次是在阿登山脉；除此之外，还会有更多疲惫和鲜血。

第12团在逆境中英勇抗敌。12月16日，E连在埃希特纳赫被德军包围，他们只能退进一家制帽厂的废墟中，才得以保存有生力量。一连三天，他们打退了厂外不断逼近的敌人，与此同时，第12团的其他部队也在奋力解救他们。12月19日，就在埃希特纳赫即将被德军攻占时，一支装甲特遣队冲进城里，赶去营救被困士兵。令特遣队惊讶的是，E连指挥官拒绝离开制帽厂，坚持要带着剩下的士兵保卫这里。由于通信被切断，他没有收到撤退的命令。特遣队见无法说服该部队撤离，干脆也留在帽厂里。夜幕降临后，特遣队为保护坦克不得不选择离开。当他们撤走时，敌人正蜂拥而至。E连失去了最后的逃跑机会[36]，最终无人幸存。

当时的情况十分混乱。第12团被敌军分割成几个部分,许多排不足20人,却被迫作为独立的战斗单位。虽然埃希特纳赫暂时被敌人占领,但第12团成功地守住了周围城镇,阻止了德军向卢森堡推进,从而拯救了这个国家。

最后,希特勒的反攻失败了——不是因为计划不周,也不是因为盟军在战术上优于对手,而是因为减员严重。1944年冬天,德军狠狠打了盟军一拳,几乎把他们打翻在地,塞林格和他的部队遭受重创。但盟军有能力补充兵员,因此能收复失地。而德国人却无法做到,他们反攻失败注定了第三帝国的命运。

12月27日,塞林格和战友们再次进入埃希特纳赫外围地区。根据师部的报告,正如他们所料,"没有在城中发现任何居民"。在城镇的废墟中,塞林格中士终于有机会给家里写了一封信。12月16日后,他的家人和朋友就没有收到过他的消息。[01]自从战役打响,美国报纸上到处都是德军大反攻的新闻,塞林格的朋友和家人们都做好了最坏的打算。

当战斗还在进行时,塞林格在乌尔辛纳斯学院的老友贝蒂·约德曾两次发电报给伯内特,打听塞林格的消息。

---

**01** 当塞林格写信回家时,他可能没有注意到阿登战役开始的时间。他当时大概在1营,正在休假中,直到第二天(12月17日)才投入战斗。

12月31日,她在电报中询问"是否有任何关于杰里·塞林格的消息"。她说,她知道塞林格驻扎在"埃希特纳赫镇附近",并承认,"虽然他是一个很重要的朋友",但他会"因为这封电报而瞧不起她"。

直到次年1月,米丽娅姆才收到儿子的来信。伯内特从米丽娅姆那里得知塞林格安然无恙的消息,他彻底松了口气,给约德草草写了封回信:"塞林格一切安好。他在12月27日寄给母亲的信和照片已经抄送给了他的经纪人。"[37]

…………

第12步兵团的战斗事迹和他们经历的重重磨难不仅仅是塞林格生活和工作的注脚,它们深深扎根在塞林格本人身上,渗透在他创作的小说里。如果说作者与作品是无法分开的,那么塞林格和战争也不可分离。同样地,1营或2营、C连或F连或E连遭遇的事件也不仅仅是塞林格生活中可能发生的例子,这都是他忍受痛苦的真实写照。了解第4步兵师在第二次世界大战期间的经历,就会意识到恐惧和勇敢对士兵而言不过是家常便饭。

1945年1月,阿登战役结束,美军第82空降师越过边境进入许特根森林,大概在前往柏林的途中。当82师穿过森林进入卡尔河谷时,他们被迫徒步行军。此时,冰雪开始消融,道路变得泥泞,吉普车无法通过河谷。一路上,战士们见到了一幕幕可怕的景象。融化的积雪中露出上千名美国士兵的尸体，许多尸体双手指向天空，似乎在祈求上苍。

…………

《没有蛋黄酱的三明治》是塞林格创作的第七个讲述考尔菲尔德的故事，小说主要描写了失去带来的痛苦。没有证据可以确认这篇小说写于何时。甚至在1945年10月《绅士》杂志发表该小说后[01]，也无法在塞林格、奥伯公司或《故事》杂志社的任何通信中找到这个书名。《没有蛋黄酱的三明治》很可能写于1944年9月，是塞林格在前线写的第三个故事，当时正在创作中，尚未命名，故事里可能还包含着另一篇小说的内容，那就是塞林格1944年的作品《站在田纳西的男孩》。《站在田纳西的男孩》没有发表，并且已经下落不明。

在《没有蛋黄酱的三明治》的开头，文森特·考尔菲尔德中士在佐治亚州的新兵训练营里，他和33名美国大兵一起坐在卡车上。天色已晚，外面下起倾盆大雨，但这群人还是打算去镇上跳舞。他们眼前摆着一道难题：只有30人被允许参加舞会，车上还多出4个人。卡车迟迟没有发动，士兵们等着特种部队的中尉赶来解决这个问题。从他

---

**01**　1958及1960年《休闲绅士》杂志（*The armchair esquire*）再次刊登了《没有蛋黄酱的三明治》（纽约：G.P.普特南家族出版社，1960年）第187-197页。

们的交谈中可以看出，文森特是这群人的头儿，因此他负责把多余的人排除出去。

小说通过意识流手法探索了孤独和怀旧，叙述的重点不再是卡车上发生的事，而是文森特的内心活动。文森特的弟弟霍尔顿在太平洋战区失踪，很可能已经遇难。这个消息令文森特惊骇失神，无法专注于其他事情。

卡车上的士兵们谈论着他们的家庭、他们的故乡、他们在战前的职业，而文森特的脑海里出现了一系列闪回。他看到自己在1939年的世界博览会上，和妹妹菲比一起参观贝尔电话展。他们走出展馆时发现霍尔顿站在外面。霍尔顿向菲比索要签名，菲比调皮地朝他的肚子上打了几拳，"很高兴见到他，很高兴他是她的哥哥"[38]。车上的士兵们还在聊天，但文森特的思绪不断跳回到霍尔顿身上。他看见霍尔顿在彭蒂预科学校上学[01]，在网球场上，霍尔顿坐在科德角的门廊里。他怎么可能失踪呢？文森特不相信他失踪了。

中尉到达时显然很恼火，他询问起目前的情况，文森特佯装不知，开始清点人数，而内心却在嘲笑中尉、其他人和自己。他提出，不去跳舞的人可以去看电影。有两名

---

[01] 在这篇小说和1944年年初完成的《我疯狂》里，霍尔顿就读的寄宿学校被拼写成Pentey。但在《麦迪逊街边的小叛乱》和《麦田里的守望者》中，这所学校的拼写是Pencey。《麦迪逊街边的小叛乱》在1946年12月发表前经过数次修改，因此无法确定塞林格最初使用的拼写是哪个。所以，霍尔顿预科学校的拼写并不能帮助我们确定这篇小说的写作时间。

士兵听到后偷偷溜走了，但车上还是多了两个人。最终文森特做出决定，命令左边的两人离开卡车。一个士兵跳下车走了，但另一个还没动静。文森特等待着，终于这个人出现了，灯光照在他身上，显露出一个男孩的模样。他站在大雨中，所有人的眼睛都盯着他。"我在名单上。"男孩小声嘀咕着，几乎要流出泪来。文森特一言不发。最后，中尉命令男孩回到车上，并额外安排了一个女孩参加舞会。

故事结尾，士兵们出发去参加舞会，文森特又陷入对弟弟的思念中。霍尔顿失踪的消息始终困扰着他，他在内心恳求弟弟："去找个人——告诉他们你在这里——没有失踪，没有死——什么都没发生，你就在这里。"

《没有蛋黄酱的三明治》主要写的是，文森特无法与自己或周围的人建立联系，他拒绝采取必要措施来改变现状，因此造成了这种隔绝状态。

故事的高潮部分是男孩的现身。在此之前，对话和事件并置，两者同时发生，读者不免感到困惑。只有当男孩从黑暗中出现时，读者的注意力才被拉回到这个孤独的人物身上。从这一刻起，对话停止了，读者的目光聚焦于这个站在雨中的男孩身上。这一刻是超现实的。塞林格通过放缓叙事节奏来加强这种感觉。在前文中，读者跟随文森特脑海里的闪回看到了他弟弟的一个个影像，此时自然会被男孩的形象所打动。一个从黑暗中浮现的人物，他脆弱而忧伤，希望有人能指引他。他是霍尔顿·考尔菲尔德的灵魂，是对文森特的考验。文森特必须采取行动，才能使男孩得到圆满结局。他必须与男孩建立联系，才能从他身上找出弟弟。他必须把个人痛苦放在一边，做一件简单却具有象征意义的事——他必须放弃卡车上的位置。

他伸出手，帮男孩竖起衣领，以免他被雨淋湿，但随后又陷入沉默，什么都没做。不久之后，男孩离开了，文森特再次爬上卡车，完全沉浸在失去弟弟的苦恼中。他在心里和霍尔顿不停地说话，告诉他不要吹口哨，不要穿睡袍去海滩，在桌子旁坐下要挺直腰板。

如果小说是在1944年的最后几个月里写的，甚至是在西尼艾弗尔和许特根被包围的那几周写的，那么这个故事有助于我们增进对作者的了解。与死亡日夜搏斗的塞林格将自己塑造成文森特·考尔菲尔德，这个人物与他的创作者一样左右为难，他既要压制情感，又要承认身处其中的现实。

············

1945年元旦，杰里·塞林格26岁。一年前的他还在霍拉伯德堡等待被派往海外，如今他驻扎在卢森堡，眼前横卧着绍尔河和德国领土。三个半月前，他曾与战友们穿过这条边境线前往许特根森林。

2月4日，第4步兵师穿越齐格菲防线。1944年9月，他们正是从同一位置进入德国的。对大多数士兵来说，这一刻是喜悦的，这是他们第一次踏上德国领土。但对于少数像塞林格这样的老兵来说，这一刻是灰暗的：在上次的穿越作战中他们死里逃生，许多战友的英魂却长埋于此。之前的惨痛回忆还萦绕在他心头，这次再度进入德国，塞林格只觉得提心吊胆、痛苦万分。不难想象，他周围都是兴高采烈的新兵。在他看来，他们的自信和热情一定令人生厌，和贝比在剪报上读到的那些愚蠢新闻一样。

第4步兵师此时已经基本上实现摩托化，在德国境内快速推进。他们正向莱茵河方向进攻，在普朗镇和乌斯镇遭遇了抵抗。要是几个月前，塞林格还会在这些地方与敌人殊死作战，但如今德国已经明显输掉了战争，敌军的抵抗不会像在许特根那样凶猛。3月30日，塞林格随第4师在沃尔姆斯渡过莱茵河，他们继续向东南前进，穿过符腾堡进入巴伐利亚。

与此同时，美国读者正在阅读塞林格的小说。《故事》杂志3—4月刊发表了《伊莱恩》，这篇小说研究的是毫无防备的美国是如何被践踏的。3月31日，在《星期六晚邮报》发表《一个在法国的男孩》的同时，贝比疲惫的祷告飘荡在战壕上方。

在战争的最后阶段，第4师的任务逐渐从战斗转向占领。塞林格不再需要每天为生存而战，他开始将反情报技能运用于部队占领的每个城镇。进入一座城后，他会对所有公共建筑进行搜查，尤其是那些与通信和交通有关的建筑。这些建筑将被关闭，防止任何人进出。为避免当地人通敌，广播电台、电报中心和邮局是部队首要占领的目标。塞林格会搜出这些建筑里的文件，浏览审查，然后送到总部做进一步分析。

塞林格能用当地语言和当地人交流，这种能力对他在反情报部队中扮演的角色，甚至对第12步兵团的安全，都是至关重要的。比如，塞林格每进入一个城镇，都要向民众发表演讲，向他们讲解团里的规章制度。随后，他会对居民进行筛查，尽可能多地找人谈话，以便收集信息，清除对战友的威胁：粉碎抵抗阴谋，揪出人群中的纳粹分子。

逮捕嫌疑人，审问囚犯，这是塞林格情报工作中最有趣的一面。我们在今天看来，塞林格挨家挨户地捉拿坏人，在裸露的灯泡下盘问他们，这种形象似乎很荒谬。但事实就是如此。大家都说，他在执行任务时和在写作时一样诚实正直。[39]

…………

塞林格的代理商哈罗德·奥伯公司还存有一些原始档案，其中一份日期为1945年4月10日，上面列出了19个可能被收入《年轻人》小说集的故事。列表中有塞林格在1944年9月向伯内特推荐的15篇小说，《脆弱的中士》不包括在内。此外，还有两篇首次出现的小说，一篇是《已故伟人的女儿》，另一篇是《满是保龄球的海洋》。

《已故伟人的女儿》从未发表，但奥伯公司的档案将其描述为"作家的女儿找了老男人"[01]。显然，这个故事是关于乌娜·奥尔尼和查理·卓别林的。

另一篇新故事《满是保龄球的海洋》在1948年前一直由塞林格保管，直到那一年才卖给《妇女家庭之友》。但杂志出版商认为这篇小说文风太过沉郁，拒绝印刷。塞林格随后收回了小说，1950年又投给了《克利尔》杂志。《克利尔》的小说编辑诺克斯·伯格买下了小说。不幸的是，曾替《妇女家庭之友》拒绝这篇故事的出版商此时正在《克利尔》工作，他依然反对发表。当时是1950年年末或1951年年初，《麦田里的守望者》正在等待出版。塞林格改变了发表《满是保龄球的海洋》的主意，把稿费退给《克利尔》，撤回了小说。

---

01　这份档案底部还有一段手写文字，似乎是小说集的大纲。这份大纲明显不同于伯内特的建议。伯内特希望小说家围绕战争这一主题，分为三部分。奥伯则建议把小说集分为：一、女孩；二、男孩；三、霍尔顿的故事。

从此之后,《满是保龄球的海洋》再也没有投给任何杂志社。

《西摩:小传》中有这样一个场景:巴蒂·格拉斯和他大哥西摩在玩弹子游戏。根据塞林格的描述,西摩站在那里,身体"平衡",姿势完美,手里拿着一颗平滑对称的弹子,充满爱意地看着弟弟。西摩将指导巴蒂如何解放意志,释放自我,以此找到那个完美的撞击点。[40]类似的场景也出现在《满是保龄球的海洋》中,只不过主角换成了肯尼斯·考尔菲尔德和他的兄弟文森特。在西摩里,这幕场景旨在教会读者如何理解他的作品。而在《满是保龄球的海洋》那里,熟悉故事的读者知道这是一个寓言,它包含了《满是保龄球的海洋》的重点内容和主要信息。

《满是保龄球的海洋》是考尔菲尔德系列的第七篇小说,也是塞林格未发表的作品中最好的一部。故事描写了艾里·考尔菲尔德生命中的最后一天。在故事里,他的名字是肯尼斯。在这部小说中,读者见证了作者笔下最高尚的人。肯尼斯是塞林格塑造的第一个开朗的孩子。

《满是保龄球的海洋》的故事发生在科德角的一所房子里。18岁的文森特·考尔菲尔德是故事的叙述者。与他同住在家里的还有父母,他们都是演员,以及12岁的弟弟肯尼斯和刚出生的妹妹菲比;文森特的另一个弟弟霍尔顿在外面参加露营。

文森特首先描述了弟弟肯尼斯。在他的眼中，弟弟体贴、敏感、聪明，充满好奇心，总是弯下腰去研究地上的东西，把鞋子都弄破了。文森特还说弟弟的红头发是如此鲜艳，在很远的地方都能看见。他还讲述了和海伦·比伯斯打高尔夫球的经历，当时他意识到弟弟正在远处看着他。

肯尼斯有两大爱好——文学和棒球。他在一垒手的左手手套上抄了几行诗，这样他就能边打球边读诗了。霍尔顿在肯尼斯的手套上读到过罗伯特·勃朗宁的一句诗：

> 我憎恨死神蒙住我的双眼，叫我屈服，让我爬行而过。

7月的一个星期六下午，辛勤写作的小说家文森特从房间走到门廊上，看到肯尼斯正坐在那里看书。文森特神情严肃，劝肯尼斯放下书本，并给他讲述了自己刚写完的故事，故事的名字叫《打保龄球的男人》。

小说讲述了一个男人的故事。他妻子不让他做任何想做的事。他不能听收音机里的体育节目，不能看牛仔杂志，不能有兴趣爱好。妻子只允许他打保龄球，每周一次，在周三晚上。所以，每周三，男人都会从壁橱里拿出保龄球，走出家门。就这样持续了八年，直到有一天，男人死了。妻子每周一都会去墓地祭拜，送上一捧剑兰。有一次，她临时改成周三去墓地，却发现丈夫的墓碑旁多了几束新鲜的紫罗兰。她把管理员叫来，问这花是谁留下的。管理员回答说，每周三都有个女人来这里送紫罗兰，大概是死者的妻子。女人听后怒气冲冲地返回家中。当天晚上，邻居们听到玻璃破碎的声音。第二天早上，人们在女人家的草坪上看到一堆破碎的窗玻璃，还有一个崭新的保龄球在草丛里闪闪发光。[41]

肯尼斯对故事的反应出乎文森特意料。肯尼斯不喜欢这个结局，他指责文森特在报复一个无依无靠的人。文森特被弟弟的同情心打动，撕毁了这篇小说。

肯尼斯患有心脏病，但他是个率性的男孩，决心充分享受生命中的每一刻。他说服哥哥带他去拉斯特餐厅吃蒸蛤。在路上，他们聊起文森特的女朋友海伦·比伯斯。肯尼斯告诉哥哥，他应该娶海伦，因为海伦有着出众的素质。比如，她下跳棋时总是不移动后排的王。肯尼斯还问起文森特对菲比和霍尔顿的爱，他说，当他看着摇篮里的小妹妹时，他简直觉得自己就是妹妹。他责备文森特，因为文森特太拘谨，不会公开表达爱意。

在拉斯特吃完蒸蛤后，文森特本能地把车开到了海边的一个地方。那是一块伸入大海的石头，又大又平，要从一堆石头上跳过去才能到达，霍尔顿给它取名为"智者岩"。他们在岩石上坐下来，眺望着平静的海水，肯尼斯拿出一封信开始读起来，那是霍尔顿当天寄给他的。信写得很幽默，虽然有不少拼写错误。霍尔顿在信里抱怨营地臭气熏天，到处都是老鼠。他还讲了一些有趣却发人深省的故事，揭露了营地顾问的虚伪。[01]

然后，肯尼斯捡起一颗鹅卵石，检查它是否有瑕疵。他询问文森特，霍尔顿将来会怎么样——尽管他知道如果霍尔顿学会妥协，生活就会变得更加顺利。随后，肯尼斯想去游泳，文森特不同意。天色渐暗，海上的风浪开始大起来。起初文森特试图劝说肯尼斯，让他不要下水，但文森特最终还是做出了妥协。他心里明白，不该阻拦弟弟游泳，于是就放弃了劝说。肯尼斯游完泳后，刚从水里上岸，突然失去意识，昏倒在地。文森特立马把他抱起来，放进车里，连手刹都没放就开出了一英里左右。

当他和肯尼斯回到家时，霍尔顿正坐在门廊上，手提箱放在一旁。霍尔顿想要救活肯尼斯，但他笨手笨脚的，惹得文森特勃然大怒。他们把肯尼斯抬进屋里，给医生打

---

01　根据杰克·萨布利特出版于1984年的塞林格附注文献，《克利尔》杂志的小说编辑诺克斯·伯格在1948年评论道，《满是保龄球的海洋》里的"那封从营地写给家里的信是最好的，是最伟大的一封信"。

电话。他们的父母彩排回来后，医生也到了。那天晚上8点10分，肯尼斯死了。故事结尾，文森特解释了写下这个故事的动机：他希望通过叙述让弟弟安息。肯尼斯死后，文森特和霍尔顿依然能感到他的存在，他在战争期间一直跟着他们。文森特觉得肯尼斯不该再这么"闲逛"了。

《满是保龄球的海洋》里有两句话暗示了塞林格的作品越来越侧重于精神方面的探索。这两句话十分简短，看似无足轻重，却足以说明人与人之间通过爱建立联系，而这种联系具有超越死亡的力量。

肯尼斯问文森特："当你看着摇篮里的菲比时，你不为她着迷吗？难道你不觉得你就是她吗？"肯尼斯的这句话既是在说自己的想法，也是在诱导文森特。文森特说他能理解弟弟的情感，但肯尼斯继续教导他，要求他毫无保留地表达爱。这句话暗示肯尼斯·考尔菲尔德在妹妹的摇篮旁有所顿悟，他不仅体会到对妹妹的爱，还感到自己和她合二为一，不分彼此。这种感觉让他明白，爱要完全表达出来才有价值，无须有所保留。而这正是文森特所缺乏的。这一感受也让肯尼斯坦然接受自己的死亡，因为他知道自己的生命将通过哥哥和妹妹延续下去。读者在塞林格的其他小说中也读到过类似经历。比如，贝比和玛蒂，《我疯狂》里霍尔顿在妹妹薇奥拉的婴儿床边，《麦田里的守望者》中霍尔顿与妹妹菲比的互动，只是在《满是保龄球的海洋》里肯尼斯把这种体验阐述得更加清晰。

肯尼斯象征着平衡。他是诗与文、智与灵、生与死的统一体。当他从海滩上捡起鹅卵石时，叙述者告诉我们，他检查了石子的对称性，希望石子没有缺陷。这个细节是一个前兆，预示了西摩教巴蒂玩弹子游戏的那幕场景。它们的相关性不在于石子，而在于这两处情节所代表的平衡与接受——为了建立真正的联系而情愿放弃一些东西。肯尼斯的生命正在逐渐流逝，他想起了霍尔顿。霍尔顿不愿妥协，缺乏平衡。肯尼斯想知道，当他离开后，霍尔顿会变成什么样子呢？

当肯尼斯从"智者岩"跳下水后，他就知道自己即将死去。文森特告诉我们，肯尼斯看起来得意扬扬，他嘲笑死亡，因为死亡无法战胜他。肯尼斯问道："要是我死了的话，你知道我会干什么吗？我会留下来，我会留下来待一会儿。"通过勃朗宁的诗，塞林格强调了肯尼斯在精神上对死亡的接受，就像在《一个在法国的男孩》里他通过布莱克和狄金森的诗证实了贝比的信仰。肯尼斯"留下来"的宣言与霍尔顿形成鲜明对比，因为霍尔顿后来一直生活在"消失"的恐惧中。

1945年年初，盟军在德国境内顺利推进，相对稳定的局势使塞林格开始直面登陆以来所经受的一切。《满是保龄球的海洋》表明,作者试图寻求精神寄托,以此拒绝死亡的存在,或至少否认死亡的威力。但此时的塞林格并不知道,真正的地狱之门尚未打开,他只是站在了地狱的门口。

…………

正是情报工作让塞林格认识到这场战争中最恐怖的一面。五个月前,反情报部队编制了一份题为《德国集中营》的机密报告,发放给所属特工。报告中列出了大德意志帝国[01]境内的14个主要集中营及相关的100多个小型集中营,详细标注了其名称和位置,并对每个集中营做了简要描述。反情报部队接到上级指示,一旦进入这些集中营所在的地区,他们就要立即赶到那里,评估情况,审问囚犯,向总部提交汇报。此外,除了反情报部队,其他部队经过集中营时必须联系最近的反情报特工。

4月22日,塞林格所在师在罗腾堡进行了一场异常艰难的战斗,之后他们进入到一个边长约20英里的三角地带。这一地区位于巴伐利亚的奥格斯堡、兰德斯堡和达豪之间。该地区共有123个拘留营,共同组成了达豪集中营

---

**01** 大德意志帝国是1943—1945年纳粹德国使用的官方国名。——译者注

系统。据目击者称，这些地方的恶臭在10英里外都能闻到。1945年4月底，当第12步兵团进入该地区时，他们不可避免地遇上了这些集中营。

4月23日星期一，塞林格所在团进驻阿伦和埃尔旺根，经美国大屠杀纪念馆认证，这两个村庄都设有达豪集中营的分营。4月26日，第12步兵团报告，在霍尔高发现了另一处达豪分营。4月27日，他们来到莱希河西岸，对面就是奥格斯堡，那里也有两个集中营。

4月28日，从奥格斯堡离开后，塞林格可能驻扎在博宾根，那里是师部和团部的大本营，与臭名昭著的兰德斯堡集中营、考弗林四号集中营分别相距12英里和9英里。

4月30日，希特勒在柏林自杀，第12步兵团从位于兰德斯堡和达豪集中营之间的维尔登罗斯渡过安珀河。这条路线使塞林格所在师穿过了豪恩施戴藤地区。这里是全德最大的集中营之一，也是梅塞施密特飞机制造厂的所在地，工厂里的许多劳动都是由奴隶劳工完成的。

当时，塞林格的大多数战友都对他们的发现迷惑不解。大家都感到战争即将结束，以为他们已经目睹了最糟糕的情况，但周围突然出现的暴行令他们触目惊心。就连部队每天发出的报告都对此将信将疑，到后来才逐渐承认，他们还没有解放普通战俘。4月23日，师部指出："第12

步兵团报告了一处战俘营的位置，里面大概关押了350名盟军士兵。"

塞林格被迫面对的这种超现实场景，在一名普通士兵的日记中有过深入描述。他来自第552野战炮兵营，该营在1945年4月的最后几周隶属于第12步兵团。

> 当一扇扇门打开时，我们第一次看到了关在里面的囚犯。他们主要是犹太人，穿着黑白条纹的囚服，戴着圆帽。一些人的肩上披着破烂的毯子……门被打开后，囚犯们挣扎着站起来，他们虚弱地拖着脚步走出院子，一个个形似骷髅——瘦得皮包骨头。[42]

1992年，第4步兵师被美国陆军总部认定为纳粹集中营解放部队。显然，塞林格也参与了解救达豪营受害者的行动。许多人在战争期间都遇到过上述场景，他们和塞林格一样，选择避而不谈。因此，我们无法确定塞林格在这些地方从事过什么情报工作。我们只知道塞林格所在师解放了部分达豪分营，它们是霍尔高-普菲湖营、阿伦营、埃尔旺根营、豪恩施戴藤营、特肯法尔德营和伍尔夫拉特豪森营。[43]

在巴伐利亚，塞林格与正常生活间的脆弱联系几乎就要绷断，与此同时，他的口袋里装着《麦田里的守望者》，书稿上出现了滑冰的孩子和穿浅蓝色连衣裙的小女孩。1945年那个寒冷的4月彻底改变了塞林格，他不仅见证了无辜者的惨死，还眼看着他所珍视的事物被摧毁。过去他曾紧紧抓住这些事物，以求保持理智，而现在他面对的是一场噩梦，一旦进入梦中就会产生难以平复的痛苦。他悲哀地说："你可能一辈子都无法把烧焦的人肉味从鼻子里清除。"[44]

............

1945年5月8日，第二次世界大战结束，塞林格在军中已经服役三年多了。自1943年6月以来，他一直渴望回到纽约老家，过平民生活。早在参战前，他就觉得只要战争没结束，幸福就不可能来临，他也不确定从前的那种生活还剩多少可以被保留。[45]入伍时他跃跃欲试，相信部队的环境能让他有空闲写作，但三年多过去了，他所遭遇的现实使他既疲惫又痛苦，身心的创伤将伴随余生。有一次，为躲避炮火，他着急找地方掩护，结果撞断了鼻子，但他拒绝修复。战场上的爆炸声严重损害了他的听力，到战争结束时，他已经部分失聪。持续作战使他精神麻木，无暇应对经历过的那些恐怖。当战火逐渐平息时，他又突然被这些新出现的暴行所困扰。从登陆日到胜利日，当初和他一同上船的士兵中，许多人都牺牲了，而他却活了下来。在整个战斗期间，塞林格表现得非常专业，出色地完成了服役任务。他从未让战友失望，从未被压力打垮，总能在需要他时不辱使命。但到了5月8日，他已经付出所有，精疲力尽，没有人比他更渴望退伍回乡。战争结束了，是时候回家了。

但他并没有直接回家。5月10日，美国陆军成立反情报部队第970支队，协助盟军占领德国，开展"去纳粹化"工作。因此，塞林格没有退伍，他又被分配到第970支队，继续服役六个月，与其他特工一起转移到纽伦堡外的魏森堡。他写了封信回家，告诉家人他的战争可能还要持续一段时间。[46]这意味着他将离开第12步兵团。一年多来，他一直把这支队伍当成自己的家。此时，塞林格身边都是陌生人，那些曾经被战斗压抑住的事件和情感开始慢慢浮现。正如贝比在《一个在法国的男孩》里所哀叹的，"那些他原本庆幸不存在的东西，如今又一点一滴地流回脑海中"。第12步兵团的士兵们已被遣散，只剩塞林格留下来应付这些回忆，他开始陷入绝望。

5月13日，大概是塞林格被调离那天，他写信给伊丽莎白·默里。信的内容十分沮丧，表达了他对军方及其在战争中所作所为的不满。他所经历的恐怖使他心烦意乱，死去了的战友的音容笑貌也常常出现在眼前。他觉得自己的存活几乎是个奇迹，产生了一种幸存者特有的罪恶感。他在信里写道："伊丽萨白，这真是一团糟，不知道你能不能理解。"[47]

过去，塞林格通过写小说来缓解痛苦，表达日常生活中难以言明的情感。战争期间，当他觉得已经无法用小说来表达自我时，便转向了诗歌创作。

仅在1945年，他就至少向《纽约客》投了15首诗歌——数量如此之多，以至于编辑们开始抱怨起来。[48]无论他写的是什么，他总是依靠写作来应对困难的情绪。对他来说，将自己的情感和经历写成一部战争小说，本该是顺理成章的事。许多熟悉他的人，尤其是伯内特，都认为他会这么做。然而，他们终将失望。《神奇的散兵坑》和《一个在法国的男孩》都描写了战争，但此后塞林格重新开始遵守贝比在《最后一次休假的最后一天》里的誓言，选择"永不再提这场战争"。事实上，他认为确实有必要写一部关于战争的长篇小说。那年10月，《绅士》杂志发表了《没有蛋黄酱的三明治》，同时刊登了一篇作者访谈，塞林格在接受采访时明确表示，他还没准备好写这本书。

迄今为止，我们在描写这场战争的小说里总能找到许多评论家所追求的力量、成熟和技巧,却很少发现一些美好的缺陷。而这种缺陷往往来自最优秀的头脑。参加过这场战争的人都值得聆听一首几乎震颤人心的旋律,演奏时既无窘迫也无懊悔。对这本书我必须小心翼翼。[49]

............

1945年夏天,战争经历、延期服役、突然的孤独和对痛苦的默默忍受都一股脑儿地压向塞林格,给他带来了灾难性后果。几个星期过去了,他的抑郁情绪逐渐加剧,使他几乎喘不过气来。他在前线见到过许多士兵患上战斗疲劳症,也就是我们现在所说的创伤后应激障碍,他意识到自己现在的精神状态很可能出现了问题。7月,他自愿住进纽伦堡的一家综合医院接受治疗。

目前我们所了解到的有关塞林格住院后的情况,主要来自7月27日他从医院写给海明威的一封信。在这封写给"爸爸"的信里,塞林格公开承认自己"几乎一直处于沮丧状态",他想在情绪失控前找个专业人士谈谈。住院期间,医护人员问了许多尖锐的问题:他的童年怎么样?他的性生活怎么样?他喜欢军队吗?塞林格对每个问题都给出了犀利的答复——除了关于军队的那个问题。当被问及是否喜欢军队时，他明确地说"是的"。他在回答这个问题时考虑到那部霍尔顿·考尔菲尔德小说，他向海明威解释道，他担心情绪上的发泄可能会影响人们对这部小说的看法。

这是一封精彩的信，霍尔顿·考尔菲尔德的智慧从字里行间流露出来。塞林格写道："我们部门要抓的人没剩几个了，要是10岁以下的孩子态度傲慢的话，我们也可以把他们抓起来。"他还说，纽约街头很不安全，所以母亲一直步行送他去上学，直到他24岁。信里也有悲伤的时刻：塞林格希望前往维也纳，找寻1937年他曾寄居的那户人家。此外，这封信还表现出此时的塞林格急需外界的肯定。有时他的语气甚至近乎恳求：海明威能给他写封信吗？海明威有时间来纽约看看他吗？塞林格能为对方做些什么呢？在脆弱的状态下，塞林格向这位朋友寻求帮助，他认为海明威既能和他分享战争经历，也能和他聊聊文学追求。他告诉海明威："我给你写信的这几分钟是唯一让我看到希望的时候。"[50]

塞林格似乎还觉得海明威遇到了麻烦，需要帮助。他两次问起海明威是否真的在写一部长篇小说，好像有点儿怀疑这个信息。至于他自己，塞林格说他又写了"几个短篇"、几首诗，还完成了一部分有关霍尔顿·考尔菲尔德的戏剧。这封信里，最让人好奇的是关于《年轻人》小说集的消息。塞林格告诉海明威，这件事又"泡汤了"，尽管他声称这次失败没能打击他，但随后他又开始讲述自己对此事有多苦恼。

也许塞林格将最明智的话语留给了菲茨杰拉德。像往常一样，他为菲茨杰拉德辩护，反对批评家的观点。塞林格认为菲茨杰拉德作品中的美感恰好符合他身上的缺点。根据塞林格的说法，菲茨杰拉德在去世前正准备毁掉小说《最后的大亨》，他没写完这本书反倒是最好的结局——这大概是塞林格对菲茨杰拉德最严厉的批评了。

在住院前，塞林格已经尝试过某种形式的自我疗法，他使用了"过去总是行之有效的"古老咒语。春末夏初时，他写了第八个也是最后一个考尔菲尔德的故事。后来，这个故事以《陌生人》为题发表。在故事里，作者的另一个自我——贝比·格拉德韦尔在战后回到家中，出现了与塞林格几乎相同的症状。

…………

要确定《陌生人》的写作日期很容易。7月27日，塞林格告诉海明威，他已经写完了至少两个短篇，他开玩笑地说，这两个故事"有点乱伦"。毫无疑问，这里指涉的作品就包括《陌生人》。海明威读过关于贝比和玛蒂的第一部作品，不用费劲就能猜到,塞林格是在调侃兄妹之间的亲密感情。

《陌生人》采用第三人称进行叙述,缅怀了第12步兵团阵亡的战士们,文森特·考尔菲尔德就是其中的代表。小说的结尾与救赎有关,且构思十分精巧,这一点和《一个在法国的男孩》相似。小说表达的内涵与考尔菲尔德系列故事一脉相承:通过纯真发现美,继而通过对美的欣赏来提供希望。这个故事也是《致爱丝梅——怀着爱与污浊》的前奏,两者都表明,人类之间的联系能产生力量,这种力量能使人恢复活力,并在相似的情况下赋予相似的人物以相似的希望。

塞林格把《陌生人》的故事背景搬回了纽约老家,这是小说的一个悲伤元素。当他写这部小说时,纽约大概是他最向往的地方。然而,再次成为小说主角的贝比·格拉德韦尔从战场上回来后,已无法适应平民生活。这就是那个在法国伤痕累累、几近崩溃的男孩——贝比·格拉德韦尔。从那以后,他一直承受着许特根森林和阿登战役带来的痛苦,他的朋友文森特就是在许特根牺牲的。这些都发生在故事开始前。贝比回到纽约后,来到了文森特前女友海伦·比伯斯的公寓,向她转交了一首文森特写的诗,并汇报了文森特的死讯。对贝比而言,这趟拜访是一次治疗,但这种治疗过程如此痛苦,以至于他无法独自完成。为了获得力量以及精神上的指引，他只好由妹妹玛蒂陪同前往。

到达海伦家后，贝比的眼睛里充满血丝和泪水，他不停地打着喷嚏。然而，他的精神状态才是最需要治疗的。回到纽约后，贝比的变化更明显地表现出来。他虽然身在家里，但思想仍被囚禁在死亡之地。每一个普通举动都会让他与死去战友的灵魂相遇，让他再次听到"过往岁月演奏出的乐章。那是一小段无法重现的美好时光，仿佛水月镜花。那时，第12步兵团死去的男孩们都还活着，在失落的舞池里相互推搡：在那些日子里，会跳舞没什么了不起的；至于瑟堡、圣洛城、许特根森林、卢森堡，那都是人们没听说过的地方"。[51]

贝比第一次见到海伦就被她的美丽所打动，但他这次拜访是为了履行义务。他的职责是讲述文森特阵亡时的细节，不能省略，也不能润饰。据他描述，当时文森特、贝比和其他几个士兵在许特根森林里，他们正在篝火旁取暖，突然一颗迫击炮弹在他们中间炸开了。文森特被击中。他被送进医疗帐篷里，受伤后不到三分钟就断气了。他没留下遗言，但眼睛睁得大大的。[01]

此行的目的是描述死亡，贝比带着他12岁的妹妹一同

---

**01** 毫无疑问，文森特这种毫无意义的死亡是沃尔特·格拉斯之死的基础。沃尔特是塞林格1948年的小说《康涅狄格州的威格利叔叔》（*Uncle Wiggily in Connecticut*）里的人物。

前往，似乎不太妥当。表面上，贝比和玛蒂正赶去看一场午后演出，而事实上，只有玛蒂在场贝比心里才感到踏实。玛蒂在贝比身边，是一个诚实正直的形象。贝比需要她用孩子特有的洞察力来提醒自己，从而保持目标，完整地描述文森特的死亡，剔除成年人添加的修饰。

将记忆中的鬼魂驱除后，贝比和玛蒂一起走向中央公园。通过讲述文森特的故事，贝比感到轻松了不少，但他依然觉得有一种悲伤在啃噬着他的心。出于孩子的直觉，玛蒂问哥哥："你回家高兴吗？"

"是的，宝贝，"贝比回答说，"……你为什么问我这个问题？"突然间，生活中那些沉寂的小事变得引人注目，贝比又体会到了当下的美好。当玛蒂吹嘘她能用筷子吃饭时，贝比的回答简单却意味深长。他说："妹妹，这件事我得亲眼看看。"这句话是一个承诺，是贝比第一次真正向前看。在此之前，贝比的所有思想和言语都指向过去。

故事结尾，玛蒂做了一件对孩子来说很普通的事，但贝比却认为这很有意思，因为他似乎是第一次见到这事。玛蒂从街上跳到路边，然后又跳了回来。看到这一举动后，贝比提问道："为什么这个动作看起来如此美丽？"这是他在故事里仅有的一次向读者提问。若要回答这个问题，读者可以在《麦田里的守望者》的结尾找到答案。为什么玛蒂的跳跃如此美丽？这背后的原因也是霍尔顿在旋转木马上大喊大叫的原因。在历经种种苦难后，贝比仍然保持着识别美和欣赏纯真的能力，他的灵魂还活着。

…………

第二次世界大战期间，无数士兵罹患我们今天所说的创伤后应激障碍。但在1945年，人们并未把这类创伤视作一种病症，大多数士兵只能默默忍受痛苦。战争结束后，这些士兵退伍回家，融入人群，与内心的恶魔暗中搏斗。

与许多这样的老兵不同，为了应对亲眼见证的恐怖，以及恐怖留给他的伤害，塞林格采取了行动。最终，他重新发现了写作的力量。他为所有无法发声的士兵写作。通过写作，他希望探寻解决一系列问题的答案，这些问题都是他在入伍后发现的，例如生与死的问题、上帝的问题、我们对彼此而言究竟是谁的问题。

在中央公园的旋转木马上，霍尔顿恍然大悟；而在写作中，塞林格有所洞见，缓解了战争带给他的伤痛。这两种认识其实毫无二致。意识到这一点后，两人都陷入了沉默——再也不提往事。因此，当我们想到塞林格和第二次世界大战时，应该读一读霍尔顿在《麦田里的守望者》里的临别赠言："千万别对任何人说起任何事。只要你说了，就会开始想念所有人。"——所有牺牲的战士。

# 6 炼狱

出院后，塞林格希望未来的日子恢复正常，变得安逸舒适。如果战后被迫待在德国的话，那么他决心将这里的生活尽量改造成他想象中回家后的样子。

欧洲胜利日后不久，塞林格向反情报部队申请调往维也纳。[1]他梦想返回奥地利，找到七年前和他一起生活的那个家庭，与那家人的女儿恢复联系。尽管这一想法不切实际，但塞林格明确表达了他的意图，无视战争已将生活彻底改变这一现实。反情报部门拒绝了他的请求，派他去纽伦堡。然而，塞林格似乎真的去了维也纳，并找到了他所珍视的那个奥地利家庭。

我们不清楚塞林格在维也纳经历了什么，只知道他很快又重返德国。小说《我认识的一个女孩》很可能反映了真实事件。果真如此的话，塞林格是在抵达维也纳后才得知，那个家庭的所有成员都已死在集中营里，包括他的初恋。正因为《我认识的一个女孩》的结局十分悲伤，这部小说讲的才可能是真人真事。塞林格对这家人怀有深厚的感情，所以很难想象他会编造出这样凄凉的命运强加在他们身上。

从奥地利回来后，塞林格一定心有余悸。那户人家是他理想中的形象，他们的惨死证实了他过去生活的方方面面都被战争摧毁了。在《最后一次休假的最后一天》里，贝比最后的愿望就是回家，回到一个与他离开时相同的地方。如果有什么事能证明这个愿望是不可能的话，那就是塞林格的这次维也纳之旅。因此，当幸福再度降临时，塞林格第一次抓住了它，虽然这一回他的判断未必明智。

那年9月，塞林格宣布他即将结婚，这一消息使他的朋友和家人大为震惊。据他所说，他遇到了一个名叫西尔维娅的法国女人，并且迷上了她。在塞林格的描述中，西尔维娅"非常体贴""非常好"。但大家对这种模糊的描述都不满意。在《儿童梯队》等小说中，塞林格曾严厉谴责战时婚姻的不负责任，所以他的这一决定对家人而言犹如晴天霹雳。特别是塞林格的母亲，她对此事深表怀疑。她以为儿子快要回家了，结果他不仅留在海外，还娶了一个不熟悉的女人。

1945年12月，塞林格在德国开始了新生活。10月18日，他和西尔维娅在帕彭海姆村结婚。婚后，他们来到纽伦堡以南约25英里的贡岑豪森镇上，搬进一所舒适的房子。塞林格买了新车——一辆双座斯柯达。为了使田园生活更加完美，他们还养了一只黑色雪纳瑞犬，塞林格叫它本尼。圣诞节那天，这对夫妇怡然自乐，享用了一顿丰盛的火鸡大餐。塞林格和西尔维娅很喜欢坐着新车兜风。每当他们外出，本尼就坐在"汽车踏板上，指出要逮捕的纳粹分子"[2]。总之,塞林格在德国创建了幸福生活,无数回到美国的士兵此时也享受着这样的生活。这种生活像极了诺曼·洛克威尔(他有一半日耳曼血统)战后绘制的插画,是一种不真实的幻想。不到一年,房子就没了,斯柯达被卖掉,这段婚姻也走到了尽头。

关于西尔维娅的详细信息,塞林格一直三缄其口,尤其是在家人面前。塞林格的朋友们大多是通过他母亲得知这桩婚事的,可见他对朋友说得更少。朋友们回忆说,西尔维娅可能是一位心理学家,也有可能是整骨医师。还有一些人几乎不知道她的职业。塞林格说她曾是一名邮递员,但他的说法显然是种嘲讽。

1919年4月19日,西尔维娅生于德国法兰克福,全名是西尔维娅·路易丝·韦尔特。[3]她是名眼科医生,会说四种语言,刚刚大学毕业,在正规教育方面无疑胜过了她的新婚丈夫。[01]西尔维娅身高5英尺5英寸,皮肤白皙,有着棕色头发和棕色眼睛,充满活力,魅力四射。塞林格后来说,西尔维娅对他"施了魔法",她拥有某种黑暗的、性感的魔

---

**01** 记录显示,西尔维娅精通德语、英语、法语和意大利语。她的大学毕业论文(*Unmittelbare Kreislaufwirkungen des Apomorphins*)在美因河畔法兰克福的国家图书馆里依然可以找到。1956年7月28日,她移居美国,最后嫁给了一位成功的汽车工程师,定居在密歇根州。她一生中的大部分时间都在行医,包括研究青光眼。1988年,丈夫去世后,她开始照顾老年人。2007年7月16日,她在自己工作过的养老院去世。去世前,她也在这所养老院接受护理。

力，使他沉迷其中。⁴塞林格作品中的神秘主义似乎也渗入了他的第一次婚姻。塞林格声称，他们之间好像存在着心灵感应。⁵当然，无论是情感上，还是性生活上，他们的关系都充满了激情。但她的国籍是一大障碍。1945年，美国军人禁止与德国人通婚。因此，在订婚时，塞林格送给西尔维娅一本假护照作为礼物，使她拥有了伪造的法国公民身份。01

塞林格大概觉得他与西尔维娅的神秘婚姻还不足以震撼家人，11月退伍时，他又选择留在德国。这一决定再次违背了他长期以来的公开声明。离家三年后——其中有两年在国外，他终于有机会回到纽约。这是他坚持多年的梦想，但机会来临时，他却视而不见。

显然，贝比·格拉德韦尔曾经渴望回到安全的家乡，感受家人的爱，但这一愿望如今已被忧虑所取代。塞林格对伊丽莎白·默里解释说，他对生活的看法已经改变，现在他将世界上的人分成两派，一派是经历过战争痛苦的人，另一派是"纯粹的平民"。他承认，在军队里待的时间太久，见识过太多事，自己已经完全变成了一名军人。他无法再适应平民的舒适生活，即使这是他过去一直热切期望的。⁶

---

**01**　西尔维娅死后，这本"法国护照"在她的遗物中被发现，一同发现的还有许多关于塞林格的文章以及一些有关乔伊斯·梅纳德的剪报。

如果1945年塞林格还没准备好回国，那么他可以安慰自己说，德国这边还有很多工作要做。政府为继续留任的反情报特工提供了丰厚的报酬，西尔维亚也是他留在德国的强大动力。另一种可能是，他对自己从事的工作产生了强烈兴趣，这份工作可能非常重要，激发了他的责任感。4月底，纳粹集中营曝光后，塞林格又因奥地利家庭的死亡而悲伤不已，他所提到的"他的战争"[7]可能真的演变成了个人的战争。正式服役期限结束后，他又和国防部签订了一份合同，以非战斗人员身份继续为第970支队效力。

塞林格为第970支队工作了将近一年，从1945年5月该队成立到1946年4月合同到期。在此期间，他负责在美国占领区内定位和逮捕战犯。特工们按照"自动拘捕"名单行事，名单上列出的战犯包括前纳粹领导人、盖世太保、军官以及任何涉嫌战争罪的人。在战后的头十个月里，第970支队仅在德国就抓捕了超过12万名嫌疑犯，其中1700人被控在集中营犯下罪行，这些人主要与达豪营有关。[8]

塞林格是第63组的一员，负责第6区，纽伦堡市就属于这个辖区。1945年11月，国际军事法庭在纽伦堡成立，纳粹高级官员在这里接受审判。塞林格是否与战争罪法庭有关，对此尚不清楚，但他的确被派往纽伦堡担任审讯员和翻译，所以他很有可能参与其中。塞林格那时的上级部门是盟军联合控制中心，该中心就在他家附近，那里也设有审讯中心，关押着8000多名纳粹党卫军高级成员。

除了肃清辖区内的战犯、审问盖世太保成员之外，塞林格还有可能参与了难民遣返工作——至少从某种程度上，他可以将真正的侨民与伪装成难民的纳粹分子区分开来。纽伦堡地区有几座大型流散者营地(camps for displaced persons, DP camps)，里面住着战俘、集中营受害者、流离失所的奴隶劳工、家园被毁的人以及大量孤儿。塞林格尤其适合这项工作。

塞林格的婚姻很快出现了问题，将这对夫妻吸引到一起的激情转变成了对抗。他们的爱情是两个极端的结合：当他们快乐时，那简直欣喜若狂；当他们意见相左时，却相互攻击，反目成仇。两个人都性格执拗，我行我素，婚后没过多久便发生了冲突。塞林格偏爱阴沉的讽刺，西尔维亚又显然不好对付，分手就成了唯一的结局。

大概在这个时候，塞林格开始表现出疏远他人的迹象，他总是避免与认识多年的人交流。他一生都热衷于写信，但和西尔维娅结婚后，他突然中断了与家人和朋友的通信。除了偶尔给母亲写几封信外，他不再给家里其他人写信，即使收到信件，他也会习惯性地不予理会。家里人经常拿他的这种态度开玩笑，但他的朋友们还以为他出了什么事，有些人甚至担心他死了。一个朋友给他寄了好几封信，却没有收到任何回复，于是这位朋友断定他已遭遇不测，绝望中她只好联系塞林格的母亲。后来，米丽娅姆把塞林格新家的地址告诉了她，这位女性友人便再次写了一封信，说她终于松了口气，并祝他新婚愉快。虽然研究者能读到这封信，却没找到塞林格的回信——如果他真的写了回信的话。

并非塞林格的所有朋友都如此幸运或那么有办法。同年3月，巴兹尔·达文波特（他是每月一书俱乐部的编辑）经过几个月的努力才与他取得了联系。

> 哦，看在上帝分上，知道你还活着，我真高兴！说出来你可能不信，但事实是，我真的很担心你……我给你在军队的地址写了几封信，都没有得到回复；后来我在《克利尔》上读到你写的故事，又把信寄给编辑部请他们代为转交，但还是没有回复；我就去翻纽约电话簿，找到了一个和你名字很像的人，然后打了好几次电话询问。[9]

1946年6月，塞林格与反情报部队的合同到期。夫妻俩先在巴黎待了一星期，在那里塞林格拿到了西尔维娅的移民文件，随后两人前往布列斯特港。4月28日，他们登上了开往纽约的美国海军舰艇伊桑·艾伦号。5月10日，经过四年漫长的战争后，塞林格终于带着西尔维娅和本尼回到了公园大道的家中。[10]

他怎么能想象和新婚妻子一起住在父母的公寓里，这依然是个谜。西尔维娅很快与米丽娅姆发生了争执。她对丈夫的世界感到陌生，又无法在米丽娅姆的讥讽和控制下生活，7月中旬，她就回到了欧洲，并提出离婚。只有本尼留在了塞林格身旁。第一任妻子的存在很快就成了家里的禁忌话题。同样不能被提及的人还有米丽娅姆的父母和塞林格的几位曾祖父。在塞林格的余生中，只要他觉得合适，他还是会提到西尔维娅，或是嘲笑她的严厉，或是谈论她的魅力。但只要他不提，就没有人主动说起这个话题。

…………

西尔维娅返回欧洲后，塞林格明智地来到佛罗里达州，以免看到家人幸灾乐祸的样子。7月13日，他住在代托纳的喜来登酒店，他给伊丽莎白·默里写信，讲述了婚姻的破裂。他说，他和西尔维娅相互折磨，这段关系的结束反而让他感到轻松。他还承认，他们在一起的八个月里他一个字都没写。

在佛罗里达，他完成了自1945年年初以来的第一部作品。他认为这篇小说非同一般,将其命名为《男性的再见》(The Male Goodbye)。该小说现已佚失,一些研究者认为,这部作品是《香蕉鱼的完美一天》(A Perfect Day for Bananafish)的初稿。还有另一种可能:得克萨斯大学拥有一份6页的打印原稿,名为《寿星》,是塞林格离婚后不久写的。《寿星》讲述了一段注定要瓦解的关系,所以《寿星》很有可能是《男性的再见》的初稿。

《寿星》讲的是一个正在住院的小伙子,他的名字叫雷。一天,他的女友埃塞尔来医院里探望他。这天是雷22岁的生日,此前他父亲也来看过他,却没有意识到这点。雷大概在医院病床上躺了一阵子了。起初埃塞尔和雷的对话没有提及雷住院的原因,但读者很快就能从下文发现,雷正在接受戒酒康复治疗。埃塞尔坐在雷的床边,试图聊一些开心的事,并给他读故事。但雷毫无兴趣,他是一个愤世嫉俗的人。他先是通过爱抚假装对埃塞尔有性趣,随后又迫使她把"一滴"烈酒藏在香水瓶里偷偷带进来。当埃塞尔拒绝后,雷露出真面目,在医生面前诅咒女友,告诉她:"如果你再来,我就杀了你。"[11]

小说将埃塞尔描述为善良的、有耐心的人,而雷则是一个自私自利的人。他行为粗暴,不知悔改,嗜酒如命。在这个故事里,作者对两人的态度十分鲜明,没有给读者选边站的机会。《寿星》里没有雍容华贵的牡丹花。也许，对埃塞尔和雷来说，一切都太迟了，无法改变。当埃塞尔走进医院电梯时，"随着电梯下降，吹来一阵风，她身上潮湿的地方都变得凉飕飕的。"她痛苦万分。离开雷的病房后，她的坚忍和快乐消失了，开始小声抽泣。然而读者并没有把矛头完全指向雷，埃塞尔也要承担一些指责。她拒绝承认雷的酗酒问题已经很严重，也拒绝埋葬他们之间破碎的关系，这让她受到读者的鄙视。我们意识到，雷和埃塞尔的关系注定要结束。因为酗酒，雷已变得冷漠无情，而这种态度也有可能传染给别人。埃塞尔无视这些事实，坚持她的幻想，这必将导致她走向毁灭。读者毫不怀疑，尽管雷警告在先，但第二天埃塞尔还会出现。

《寿星》是一个非常简短的故事，而且没有经过润色。它既不能启迪人心，也无法救赎灵魂。它只是在表达一种纯粹的酸楚，一种被遗弃的愤怒。然而，如果读者认为小说里的两个人物具有自传性质的话，那也是不太恰当的。如果说埃塞尔的形象是受到西尔维娅的启发，那么塞林格就是雷的原型。要是这样的话，就说不通了。因为作者并没有憎恨自己，他对西尔维娅也不太可能抱有同情。

塞林格也许从没打算把《寿星》写成一部杰出的作品。他承受着战争的重压，一连八个月都没提笔，如今能写完一篇小说就不错了。显然，此时的塞林格很难恢复到过去的水平。在接下里的一年半里，他将努力找回自己的风格。具有讽刺意味的是，就像《寿星》里的埃塞尔那样，塞林格的问题也在于否认现实。战争仍在他心中肆虐，他还是不愿描写战争。只有当塞林格找到力量，能够直面战争对他的影响时，他才能真正成为一名作家。

…………

1944年7月，塞林格透露，出版小说集的计划已化为泡影，对此他还有些恼怒。导致计划失败的具体原因尚不清楚，但考虑到这部小说集一波三折的经历，这一插曲也在意料之中。1945年12月，出书的机会再次出现，伯内特又一次承诺为塞林格出版小说集。

1945年7月到11月，塞林格把他写的考尔菲尔德小说《我疯狂》重新拿去投稿。这一次，他投给了《克利尔》，这家杂志立即同意发表，并在12月22日刊发了这篇小说，而在三周前《陌生人》刚被改名发表。至于塞林格为何将《我疯狂》投给《克利尔》，以及伯内特对此作何反应，目前尚无定论，但这件事应该不是巧合。就在《克利尔》利用小说的前后，塞林格和伯内特就出版《年轻人》小说集一事再次达成共识。此外,《故事》杂志社的档案显示，塞林格同意在1946年年初签署一份新合同，并提前支取了1000美元。

《故事》杂志社的档案里存有一份文件，上面列出了塞林格和伯内特同意收录在小说集里的19个故事。[01]尽管这份清单上标注的日期是1946年，但它似乎起源于1945年年底，当时塞林格还住在德国，因为文件上写着"J.D.塞林格有两篇小说将要发表，他的经纪人还在推销另一篇"。这两篇小说是《我疯狂》和《陌生人》，都在1945年12月发表于《克利尔》杂志上。

文件底部还有伯内特手写的出版计划，其中包括小说集的宣传阵容，除了他自己，他准备邀请一众编辑同仁，如《克利尔》的杰西·斯图尔特、《纽约客》的威廉·麦克斯韦尔、《星期六晚邮报》的斯图尔特·罗斯共同推荐此书，他还想请作家威廉·萨洛扬和欧内斯特·海明威来夸赞海明威的才华。除此之外，伯内特还将预告塞林格即将出版的长篇小说，根据《故事》收到的消息，该小说已经完成了三分之一。

塞林格当时身在德国，伯内特给他写了封信，终于透露了出版《年轻人》小说集的意图。他希望用这部选集来填补塞林格短篇小说和他终将问世的长篇小说之间的空

---

**01** 这19部作品是《已故伟人的女儿》《伊莱恩》《最后也是最好的彼得·潘》《当事双方》《洛伊丝·塔格特漫长的首次亮相》《贝琪》《年轻人》《我疯狂》《站在田纳西的男孩》《一周一次死不了》《最后一次休假的最后一天》《脆弱的中士》《儿童梯队》《两个孤独者》《一个在法国的男孩》《穿肥大衬衫的青年》《神奇的散兵坑》《麦迪逊街边的小叛乱》《满是保龄球的海洋》。

白，而那部长篇才是伯内特真正想要的。他承认，出版小说集的目的是让读者对塞林格产生更大兴趣，并激发读者对霍尔顿·考尔菲尔德小说的期待。有了伯内特的支持，再加上手头预支的1000美元，塞林格在1946年回到美国，对小说集的出版信心十足。按照伯内特的说法，这已经是板上钉钉的事了。

塞林格回家后不久（大概就在他的婚姻濒临破裂之际），伯内特邀请他到范德比尔特酒店共进午餐。该酒店位于公园大道和东34街的交汇处。伯内特带来了坏消息，原本答应资助塞林格小说集的利平科特出版公司反悔了，不愿出版这本书，而单靠《故事》杂志社又承担不起出书的费用。尽管伯内特此前信誓旦旦，但《年轻人》小说集已经无法出版。

塞林格怒不可遏。他觉得自己被利用了，利用他的人不只是一名编辑，更是他的朋友。他再也没有原谅伯内特，因为他认为这是欺骗。两人之间漫长的、有时不太愉快的关系在那个下午戛然而止。从此，塞林格开始确信，所有编辑都是不可靠的。《纽约客》一再拖延《麦迪逊街边的小叛乱》的发表、《星期六晚邮报》随意改动小说名称，已经让他感到不满，如今伯内特的背叛更证明了他对编辑的疑虑是正确的。在他今后的职业生涯中，他对编辑的方法和动机总是心存戒备。

这场争端对伯内特也有影响。直到1963年，他依然清楚地记得这次冲突，试图扭转其产生的后果。他请求多萝西·奥尔丁向她的客户澄清小说集未能出版的具体原因。伯内特声称："尽管我们强烈呼吁，但利平科特公司最终还是行使了否决权……我们所能做的就是接受这一结果。"他继续解释道，《故事》杂志"当时几乎和利平科特翻脸，就是因为他们不愿出版这本书"。[12]塞林格对这些话并不买账。当时还有一件事让他觉得自己很愚蠢：他坚持与伯内特合作，因此拒绝了另一份出书邀请。1945年9月，唐·康登曾提议为他出书，康登原先是《克利尔》杂志的编辑，后来在西蒙与舒斯特出版公司工作。康登联系上塞林格，急于出版他的小说集。塞林格也对康登很满意，想签下这个项目，但他与这家出版公司的其他人接触后，又变得警惕起来。康登说，"塞林格认为这群人是'自作聪明'的出版商"[13]自从经历了《年轻人》小说集一事，塞林格觉得自己不能再冒险了。[14]

他当时很生伯内特的气，对自己受到的待遇感到委屈，于是在做出一系列不理智的行为后又犯了一个错误。他打算把目前写完的霍尔顿·考尔菲尔德小说编成一部90页左右的中篇，投给出版社。有关此事的信息少之又少，我们唯一的消息源是威廉·麦克斯韦尔。1945年，他听塞林格提起过这件事,但他也只是表示,底稿并没有提交给《纽约客》。[15]然而,我们有理由推测,《麦田里的守望者》的初稿被投给了西蒙与舒斯特出版公司。与伯内特闹翻后,塞林格和康登走得很近。如果他想出版缩减版的《麦田里的守望者》——《纽约客》和《故事》都不在考虑范围内,康登以及他背后的西蒙与舒斯特公司就成了合乎情理的选择。

塞林格之所以只写了90页的《麦田里的守望者》,不仅是因为他对伯内特的怨恨,实际上,写了六年小说后,他对这种体裁感到厌烦。战后,他连写一篇最简短的故事都费劲,要完成一部长篇小说更是希望渺茫。1945年10月,他在接受《绅士》杂志的专访时承认,他怀疑自己没有能力写完一部长篇小说。他说自己是一名短篇小说作家,写不了长篇,就像他本人说的那样:"他只会冲刺,不善于长跑。"[16]

不过,塞林格很快找回了判断力,他意识到自己是多么冲动,把没写完的《麦田里的守望者》就这样送了出去。他很快收回了底稿,并承诺要写完这部小说,至少从感情上来说该当如此。幸好他及时醒悟,《麦田里的守望者》才没有以这样的形式出版。他也没有放弃短篇小说创作,在1946年的最后几个月里,他开始像1945年之前那样忘我地工作。战争的结束和婚姻的破裂曾使他变得冲动鲁莽,而现在他终于恢复了冷静。

…………

1946年11月,塞林格又完成了一个故事,这是继一年半前的《陌生人》以来他写完的第一部真正意义上的小说。通过这部小说,他试图摆脱战争带来的混乱后果,让时光倒流至战前。《一个没有腰线的女孩在1941年》把塞林格拉回到康谢尔姆号的甲板上,回到战前最后那段无忧无虑的时光里。当时,他是这艘邮轮上的娱乐工作者。塞林格可以把小说人物走向成年的转变作为隐喻,暗示战争爆发后社会纯真的沦丧,但他并没有这样做,他更喜欢用叙事来就纠正个人错误,为逝去的过往增添浪漫色彩。这个故事里没有原创的东西,塞林格只是修改了旧情节,用相反的结局重写了一遍《儿童梯队》。

塞林格白天努力写作,他的夜晚都是在格林威治村度过的。在那里,他结交了一群时髦的艺术家,还认识了几个爱打扑克牌的朋友。每周四晚上,这几个牌友就在唐·康登位于曼哈顿下城区的公寓里聚会。塞林格在《西摩:小传》里回忆起打牌的这段时光,他借巴蒂·格拉斯之口说道:"有一阵子,时间不长……我开始玩一种半公开的、紧张吃力的游戏,我总是输,但这个游戏能让人善于交际，融入群体，所以我经常和人打扑克。"[17]

除了玩扑克，努力成为一个"善于交际的人"之外，塞林格还在格林威治村的咖啡馆和夜总会里花了不少时间。他经常去一些波西米亚式的场所，比如蓝天使夜总会 (Blue Angel) 和鲁本布鲁夜总会 (Reuben Bleu)，各类当红知识分子都喜欢在这些场所定期会面，讨论艺术，点评未来人才。对塞林格来说，格林威治村的夜晚始于雷纳托饭店的晚餐，接着他会穿过几个街区来到隐蔽的丘姆利酒吧，他和朋友们可以在酒吧里享用美食、娱乐消遣、畅谈文学。[01]康登回忆说："塞林格是一个极具魅力的、合群的人。尽管他也很看重隐私。我们经常一起去吃饭、上俱乐部。有一次，我们还一同听了比莉·霍利迪的演唱。"[18]

出人意料的是，塞林格又恢复了单身。为了填补内心的空虚，他结识了很多女人。根据后来《时代》杂志的一篇文章，1946年塞林格将"一大批女孩领进了格林威治村"。文章写道，他住在巴比松酒店的药店里，成功地"以不张扬的效率"捕获了各式各样迷人的房客。婚姻失败后，他不可能这么快就开始寻找真爱。他一般只和女孩约会一

---

[01] 一直以来，丘姆利酒吧基本保持原样，与塞林格光顾时没什么两样，直到2007年酒吧因建筑结构无限期修补而关闭。几十年间，酒吧深受著名作家的喜爱，老板们为此十分自豪，在墙上挂满了常来光顾的文学家的照片。塞林格的照片被挂在林·拉德纳旁边，后者是他最喜欢的作家之一。

次,甚至不惜动用诡计来获取约会的机会。根据《时代》杂志的说法,有一次,塞林格相中了一个女孩,为了约她出去,他骗她说自己是蒙特利尔加拿大人队[01]的守门员。[19]

作家A.E.霍奇纳则记录了当时塞林格的另一种状态。霍奇纳是在康登的牌局上认识塞林格的,偶尔也会陪他夜里进城玩儿。当时,霍奇纳是一个深陷困境的自由撰稿人,他被塞林格的激情所吸引,但他发现塞林格总是想要和人保持距离。

> 我从来不觉得他是我朋友,他太疏离了,不适合做朋友。但有几次,他邀请我一起去夜总会狂欢……在这种情况下,我们会待到很晚,边喝啤酒边看表演。那些新人演员演了一出又一出,他们中间的一些人将来必定会成功。在表演间隙,杰里会和我聊天,他和我讲的主要是写作和作家,但有时他也会批评一些机构,比如曾经开除他的上流学校、乡村俱乐部等。[20]

在霍奇纳的回忆中,塞林格有着"钢铁般的自我"。他对艺术的奉献精神令霍奇纳印象深刻,他对自己注定会成

---

**01** 蒙特利尔加拿大人队是创建于1909年的冰球俱乐部。——译者注

就伟业的坚定信念更令霍奇纳感到震撼。霍奇纳说:"他很有创意,我认为他身上那种知识分子的热情格外迷人,除此之外,他还有讽刺式的智慧以及目光短浅的幽默感。"

塞林格对待霍奇纳的态度很能说明他的为人。尽管他只比对方大一岁,但他却认为指导霍奇纳写作是自己的职责。塞林格似乎表现得非常傲慢(在某些层面上确实如此),但霍奇纳要感谢塞林格,是塞林格教会了他如何用心灵写作。他提到的一个事例特别有趣。这件事不仅揭示了塞林格对自己作品的看法,还涉及小说《满是保龄球的海洋》。霍奇纳声称自己写过一篇名为《满是保龄球的海洋》的故事,并指责他的朋友盗用了这个书名。虽然很难说塞林格是不是非得用这个名字,但根据霍奇纳的说法,塞林格没有否认这一指控。相反地,他通过比较两个故事(另一篇是霍奇纳写的,后来取名为《台球室窗户上的蜡烛》)的优缺点来为自己辩护。对于霍奇纳的小说,塞林格评论道:"这些故事里没有隐藏的情感,字里行间缺少火花。"[21]

塞林格坚持认为(也许表现出高人一等的样子),霍奇纳对他自己写的东西一无所知,他应该使自己置身于故事中。塞林格宣称:"作为艺术的写作是被放大后的体验。"海明威也用类似的话批评霍奇纳,后者对此铭记于心。在霍奇纳的叙述中,最有趣的一点莫过于塞林格的选词。他没有建议霍奇纳把火花"嵌入"文字里，而是让他在文字"之间"放置火花。这表明，他认为真正的意义应该由读者自己领悟，而不是由作者口述传达。这一见解是塞林格独有的，也是他作品的一大特点。我们不清楚霍奇纳是否理解这两种选词之间的细微差别，但塞林格的文字已经准确地表达了他的写作哲学。毫无疑问，他的选词是有目的性的。

塞林格在格林威治村的生活很能说明一些问题。如果我们相信巴蒂·格拉斯在《西摩：小传》里的描述，那么塞林格在扮演社交达人和牌友的角色时并非如鱼得水，但比起年初做丈夫那会儿肯定少了几分尴尬，毕竟西尔维娅实在不好对付。西尔维娅返回欧洲后，塞林格似乎仍在努力寻找一个适合自己的、"正常"的地方，但却很难找到。在这一阶段，我们仿佛又看到了年轻时的塞林格，那个身穿大号制服、神情笨拙的军校学员，他希望同龄人都能喜欢他，但若是事与愿违的话，他就用讥讽的言语和强装的自信来掩饰自我。

…………

为了把西尔维娅和战争忘掉，塞林格沉迷于夜店、约会和扑克牌游戏之中，但无论他做什么，都只是徒劳，因为之前的那五年已经将他彻底改变。他在战场上获得的任何精神启示，都留下了不可磨灭的印记，并且开始影响他的写作。结果，在1946年的最后几个月里，塞林格作品中两个持久的要素逐渐凸显出来，这两个要素都能从战争中找到根源：一是神秘主义倾向；二是与之相关的概念，即他的专业写作本身就是一场精神修行。

1946年年底，塞林格开始研究禅宗佛学和神秘的天主教教义。[01]他没有皈依哪个教派，只是欣然接受这些宗教哲学，因为它们强化了他本已持有的立场。禅学对他来说更具吸引力，因为修禅强调联系和平衡，这是他作品中经常讨论的话题。对信仰的研究使塞林格产生了一种责任感，他希望通过文学作品提供精神启蒙。

也许是为了弥补曾经挥霍的时光，1946年夏天，塞林格同时开始撰写好几个故事。8月到12月间，他写完了《男性的再见》《一个没有腰线的女孩在1941年》，以及他迄今为止最具雄心的项目——一部3万字的中篇小说，名为《倒置的森林》(The Inverted Forest)。

《倒置的森林》体现了作者此时正处于过渡时期。回到纽约后，塞林格发现自己生活在两个不同的现实里：一个是在精神上充满创造力的"倒置"世界，另一个是格林威治村里的社交世界，这里只有俱乐部和扑克游戏。《倒置

---

**01**　根据《时代》杂志的文章，从1946年年底开始，塞林格会列出与禅宗有关的阅读清单，分发给与他约会的女性。显然，塞林格是想通过这一方法来衡量她们是否有灵性。

的森林》反映了作者在两个世界间的挣扎，故事探讨的主题还将在塞林格未来的作品中占据重要地位。通过这个故事，作者坚定了他的想法：艺术和精神是同义词，灵感与精神层面的顿悟有关。小说将生活描写成物质与精神的斗争，并提出了艺术能否在怀有敌意的现代社会中生存下去这一问题。然而，第二次世界大战后，塞林格的内心仍不平静，1946年，他连写最简单的小说都觉得困难，况且这样宏大的主题在当时对一篇小说来说太过复杂，因此他写出来的中篇小说不太连贯，传递的信息也模糊不清。

《倒置的森林》讲述了科琳·冯·诺德霍芬的故事，她来自富裕家庭，父亲是德国男爵，母亲是整形器材商的女儿，虽然这堆器械存在安全隐患。小说还写了科琳的同学雷蒙德·福特，他在家中受尽欺凌，经常被酗酒的母亲虐待。故事分为两部分，主角们出现时都还是孩子，但故事的主要情节发生在19年后，那时他们已经重新确立关系。科琳成为一名成功的女商人，而福特是哥伦比亚大学的教授，他还写了两卷文思敏捷的诗集。[01]福特得到了一个老太太的帮助，经常在她布满灰尘的图书馆里看书，由此找

---

**01** 人们倾向于把雷蒙德·福特与塞林格在哥伦比亚大学时的诗歌教授查尔斯·汉森·汤进行比较。和福特一样，汤也撰写了许多成功的诗歌，然而除此之外，福特和汤几乎没有什么共同之处。

到了写诗的灵感以及人生的道路。他隐居在图书馆里,从灵魂深处创造出一个充满诗歌的世界,这个世界就像一个"倒置的森林"。[01]福特对诗歌的痴迷使他远离正常的恋爱关系,但科琳一心要嫁给他,用各种方式追求他(主要是在一家中餐厅约会)。经过漫长的交往后,两人终于结婚了。

这是一段一厢情愿的婚姻。婚后不久,科琳便无意中造成了福特在精神和艺术上的堕落。一名年轻女子拜访了这对夫妇,她自称是个学生,刚刚开始写诗,非常崇拜福特。她请求科琳让福特读一读她写的诗歌。当福特点评女子的作品时,他说出了故事里最关键的几句话,其中涉及柯尔律治的诗歌《忽必烈汗》。他批评这位女孩没有展现艺术之美,只是构建了一些听上去很文艺的东西。福特说:"诗人不是发明诗歌——而是发现诗歌……圣河亚弗是被人发现的,而不是被发明的。"[22]福特认为,真正的艺术从来不是人为创造的,而是恰巧遇见的。这句话将艺术等同于灵性,将真正的艺术视作精神上的顿悟。

从此,这个女孩想方设法走进福特的生活,意图征服他,至于她究竟采用了何种方法,故事里没有给出任何解

---

**01** 塞林格借用这部小说反驳了 T.S. 艾略特在诗歌《荒原》中表达的悲观论调。在《最后一次休假的最后一天》里,塞林格也反对过艾略特的消极观点。福特认为,不存在"荒原,而是一大片倒置的森林。所有树叶都在地底下"。

释。起先,两人只是暗中幽会,不久后福特打电话给妻子,宣布他要和这位女孩私奔。此时,我们才知道她叫邦妮。科琳跟踪他们,发现他们住在一栋破旧的公寓里。故事发展到这里,塞林格暗示邦妮就是福特母亲的化身,她象征着冷酷无情的社会,决心摧毁诗人神圣的灵感,将他驱逐出倒置的森林。福特不仅背叛了妻子,也背叛了自己。当科琳赶到时,福特已经萎靡不振,深陷酒精的泥潭中,再也写不出一句真正的诗。

在《倒置的森林》中,塞林格通过塑造雷蒙德·福特这个人物,呈现出艺术和精神存在的三个阶段。福特第一次出现时还是个孩子,他生活在母亲的阴影下,后者的破坏力几乎令他窒息。然而,福特的艺术精神以某种方式克服了母亲的虐待,在他内心蓬勃生长,就像一个能在地下成长的倒置森林。这引出了福特人生的第二个阶段,此时他已长大成人，虽然有着心酸的过往，但他获得了真正的艺术(其间伴随着许多痛苦)。在这一阶段，他充当了调解员的角色，能平衡地下的艺术世界和冷酷的世俗之间的关系，在两个世界之间架起沟通的桥梁。在第三个阶段，福特又来到了地上的世界，第一阶段里的破坏力再次压倒他，打败了与之抗衡的精神才能。最后，福特的倒置森林被连根拔起。

具有讽刺意味的是，塞林格在他人生的这一阶段写下了这个故事。《倒置的森林》对现代社会予以谴责，认为它阻碍了精神真理和艺术真理的揭示。小说还提出，真正的艺术家为了体验真理、信奉真理，会将自己与现代社会割裂开来，正如僧侣闭关清修，才能服侍神明一样。与此同时，在塞林格自己的生活中，他正拼命融入现代社会，为了在这个他所批判的社会里生存下去，他比以往任何时候都尽心竭力。

# 7 赏识

1945年5月8日，德军投降，普天同庆，但塞林格却无法面对欢呼的人群，他害怕被情感所吞没。那一天，他独自一人坐在床上，盯着手里那把点45口径的手枪。他想知道，如果他用枪射穿自己的左掌，那会是什么感觉？[1]

这个场景非常可怕，有力地说明了塞林格战后的心理——他感到与现实疏离，内心充满不安。1946年年底，这些情绪依旧在他心中翻涌，使他接近那首"震颤人心的旋律"，这是他必须写出来的曲调——他会用文字来充当音符。当周围的世界一片欢腾时，还有人畏缩在自省背后，不敢向前，而这首曲子就要替这些人发声。一年后，塞林格就发布了这段乐曲的第一组和弦。

1946年11月，塞林格得到消息，《纽约客》将在12月刊上发表《麦迪逊街边的小叛乱》。消息通过威廉·麦克斯韦尔传到多萝西·奥尔丁那里。此前，正是这个麦克斯韦尔在1944年1月宣称，自吹自擂的塞林格"根本不适合"《纽约客》。

塞林格欣喜若狂。年轻时那个翘首以盼、俯首帖耳的塞林格又回来了，他仿佛重返1941年，就在那一年，《纽约客》同意利用《麦迪逊街边的小叛乱》。经过一年的碌碌无为和五个月的疯狂写作，塞林格渴望重启他的事业。《麦迪逊街边的小叛乱》已经压在《纽约客》那里长达五年，他早已不再指望这篇小说能发表。尽管他从未停止向《纽约客》投稿，但他对这家杂志几乎不抱希望。现在，他终于有机会在梦寐以求的杂志上发表小说，他简直心花怒放，愿意听从编辑的任何建议。和1943年一样，麦克斯韦尔再次要求他修改故事，但这一次，塞林格毫无怨言。²

消息传来的时候充满了喜悦，但也不乏些许讽刺。11月，塞林格刚写完《一个没有腰线的女孩在1941年》，故事里描写的那一周与《麦迪逊街边的小叛乱》密切相关。由此，塞林格重温了自己在1941年得知《麦迪逊街边的小叛乱》即将发表时的期待，也再次回忆了小说被搁置的原委。如今,《麦迪逊街边的小叛乱》终于将要问世，就好像是他把笔放在纸上，让时光倒流，复活了决定小说命运的那一周，以便让小说拥有一个更美满的结局。

11月19日，塞林格写信给麦克斯韦尔，感谢他同意发表《麦迪逊街边的小叛乱》。在1944年的信件中，他为《伊莱恩》设定了限制，要求作品保持原貌。但这一次，他的态度发生了巨大转变。他告诉麦克斯韦尔，他愿意根据杂志社的要求修改故事。他还说，自己正在为一篇75页的中篇小说做最后的润色，小说名为《倒置的森林》。他是从8月开始写的，还有一两天就写完了，等他写完《倒置的森林》就着手修改《麦迪逊街边的小叛乱》。对塞林格而言，突然浮现的光明前景使他一时摸不着头脑，他还通知麦克斯韦尔，说多萝西·奥尔丁正给他寄来一篇新作品，请他过目，这篇作品的名字是《一个没有腰的女孩在1941年》。这篇小说可谓不请自来。当它被送到麦克斯韦尔手里时，这位编辑是否从这次投稿中察觉到一丝可笑之处，对此我们就不得而知了。[3]

1946年12月21日，《麦迪逊街边的小叛乱》刊登在《纽约客》杂志靠后的版面上，藏在一堆广告中间。但塞林格并不介意，现在他已得偿所愿，在《纽约客》上发表了作品——自从他开始认真写作以来，这是他最大的梦想。塞林格的直觉告诉他，这次姗姗来迟的《纽约客》首秀将改变他的写作生涯。1947年1月，年满28岁后，他终于离开了父母在公园大道的公寓，开始独立谋生。他搬进纽约柏油村一间荒废的阁楼里，他对伊丽莎白·默里说，这个地方"是个狭小的、改造过的车库，我的房东竟然管它叫工作室，这可真让人恼火"[4]。

新居虽然简陋，倒也经济实惠，尽管塞林格对这间阁楼不太满意，但他意识到这里的环境非常适合一个胸怀抱负的艺术家。这里属于韦斯特切斯特县，离市区不远，又不在城里，足以避免城市生活的干扰。过去，塞林格经常要寻找隐蔽的地方来专心写作，所以他现在很喜欢柏油村的这间斗室,在这里,他可以完全沉浸于创作中,远离父母的审视、远离战争和格林威治村里的娱乐。总之,柏油村就是他倒置的森林。

就在塞林格搬家的同时,《纽约客》拒绝了《一个没有腰线的女孩在1941年》。但塞林格没有气馁。他曾经嘲笑《纽约客》组建"海明威等人的小圈子",但现在他决心加入这个圈子。1947年1月,他立即给《纽约客》送去另一篇小说,不是大家所预料的《倒置的森林》,而是一篇短得多的小说,名为《香蕉鱼》(The Bananafish)。这篇故事引起了杂志编辑部的一些兴趣,但它的缺点也比较明显。1月22日,麦克斯韦尔写信给塞林格的经纪人,提到了这部新作品。

> 关于J.D.塞林格先生的作品《香蕉鱼》,我们很喜欢其中的部分内容,但它似乎缺乏可以挖掘的故事或重点。如果塞林格先生就在城里的话,能否请他来杂志社和我谈谈《纽约客》想要的故事。[5]

之前塞林格也从《纽约客》那里收到过同种模棱两可的信息,这些信息总是让他感到气愤。他认为自己写的小说独一无二,开创了一种全新的类型,他也希望《纽约客》能认可他在写作上的创新。通常情况下,要是《纽约客》对他的作品不以为意的话，他会无视这家杂志的决定，把稿子投给别人。但这次与以往不同，虽然《纽约客》没能赏识他的作品，但他却并不在乎。他决定放下骄傲，与杂志社合作。没过多久，他就坐在了威廉·麦克斯韦尔的办公室里。

在《纽约客》看来，文风严谨是塞林格这部小说最大的优点，他尤其擅长创作对话，他写的对话自然流畅，读来令人愉悦。麦克斯韦尔遇到的困境在于，编辑部里没人能看懂这个新故事。这部小说的文笔很出色，但大家都读不明白。小说一开始描写了一个名为西摩·格拉斯的年轻人，他坐在弗罗里达的海滩上，正在逗一个名叫西比尔·卡彭特的小女孩。麦克斯韦尔和塞林格一致同意，小说还需要经过大量修改，才能使读者易于理解。于是，塞林格取回《香蕉鱼》，再次加工，并补写了一幕开篇场景，其中还介绍了西摩的妻子缪丽尔。

塞林格把《香蕉鱼》修改了好几遍。他在里面增加了有关缪丽尔的情节，随后又把小说寄给了《纽约客》。这一次，负责该小说的编辑是格斯·洛布拉诺。结果，杂志社再次退稿。我们可以推测，塞林格又一次被叫到编辑部讨论稿子。不过,《纽约客》至少不像那些光面杂志，在长达一整年的时间里,《纽约客》的编辑们不厌其烦，愿意与塞林格不断协商探讨。他们似乎不仅看重他的能力,而且重视他的观点。《纽约客》一次次退稿,塞林格就一次次走进麦克斯韦和洛布拉诺的办公室,无论这个过程伴随着怎样的痛苦,塞林格都言听计从。对他而言,事业是第一位的。

经过无数次修改后,《香蕉鱼》终于在1948年1月被《纽约客》采用。此时塞林格已经把小说名改成《香蕉鱼的好日子》(*A Fine Day for Bananafish*),杂志社再次联系到他,这次是要讨论小说的标题。编辑们搞不清"香蕉鱼"这几个字该怎么拼,是写成一个词还是两个词。1月22日,塞林格写信给格斯·洛布拉诺,他解释说,"香蕉鱼"应该拼成一个词,因为两个词包含的意义太多了。洛布拉诺显然接受了这一逻辑。当小说在1948年1月31日发表时,标题已经调整为《香蕉鱼的完美一天》(*A Perfect Day for Bananafish*)。

为了顺利发表这部小说,各方都付出了努力,这足以证明塞林格与《纽约客》的编辑们合作紧密,编辑们在每个细节上都征求过他的意见,还可以证明塞林格尽心竭力地完善了这个故事。他花了整整一年时间创作这部小说,因此我们可以确信,他对小说中的每个字必定反复斟酌,才能写出如此严谨的文章。当然,这也引发了一种幽默的猜测:考虑到故事的最终版本依旧艰深晦涩,我们不难想象初稿是多么难以理解。想到这里，我们真是同情威廉·麦克斯韦尔。

读完《香蕉鱼的完美一天》开头的那几行字，读者就能猜到缪丽尔是谁。她一本正经，自鸣得意，表现得轻浮又任性。像塞林格笔下的许多人物那样，她有一个特点，最能说明她的肤浅，那就是她异乎寻常地热爱手指甲。当丈夫在海滩上时，她独自待在酒店房间里，选择的读物是《性是乐趣还是地狱》——这一简单的事实为她树立起自信、独立的形象。根据塞林格的描写，缪丽尔是个"电话铃响后依然从容不迫的姑娘"。[6]

缪丽尔接起电话，是她母亲打来的，两人的谈话集中在缪丽尔的丈夫西摩身上。从战场回来后，西摩判若两人。他的行为逐渐失去理智。故事里有明显暗示，例如，他开车朝大树驶去，还有一些看似琐碎的事情——他讨厌阳光，非要在酒店大堂里弹钢琴，他还幻想当兵时身上有个文身，但其实根本不存在。母亲对西摩的这些行为感到震惊，也许她本来就不看好这段婚姻，但缪丽尔的态度出人意料，她接受丈夫的怪癖，对西摩的问题只字不提，更喜欢和母亲聊些时尚方面的趣事。

西摩·格拉斯坐在沙滩上，苍白瘦弱的身体包裹在浴袍里。他在和一个孩子说话，孩子的母亲打发她出来玩，而自己却在喝马提尼酒。小女孩名叫西比尔·卡彭特,她和西摩的对话既普通又有趣。不过,西比尔不是个讨人喜欢的孩子,她吹毛求疵,没耐心,爱嫉妒。她当然不是富有洞察力的玛蒂·格拉德韦尔,也不是可爱的菲比·考尔菲尔德。在谈话中,西比尔提到了她的对手——小莎伦·利普舒茨。此时,西摩引用了T.S.艾略特的诗歌《荒原》中的句子,说这个话题"混合着记忆和欲望"。塞林格之所以引用《荒原》中的诗句,是因为西比尔的名字源于这首诗。《荒原》开篇有一段简短的希腊语引言,描写了库迈城里自由的年轻人如何嘲笑被困的西比尔。在希腊神话中,神答应西比尔能满足她的一个愿望。出于虚荣心,她选择了永生。然而,她却忘了许愿永葆青春,所以不得不永无止境地老去。在艾略特笔下,西比尔被吊在罐子里,祈求神让她死去,而此前是她自己放弃了死亡的权利。这是一种黑暗的景象,人类永远被自身的经历所摧残,疯狂地寻求解脱。

西比尔爬上一艘橡皮艇,哄劝西摩下水。接着,西摩给她讲了香蕉鱼的故事。香蕉鱼最爱吃香蕉,海上的香蕉洞里生长着好几串香蕉。香蕉鱼游进洞里大快朵颐,但暴饮暴食对它们没好处,它们在洞里吃得太多,变成了"肥猪",身体过度肿胀,无法逃出香蕉洞。在西摩的描述中,香蕉鱼因贪婪而被毁,而在艾略特的诗歌里,西比尔被永生诅咒，这两个故事之间明显存在关联。

在《西摩：小传》里，塞林格告诉读者，《香蕉鱼的完美一天》中的西摩"压根儿就不是西摩，奇怪得很，他倒是像极了另一个人，哎呀，这个人就是我"。他还说，当时他"用的是一台德国打印机，不能说完全无法使用，但即使维修后也很差"[7]。从许特根森林到纳粹集中营，恐怖挥之不去，令西摩·格拉斯感到窒息的是，他痛心地发现人类竟能做出这等伤天害理的事。经历了这些悲剧后，西摩和他的创作者一样，发现自己适应不了现实社会，因为这个社会忽视了他所知晓的真理。皮艇上的小女孩之所以叫西比尔，可能是参考了艾略特的诗，但她姓卡彭特，所以她心中也栖息着威廉·布莱克的《羔羊》。通过与西比尔的相处，西摩在评估人性的本质，与此同时，他还想抓住残存的希望，甚至盼着能摆脱身心的煎熬。

听完故事后，西比尔很高兴，说要见一见香蕉鱼，但西摩违背她的意愿将她拉到了岸边。然后，西摩为她送上最后的祝福，他吻了吻她的脚背，祝她走上一条没有邪恶和痛苦的道路，而不要重走他的老路。这一举动把小女孩吓坏了，她"毫无遗憾"地离开了西摩。关于西比尔的这段插曲到此结束，西摩对人类的天性以及周围的世界都得出了自己的结论。

回到酒店房间，西摩发现缪丽尔睡在双人床的一边。她睡得很沉，正如她漠视西摩的需求、痛苦和感知，仿佛整个世界都在和她一起沉眠，全然不顾世上还有更温柔的事。西摩凝视着她，他看到的不再是他娶的那个女人，而仅仅是"某个姑娘"。随后，西摩"从行李中拿出一把奥特吉斯7.65口径的自动手枪"。他坐在床上，盯着妻子看了一会儿。西摩不愿在这个世界里继续生活，因为只要他在这里，就会不可避免地积累痛苦、遭遇邪恶，就像库迈城的那位囚犯始终逃不过年龄的增长，于是西摩朝自己的脑袋开了一枪。

…………

《香蕉鱼的完美一天》的沉郁风格是在所难免的。这部小说他断断续续地修改了一年。1947年，他生活的方方面面都在发生变化。最初，韦斯特切斯特县那间简陋的车库房让他觉得逍遥自在，但他很快发现这地方还是有太多限制。所以，一等到冬天，他就搬去康涅狄格州的斯坦福德市。这次，他租下的工作室不是车库改造的，而是一个翻新后的谷仓。这个建筑也是塞林格的新房东希曼·布朗的消夏寓所。布朗是著名的广播节目制作人，他监制的节目包括《密室之谜》(Inner Sanctum Mysteries)，里面的故事充满了"神秘、恐怖和悬疑"。在得知塞林格养了一条狗后，布朗差点儿就拒绝把房子租给他。直到后来布朗勉强接受了本尼,塞林格才终于松了口气。这间工作室巧妙地坐落于康涅迪格州的森林里,舒适小巧,令塞林格着迷。据他描述,这里"有不错的壁炉,漂亮的园子,是世界上最安静的地方"[8]。

1941年以来,光面杂志是塞林格发表作品的主要平台,他一直得看他们的脸色行事,现在是时候和这些杂志说再见了。随着《纽约客》向他敞开大门,他认为自己即将在事业上取得突破。因此,他愈发不能容忍光面杂志篡改他的故事的行为。然而,自信有时也让他变得宽宏大量。比如,4月10日,他告诉多萝西·奥尔丁,允许伯内特再次出版他写于1942年的小说《洛伊丝·塔格特漫长的首次亮相》。[9]

5月,《一个没有腰线的女孩》在《小姐》杂志上发表。小说附有一篇作家小传,人们可以从中读出塞林格对光面杂志的态度:他的冷漠之情和嘲讽之意都一目了然。事实上,他拒绝提交这篇小传,但杂志社另辟蹊径,印了一段简介,还把他的拒绝也写了进去。

> J.D.塞林格不相信作家专栏。但他确实说过,他从8岁开始写作,从未停止,当兵时他在第4师,他几

乎总是描写年轻人——就像他在第222页的故事里所写的。

与此同时，塞林格正在撰写两篇新小说。刚开始，他选择的题目是《维也纳，维也纳》(Wien, Wien)以及《唱片上的划针》(Needle on a Scratchy Phonograph Record)，但在出版时名字分别被改成了《我认识的一个女孩》和《忧伤旋律》(Blue Melody)。乍一看，这两篇故事迥然不同，但把它们放在一起做对比就会发现，两者在本质上有着相似之处。这两篇故事都流露出悲观情绪和沮丧感，这是塞林格战后作品中常见的特点。两篇故事刻画的人物都象征着青春的纯真，都以冷静的态度描写了自杀。

《我认识的一个女孩》详细描述了1945年塞林格寻找奥地利那家人的经历。故事的叙述者是个叫约翰的年轻人，他在学校成绩没及格，所以父亲把他送到维也纳学习家族生意。一到维也纳，约翰就住进一栋寄宿公寓，公寓位于城市中的廉价地段——暗指维也纳的犹太人居住区。他在那里住了五个月，迷上了楼下那家人16岁的女儿莉娅。当约翰看到莉娅从阳台上向外眺望时，她的纯洁和美丽使他变了一个人。

后来，约翰返回纽约。几年后，欧洲爆发战争。战后，约翰从陆军反情报部队退役,回到维也纳,希望找到莉娅。搜寻无果后,他从莉娅家人的朋友那里得知,她和她的母亲都在瓦尔德集中营遇难。

为了缅怀莉娅,约翰来到他们多年前共同居住的那所旧公寓。他发现这栋房子已经变成了美国军官的宿舍。走进大厅,约翰遇到了一个上士,他正坐在桌子后面剪指甲。约翰恳求上士同意他上楼看看曾经住过的公寓。上士一脸的不情愿,问他为什么非得去楼上的公寓,约翰便简单地解释了莉娅和她的遭遇。"有人告诉我,她和她的家人在焚化炉里被烧死了。"约翰对上士说。但上士的回答很冷漠:"是吗?她是谁?是犹太人还是……"最后,约翰被允许进入公寓——不是因为上士的同情,而是因为他对此不感兴趣。当约翰凝视着楼下空荡荡的阳台时,他意识到除了周围那四堵墙,过去的一切都已远去。约翰回到楼下,谢过上士,后者正在大声询问储存香槟的正确方法。[10]

看完这个故事后,读者定然对上士极为厌恶。虽然莉娅及其家人的死亡不是他的错,但由于他的态度,他依然要承担责任。若不是因为这种冷漠,大屠杀就不会发生。因此,莉娅这个人物所代表的不仅仅是浪漫。一方面,她象征着生活中那些被战争所碾碎的美丽而脆弱的东西;另一方面,她在死后遭受的待遇也触发了一个更为广泛的道德问题——人类的本质以及我们因冷漠犯下暴行或纵容暴行的能力。

虽然《忧伤旋律》中的故事发生在南方,但它所表达的谴责与《我认识的一个女孩》相差无几。故事讲的是爵士乐和种族隔离,描述了天才布鲁斯歌手丽达·路易丝的职业生涯。故事的叙事者是两个孩子,一个叫鲁德福德,一个叫佩姬,他们象征着纯洁。丽达·路易丝在一次户外聚会上突发阑尾炎,种族歧视造成没有医院接收她,她被扔在汽车后座上等死。

这个故事其实是在向布鲁斯歌手贝茜·史密斯致敬。1937年,史密斯在一场车祸中受伤,因流血过多而死。据报道,附近的一家医院不允许她进入,因为她是黑人。

在《忧伤旋律》里,塞林格安排的情节比史密斯的遭遇更令人揪心。虽然丽达·路易丝已奄奄一息,但仍有好几家医院将她拒之门外。每家医院拒绝接收她时——等于宣判了她的死刑——都会使用相同的借口:"对不起,但按照规定……不允许收治黑人患者。"医护人员不过是照章办事。塞林格说,这个故事不是对美国南方的"猛烈抨击",也不是对"任何人或任何事的谩骂,这只是个简单的小故事,有关妈妈的苹果派、冰啤酒、布鲁克林道奇队、勒克斯空中剧场——总之,有关一切我们为之奋斗的东西,您可千万别错过这个故事,真的"[11]。

"千万别错过。"塞林格显然是在呼吁人们注意周围持续存在的非人性化价值观。他质问道:难道美国人就是为了这些价值观而战斗并且牺牲的吗?同时,他要求首先对这些非人性价值观进行审视,然后才允许他的同胞一边指责他人的暴行,一边却满怀得意,对自己的残忍装聋作哑。在《忧伤旋律》中,塞林格完成了从《我认识的一个女孩》里开始的事:把大屠杀带回家。

…………

1947年12月,《倒置的森林》发表在《大都会》特刊上,比《香蕉鱼的完美一天》的发表早了一个月。《倒置的森林》似乎表明,塞林格的职业生涯正在经历转变。此时,这篇小说已经令塞林格感到尴尬,因为他知道《香蕉鱼的完美一天》是更好的作品。而《倒置的森林》和《香蕉鱼的完美一天》一前一后发表,势必引发读者的比较。1947年,塞林格与《纽约客》编辑麦克斯韦尔和洛布拉诺多次见面,从中他学会了如何写出更紧凑的故事。所以,此时在塞林格眼中,《倒置的森林》是一部陌生且不成熟的作品。但《大都会》却声称《倒置的森林》是个大项目,需要大张旗鼓地发行。杂志还为《倒置的森林》写了序言,向读者真诚推荐。

我们认为,如果把这部小说比作本杂志推出的一道不同寻常的珍馐美馔,那绝对是种保守说法。我们不会告诉你小说写了什么。据我们推测,你会发现这部作品是你在很长一段时间内读过的最有创意的故事——也是最引人入胜的故事。[12]

《倒置的森林》并非成功之作。《大都会》的读者们往往要绞尽脑汁把小说读完,才会发现它确实与众不同,但很少有人觉得它扣人心弦。大多数读者对杂志感到不满,因为这家杂志把他们引入了一个名副其实的迷宫。根据A.E.霍奇纳的说法(此人曾短暂受雇于《大都会》),"纷至沓来的抗议信"使编辑"难以招架,从那时起……这家杂志再也不发表任何故事线不明确的小说了"[13]。但读者的反应并不妨碍《大都会》在1961年3月的60周年纪念刊上重印这篇小说。当时,塞林格真希望大家已经把这个故事忘了,所以当他听说《大都会》计划再版时,他立即请求杂志社重新考虑这件事。但到了1961年,塞林格已是闻名世界的作家,《大都会》我行我素,又一次刊发了《倒置的森林》。

在《纽约客》那里,塞林格的运气要好得多。《香蕉鱼的完美一天》大获成功,其难以捉摸的含义和震撼人心的结尾使读者产生了强烈兴趣。在冷落塞林格多年后,《纽约客》突然急于留住他，并向他开出了一份令人垂涎的合同。根据合同，他将专门为《纽约客》供稿，每年获取一笔报酬，而《纽约客》则对他的作品拥有优先审稿权。[01]这份合同被称为"优先阅读协议"，它从本质上解放了塞林格，使他不必为了生计而被迫向光面杂志投稿。此后，塞林格的所有小说都只为《纽约客》而写，只有在这家杂志退稿的情况下，他才能寻找别的出版商。格斯·洛布拉诺是他的专属编辑，正是洛布拉诺选择了塞林格，令他享有这份罕见的荣幸。

可以说，在所有编辑中，只有格斯·洛布拉诺能灵活地处理好与塞林格的关系。这一点，就连塞林格未来的导师威廉·肖恩也无法做到。他在人际交往方面颇有天赋，尤其善于应对《纽约客》聘请的人。这些人基本上都是敏感的、以自我为中心的艺术家，他们嫉妒编辑这一职位，把《纽约客》视作文学上的奥林匹斯山。

洛布拉诺是E.B.怀特的大学室友，怀特的妻子凯瑟琳也是《纽约客》重要的小说编辑。1938年，怀特夫妇决定搬去缅因州，临走前他们把洛布拉诺拉进了杂志董事会，挑了一批撰稿人塞给他。凯瑟琳和这批作家接触时总觉得不

---

**01** 据报道，《纽约客》每年付给塞林格 3 万美元，以此换来优先审阅他作品的权利。

太舒服,其中大部分是犹太人。在洛布拉诺实习期间,麦克斯韦尔曾向他传授许多经验,麦克斯韦尔也是凯瑟琳多年前雇来的。麦克斯韦尔没有把洛布拉诺当成对手,他自信能接替怀特成为小说部的负责人。就在怀特夫妇即将离开时,麦克斯韦尔的叔叔突然离世。等他参加完葬礼回来后,震惊地发现格斯·洛布拉诺出现在凯瑟琳·怀特的办公室里。麦克斯韦尔当即辞职,但洛布拉诺把他劝了回来,两人最终成了密友。[14]

这场纠纷的解决是一项惊人成就,充分证明了洛布拉诺高超的技艺。他能够轻而易举地将人才聚集到身边,仰仗的是他亲切随和的态度,这与《纽约客》作为文学神殿的庄严氛围截然不同。从他接替凯瑟琳·怀特那天起,格斯·洛布拉诺就确立了《纽约客》企业文化的新方向——以他独特的人格魅力为指导,总为他自己带来好处。为了扩大这种文化的影响力,使更多人追随他,洛布拉诺率先提出"优先阅读协议"。这一纸合同把主要撰稿人变成了雇员,令作家依附于他本人,创造了一个《纽约客》"家族"。为了招揽人才,该杂志创始人哈罗德·罗斯曾在鸡尾酒会上小心呵护那些天才作家的自尊心。如今,洛布拉诺的所作所为则有异曲同工之妙,他通过午餐、钓鱼旅行和网球比赛塑造他麾下的艺术家团队,让每个作家都相信自己从属于这个精英圈子。

塞林格也觉得自己是被选中的幸运儿。他仍然在为伯内特的"背叛"耿耿于怀,于是他欣然接受了洛布拉诺提供的安慰,因成为《纽约客》的精英作家而志得意满。塞林格与洛布拉诺一直很亲近,但他们的关系比不上塞林格与麦克斯韦尔,麦克斯韦尔比洛布拉诺更有书生气,更敏感,也更善良,而这些也都是塞林格所珍视的品质。塞林格也许不太享受和洛布拉诺一起钓鱼或打网球,但他们都尊重麦克斯韦尔,这使两人走到了一起。

…………

1948年2月,塞林格还在为《纽约客》上的文章而洋洋自得,不料,光面杂志又给了他一记猛击。《好管家》发表了他的小说,选中的是那篇重返维也纳寻找破碎过往的故事,塞林格投稿时用的题目是《维也纳,维也纳》,但小说发表时的名字变成了《我认识的一个女孩》。塞林格不禁想起1944年他在《星期六晚邮报》那里遭遇过相同的事情——杂志没和他商量就更改了小说名字,这使他怒上心头。然而,编辑赫伯特·梅斯却一头雾水,不知道自己怎么就得罪了他。梅斯写道:"我不明白他为何如此生气,但他强烈抗议,还指示他的经纪人多萝西·奥尔丁不要再把稿子寄给我。"[15]按照光面杂志的规矩,不征求作者意见就直接修稿，那是很常见的做法。但在《纽约客》那里，塞林格找到了解决问题的办法。过去他一直勉强容忍这种行为，而现在他决心结束这种忍耐。

当时，塞林格在事业上喜忧参半，而他本人和他的宠物狗本尼一直留在斯坦福德市的那间谷仓工作室里。他开始写两篇新故事，这两篇小说很快就登上《纽约客》，进一步提高了他的声誉。其中一篇小说名为《康涅狄格州的威格利叔叔》，写的是一批壮志未酬的人，展现了塞林格的新邻居们幻灭的生活。

搬进康涅狄格州郊区后，塞林格遇到了新兴的城郊中产阶级。这一社会阶层在1948年迅速壮大，塞林格从他们身上发掘了取之不尽的写作素材。当他生活在康州时，所谓美国精神和物质主义正堂而皇之地代表着社会主流价值观。他的邻居们虔诚地追捧这些价值观，将它们视为唯一的标准，借此衡量个人的得失成败，如此一来，其个性往往受到束缚。塞林格觉得这样的素材极具吸引力。他一直喜欢揭露社会的虚伪，现在他发现自己所处的文化圈不仅推崇他所鄙视的虚伪，还试图把它传染给这一文化中的所有成员。

《康涅狄格州的威格利叔叔》中有三个主角：住在高档郊区的家庭主妇埃洛伊丝、她的大学室友玛丽·简、埃洛伊丝的女儿拉蒙娜。故事一开始,玛丽·简来到康涅狄格郊区拜访埃洛伊丝。红日渐渐西斜,两人有了几分醉意,开始追忆往昔。故事里的人物毫无节制地抽烟、喝酒,而烟酒则代表着装腔作势和逃避现实,这是塞林格最关注的两个问题。

埃洛伊丝喝得烂醉,恍惚中回忆起她失去的真爱,那是一个名叫沃尔特·格拉斯的士兵,此人在一次离奇事故中遇难,这件事和一个日本小炉子有关。这时,埃洛伊丝11岁的女儿拉蒙娜走进屋来,打断了两人的闲聊。她戴着一副厚厚的眼镜,举止粗笨。埃洛伊丝对女儿的态度近乎轻蔑,尤其瞧不起拉蒙娜想象中的男友——从未现身的吉米·吉梅里诺。当拉蒙娜宣布吉梅里诺已被车撞死时,读者才意识到她碰巧听到了母亲讲述沃尔特·格拉斯的自白。

故事通过细微的变化层层递进,渐入高潮。到了晚上,埃洛伊丝依旧醉醺醺的,她跌跌撞撞地走进拉蒙娜的卧室,查看女儿的动静。她发现女儿蜷缩在床的一边,好像在为她想象中的伴侣腾出空间,就像她过去经常做的那样。当母亲询问她时,拉蒙娜承认这次她是为一个新朋友留出地方,这个人是隐形的米奇·米克兰诺。埃洛伊丝因为无法找到沃尔特·格拉斯的替身而变得怒气冲冲,她强迫哭哭啼啼的女儿不要给别人留位置。随后，母女间出现了片刻温情，接下来是令人心碎的相互理解。埃洛伊丝从床头柜上拿起女儿的眼镜，将镜片贴近拉蒙娜的脸颊，接住她的泪水。

在故事结尾，埃洛伊丝发现了自己的虚伪。她回到楼下，叫醒朋友，抽咽着恳求玛丽·简回忆一下她在大学时喜欢的一件衣服。最后，她又请求简证实她曾经是个"好女孩"。[16]小说末尾的几句话有力地说明了埃洛伊丝从前的真挚，但她为了获得他人认可，主动放弃了这份真挚。这几句话蕴含的力量并不在于其描述的事件，而在于埃洛伊丝突然认识到她失去了什么，也清楚地明白她目前的状态。塞林格的意图很明确。读者从这部小说中见证了一场拉锯战，一方是充满缺憾的现实，另一方则是城郊梦境中的虚幻。

…………

塞林格在《纽约客》上发表的另一篇小说《就在与爱斯基摩人开战前》是对隔阂的探索。它讲述了人与人之间的隔阂，以及人与梦想之间的障碍。小说从本质上探讨了存在的意义，写的是如何拯救金妮·曼诺克斯，因为她正滑向疏离的深渊。《就在与爱斯基摩人开战前》充满了隐喻和象征，与其说它是一部短篇小说，不如说它是一则寓言。

小说揭示了塞林格内心的精神探索，此时的他希望摆脱抑郁的痛苦，寻找有关生命本质和人类本性的答案。值得注意的是，这是三年来读者第一次在他的故事里读到这样的主人公——她在故事结尾比在故事开头过得更好。

首先出场的人物是金妮·曼诺克斯。故事开始时，她正和同学塞莱娜·格拉夫打网球，但金妮暗地里看不起对方。金妮愤世嫉俗，自私自利，缺乏同情心。显然，她必定经历过什么，才会变得如此冷漠无情。为了要回打车钱，金妮随塞莱娜来到格拉夫家的高级寓所。在那里，她遇到了塞莱娜的哥哥富兰克林。此人24岁，为人谦逊低调，但无法适应普通社会。富兰克林割破了手指，他把半块鸡肉三明治分给了金妮，他还让金妮意识到自己的孤独和越来越严重的疏离感。

金妮与富兰克林的对话就像一场网球比赛，在此期间金妮发生了变化。富兰克林表现得愤愤不平，针锋相对，而金妮却通过这次对话变得成熟起来。至于这一变化是如何产生的，这取决于读者的理解。有一种可能是，她观察到富兰克林那可怜的疏离状态而猛然发觉自己与社会的隔阂，又或许是她独具慧眼，透过富兰克林充满敌意的表象看到了他内在的善良。无论如何，与富兰克林沟通后，金妮成了一个更好的人，从他不合时宜的性格中重获信心。

富兰克林送的三明治象征着金妮的收获。金妮回到街上,发现那半块三明治还装在口袋里。她不知道该把三明治扔掉还是留下,最后她选择把三明治放回口袋中。接着,塞林格迫使读者通过最后一句话重新评价这篇故事:"几年前,她需要花三天时间才能处理掉一只死去的复活节小鸡,那只小鸡是她在废纸篓底部的锯木屑里发现的。"[17]

这篇故事里充满了基督教象征意义,直到复活节小鸡死去的三天后,金妮才承认它不会死而复生。她处理掉小鸡,也抛下了她天真的信任和信念。富兰克林给予她期待已久的复活，使她再次开始相信别人的价值，也再次确信自己的价值。

《康涅狄格州的威格利叔叔》发表于3月20日，《就在与爱斯基摩人开战前》发表于6月5日。读者在阅读这两个故事时都有些摸不着头脑，但他们依旧很喜欢。这是以《纽约客》风格写成的"纽约客故事"，诗人多萝西·帕克称赞这些故事"优雅、聪明，风采斐然"。塞林格的小说接连取得成功，他本人也被纳入《纽约客》大家庭中。从此之后，人们期待他能满足杂志的要求，并遵循《纽约客》的写作理念。

# 8 再次证明

当塞林格还是个孩子,还是父母眼中的小宝时,他总是一遇到矛盾就离家出走。在他三四岁的时候,有一天,父母要出门,临走前让姐姐多罗丝照看他。谁知,姐弟俩吵了一架,为了躲开多罗丝,塞林格干脆逃走了。他把玩具士兵塞满行李箱,气冲冲地离开了公寓。当他母亲回家后,发现儿子坐在楼下的大厅里。多罗丝回忆说:"他从头到脚都穿着印第安人的服装,包括长长的羽毛头饰,一应俱全。他说:'妈妈,我要走了,我留下来是为了和你道别。'"[1]

塞林格的故事渐渐沐浴在童年那种纯碎的愉悦中。他的作品证明,儿童比成人更接近上帝,儿童爱得更纯碎。成人喜欢人为地制造各种差异并加以利用,使彼此间产生隔阂,但儿童并不在乎这些差异。在塞林格的作品中,儿童享有崇高地位,所以要想衡量他笔下成年人的精神纯洁性,可以去看一看他们与周围儿童的亲密程度。也许最明显的例子出现在《麦田里的守望者》中,有一幕场景写的是霍尔顿在电影院里观察一个女人和她的儿子。尽管这个女人一直在为电影的悲伤情节掉眼泪,但她就是不领儿子去洗手间。对此,霍尔顿评价说:"她善良得像只该死的狼。"[2]霍尔顿的批评呼应了塞林格信奉的哲学,这一信念在1948年变得更为牢固。

那年7月，塞林格去威斯康星州度假，在日内瓦湖畔的一间小屋里度过了夏天。这是一间局促但舒适的套房，装饰成小木屋的样子。他开始在随身携带的阅读材料上做笔记：一份是纳粹论文《种族研究新基础》中收入的支持性文件，其内容令人毛骨悚然；另一份是《纽约客》5月1日刊发的文章，题为《利迪策的孩子》。

《纽约客》上的文章引起了塞林格的注意。该文章写得触目惊心，描述了战争期间纳粹对儿童的野蛮屠杀，也提到了儿童被奴役的惨状。这些成为奴隶的儿童是因为外表长得像德国人才侥幸活下来。塞林格从文章中摘抄了一句话："我们知道有6000多名犹太、波兰、挪威、法国、捷克的儿童在切尔姆诺被毒气杀死，然后在焚尸炉里被烧掉。"[3]

这段引文骇人听闻，文章不仅与塞林格的亲身经历有关，也与他长期以来固守的希望有关——他依然拒绝相信奥地利那家人已经惨死。这一希望成了回忆留给他的负担，随着时间的推移而变得越来越沉重，塞林格知道他必须卸下这个负担。

在《就在与因纽特人开战前》的结尾，作者暗示其写作将转入新的方向，他将远离1946年以来在他小说中占据核心位置的黑暗主题，但这种转向并不明显，因为塞林格仍在犹豫,他的部分灵魂还迷失在战争和大屠杀的阴霾里。

塞林格引用的那句话并不是文章的最后几行。在他摘抄的那句话后面还有一段话,而这才是利迪策孩子们悲伤故事的结尾。正是这段充满力量的话——而不是塞林格那句绝望的摘录——指引了他未来的写作方向,文章最后宣布:"我没有放弃希望,我们之中没有任何人放弃希望。"[4]

在日内瓦湖畔,塞林格内心深处发生了变化,心底有个声音在劝说他,让他把自己的作品从黑暗中拖曳出来。也许《纽约客》上的文章鼓舞了他,又或是窗外波光粼粼的湖面对他有所启发,塞林格中止了对纳粹暴行的摘抄,他开始写一篇新故事。这个故事虽然简单,但意义重大,名为《下到小船里》。作者在故事中探讨了反犹太主义问题,完成了其作品的转变:人物通过爱得到救赎,而不是通过恨受到诅咒。

小说最初的标题是《小船上的杀手》,不难想象,塞林格在写作时还凝视着不远处的日内瓦湖码头。[5]小说传达了一个孩子的见解,令人想起考尔菲尔德系列,不过这个故事的主人公是布布·坦嫩鲍姆(Boo Boo Tannenbaum),故事里也提到了她的哥哥西摩·格拉斯和巴蒂·格拉斯。这些人物将影响塞林格未来的作品。

《下到小船里》以第三人称叙述，分为两部分。故事发生的地点是一栋湖畔别墅。当时，布布、她的丈夫和她4岁的儿子莱昂内尔正在那里避暑。这栋房子里还住着女佣桑德拉和兼职清洁工斯内尔太太。莱昂内尔是个极度敏感但又思维敏捷的孩子，当他遇上困惑不解的矛盾时，总是习惯性地选择逃离。塞林格让他穿上一件印有"鸵鸟杰罗姆"的衬衫，将他的态度与自己的童年联系在一起。有一天，莱昂内尔听到了一些可怕的事，随后他躲进父亲小船的船舱里。他母亲多次来到湖边找他，希望了解他为何如此烦恼。

而在坦嫩鲍姆家的厨房里，桑德拉正紧张地来回踱步，一遍又一遍地对斯内尔太太说："你不担心这件事。"她们的谈话似乎很神秘，但当桑德拉嘲笑莱昂内尔"会有一个像他父亲那样的鼻子"时，塞林格暗示她脱口而出的这句话是对这家人的种族污辱。[6]

在码头上，布布再次试图哄莱昂内尔下船，但莱昂内尔毫不理会。他从船舱内愤怒地把一副护目镜扔进湖里。布布心平气和地解释道，这副护目镜是她哥哥韦布（即巴蒂·格拉斯）的，最早是属于她大哥西摩的，莱昂内尔听后自私地回答说："我才不管呢。"对于儿子的叛逆，布布并未动怒。她打算送给莱昂内尔几把钥匙作为礼物，这些钥匙显然对应了被扔进水里的护目镜——但在此之前，她要确保莱昂内尔意识到他伤害了母亲。布布威胁说要把钥匙丢进湖里，反正莱昂内尔也把护目镜扔了。当儿子表示抗议时，布布模仿他的样子反驳道："我才不管呢。"

塞林格告诉我们，此时莱昂内尔用一种"精准的洞察力"注视着母亲。这一刻是故事的高潮，将各条线索聚拢到一起。在这一刻，莱昂内尔发现，他伤害了母亲。他突然明白，他破坏了母亲及其兄弟之间有形的联系。莱昂内尔渴望得到钥匙，但他知道自己配不上这份礼物。当母亲不计前嫌，把钥匙送给他时，他才意识到母爱是无条件的。这是一种超越情势的纯粹，使得莱昂内尔像布布爱他一样，完全信任别人。为了表示忏悔，莱昂内尔把钥匙扔进了湖里。这样一来，他通过微小的牺牲重新建立起与母亲的联系，创造了新的平衡。然后，他请母亲上船。他们的爱合二为一，两人都从对方身上获得了前所未有的力量。莱昂内尔告诉母亲，他无意间听到桑德拉说他父亲是个"邋遢的大个子犹太佬"，布布听后没有做出激烈反应，因为她心中充满了爱。她不认为桑德拉的话是对她个人的侮辱，她担心的是这些话对儿子的影响。她向儿子解释说，桑德拉的话"还不是最糟糕的"。

莱昂内尔只是本能地认为桑德拉说了些坏话。他并不理解桑德拉使用的修饰语，还把"犹太佬"(kike)听成了"风筝"(kite)。但在莱昂内尔的余生中，他将不得不面对种族歧视，布布想让他勇敢地面对这一问题。因此，她决心与孩子同舟共济，为他提供安慰和支持。通过这一做法，她自己也在某种程度上学会了容忍，不再介意他人的挑衅和侮辱。当布布和莱昂内尔的爱融为一体，其产生的力量要远远大于桑德拉那盲目的轻蔑。

母亲的做法，使莱昂内尔得到了一个重要启示。他开始理解与他人互动的价值，明白他需要别人，别人也需要他。他发现相互依赖可以生成力量，将爱结合在一起就能创造最纯粹的庇护。在这个可怕的世界里，他将不再孤单。

塞林格展现了母子俩共同成长的结果：他们计划把这艘搁浅了数月的小船拖上岸。这是重生的象征，而为了实现这次重生，他们都需要对方。布布对儿子说："你得帮他(父亲)把船帆拉下来。"小说的最后一个场景代表着团结、平等和妥协，这一结尾证实了母子俩对彼此的需要，也彰显了爱的力量。最后，布布和莱昂内尔携手跑回家。通过母亲的爱，莱昂内尔取得了胜利。

这个故事的素材大多来源于塞林格的童年回忆。在上学时和走出校门后，他身边几乎都是来自上流社会的盎格鲁-撒克逊白人新教徒。和莱昂内尔一样，塞林格大概不可避免地听到了一些窃窃私语，说他是半个犹太人。比如，名媛格洛丽亚·范德比尔特，她曾轻率地把年轻的塞林格称为"纽约来的犹太男孩"[7]。当塞林格写作《下到小船里》时，这种刻板印象带来的不适感依然历久弥新。

塞林格不是要通过这篇故事宣泄他个人的抱怨或仇恨，而是想重申对人际关系的信任。这种信任源于法国战场，又险些在集中营的痛苦中丢失；这一理念在《就在与爱斯基摩人开战前》里重新浮现，在《下到小船里》中逐渐成熟。在此前漫长的三年里，塞林格一直怀疑上帝是否存在，而回到康涅狄格州后，他却自豪地向伊丽莎白·默里宣布，在精神方面，"那艘旧船又稳定了"[8]。

…………

从威斯康星州回来后，塞林格遇到了一件不甚愉快但又司空见惯的事。此前，《纽约客》拒绝了他的小说《唱片上的划针》，于是他不情愿地将小说投给了《大都会》杂志，当时A.E.霍奇纳是那里的编辑。霍奇纳说，是他说服该杂志接受了这篇小说，由于《倒置的森林》曾给杂志带来一些麻烦，《大都会》对塞林格的作品仍然十分谨慎。而这一次，他们在发表小说时并未征求塞林格的意见，擅自将题目改成了《忧伤旋律》。结果，塞林格不仅对《大都会》

大为恼火,还指责霍奇纳是罪魁祸首,从此不再和他往来。此事之后,塞林格和光面杂志缘分已尽,但在彻底分手前他还将被迫忍受最后一次尴尬。

塞林格把《下到小船里》投给《纽约客》,却遭遇退稿。但他下定决心,要在杂志上看到这篇小说,于是把故事卖给了《哈泼斯》。1949年1月14日,他向格斯·洛布拉诺抱怨说,《哈泼斯》要求他删减小说。他自然不愿意,但为了顺利发表,他还是对小说进行了修改。[9]这是塞林格最后一次向光面杂志妥协,也是他的小说最后一次出现在《纽约客》之外的其他美国杂志上。[01]

1948年是硕果累累的一年,也是激浊扬清的一年。这一年,塞林格开始重新审视过去,同时巩固他与《纽约客》的关系。尽管他在《威格利叔叔》中严厉批评了城郊的邻居们,但在那年11月他还是愉快地续签了斯坦福德市那套小型公寓的租约。

1949年伊始,《纽约客》拿到了塞林格将在这家杂志上发表的下一篇小说,题目是《大笑的男人》(The Laughing Man)。这部作品明显受到舍伍德·安德森的影响,别出心裁地改编

---

[01] 塞林格在《西摩:小传》里承认安德森对他的影响,他坦陈自己写过一个"与舍伍德·安德森有很大关系"的故事,这句话可能暗指《麦田里的守望者》,但他的措辞似乎指向一部篇幅更短的小说,因此《大笑的男人》是最有可能的。

了安德森1921年的短篇小说《我想知道为什么》(*I Want to Know Why*)。《大笑的男人》考察了童真的脆弱本质,探讨了故事叙述者如何构建和摧毁梦想。这是塞林格迄今为止最有想象力、最具趣味性的小说,读者们都很喜欢这个故事。

1949年,仅有两部塞林格的作品被发表,分别是《大笑的男人》和《下到小船里》。然而,《纽约客》的记录显示,他在1948年还提交过三篇文章,1949年又送来七篇,但这些作品都被退回。在退给他的十篇小说中,有五篇已为人所知,它们是:1948年的《我认识的一个女孩》和《忧伤旋律》;1949年的《下到小船里》;还有两篇尚未发表的作品,一篇名叫《戴杀人帽的男孩》(*The Boy on People Shooting Hat*),另一篇塞林格特别喜欢,题为《夏日里的意外》(*A Summer Accident*)。

有证据表明,塞林格投给《纽约客》的这篇《夏日里的意外》其实就是《满是保龄球的海洋》。第一个为塞林格作品编写书目的学者唐纳德·菲恩,在其1962年出版的塞林格作品研究综述中提到,《满是保龄球的海洋》是在1950年或1951年投给《克利尔》杂志的。[10]考虑到当时塞林格与《纽约客》的协议,凡是他的小说都要先给《纽约客》过目,所以他必须先把《满是保龄球的海洋》投给《纽约客》,然后才能送去《克利尔》。《满是保龄球的海洋》大概在1949年被寄给《克利尔》——同一年,《夏日里的意外》被《纽约客》退稿，至于这两篇小说是不是同一个故事，这是个有趣的话题，在很大程度上也是一个学术性问题。更重要的是，这种情况说明塞林格对《满是保龄球的海洋》这个故事情有独钟。1949年，他已经挥别了光面杂志，如果他的小说被《纽约客》退稿，他通常不会再投给其他杂志，然而《满是保龄球的海洋》的投稿是个罕见的例外，这证实了他对这篇故事依然恋恋不舍。

《戴杀人帽的男孩》之所以被《纽约客》退稿，其原因令人啼笑皆非。格斯·洛布拉诺审阅该小说时，既印象深刻，又倍感震惊。他将小说退还给多萝西·奥尔丁，还写了一封长信，表示他对退稿一事的遗憾和对故事情节的困惑。洛布拉诺写道："唉，这是杰里·塞林格最新的小说，可是我不得不把这个故事退回去，我内心的悲伤真是难以言表。有些段落写得很精彩，感人肺腑，且极具感染力，但我们觉得总体而言，这个故事对我们这样的杂志来说，实在是有些惊世骇俗。"[11]

读过《麦田里的守望者》的人都会发现，故事题目里的杀人帽就是霍尔顿·考尔菲尔德的红色猎帽，他经常挑衅似的戴着这顶帽子。洛布拉诺的信证实，故事里的两个主人公发生了冲突，一人名叫博比，另一人风流浪荡，叫作斯特拉雷德。两人争斗的原因在于博比对前女友琼·加拉格尔旧情难忘。根据洛布拉诺的说法,杂志社认为博比这个角色不够丰满,并建议"故事主题的发展需要更多铺垫"。奇怪的是,在洛布拉诺眼中,小说带有些许同性恋色彩。他解释说:"我们无法确定,博比与斯特拉雷德的争执是因为他对琼的感情,还是因为他认为自己不够成熟(斯特拉雷德的英俊和魅力更使他相形见绌),或者这里是在暗示博比是个同性恋。"洛布拉诺继续建议说,这个故事"需要增加不少字数",并遗憾地表示,塞林格要是送来一个"不太复杂的故事"就好了。其实,博比就是霍尔顿·考尔菲尔德,这个故事涵盖了《麦田里的守望者》第三章到第七章的主要内容。

9月,塞林格收到《纽约客》的退稿函,其中涉及一篇无名小说,这篇小说很可能是《满是保龄球的海洋》。这次退稿令他垂头丧气,直到10月12日他才平静下来,与洛布拉诺就这个决定进行商讨。他向编辑表达了沮丧之情,但承认洛布拉诺选择退稿也是无奈之举。[12]他说,他会继续写这个预科学校的男生,不会向洛布拉诺施加压力。

塞林格继续回到《麦田里的守望者》的创作中,这也解释了其余几部作品的命运——它们都被杂志社退稿,其中五篇的名字还不为外人知晓。这些年来他的作品质量普遍较高,如果这些退回的小说全都遗失了,实在令人惋惜。

然而,据我们所知,这些被退回的稿子都与《麦田里的守望者》有关,所以这些故事很可能被编进了《麦田里的守望者》里。

............

尽管屡次遭遇退稿,但到1949年,塞林格在《纽约客》上的成功已为他赢得了期待已久的认可,即使不读《纽约客》的人也早就听说过他的大名。艺术界人士,如电影制片人、诗人和其他作家,尤其喜欢他的作品。一批刚刚崭露头角的天才作家,如库尔特·冯内古特、菲利普·罗斯和西尔维娅·普拉斯,都从塞林格的思想和写作风格中获得灵感,从他别出心裁的想象力中深受启发。约翰·厄普代克宣称塞林格的短篇小说使他受益匪浅,他这么说自有他的道理。厄普代克指出:"就像大多数创新艺术家那样,塞林格为无形的现实创造出新的空间。"[13]

1949年,塞林格的小说大量再版,阅读他"无形现实"的读者成倍增加。双日出版公司(Doubleday)在其出版的《1949年精选小说》中收录了《就在与爱斯基摩人开战前》。玛莎·福利编辑的《1949年美国最佳短片小说》则选用了《我认识的一个女孩》。1950年,福利称赞《大笑的男人》是"1949年美国杂志上发表的最杰出的短篇小说之一"[14]。惠特·伯内特在《〈故事〉杂志:40年代小说选》里重印了

《洛伊丝·塔格特漫长的首次亮相》。最让塞林格高兴的是，《纽约客》把《香蕉鱼的完美一天》评为这家杂志十年来发表的最佳作品之一，并在《1940—1950〈纽约客〉55篇小说》中再次刊登了这篇小说。

这些日子里，塞林格感到有些飘飘然，他发现自己很难保持内心的平衡。对于一个重视平衡的人来说，陶醉于成就带来的满足感是个危险的信号，可能会直接损害到他的内在人格。

塞林格总是很在意别人对他的看法。对他而言，别人的意见很重要。因此，他在私人信件和职业通信里的措辞始终小心翼翼，对不同的收信人说不同的话。最重要的是，他担心别人说他自以为是。少年时期和在军队的那几年里，他经常受到此类指责。成年后，自鸣得意成了他最厌恶的标签，他竭尽全力，避免被视为爱慕虚荣的人。然而，塞林格有一种与生俱来的自负，这一方面源于童年时母亲的宠爱，另一方面则出自他后来对理想持之以恒的追求。尽管作家们通常自视甚高并拥有较强的自尊心，但对塞林格来说，要是别人认为他傲慢自大，那就触到了他的痛处。

1949年4月，《下到小船里》在《哈泼斯》杂志上发表，同时附有一篇自传性的"稿件"。两年前，《小姐》杂志要求塞林格提交类似的作家小传，但他没有给。现在他对这种自吹自擂的小传更加鄙视了。虽然《哈泼斯》强迫他删减《下到小船里》,但塞林格并未因此变得顺从,相反,他用聪明的方式表达了自己的反感。他的这篇小传写得草率而又无礼,说明他对这一无聊的要求很不耐烦,对那些热衷于介绍自己的人更是不屑一顾。他承诺:"这一次,我会长话短说,直奔主题。"

> 首先,如果我创办一本杂志,就绝不会开设撰稿人自传这一栏。我很少关心一个作家的出生地、他孩子的姓名、他的工作计划,以及他在爱尔兰叛乱期间因走私枪支(勇敢的流氓!)被捕的日期。[15]

"勇敢的流氓"显然是对欧内斯特·海明威的抨击。他为人自负,喜欢逞强,这是众所周知的。[01]事实上,塞林格借用这篇小传来批评一些作家的虚伪,因为他们总是喜欢推销自己,其中就包括海明威。他用这种方式批评了自己的竞争对手,同时又显得他低调谦逊。为了使读者领悟到这一点,塞林格在文章里特意指出,他确实"谦逊得有点儿过了头"。

---

01 伊丽莎白·默里的女儿格洛丽亚回忆说,在这篇文章问世的几个月前,塞林格曾长篇大论地谈及海明威。那时,塞林格声称,他要多谢海明威没有继续他们之间的关系。

塞林格对自负作家的批评偏离了小传的最初目的,他原本应该在文章里透露生活中的细节,但他仅仅提到了有关他本人的三件事。这三件事很重要,但不是什么新鲜事,他的描述也很简略。他告诉读者:"我已经认真写作十年多了,战争期间我效力于第4师,我几乎总是写年轻人。"

然而,塞林格在这篇小传里还是披露了一些新信息。他承认:"我为几家杂志写过自传,但我说的那些话是不是真的,连我自己都表示怀疑。"这句话倒是真的。一提到他的个人生活,塞林格家族的传统就充分体现出来——对隐私避而不谈。他认为,这种自白来自他人的强迫,所以没必要认真对待。毕竟,他还是那个塞林格,那个年轻时顽皮地伪造入伍申请的人。

将塞林格同意发表的几份小传进行比较,我们就能发现不少矛盾的说法,这都是他蓄意而为。1944年,他在《故事》杂志上声称,父亲曾把他拖到欧洲杀猪。1951年他为《麦田里的守望者》写封面小传时,又把欧洲之行形容为"快乐的旅游年"。同年,接受威廉·麦克斯韦尔的采访时,他又说"他讨厌这趟旅程"。

塞林格在公众形象上展露的不同侧面表明了他如何应对不断提高的声名,他避免透露个人事实。就算这些事实没有坏处,他也尽量不提。除此之外,他还努力表现出谦逊的样子。他为自己辩解说，读者如果关注他的私人生活，就不会重视他的小说。其实，他的谦逊也只体现在工作方面，和他的为人没有什么关系。

1949年的一系列成功，以及与《下到小船里》一起发表的撰稿人小传，这些事件都表明在公众的聚光灯下，塞林格已开始感到局促不安。这年年末又发生了两件事。这两件事本该使他克制自我，提醒他重新思考热切期盼的名誉会带来何种后果。

塞林格与诗人霍滕丝·弗莱克斯纳·金是朋友。金当时正在萨拉·劳伦斯学院教授创意写作。学校位于纽约近郊的富裕小镇布朗克斯维尔，招收的全是女学生。[16]秋季学期开始后，金邀请塞林格为学生做演讲。塞林格接受了，但正如他后来对麦克斯韦尔所说的："我变得非常神秘，满腹经纶。我标记出了所有我崇敬的作家……当一个作家被问及如何写作时，他应该站起来大声说出他热爱的那些作家。"接着，他列举了不少名字。"我爱卡夫卡、福楼拜、托尔斯泰、契诃夫、陀思妥耶夫斯基、普鲁斯特、奥凯西、里尔克、洛尔卡、济慈、兰波、彭斯、艾米莉·勃朗特、简·奥斯汀、亨利·詹姆斯、布莱克、柯尔律治。"

演讲结束后，塞林格感到很尴尬。一旦登上讲台，他就变成了一名表演者，展现出自我陶醉的性格。讲台显然不是一个令他舒服的地方，或者更确切地说，他在演讲时太舒服了，以至于暴露了他人格中不想被外界所知的各个方面。他对麦克斯韦尔说："我很享受那一天，但我再也不想做这种事了。"事实上，这是塞林格第一次也是仅有的一次在公众面前发表演讲。作家们经常利用演说来推销作品，但对塞林格而言，路演和签售活动是他无法接受的。

那年12月，塞林格的名声又给他带来另一件麻烦事。一年前，《康涅狄格州的威格里叔叔》发表后不久，他就把小说的电影摄制权卖给了达里尔·柴纳克，因为好莱坞制片人塞缪尔·高德温准备将其拍成电影。自从1942年写作《瓦里奥尼兄弟》以来，他就一直渴望自己的作品能被搬上大银幕。卖掉《康涅狄格州的威格里叔叔》让他赚了不少钱，也提高了他作品的知名度，这在他的职业生涯里是一项重大的成就。《康涅狄格州的威格里叔叔》很适合改编成戏剧，但要拍成电影的话就太短了，因为小说几乎由对话组成。因此，故事还需增加大量情节才能制作成电影。塞林格很清楚这一点，但他还是把版权卖了出去。此外，在多萝西·奥尔丁的建议下（她也支持出售版权），他答应绝不插手电影制作。这使《康涅狄格州的威格里叔叔》完全落入高德温手中。他立即请来编剧朱利叶斯和菲利普·爱泼斯坦，两人因编写《卡萨布兰卡》而声名大噪，他们在为电影创作剧本的过程中重构了塞林格的故事。

塞林格为何同意别人改写他的作品，这还是个谜。要知道此前只要有人提议改动他的作品，他就会大发雷霆，而当杂志社擅自替换作品的题目时，他简直火冒三丈。1945年，他曾提醒欧内斯特·海明威不要把小说的电影改编权卖给好莱坞。尽管塞林格私下里很喜欢看电影，但在小说中他对电影业一直冷嘲热讽。塞林格为何将《康涅狄格州的威格里叔叔》拱手让给好莱坞？对此只有一种解释：多年来，为了在文学事业上取得成功，他始终不懈奋斗，对成功的追求已经扎根在他心底，成了一种条件反射。

电影版的《康涅狄格州的威格里叔叔》被命名为《我心愚钝》，并于1950年1月21日与观众见面。苏珊·海沃德扮演埃洛伊丝·温格勒，达纳·安德鲁斯扮演沃尔特·格拉斯(影片中这一角色名为沃尔特·德莱塞)。为了参选1950年的奥斯卡奖，1949年12月，电影在纽约和洛杉矶限量上映。就在那时，塞林格才第一次看到好莱坞对他的小说做了什么。

电影开头的几个场景与原著相差无几，一些对话几乎是照搬原文。片中不断重复的台词是"可怜的威格里叔叔"，影片想通过这句话表达同情，但因为说得太过频繁，未能产生预期的效果。接下来，剧情很快就偏离了原著，甚至可以说和原著没多大关系。一开始，埃洛伊丝面带痛苦，神情疲惫，从衣柜里找出了一件褐色、白色相间的旧裙子，看到这件裙子她想起自己曾经是个"好女孩"。随后，这一画面逐渐消失，竖琴伴奏响起，埃洛伊丝开始怀念沃尔特以及她丢失的美德。

如果说好莱坞在拍摄《我心愚钝》时随意篡改了《康涅狄格州的威格里叔叔》，那么这还算是比较客气的说法。影片额外添加了其他人物，比如埃洛伊丝的丈夫卢和她的父母。与原著相反，电影淡化了拉蒙娜这一关键人物。原著的目的是要揭示郊区生活的弊病，呼吁人们审视自我，但经过好莱坞的改编，故事变成了一出多愁善感的爱情剧。《我心愚钝》将拉蒙娜描述为埃洛伊丝和沃尔特的私生子，这一改变一定让作者感到惊讶。在影片里，沃尔特死于一次空军训练事故，并不是因为日本炉子的爆炸而无谓牺牲。沃尔特死后，埃洛伊丝略施小计，抢走了朋友玛丽·简的男友卢，想找个冤大头做拉蒙娜的父亲，否则女儿不免沦为私生子。最后，裙子带来的回忆使埃洛伊丝幡然醒悟，她再次做回"好女孩"，从此大家都过上幸福的生活。

塞林格在惊恐中看完了《我心愚钝》。他讨厌这部电影,但当他把版权卖给柴克纳后,这个故事的改编已不受他控制了。就像在萨拉·劳伦斯学院的演讲那样,他的志向又一次产生了惊人的后果,因此他决心不再重蹈覆辙。长久以来,人们相信,在塞林格的后半生里,他固执己见,不允许自己的任何作品被改成戏剧或电影。但这种假设是错误的,几年后他几乎又犯了在《康涅狄格州的威格里叔叔》一事上犯过的错误,让野心再次占据上风,引诱他与好莱坞合作。

影评家批评《我心愚钝》过于煽情,而塞林格无疑希望观众能渐渐忘了这部电影。然而,事与愿违,影片广受欢迎,苏珊·海沃德凭借埃洛伊丝一角获得奥斯卡提名。同样获得提名的还有该片主题曲,由维克多·杨作曲,至今仍被视为业内典范。

1949年,塞林格在文学上取得巨大成功,实现了他长久以来的梦想。不过,他为《哈泼斯》写的作者小传和他在萨拉·劳伦斯学院所作的演讲都表明,他不愿待在舞台中心。此外,《康涅狄格州的威格里叔叔》的影视化更让他明白,想要受欢迎就要在艺术上有所牺牲,但最终他还是在野心面前败下阵来。

10月,塞林格和小狗本尼已经搬离了斯坦福德市舒适的谷仓工作室,他们的新居坐落于康涅狄格州西港城的老街上。1920年，就在这个小镇上，司各特·菲茨杰拉德开始创作他的小说《美丽与毁灭》。安顿下来后，塞林格称赞他的新家"温暖舒服，适合工作"，是他继续创作那部长篇小说的理想之所。[17]在过去十年里，尚未写完的《麦田里的守望者》一直陪伴着他，他真想赶紧脱稿。但在他投入这项任务之前，他还需要完成另一个未履行的承诺。

1945年，塞林格就决定他的退伍战友们"值得聆听震颤人心的旋律，演奏时既无窘迫也无懊悔"[18]。可以说，这首旋律的开端是《陌生人》，或是《香蕉鱼的完美一天》，之后再加上其他故事。在继续撰长篇小说前，塞林格认为有必要先完成这首曲子。他谱写的最终章就是《致爱丝梅——怀着爱与污浊》。在许多读者看来，这是第二次世界大战期间最优秀的文学作品之一。

塞林格搬去西港时，大概已经写完了《致爱丝梅——怀着爱与污浊》的初稿。但小说被《纽约客》退稿，塞林格不得不再三修改。1950年2月，他告诉格斯·洛布拉诺，故事已经被压缩至6页。[19]这个经编辑后的版本是塞林格最紧凑的作品之一，对细节描写尤为关注，让人想起《香蕉鱼的完美一天》。两个月后，小说在《纽约客》上发表，读者毫不怀疑这是塞林格当时最好的作品。

《致爱丝梅——怀着爱与污浊》的意图是"启迪、教导"[20]。通过这个故事，塞林格希望告诉普通百姓，第二次世界大战在士兵心中留下了挥之不去的伤痛。不过，小说最主要的目的是向战士们致敬，教导他们用爱的力量战胜心底的创伤。这就是那首"震颤人心的旋律"，表达了他对战友的敬意。在创作这个故事时，塞林格充分剖析了自己的人生经历，汲取了只有退伍老兵才能拥有的灵感。

在小说发表的年代里，爱国主义是不容置疑的社会思潮，人们变得越来越循规蹈矩。战争结束已有五年，那些惨痛的经历似乎不再真实，并逐渐从公众的记忆中消失，取而代之的是一种更加浪漫的观念。对于患有创伤后应激障碍的人来说，他们面对的是狼狈不堪的混乱，这种井然有序的浪漫只会令他们无地自容。大多数退伍士兵因为羞愧和误解，无法直接表达精神遭受的创伤。尽管他们每日都在悲痛中苦苦挣扎，但只能选择默默忍受。通过写作《致爱丝梅——怀着爱与污浊》，塞林格第一个站出来，替这些人发声。

《致爱丝梅——怀着爱与污浊》的叙述者看起来很像塞林格本人：一个在欧洲服役的作家，第二次世界大战期间是情报中士。在一番简短介绍后，故事开始于1944年4月的一个雨天，地点是英国德文郡，气氛有些压抑。再过几周就是登陆日了，这是大家心照不宣的事。中士感到分外孤独，焦躁不安，他漫步进城，被一所教堂吸引，孩子们正在里边练习合唱。他听着唱诗班的歌声，注意力集中在一个大约13岁的女孩身上。离开教堂后，他走进附近一家茶室避雨，不久后，两个被雨淋湿的孩子也跑了进来：一个是爱丝梅，就是在教堂里引起他关注的那个女孩，另一个是爱丝梅7岁的弟弟查尔斯。女孩察觉到叙述者的孤独，走上前和他聊天，两人进行了一场既彬彬有礼又发人深省的对话。

爱丝梅和弟弟都是孤儿。他们的母亲刚刚去世（可能死于德国对英国的空袭），父亲在作战时牺牲了。为了怀念父亲，爱丝梅骄傲地佩戴着他那块硕大的军用手表。当爱丝梅提及父亲的死亡时，她用字母拼出了"杀害"一词，而没有直接说出来，为的是避免再次触及查尔斯内心的伤痛。离开茶室前，爱丝梅答应给叙述者写信。作为回报，她要求中士为她写一个关于"污浊"的故事。"污浊"是她最近才体会到的。但是，她要向生活的苦难发起挑战，她决心保持同情心，守护弟弟，不让他陷入痛苦。

故事中的场景快速转移到1945年5月的巴伐利亚。我们被告知，这是故事中"污浊的部分，但也是动人的部分"，不仅场景发生了变化，"人也变了"。现在，叙述者"狡猾地"伪装成"X中士"，和其他士兵一起住在一个被占领的德国民宅里。X所在的房间杂乱无章，十分昏暗，他坐在桌子旁试图阅读，却一点儿也看不进去。这一天，他因精神崩溃到医院里接受治疗。他的牙龈还在流血，双手颤抖，面部抽搐，他对着废纸篓呕吐过后，坐在黑暗之中。X面前放着一堆未拆开的邮件，他顺手从里面抽出一封信，发现是他哥哥从家里寄来的，信上要求他"弄几把刺刀或几个纳粹徽章"来。

X怀着厌恶和绝望之情撕毁了信件。此时，下士克莱（小说中也称为"Z下士"）走进屋，打破了室内的沉默，此人和X是开同一辆吉普车的。克莱身披绶带，别着勋章，不停地打嗝，他对X的精神创伤大放厥词。他说已经写信给女友，告诉她X精神崩溃了，还暗示中士在战前就精神不正常了。

这个令人难以忍受的克莱终于走了，X又独自待在房间里，只有内心的抑郁和一堆没打开的邮件与他做伴。他心不在焉地在邮件堆里翻了翻，取出一个小包裹。包裹里有一封爱丝梅写来的信，还有他父亲的那块手表。她在信中解释道，这款手表"非常防水、防震"，欢迎X中士在"战争期间"佩戴它。在信的结尾，爱丝梅希望X中士能继续和她保持联系，查尔斯也送上了他的问候，他用大写字母写道："你好！你好！你好！……献上爱与吻，查尔斯。"

读完信后，X中士的心怦怦乱跳，这几句简短问候使他想起从前的自己，也证明爱丝梅虽然身处逆境，却用爱保护了查尔斯的天真与纯洁。这些文字孕育着希望，向X表明爱在他的生活中也能无往不胜。X中士收起信，端详了一会儿手表，感到昏昏欲睡，但在此之前他向读者保证，他已经找到力量战胜污浊，重新建立他在战前秉持的价值观。

故事里的主要象征物是爱丝梅父亲的那块手表，它的含义随着情节发展而发生变化。在小说的开头，手表象征着女孩与亡父之间的联系，并使读者关注到战争给爱丝梅带来的不幸。在小说的后半部分，当X中士发现爱丝梅寄来的手表时，这一物件就成了中士本人的象征。他端详手表时注意到，指针已经停止走动，因为"表内的石英晶体在运输途中震碎了"，这显然是在暗指他的情绪状态，而手表"运输"则类比他的战争之旅。X在想，如果手表"没有被送过来，是不是就能完好无损呢"。同时，他也在思考爱是否能抚平创伤。经过一番考量，他终于明白爱确实可以在污浊中生长，他也因此脱胎换骨。

小说最后那几个字表明，X有信心恢复自己的身体机能。另外，这些话也可能象征着手表的节奏。看到这里，读者已经确信，手表只是表面上损坏了。这是塞林格对希望的承认,是他对战友们的安慰和承诺。

写作《致爱丝梅怀着爱与污渍》时,塞林格有必要回顾从前经历过的事情。故事的作者是一名老兵,他和故事叙述者一样承受着创伤性应激障碍,这使故事拥有一定的道德权威。然而,塞林格没有把小说写成个人回忆录,也没有试图让读者注意到他自身的体验。相反,他通过个人的理解赋予小说真实性。对于那些关注塞林格私生活的读者来说,研究作者和人物之间的相似性是件很有诱惑力的事,但以这样的方式研究小说,只会违背小说的写作精神。虽然我们可能从X中士的性格中发现塞林格本人的性格特征,但当时的那些老兵却在这个人物身上看到了自己。

　　作者最深刻的自我表达并非体现在故事的日期、事件或背景里,而展现在他与人物的一致性中。作者与X中士的情感和精神状态相差无几。在茶馆里,爱丝梅关于保持同情心的诺言与塞林格本人的观点遥相呼应。1944年春,当他驻扎在德文郡等待登陆时,也表达过同样的决心,希望对身边人少一些冷漠,多一份同情。[21]和X中士一样,塞林格战后忘记了当年的决定。如今,爱丝梅的话让他重新想起这份决心。如此一来,《致爱丝梅——怀着爱与污浊》也治愈了塞林格本人。

# 9 霍尔顿

1950年4月8日,《纽约客》发表了《致爱丝梅——怀着爱与污浊》。继1948年和1949年作品接连问世后,1949年4月到1951年7月间,塞林格仅有这一部小说见刊。《致爱丝梅——怀着爱与污浊》立即获得成功。读者们读懂了小说所传达的敬意,纷纷给塞林格写信。4月20日,塞林格向格斯·洛布拉诺赞叹道,《致爱丝梅——怀着爱与污浊》发表后,他收到的来信比以往任何时候都多。[1]

所有人都在期待他的下一部作品。然而,在这个公认的事业巅峰期,他没有继续出版其他作品,他要先写完那部心爱的霍尔顿·考尔菲尔德的小说,那就是《麦田里的守望者》。

这项任务十分艰巨。1941年以来,他创作了一个又一个短篇,但各个故事之间缺乏关联,总体上杂乱无章。多年来,他不断丰富手稿,而他的哲学和世界观也发生了改变。1949年年底,他手里的这些故事包含着不同的信息和主题。摆在他面前的挑战是,如何把所有故事串联起来,使其成为一件统一和谐的艺术品。

为了专心写作,塞林格几乎与世隔绝,他认为自己正在创造高雅艺术。为了完成这件艺术品,他有意躲进自己的"倒置森林"里寻求庇护。在写作《麦田里的守望者》时,他进一步探索了禅宗思想,这也强化了上述的自我形象。1950年,他结识了著名作家、禅宗大师铃木大拙,后者将基督教神秘主义融入禅宗思想,与塞林格的观点不谋而合。塞林格相信艺术与灵性有关,禅宗哲学与这一信念结合后使他认为写作就是坐禅。这种想法始于法国战场,当时他把写作当作精神寄托。从那时起,他发现禅宗与他个人的信仰体系完美契合。禅宗有助于缓解他在战后经历的颓唐,使他的作品趋于平衡。

1949年年底,塞林格曾在公众视野中感到不适。此后,他便将写作当成一种冥思形式。考虑到之前他在公众面前的尴尬,这一做法既让他心满意足,也合乎情理。然而,一旦真的这样做了,他又发现冥想状态增加了写作难度。把写作与冥想结合需要远离尘世、全神贯注,塞林格一旦接受了这种形式,就开始认为大众的喧嚣和自己的名声阻碍了写作和祈祷。因此,他把西港城变成了个人的修道院和避难所。在这里,他希望把霍尔顿·考尔菲尔德的故事连缀成书。

1961年,《时代》杂志报道说,为了写《麦田里的守望者》,塞林格把自己关在"第三大道高架铁路附近的干燥箱里",对自己施予某种监禁。[2]文章写道:"他把自己锁在里面,一边绞尽脑汁地写作,一边让饭店送来三明治和利马豆。"[3]《时代》杂志的描述可谓异想天开,不太现实。塞林格有时会感到孤独，虽然在必要时他选择去西港隐居，但他依然不愿远离纽约，因为这座城市里住着他的亲人和朋友。而文章中提到的"干燥箱"可能是指《纽约客》的一间办公室，该杂志经常为撰稿人提供工作场所。1950年夏天，塞林格就利用了这一优势，据说他使用了一间编辑办公室（当时编辑们都已外出度假），在那里写作《麦田里的守望者》。

即使在康涅狄格州，塞林格也不是孑然一身，小狗本尼"陪伴着他，逗他开心"[4]。塞林格非常喜欢这只雪纳瑞犬。一说到本尼，他就像骄傲的父母在谈论自己的独生子。从德国到康涅狄格，他们共同经历了悲欢离合，似乎只有本尼才理解他的主人。塞林格说："你不需要花时间跟狗解释，哪怕只说一个单音节的词；要是对着人说，恐怕就得用打字机才能讲得清楚。"[5]

尽管塞林格可能将写作视为精神修行，但他从事写作时并没有纯粹的信念。定居西港后，他就全身心地投入创作，还为小说找好了出版商。1949年秋，哈考特-布雷斯公司的编辑罗伯特·吉鲁请《纽约客》杂志社转交给塞林格一封信，希望出版他的短篇小说集。吉鲁没有收到塞林格的回信，但在11月或12月，塞林格本人出人意料地出现在他的办公室里。根据吉鲁的说法，塞林格尚未准备好出版一部短篇小说集,但他提出的建议却更诱人。

> 接待员打来电话,说塞林格先生要见我。随后,一个身材高挑、愁容满面的男人走了进来。他的脸长长的,有一双深陷的黑眼睛,他对我说:"我的那些短篇小说不着急出版,应该先出版我正在写的长篇小说。"[6]

吉鲁既高兴又惊讶。鉴于塞林格近来取得的成功,吉鲁认为全美所有的出版商都想与他合作。他热切地做出承诺,只等塞林格写完小说就立即安排出版。两人握手,以示达成协议。离开吉鲁的办公室后,塞林格觉得一身轻松,他无须再费心寻找出版商,终于可以一心一意地写这本书了。

1950年8月,《麦田里的守望者》即将脱稿。这时,又有人找上门来。18日,英国哈米什·汉密尔顿出版公司联系上塞林格。出版社创始人杰米·汉密尔顿在《世界评论》上读到了《致爱丝梅——怀着爱与污浊》,赞不绝口。他亲自写信给塞林格,说他在"未来几年内"都无法忘怀《致爱丝梅——怀着爱与污浊》,还询问塞林格短篇小说在英国的版权归属。[7]和吉鲁一样,汉密尔顿曾设想为塞林格出版短篇小说集，然而塞林格送上的却是《麦田里的守望者》的英国版权。

在未来的岁月里，杰米·汉密尔顿将在塞林格的生活中扮演重要角色。他和《纽约客》创始人哈罗德·罗斯一起，填补了惠特·伯内特离开后留下的空白。就汉密尔顿而言，这种比较暗含着苦涩的讽刺意味。但对于即将完成《麦田里的守望者》的塞林格来说，汉密尔顿和罗斯是他当时最喜欢的两个人，也是他在专业方面最敬重的两个人。

乍一看，哈罗德·罗斯与杰米·汉密尔顿非常相似。两人都是白手起家，在文坛建立起备受推崇的事业。1925年，罗斯在曼哈顿东区的公寓里创办《纽约客》。此后，该杂志强势发展，最终成为美国最富盛名的文学期刊。1931年，杰米·汉密尔顿成立哈米什·汉密尔顿出版公司（他为自己的苏格兰血统感到自豪，所以在为公司命名时使用了他的凯尔特名字"哈米什"，没有用英语名"詹姆斯"）。他的编辑才华和性格魅力很快使哈米什·汉密尔顿成为英国最具创新力的出版社之一。两人都非常重视自己麾下的作家，因此吸引了一批最优秀的人才。然而，罗斯和杰米实际上是两种截然不同的人，塞林格被他们吸引的原因也各有不同。

哈罗德·罗斯对作家异常宽容，许多作家都成了他亲密的朋友。抛开罗斯性格里好斗的一面，塞林格将他描述为"优秀、敏捷、直觉敏锐、孩童般的人"[8]。罗斯最吸引塞林格的特质就是他身上的孩子气，无论肩负着多么沉重的责任，他都能保持童心。

塞林格与汉密尔顿的联系则是不可避免的事。他们都具有强烈的个性，就好像同一匹布上裁下来的两块布料。汉密尔顿曾经是参加过奥运会的运动员，他既争强好胜又坚忍不拔。他是一个情绪化的人，不喜欢批评家把世界划分成"我们"和"他们"。如果他认为有人冤枉了他，他就会和对方一刀两断，甚至拒绝与对方进入同一间房。最重要的是，汉密尔顿和塞林格都胸怀大志。这样的人往往会因为共同点而走到一起，但这两人也许太过相似了，一个人的雄心最终将与另一个人的雄心发生冲突。

…………

1950年秋，塞林格完成了《麦田里的守望者》，他花了一年时间创作这部小说。这一成就如同一次宣泄，将自白、净化、祈祷和启蒙都包含在同一个声音里。这个声音如此独特，以至于最终改变了美国文化。这部小说不仅辑录了作者的回忆，也不仅述说了少年的忧虑，它是对塞林格生活的一次涤荡。在作者成年后的大部分岁月里，霍尔顿·考尔菲尔德以及那一系列描绘他的作品，不离不弃地陪伴着塞林格。对塞林格来说，这些书页弥足珍贵，即使在战争期间他也一直随身携带。1944年，他向惠特·伯内特坦白说，他需要这些故事的支持，需要从中获取灵感。《麦田里的守望者》部分书稿曾在诺曼底海滩上登陆，在巴黎街道上游行，在无数地方目睹了无数士兵的死亡，也曾穿过纳粹德国的死亡营。而现在，在康涅狄格州西港城的庇护所里，塞林格在小说的最后一章中写下最后一行字。他放下笔，如释重负，把手稿寄给哈考特–布雷斯出版公司的罗伯特·吉鲁，小说副本则由多萝西·奥尔丁寄给哈米什·汉密尔顿出版公司的杰米·汉密尔顿。

当吉鲁收到手稿时，他认为"这是一部了不起的书，能够成为这本书的编辑是件幸运的事"。他确信小说会取得成功，但后来承认"他从没想过这本书能畅销一时"。吉鲁相信小说不同凡响，而且他与塞林格已通过握手达成口头协议，于是他把《麦田里的守望者》寄给了哈考特–布雷斯出版公司的副总裁尤金·雷纳尔。

雷纳尔审阅手稿后，吉鲁清楚地意识到出版社不会承认他与塞林格的口头协议。更严重的是，雷纳尔显然没读懂这部小说。

> 直到他（雷纳尔）看完我才发现麻烦大了。他问我："霍尔顿·考尔菲尔德是个疯子吗？"他还说，他已经

把打印稿送去给我们的一个教材编辑阅览了。我说："教材？和这本书有什么关系吗？"他回答道："写的是一个预科生，不是吗？"教材编辑的报告是否定的，出版一事就这样结束了。[9]

吉鲁用最糟糕的方式向塞林格透露了这一消息——他请这位作家共进午餐。他羞愧地说，出版社想让塞林格重写这部书。在塞林格眼中，这个场景无疑重演了伯内特和《年轻人》小说集的那段噩梦。午餐期间，他尽力克制自己的愤怒(吉鲁还带了另一个同事给他壮胆)。回家后，他立刻打电话给出版社，将小说要了回来。他哀叹道："这些混蛋！"[10]

伦敦这边也有麻烦，杰米·汉密尔顿对出版《麦田里的守望者》持保留态度。他认为，这份手稿非常出色，但他担心出版此书可能要承担职业风险。他本人有一半美国血统，能容忍小说中使用的俚语，但他觉得英国人无法接受霍尔顿·考尔菲尔德的说话风格。汉密尔顿向一个同事表达了他的担忧。

> 我认为塞林格才华横溢，这是他的第一部长篇小说，读起来十分有趣，但我不确定美国少年使用的习语能否吸引英国读者。[11]

最终，汉密尔顿的直觉占了上风，他在英国出版了《麦田里的守望者》。而在美国，多萝西·奥尔丁将《麦田里的守望者》的书稿寄给利特尔-布朗出版公司的小说编辑约翰·伍德伯恩。伍德伯恩迷上了这本书，随后利特尔-布朗公司立即将小说据为己有。

塞林格先后经历了哈米什·汉密尔顿造成的忧虑和哈考特-布雷斯出版公司带来的震惊，现在他终于安心了。但他的小说还将遭受最后一次打击，而这次打击的实施者正是和他最贴心的那家杂志社。1950年年底，多萝西·奥尔丁将《麦田里的守望者》送到《纽约客》编辑部，这本书是塞林格献给《纽约客》的礼物，感谢杂志社对他长期以来的支持。他打算让《纽约客》选取部分章节进行发表，以骄傲的姿态证明他的才华，他也相信杂志社会热情地接受这部小说。

1951年1月25日，塞林格从格斯·洛布拉诺那里收到了《纽约客》的答复。根据洛布拉诺的说法，他已读过《麦田里的守望者》的手稿，此外至少还有另一名编辑也参与了审稿，这个人可能是威廉·麦克斯韦尔。[01]结果是，两人都不喜欢这个故事。他们认为书中的人物不可信，尤其是

---

[01] 洛布拉诺没有透露另一位编辑的身份。然而，小说写完后，塞林格曾亲自将其内容读给朋友威廉·麦克斯韦尔听，所以麦克斯韦尔不太可能当着塞林格的面表示否定。

考尔菲尔德家的那些孩子,他们太早熟了。在编辑们看来,"一个家庭(考尔菲尔德家族)有四个与众不同的孩子……这件事不太合理"。因此,《纽约客》一个字都没发表。[12]

除了就小说提出意见,洛布拉诺还在信中评论了塞林格的写作风格。塞林格写完《麦田里的守望者》后又立即写了一个短篇,题为《歌剧魅影的安魂曲》(*Requiem for the Phantom of the Opera*)。在这封否决《麦田里的守望者》的信里,洛布拉诺显然也不看好这个短篇。洛布拉诺认为,塞林格刚写完《麦田里的守望者》就创作《安魂曲》,这有点操之过急。他写道:"我想知道,你是否仍被囚禁在那部长篇小说的情绪甚至场景里。"他批评《安魂曲》"太过注重写作技巧和自我表达",他还提醒塞林格,《纽约客》对任何表现出"作家意识"的故事都不以为然。

《纽约客》拒绝了《麦田里的守望者》,这自然令塞林格伤心,但他似乎认真思考了洛布拉诺的批评。也许是为了回应编辑关于"作家意识"的训导,塞林格在宣传和出版方面采取了一种新的态度,这种态度更加符合《纽约客》所提倡的作者和作品之间建立"适当"关系的概念。这家杂志宣扬的文学哲学是抬高作品,贬低作者。如果作者在故事中的存在感太强,就可以认为他(她)无视了该杂志有关"作者意识"的信条。在这家杂志看来,任何文学上的赞美都该归属于《纽约客》。在《纽约客》上发表的故事都要按照《纽约客》的风格来写。

然而,《麦田里的守望者》不是《纽约客》式的作品。这本书从十年前就开始构思,认识塞林格的人都能清楚地看到作者在书中留下的个人印记。但对洛布拉诺来说,这种写法体现了作者的骄傲自大。他退回《安魂曲》,并批评《麦田里的守望者》,大概就是为了说明这一点。《纽约客》没有注意到的是,《麦田里的守望者》有一种非凡的本领,它能与读者展开非常私密的对话,使作者的身影烟消云散。塞林格并不打算改写《麦田里的守望者》来取悦洛布拉诺,但这封信也许令他心生疑虑,促使他更加努力地效仿《纽约客》的文学哲学,毕竟他对这本杂志依然怀有无限敬意。

更重要的是,这种哲学也符合塞林格的禅宗信仰。1950年和1951年年初,他正奉行禅理,将超脱自我作为冥思的一大要素。如果此时的塞林格确实将写作等同于冥思,那么他一定会回避因《麦田里的守望者》而产生的个人宣传。自我推销——不仅显得自命不凡或违反《纽约客》的哲学——也是对他信仰的亵渎。自我宣传就好比特意赞扬经文的作者,与冥思的目的背道而驰。然而,塞林格已经将自己融入小说的每一页中。因此,当他想要寻求一种匿名状态时，他发现这几乎是办不到的。

超脱自我并不意味着他对新书出版的方式全然不顾。他不想让那些名不见经传的编辑随意处置《麦田里的守望者》，他也不允许编辑们为了利益而挑战他的个人信念。在避开公众注意力的同时，他还希望掌控小说出版的各个环节。尽管《纽约客》杂志可能知晓何谓协商、何谓作家意识，但利特尔-布朗公司显然一无所知。从1950年年底该公司同意出版《麦田里的守望者》到1951年7月正式出书，塞林格和他的出版商之间发生了一系列事件。为了使小说获得成功，塞林格似乎拼尽了全力。他与新美国图书馆出版公司的谈判就是个很好的例子，展现了他如何与出版商周旋。

新美国图书馆公司受利特尔-布朗公司委托，负责出版《麦田里的守望者》的平装版。公司请来著名艺术家詹姆斯·阿瓦蒂设计小说封面。在他设计的封面上，霍尔顿·考尔菲尔德戴着那顶红色猎人帽，但塞林格讨厌这个形象。这让他想起"《星期六邮报》的艳丽插图"，多年前他的作品还得和这些插图争夺版面。他自己设想的封面是菲比·考尔菲尔德满怀渴望地注视着中央公园的旋转木马。在他看来，这一画面庄严高尚。阿瓦蒂说："这是个好主意，但没有展现小说的精髓。"事实上，艺术家和出版商都被塞林格激怒了,因为他拒绝接受他们提出的每一个想法。最后,阿瓦蒂坚持己见。

> 我问他:"我能和你谈谈吗?"我们走进隔壁的一间小办公室。然后我告诉他:"这些家伙知道怎么卖书,为什么不放手让他们去干呢?"最后他说,好的。[13]

塞林格也许同意了阿瓦蒂的封面设计,但在出书一事上,他的态度可不是"好的"那么简单。比如,针对《麦田里的守望者》的精装本设计,塞林格与出版商又差点儿吵起来,幸好利特尔-布朗公司足够机灵,他们最终选择了迈克尔·米切尔的插图。米切尔是塞林格在斯坦福德市结交的朋友,如今也住在西港城。这一次,塞林格对出版商选择的画家十分满意。当然,米切尔的设计也不负塞林格所望,她的插画以非写实的手法描绘了一匹愤怒的红马,生动表达了小说的隽永,至今仍然是这本书的象征。

正当特里尔-布朗公司把小说送去排版时,塞林格打电话给约翰·伍德伯恩,要求他们不要将宣传用的样书寄给书评家或记者。在新书出版前提前分发样本是出版界的惯例,塞林格的要求令伍德伯恩目瞪口呆。他指出,分发样本是为了宣传该书，但塞林格告诉他，他不想要任何宣传。此外，他对利特尔-布朗公司的设计也颇有微词，他要求公司把自己的照片从封底上移除。塞林格说，照片实在太大了。[01]

伍德伯恩对这些要求既感震惊又觉懊恼，只好求助于公司副总裁D.安格斯·卡姆伦。他解释了当前的情况并请求帮助。卡姆伦立即离开波士顿前往纽约，与塞林格会面。他质问道："你想出版这本书还是仅仅印刷出来？"塞林格压下他心中的怨气，同意利特尔-布朗公司分发样书。伍德伯恩因为这件事将卡姆伦牵扯进来，他很快会发现，这是要付出代价的。

1951年3月，塞林格在与利特尔-布朗公司斗智斗勇的时候，第一次见到了吉米·汉密尔顿。这位出版商携妻子伊冯娜来到纽约，与他的美国作家见面。他与塞林格一拍即合，汉密尔顿给塞林格留下了深刻印象。他答应满足塞林格的愿望，这一点令塞林格深感宽慰。他与伍德伯恩的对峙还在持续，因此这次会面让他觉得汉密尔顿才是那个能公正对待他小说的编辑。回到英国后，汉密尔顿又寄给

---

[01] 《麦田里的守望者》背面的那张塞林格照片是著名摄影师洛蒂·雅各比拍摄的两张照片之一。不知为何，这张照片印到护封上时上下颠倒了。有人问雅各比，塞林格坐在那儿拍照时表现如何，雅各比说她觉得塞林格"挺有趣的"。

他几本书作为礼物，写了一封讨好他的信。这些举动令塞林格欢欣鼓舞，他确信自己不仅找到了一个值得尊敬的编辑，还找到了一个志同道合的朋友。

自1950年年末以来，塞林格就一直在为《麦田里的守望者》的出版做准备。出书的每个步骤——宣传、排版、校样、发布——都历经坎坷。4月，他发现自己被卷入小说出版前的混乱之中，这是他所不齿的。幻想破灭，他感到越来越不自在，只盼着这一过程赶紧结束。

4月初的一天，塞林格正在西港城洗车，电话突然响了。这电话来得真不巧，他有些恼怒地冲进屋子，跑上楼梯去接电话。电话的那一头是兴奋的伍德伯恩，他问道："你坐下来了吗？"塞林格手上都是水，喘得上气不接下气。伍德伯恩告诉他，每月一书俱乐部收到《麦田里的守望者》的清样后，已经选中这本书，决定在夏季发行。被他们选中意味着小说能一炮而红，这是绝无仅有的宣传。塞林格从没指望靠这部小说赚大钱，他担心与每月一书俱乐部的这笔交易会延迟小说的发行，使他承受更长时间的压力。他问道："这会耽误出版，不是吗？"[14]伍德伯恩没料到塞林格会如此回复，他简直不知道如何与塞林格打交道，也不知道怎么理解塞林格的回复。伍德伯恩没有重视塞林格对此事的反应，还把他们的对话告诉了其他专栏作家。

后来，塞林格发现他们的谈话内容竟然见诸报端，不禁大为恼怒。他对杰米·汉密尔顿说，在伍德伯恩的转述里，"我像是一个自鸣得意的人"。在塞林格看来，伍德伯恩犯了不可饶恕的罪行。[01]

一时间，利特尔-布朗公司似乎真的要把《麦田里的守望者》的发行再推迟几个月，以便服从每月一书俱乐部的安排。最终，利特尔-布朗公司决定在7月中旬出版该小说。与此同时，每月一书俱乐部的编辑们又因小说名遇上了麻烦。他们要求塞林格更改书名，塞林格对此非常气愤。他拒绝改名，坚持说霍尔顿·考尔菲尔德不会同意他这么做，于是此事便不了了之。[15]

至此，塞林格已经忍受了出书过程中他所能忍受的一切，他决定最好还是让自己远离目前的处境。他突然计划逃离美国。小说出版时，他不想待在国内，他自然而然地想去找杰米·汉密尔顿，所以买了一张伊丽莎白女王号远洋客轮的船票，目的地是英国南安普顿港。

此时，塞林格的前导师惠特·伯内特正怀着病态的嫉妒监视着事态的发展。他看到《麦田里的守望者》被每月一书俱乐部接收，这进一步确保了小说的成功，因此他

---

**01**　这段插曲激怒了塞林格。直到12月11日，距离那通电话已经过去八个月了，他才与伍德伯恩再次接触。

对利特尔-布朗出版公司的愤怒也变得更加强烈。当他读到《麦田里的守望者》的宣传样书时——这本书本该属于他——已火冒三丈。4月6日，他给利特尔-布朗出版公司的宣传部写信，指责出版商忽视了他对塞林格写作事业的贡献，激愤之情跃然纸上。

> 我想用抗议的方式提请贵公司注意，不要用不正确的方法宣传我的朋友，他是《故事》杂志挖掘的年轻作家，他的第一个故事是由我编辑、发表并赞助的……贵公司的宣传部说："他以前只写过四部短篇小说，都发表在《纽约客》上。"这纯属无稽之谈。我曾在《故事》杂志上刊发过塞林格先生的多个短篇。他的第一篇小说也是《故事》发表的，在此之前，他就读于哥伦比亚大学，是我的一名学生。[16]

接着，伯内特罗列了他为塞林格发表的每一篇小说，以及在《故事》杂志上发表过作品的其他作家。伯内特总结道："希望你们在今后的宣传中避免此类错误。"值得赞扬的是，伯内特很快就收到了利特尔-布朗公司的致歉信，书信由D. 安格斯·卡姆伦亲自撰写，表达了恭谨而诚挚的歉意。[17]但伤害已经造成，伯内特不仅得不到他垂涎已久的小说，就连与它相关的任何好处都占不到。

…………

5月8日星期二，塞林格动身前往英国，急于避开小说出版带来的混乱。他知道《麦田里的守望者》是他迄今为止最优秀的作品。然而，他虽然对小说质量充满信心，却无法忍受宣传人员的廉价推销和评论家的详细剖析。他原本的计划是趁着《麦田里的守望者》在美国发行时，好好游览一番英伦群岛。这次旅行无须规划，也许会持续一段时间。等小说在英国发行时，他就结束旅行返回纽约，他预计那时这本书引发的骚动已经逐渐消退。塞林格登上伊丽莎白女王号的时候还没有意识到，他的余生将面临无止境的关注，等待他的是一场漫长的逃离之旅，而这次出走只是第一步。

在南安普顿上岸后，塞林格直奔出版商的编辑部。汉密尔顿把塞林格抵达伦敦视作胜利者的降临。他送给作家一本特制版的伊萨克·丹森的《走出非洲》，在《麦田里的守望者》中霍尔顿非常喜欢这本书，他还送了一本英国版的《麦田里的守望者》。塞林格感到很满意，英国版小说的封面色彩柔和，正是他所喜欢的风格。书名和作者名显得十分雅致，背景是红白相间的麦田，没有照片也没有作者简介。

汉密尔顿每晚都带着塞林格外出，凡是伦敦西区还算不错的戏他们都去看过。[18]在某次外出时，塞林格第一次体验到因《麦田里的守望者》的出版带来的不适。汉密尔顿请塞林格观看戏剧，他挑选了两部关于克莉奥佩特拉的戏（威廉·莎士比亚的《安东尼与克莉奥佩特拉》和萧伯纳的《凯撒和克莉奥佩特拉》），主演是传奇演员劳伦斯·奥利弗爵士和他的妻子费雯·丽。奥利弗夫妇是汉密尔顿的好朋友，他选择这两部剧就是为了给塞林格留下深刻印象。演出结束后，奥利弗夫妇邀请汉密尔顿一行人来到位于切尔西的家中共进晚餐。虽然塞林格承认他度过了一个"华丽而优雅的夜晚"，但他也感到局促不安。在《麦田里的守望者》中，霍尔顿·考尔菲尔德看过奥利弗1948年主演的电影《哈姆雷特》，他对这位演员的表现颇有怨言。霍尔顿发牢骚说："我真不明白劳伦斯·奥利弗爵士有什么了不起的。他太像一个将军，而不是一个悲伤的、神经质的家伙。"[19]换句话说，霍尔顿认为奥利弗是个"伪君子"。但此刻的塞林格不得不吃完这顿饭，还要和他在小说中大肆谴责的对象相互寒暄。夜色渐深，塞林格越来越觉得自己才是伪君子。回到家后，这件事依然困扰着他，于是他给汉密尔顿写了一封长信（汉密尔顿读过《麦田里的守望者》，一开始就该有所察觉）。他解释说，他和霍尔顿的观点不同，他认为奥利弗的表演是真诚的。他请汉密尔顿把他的感想和歉意转达给奥利弗。[01]汉密尔顿依言行事。不久,塞林格从演员那里收到了一封彬彬有礼的回信。[20]

在伦敦时,塞林格购置了一辆希尔曼小轿车,以便他游历英伦三岛。由于事先没有规划行程,他便随意驾车漫游,穿越了英格兰和苏格兰,还去了爱尔兰以及苏格兰的赫布里底群岛。沿途的风光令他如痴如醉,他寄出的书信和明信片里闪烁着热情和孩童般的喜悦。在埃文河畔的斯特拉特福,他在剧院门前驻足,不知该向莎士比亚致敬呢,还是和一个年轻女士一起划船。最终,这位女子胜出了。在牛津,他参加了基督教堂的晚祷。在约克郡,他发誓说亲眼看见勃朗特姐妹从荒原上跑过。他喜欢都柏林,但他最爱的是苏格兰,他还曾写信说想在苏格兰定居。[21]

在英国待了七周后,塞林格还是按捺不住内心的期待,他想知道他的书出版时会是何种情况,因此他决定及时回国,赶上《麦田里的守望者》在美国的首次发行。回到伦敦,他与杰米·汉密尔顿再次见面,买了一张回纽约的一等舱船票。7月5日,他在南安普顿港登上毛里塔尼亚号,7月11日晚到家,此时距离他的小说出版还有五天。[22]他不

---

**01** 虽然塞林格与奥利弗见面时确实很不自在,但他的解释却姗姗来迟。在从英国寄回家里的信中,他曾提及这次相遇,言语间显得颇为得意。直到他回到家后,得知奥利弗夫妇正计划访问纽约,还要见他,他才写了这封道歉信。

是一个人回来的，他把那辆希尔曼小轿车也运了回来。

…………

1951年7月16日，《麦田里的守望者》在美国和加拿大同时发行。鉴于《致爱丝梅——怀着爱与污浊》取得的成功，公众对新书满怀期待。评论性文章陆续出现，对小说的评价超出了大众预期。《麦田里的守望者》引发的强烈反响表明，这本书对公众造成的影响比塞林格期望的更大，但这一阵势也令他难以招架。

《时代》杂志借着探讨《致爱丝梅——怀着爱与污浊》，发表了一篇评论《麦田里的守望者》的文章，题为《怀着爱和20-20的视力》。文章赞扬小说具有深度，将作者与林·拉德纳相提并论(这让塞林格很高兴)，并评价说："《麦田里的守望者》给予我们的最大馈赠是小说家塞林格本人。"[23]《纽约时报》称赞《麦田里的守望者》"精彩绝伦"，《星期六评论》称赞小说"非同凡响，引人入胜"。在西海岸，《旧金山纪事报》证实，这本书是"一流的文学作品"。最令塞林格感到满意的是，尽管《纽约客》的评论家们最初对《麦田里的守望者》持保留态度，但现在他们认为小说"精彩、有趣"而且"很有意义"。[01]

---

**01**　《纽约客》利用《麦田里的守望者》的宣传效应，在小说出版前两天发表了塞林格写于1948年的短篇《美唇碧眼》(*Pretty Mouth and Green My Eyes*)。

当然，也有不太好的评论，但数量不多，通常都在小说的语言和习语使用方面挑毛病。小说里的脏话使一些评论家大为不快，因为霍尔顿总是把"该死的"挂在嘴边，尤其是那句"你他妈的"，更惹恼了一些人。在1951年，对于任何一部小说而言，这都是令人震惊的咒骂，因此《天主教世界》和《基督教科学箴言》的评论也不足为奇，他们都批评这种语言"粗俗"且"令人反感"。《纽约先驱论坛报》宣称，这部小说"把这些脏话重复了一遍又一遍，就像在念咒……毫不在乎地说着污言秽语"。

7月15日，《纽约时报》的詹姆斯·斯特恩模仿霍尔顿·考尔菲尔德，发表了一篇挺机灵的文章，题目是《啊，这个破烂的世界》。这篇文章用霍尔顿的语气描写了一个名叫赫尔加的女孩，她在读完《致爱丝梅——怀着爱与污浊》后兴奋不已，一口气看完了塞林格的新书。虽然这篇文章似乎在嘲讽塞林格以及他的写作风格，但在结尾部分，赫尔加"又把这本疯狂的《麦田里的守望者》读了一遍"，并指出，"这总是个好兆头"[24]。

《麦田里的守望者》很快登上《纽约时报》畅销书排行榜，并连续七个月进入该榜单，8月更是排到了第4位。《麦田里的守望者》之所以受人欢迎，每月一书俱乐部功不可没。他们在千家万户的门口分发此书，使该小说的读者成倍增长,也确保塞林格在国内成了家喻户晓的人物。

每月一书俱乐部发行的《麦田里的守望者》上印着那张塞林格非常讨厌的大照片,还附有长篇作者简介。塞林格同意接受采访,是因为采访由《纽约客》编辑威廉·麦克斯韦尔主持,塞林格相信这位朋友能以最友善的方式介绍他。不过,和之前的采访一样,他尽量不透露个人信息。

简介提到了塞林格的童年、服役经历,以及他的重要作品——毫无疑问,这包括他在《纽约客》上发表的故事。简介还详述了塞林格的职业精神。据麦克斯韦尔所说,塞林格在"写作技巧层面,投入了无限劳动、无限耐心和无限思想,虽然在最终稿中,这些东西没有得到体现"。他还补充说:"这类作家死后会直接上天堂,而他们的作品不会被人遗忘。"简介最后引用了塞林格的自评,他故作谦虚地说,写作"带来的回报很少,如果有的话,当它到来时,必定十分美丽"[25]。

最重要的是,麦克斯韦尔的采访强调了作者与纽约市的联系,着重提到小说中与霍尔顿相关的地方。麦克斯韦尔描述了塞林格经常去的中央公园、公园里的潟湖、他从寄宿学校回家时打车离开的中央火车站。通过这番类比,人们注意到了塞林格与霍尔顿的相似之处。从宣传角度来看,这一做法非常聪明。但是,如果作者不希望读者将他视为小说的主角，那么麦克斯韦尔的采访就违背了作者的意图。在这篇小传中，塞林格将自己与霍尔顿紧密联系在一起，这激发了读者对他本人的强烈兴趣。塞林格向来注重保护个人隐私，他为何没想到这篇采访会产生相反的效果，此事至今仍是个谜。

麦克斯韦尔在简介中写道，塞林格"现在住在康涅狄格州西港城的一所出租房里，有一只名为本尼的雪纳瑞犬陪伴他、和他玩耍。他说本尼非常喜欢取悦别人，而且一直都是这样"。麦克斯韦尔披露的这些细节一定让塞林格很紧张。因为西港城地方不大，毫无疑问，塞林格担心读者会找上门来，他们只需寻找一个瘦高的年轻人（他的容貌可以从小说封面上认出来），牵着一只雪纳瑞犬。从英国返回后，塞林格没有回到西港城。虽然他已回家，却还在逃离的路上。

…………

读过《麦田里的守望者》的人常常发现，他们的人生因此书而发生改变。这部小说也将改变美国文化的发展轨迹，塑造几代美国人的心灵。小说一开始，塞林格就将读者带入霍尔顿·考尔菲尔德那特立独行、无拘无束的现实中，他漫游的思想、情感和记忆构成了美国文学史上真正的意识流经验。从小说第一页就可以看出，霍尔顿的叙述打破了时间顺序。小说第一句话由63个单词组成,第一段的长度超过了一页纸,这都与传统文学大相径庭。通过这个开篇,塞林格已然在提醒读者,一段独特的旅程即将开始。

尽管《麦田里的守望者》毫不因循守旧,但它继承了自查尔斯·狄更斯开始的文学传统,这一传统后来被马克·吐温接受,熔铸于美国文化之中。[01]作为《大卫·科波菲尔》和《哈克贝利·菲恩历险记》的继承者,《麦田里的守望者》继续通过少年的视角来观察人类,其使用的语言也与叙事者的位置和年龄相吻合。小说反复引用纽约街头所说的俚语,因而遭到一些评论家的抨击,但他们没有发觉,这些俚语中还隐藏着微妙的暗讽。

阅读《麦田里的守望者》时,我们还能感受到其他作家的影响,这让人想起塞林格曾相信,他在1944年从海明威那里继承了一笔文学遗产。霍尔顿·考尔菲尔德的叙述风格源于海明威1923年的小说《我的老头儿》,从海明威的

---

[01] 霍尔顿在第一章里提到了狄更斯的《大卫·科波菲尔》(David Copperfield),也许传递了某种次要信息。在这部狄更斯小说的第一章里,科波菲尔出生于胎膜中。胎膜就是裹在新生儿身体周围的那层薄膜。人们在分析霍尔顿·考尔菲尔德的名字时,经常考虑到这一点。"caul"(胎膜)和"field"都与科波菲尔有关,"Holden"和"Hold on"(托住)发音相近,研究者们对此类解释十分满意,认为两者存在关联。然而,塞林格首次提到霍尔顿·考尔菲尔德这个名字是在1941年,比他构想出一片麦田要早上好几年。这一日期也排除了另一种假设:有人认为塞林格将演员威廉·霍尔顿与琼·考尔菲尔德的名字合二为一,创造了小说主人公的名字。但琼·考尔菲尔德的事业直到1945年才开始起步。

这部小说里则能看到舍伍德·安德森作品的身影，尤其是他1920年发表的小说《我想知道为什么》。从本质上说，《麦田里的守望者》把三代伟大的美国作家联系到了一起。

故事开始时，霍尔顿正在加利福尼亚的一家医院里。他讲述了上一年12月间发生的一连串事件，这些事历时仅仅三天，最终导致他生病住院。霍尔顿的叙述开始于一个星期六的下午，他当时还在潘西预科中学读书。这所学校位于宾夕法尼亚州的埃吉斯镇，实行寄宿制。霍尔顿成绩很差，除了英语，其他科目都不及格，所以校方开除了他，让他过完圣诞假期后不必返校。小说开篇就将霍尔顿描述为一个弃儿。他独自站在汤姆逊山顶上，与同学们分离，从远处注视着他们，用独白的形式表达自己对周围这个虚伪世界的疏离和厌恶。从第一个场景开始，读者就意识到霍尔顿·考尔菲尔德是个心烦意乱的少年。

接着，霍尔顿介绍了许多同学和老师，其中包括可怜的罗伯特·阿克利和霍尔顿那专注自我的室友沃德·斯特拉雷德。和斯特拉雷德约会的女孩叫简·加拉格尔，她是霍尔顿儿时的伙伴，霍尔顿将她的纯真视为理想。

霍尔顿·考尔菲尔德是个充满矛盾的人物。就连他的外貌特征也与他的性格完全相反。16岁的他还处在青春期，尚未成年，内心总是被相互矛盾的情绪搅乱。霍尔顿最突出的矛盾体现在他对"虚伪"的谴责上。他一边痛斥虚伪，一边沉迷于捏造和伪装，最后不得不称自己是"最大的骗子"。这种明显的自我矛盾有时会惹恼读者，他们倾向于寻找人物身上显而易见的品质，所以能一眼看穿霍尔顿的虚伪，并对此大加批判。他的这些矛盾起到多重作用，作者通过描绘霍尔顿的反复无常赋予人物真实感和复杂性，使其贴近现实生活。这些矛盾还彰显了青春期的一些特性。在另一个层面上，霍尔顿的矛盾也反映了《麦田里的守望者》在结构上的平衡。

在斯特拉雷德与简·加拉格尔约会前，他强迫霍尔顿为他写了篇作文。霍尔顿写的是一只棒球手套，上面写满了诗，这只手套曾经属于他弟弟艾里。他一边写一边向读者描述10岁的艾里，并说明弟弟在三年前因白血病而死。尽管他讲述的方式近乎冷漠，但这段文字却发人深思。只有读到这里，读者才开始理解霍尔顿到底有多痛苦。他所有的性格和反应都与弟弟的死有关。在他的记忆中，艾里拥有他最珍视的东西，那就是纯真，但现在纯真已荡然无存。在失去艾里的那个晚上，霍尔顿同时失去了纯真。这两种损失密不可分：在他看来，进入成年期就意味着抛弃艾里；一旦成年，他与纯真记忆的联系将被切断。

艾里不仅留存在霍尔顿的记忆中，还被霍尔顿理想化，抬高至近乎神圣的地位。在没有成年人看管时，霍尔顿把艾里塑造成唠唠叨叨的父母形象。当感到沮丧时，他就去找弟弟寻求安慰；如果他陷入困境，就向艾里祈祷。随着霍尔顿步入成年，他与艾里渐行渐远，以他自己的能力无法达到艾里所代表的纯洁和真诚的标准。

有关艾里的回忆使霍尔顿倍感抑郁。想到简·加拉格尔的纯真可能被玷污，他又觉得心灰意冷，他便动手和斯特拉雷德打了一架。流着鼻血、垂头丧气的霍尔顿收拾好手提箱，决定在当天夜里离开潘西，虽然父母预计他周三才会回家。

霍尔顿对周围世界的反抗包含着对全人类的判断。塞林格战后对人性的对立面进行了深入思考，并逐渐形成了他的世界观，他把世界分为真实和虚伪、开明和麻木、老虎和羔羊。霍尔顿·考尔菲尔德也将世界分成两个阵营——"我们的"和"他们的"，只不过他的阵营很小，其中的成员只有他妹妹菲比、他死去的弟弟艾里，也许还有读者。

到达纽约后，霍尔顿决定先住旅馆，不直接回家，他生怕父母已经知道自己被学校开除的事。抵达中央火车站后，他打了一辆出租车，在破旧的埃德蒙特旅馆订了一间房。他发现这家旅店里"尽是些变态佬"。他手里有祖母刚寄来的一沓钱，因此他能出去痛痛快快地玩一玩。他逛了两个酒吧，在那里遇见三个女孩，她们非要替他埋单。他还遇见了哥哥D.B.的前女友。回到旅店后，电梯工莫里斯和他搭讪，愿意以5美元的价格给他找个妓女，霍尔顿没有拒绝。

尽管霍尔顿崇尚纯真，但他依然被成年人的环境所吸引。酒吧、妓女、汽车后座，对他皆是诱惑。一旦进入这些情境，他就无法应付。霍尔顿切断了自己与周围世界的联系，除了艾里，没有任何人能为他提供建议。他缺乏指导，而艾里年纪还小，在成人世界里也无计可施。于是，霍尔顿只能退缩，退出任何艾里没有经历过的转变。

他通过蔑视成人社会、拒绝与之妥协来捍卫自己的疏离。霍尔顿轻视的不只是成年人。他认为许多同龄人或年纪比他更小的人也同样虚伪。事实上，霍尔顿的问题关乎活着的人——这些人的生活还在继续，但他纯洁的弟弟已证明这种生活是不可接受的。他不是以自己的标准来衡量周围人的生活质量，而是用艾里的标准。霍尔顿遇到的挑战是，为了在现实生活中找到属于他的位置，他需要重新评估自己对周围世界的看法。

霍尔顿本身具有的敏锐的洞察力也是他自嘲的源泉。他虽鄙视一些事物，却已经被这些事物所腐蚀，只能在奇思怪想中寻求庇护。但幻想提供的逃离转瞬即逝，他发现自己不得不面对现实。他希望这个世界按照他的意愿接受他，但他知道自己终将做出妥协。从某种意义上来说，他在纽约的周末是他最后一次躲进想象的世界里。但这是一次成年人的逃离，背后掩藏着霍尔顿必须面对的事实：他已经长大成人，妥协的时刻已经来临。

读者跟随霍尔顿度过了三天旅程，他们遇到的一系列背景和人物形成鲜明对比，象征着更重大的问题。高档寄宿学校和上东区公寓代表着伪装和幻想，与此同时，肮脏的埃德蒙特旅馆和霍尔顿在中央车站候车室里的临时床铺却诉说着另一个截然不同的现实。斯潘塞先生的卧室非常整洁，房间里满是维克斯滴鼻水的气味，这与安托利尼先生豪华的公寓存在明显差异，后者的公寓里堆满了派对结束后的残羹冷炙。斯潘塞先生迎接霍尔顿时身穿浴袍，可能赤裸着上身，安托利尼先生却一如常态，正襟危坐，可最终造成威胁的人却是安托利尼先生。《麦田里的守望者》中不断变换的场景凸显了霍尔顿的矛盾和内心冲突。他一会儿在酒吧里喝酒，一会儿出现在学校操场上。摆在读者面前的问题是，他究竟属不属于这两个环境中的任何一个。

当妓女桑妮到来时，霍尔顿发现她比他想象的要年轻得多。这使他感到沮丧，他只想跟她说说话就结束见面。

但桑妮对聊天不感兴趣,她拿到钱后转身就走。晚上,霍尔顿被堵在门口的莫里斯和桑妮叫醒,他们还想多要5美元。霍尔顿拒绝给钱,和莫里斯打了起来。莫里斯把霍尔顿打得满身是血,还从他钱包里抢走了钱。莫里斯和桑妮是塞林格笔下最腐朽堕落、缺乏道德的人物。他们是人性阴暗面的牺牲品,是威廉·布莱克诗中老虎的牺牲品。莫里斯令人憎恨,而桑妮则既可悲又堕落,她不仅被奸诈的莫里斯毒害,还与周围世界同流合污。如果霍尔顿放弃战斗,交出5美元,那就等于承认他即将进入的世界充满了如下罪恶——欺骗、谎言和庸俗,而他将听任其摆布。经过这件事,霍尔顿开始放下他的童年,但他认为即将进入的这个世界没有丝毫可取之处,他因此陷入了绝望。

故事写到一半出现了两个修女,标志着故事的转折点已经到来。这两个人物与前面的一男一女——莫里斯和桑妮——形成对比。如果再次借用布莱克的诗歌打比方的话,那么修女就相当于《麦田里的守望者》里的羔羊。霍尔顿受到这两位女性的启发,向她们捐赠了10美元,这一举动使他与莫里斯的打斗变得近乎高尚。最重要的是,修女们是霍尔顿首次遇到的、对他无条件尊重的成年人。她们简朴、体贴、自我牺牲的品质都向霍尔顿证明,他可以长大成人,同时不做虚伪之人。从他遇到修女们的那一刻起,霍尔顿的情绪和身体状况迅速恶化，但他开始接受责任和改变。

…………

离开修女后，霍尔顿将注意力转向在百老汇大街上散步的一对夫妻和他们的孩子。这组意象大概是小说里最超现实的描写。小男孩跟在父母身后，靠着人行道行走，但还在马路上。从本质上说，他在嘲讽悬崖这个隐喻。他一边走着，一边唱着一首歌："如果有人抓到别人在穿越麦田……"这首歌对整部小说而言至关重要，歌词来源于罗伯特·彭斯的诗歌。男孩的处境十分危险。百老汇大街上的车辆正径直朝他冲过来，司机们纷纷按喇叭，猛踩刹车，以免撞到他。在这片混乱之中，他父母仍在大街上悠闲漫步，对周遭的危险浑然不觉。奇怪的是，父母对孩子的忽视没有让霍尔顿感到震惊或愤怒，他反而觉得看到这一幕很高兴。也许此时霍尔顿对纯真的欣赏第一次超越了他作为守望者的责任感。另一种可能是，这个孩子根本不存在，他是霍尔顿幻想出来的人物，或是他想象中的自己。

霍尔顿为妹妹菲比买了一张名为《小雪莉·比恩斯》的爵士乐唱片，然后去见从前经常一起玩的女孩萨莉·海斯，两人相约会面。小说这一部分内容和《麦迪逊街边的小叛乱》非常相似。萨莉和霍尔顿先看演出，后来在无线广播城的溜冰场里吵了一架。争吵过后,霍尔顿痛苦不堪,独自观看了广播城的圣诞庆典。接着,他朝威克酒吧走去,他与老同学卡尔·卢斯约好去那里喝酒。卢斯被描写成自命不凡、喜欢吹牛的人。霍尔顿与他发生争执,之后霍尔顿有些醉了,他再次打电话给萨莉,提出要帮她修剪圣诞树,他曾在两人的通信中答应过这件事。

周一凌晨时分,霍尔顿醉醺醺地走进中央公园,在公园里四处溜达。他来到湖边,不小心把唱片掉在地上摔碎了。他既疲惫又苦恼,从地上拾起破碎的唱片,决定偷偷回家与菲比相见,她也许是自己生命中残留的最后一线希望。他蹑手蹑脚地溜进家里,径直来到D.B.的房间,菲比正在里面睡觉。他怀揣着那张破碎的唱片,这是一个塞林格式的意象,象征着过往的岁月已无法挽回。正如霍尔顿在《我疯狂》中所做的,他站在菲比床边看了她一会儿。然后,他把菲比叫醒,她收下了唱片的碎片,两人开始了小说中最真诚的对话。这是霍尔顿唯一没有评头论足的一场对话。

菲比只有10岁(与艾里去世时同龄),但她很快意识到,霍尔顿被学校开除了。她让霍尔顿"说出一件"真正喜欢的事物,但他所能想到的只有艾里。接着,霍尔顿告诉菲比,他幻想自己成为麦田里的守望者。这是一个梦境般的意象,许多孩子在一大块蓬勃生长的麦田里玩耍,而他是唯一的成年人。麦子长过了孩子们的头顶,使他们看不见危险的悬崖。霍尔顿的职责就是保护这些孩子,不让他们从悬崖上掉下去。

麦田里的守望者是小说的中心意象,对于理解霍尔顿的心理也是必不可少的。但它不是这幕场景的重点,真正的重点是菲比提醒霍尔顿,艾里已经死了,他错误地引用了彭斯的诗句。直到这时,霍尔顿才恍然大悟。

1974年,《麦田里的守望者》首次在以色列发行。塞林格准备与巴尔·大卫出版社合作,审批合同时他吓了一跳,因为出版社打算把书名改成《我,纽约和其他》。出版方为自己的决定辩护说,原来的书名若是翻译成希伯来语,则毫无意义。塞林格自然不同意改名,他解释说,"麦田里的守望者"这几个字在英语中并不比在其他语言中更有意义。他还补充道,这句话错误地引用了罗伯特·彭斯的诗句,其含义在书中已有解释。[26]虽然塞林格强调了霍尔顿错误引用的重要性,但读者和学者通常会忽视这一点。通过将"如果有人碰到别人"替换为"如果有人抓到别人",霍尔顿改变了这句诗的内涵。"抓到"孩子,不让他们陷入成年的险境,这是通过拯救、阻止或禁止的方式进行干预。但"碰到"意味着支持和分享,是一种联结。

笼统地说，霍尔顿的整个旅程都是为了发现他当时引用犯下的错误，只有当他理解"遇到"和"抓到"的区别后他的挣扎才宣告结束。当他认识到两者的差异时，顿悟就发生了。

为了最后一次回避责任，霍尔顿决定逃到科罗拉多州。他幻想自己在那里假装成又聋又哑的人，他把自己的计划告诉菲比，向她借了存款来支付旅费。但他没有意识到此事对妹妹的影响，他即将明白活人与死人不同，死者只要被记得就足够了，但活人需要的是即时的关心。

菲比得知霍尔顿的意图后，理所当然地感到气愤、伤心。她也有自己的打算。她收拾好行李，假装要和霍尔顿一起逃离，她想通过这种方式把哥哥拉回现实中，迫使霍尔顿在她和艾里之间、在责任和记忆之间做出抉择。第二天，菲比提着行李箱去见霍尔顿。她告诉霍尔顿，她要与他同行，但霍尔顿没有同意，还试图说服妹妹放弃这个主意。菲比不愿和哥哥说话，也不允许他碰她，她转变了自己的角色——扮演霍尔顿，迫使他以成年人的方式对待她。

霍尔顿与菲比产生联结的那一刻——他步入成年的那一刻，不是在旋转木马旁发生的，它早在霍尔顿与菲比争吵时就已浮现。霍尔顿保证，只要菲比返回学校，他就立马收拾东西回家。这是"抓到"而不是"碰到"，菲比不相信霍尔顿是真诚的。她告诉哥哥，他愿意干吗就干吗，但她无论如何不会回学校,她还让哥哥闭嘴。这些话就像一记耳光,打在霍尔顿脸上,使他发生了变化。他邀请菲比一起去中央公园动物园。他问道:"如果我让你下午逃课出去走走,你能不能别再胡闹了?你会像个乖孩子那样,明天就回学校吗?"虽然霍尔顿这番话说得很成熟,但菲比仍在转换角色。她从哥哥身边跑开,就像他计划逃跑一样,但霍尔顿不为所动。接下来,他说出了小说中可能是最重要的一句话:"我没跟着她,我知道她会跟着我。"

这个场景的来源和霍尔顿的转变过程都能在塞林格此前的小说里找到痕迹。在《致爱丝梅——怀着爱与污浊》里,查尔斯的问候令X中士重新焕发活力,而在《麦田里的守望者》里,菲比所说的话唤醒了哥哥霍尔顿,两人话语中积蓄着同样的力量。再看《下到小船里》,莱昂内尔·坦嫩鲍姆意识到自己给母亲带来了痛苦,正如菲比的话语使霍尔顿有所觉悟。贝比和玛蒂在春街滑雪橇时,通过相互依赖和相互妥协发现的力量,在这个场景里也有。这不仅是霍尔顿迈入成年的时刻,也是联结的时刻,这一刻他停止抓捕,开始与人相遇。其他短篇小说也包含了该场景的吉光片羽,但只有霍尔顿的弟弟,在《满是保龄球的海洋》里,把这一场景所承载的信息表达得最为清楚。在那个故事里,肯尼斯(现在的艾里)告诫文森特不要过于内敛,不要执守自我，要拥抱与他人的联系，因为这种联系来源于无私的爱。肯尼斯也为霍尔顿的不知妥协感到遗憾，不知道霍尔顿是否能克服他的固执。

通过放弃自己的需求，霍尔顿确实做出了妥协。他的妥协不是屈服，而是平衡，是出于对妹妹的爱。这与西摩·格拉斯在玩弹子游戏时教弟弟巴蒂保持平衡是一样的。这是通过释放自我才能达到的平衡，为的是找到那个完美的联结点。从此之后，霍尔顿开始像大人那样说话。他进入成年不是因为周围的世界将他击败，也不是因为他觉得成熟有多好，而是因为他的长大是妹妹所需要的。

在旋转木马那个场景里，一种不易察觉的禅学思想蔓延开来，使其充满灵性。读者需要通过直觉来领悟这一场景的重要意义，而不是通过文字叙述。霍尔顿的改变是不见形迹的，作者没有进行具体描写，但读者却能感同身受。塞林格没必要就禅宗、纯真甚至爱进行说教。微妙的道具和这幕场景里微小的事件组合起来，在读者脑海中汇聚，传递出关键信息。

霍尔顿看着菲比骑旋转木马。在注视的过程中，他的种种联系都是崇高的，且发生在许多层面上。他与菲比建立联系，借此又神秘地和弟弟艾里产生联系，他从妹妹身上找到了联结他与艾里的品质——那就是纯真。他找到了菲比，从而放开了艾里，他意识到艾里的价值观和纯真已在妹妹体内生根发芽。通过放开死者，霍尔顿开始拥抱生者。艾里的记忆曾让他停滞不前，但与菲比的联系却将他推向生活，这两件事对他而言都是真实的。

也许最重要的是霍尔顿与自己建立了联系。当他注视菲比时，他已经是个成年人了。但菲比的美丽征服了他，触动了他心中残存的纯真。当发现自己仍然具备天真的能力时，他如释重负，高兴地大喊大叫。他知道自己可以加入成年世界，同时不必做虚伪之人。作为大人，他依旧能"非常快乐"。

对J.D.塞林格来说，写作《麦田里的守望者》是一次自我净化。通过写这本书，他甩掉了战后压在自己身上的沉重包袱。战争中那些充满黑暗和死亡的可怕事件曾威胁到他的信仰，我们从霍尔顿因弟弟去世而丧失信仰一事中可以看出塞林格本人信仰的崩塌。多年来，那些倒下的战友一直在塞林格的记忆里徘徊，就像霍尔顿久久不能忘怀艾里那样。在这个问题上，塞林格故意耍了个花招，他给肯尼斯·考尔菲尔德换了个名字，以此代表第二次世界大战中的那些战友。

霍尔顿·考尔菲尔德的挣扎与作者的精神之旅相呼应。无论是在作家还是在人物那里，悲剧都是相同的——纯真的破灭。对此，霍尔顿的回应是，蔑视成年人的虚伪和妥协。而塞林格却深陷失望之泥沼，以悲观的目光审视人性中更黑暗的一面。

然而，作者和人物都接受了自己肩头的重担，都获得了相同的顿悟。正如霍尔顿开始意识到，步入成年不用变得虚伪，也不必牺牲自己的价值观；塞林格也渐渐发现，知悉邪恶并不意味着永堕地狱。

om # 10　十字路口

J.D.塞林格写了一部杰作《麦田里的守望者》,还建议喜欢这本书的读者给作家打电话;后来,他花了二十年时间逃避这些电话。

——约翰·厄普代克, 1974[1]

为了在霍尔顿·考尔菲尔德和《麦田里的守望者》的读者之间制造亲密感,塞林格借鉴了惠特·伯内特教给他的方法:1939年伯内特在课堂上朗读福克纳的作品时,没人介入"作者与他心爱的沉默读者之间"[2]。和许多美国人一样,1951年夏天,福克纳也亲身体会到同一种亲密感,并在《麦田里的守望者》的书页中瞥见了自己的身影。他评论道:"塞林格的《麦田里的守望者》把我想说的话全都表达出来了。"然而,他带入自己的经历来感受霍尔顿这个人物,将霍尔顿的旅程作为一场无法救赎的苦难。福克纳认为:"他的悲剧在于,当他试图进入人类世界时,却发现那里没有人类。"[3]

威廉·福克纳对塞林格新书的鉴赏,其实绕了一圈又说回到他自己无意中提出的创作理念。但他的解读也预示了塞林格现在面临的困境:不同的人因不同的原因而阅读《麦田里的守望者》。由于霍尔顿这个人物极具魅力,且小说允许多种阐释,读者们都渴望澄清小说内涵,或者验证他们个人的体验。为了达到这些目的,他们自然要找到作者本人。毕竟,霍尔顿说过,读完一本好书后,"你希望作者是你的好朋友,你可以随时给他打电话"[4]。在这里,他似乎说的是塞林格。不少读者把这句话当作公开邀请,但事实远非如此。

实际上,塞林格厌弃名誉,他无法忍受被声名环绕的每一刻。他抱怨说:"出书这件事真的很尴尬。那个把自己卷进来的可怜傻瓜还不如脱了裤子在麦迪逊大街上走一圈。"[5]他不耐烦地等着小说销量下降,等着自己那讨厌的名气逐渐消退,但《麦田里的守望者》掀起的狂热丝毫没有减弱的迹象。直至夏末,小说已经重印4次,登上《纽约时报》畅销书排行榜。

塞林格依然希望重返普通人的生活。到1952年2月,虽然《麦田里的守望者》还顽固地停留在图书排行榜上,但他却坚持认为自己可以把出书一事抛到身后,找回过去的日子。[01]在当月接受英国《每日镜报》采访时,塞林格表现得很乐观。他说:"事实是,《麦田里的守望者》大获成功的季节已经结束了,对此我深感宽慰。在这一过程中,当然有快乐的时刻,但大部分时间里我觉得很忙碌,无论是从

---

[01] 1952年3月2日,《麦田里的守望者》最后一次出现在《纽约时报》畅销书排行榜上,当时它排在第12位。

写作的角度还是从我个人的角度来说,都感到意志消沉。这么说吧,我已经看厌了我的脸出现在书封背面的那张大照片上。我期待有一天能看到它贴在莱克星顿大道的灯柱上,在阴冷潮湿的风里拍打着柱子。"[6]后来的事证明,他的这番话显然言之过早。他在描述书封时,间接提到了《大笑的男人》里最后那个场景,叙述者被一张贴在灯柱上的红色纸巾吓坏了,它正随风乱舞。对塞林格来说,封底上的巨大照片使他恼怒,甚至到了耿耿于怀的地步。他趁着小说第二次和第三次印刷间的短暂间隙,设法删除了这张照片,此后他再也没有允许自己的形象出现在图书上。实际上,他对拍照一事产生了如此强烈的反感,以至于直到今天,人们只能通过那唯一的一张照片来辨认他。[01]

成名后,塞林格仍旧试图构建一种平凡的生活。他从英国返回纽约后,希望与当地普通人打成一片,他在东57街300号(位于曼哈顿萨顿广场区)找了一栋公寓安顿下来。这一区域环境宜人,住户都是中产阶级,多年来塞林格对这里也很熟悉。当他还在英国时,多萝西·奥尔丁就替他购置了这套公寓,而她的住所和塞林格的新居只相隔几栋大楼。

---

[01] 塞林格从封底删除他的照片后,那些有照片的版本价值翻了数倍。据悉,带有书封的第一版《麦田里的守望者》在拍卖会上卖出了3万美元的高价。第二版售价较低,但仍远高于没有塞林格照片的后期版本。

塞林格的朋友赫伯·考夫曼也住在附近，萨顿电影院还是他最喜欢的电影院。然而，搬进新家后塞林格发现，这里舒适的环境令他有些难堪。正如成功本身，公寓的选址似乎违背了谦逊和简朴的价值观，而这两者又是他极力推崇的。所以，他搬进了一间又小又不起眼的公寓，并用一种令人震惊的禁欲主义风格装修了这所房子。

所有记述都表明，塞林格的新住处实在太过严肃。作家莉拉·哈德利曾在1952年与塞林格约会过几次，据她所说，公寓里几乎没什么家具，只有一盏台灯、一张画桌和一张塞林格身穿军装的照片。除了墙壁外，所有东西，如家具、书架甚至床单，都是黑的。对哈德利而言，这栋公寓的环境，尤其是塞林格那张照片，强化了她的观点：塞林格太把自己当回事了。[7]其他人则对塞林格的品位持有更悲观的看法，他们认为新公寓之所以漆黑一片，是因为塞林格内心失去了希望。[8]

把萨顿区的公寓装修成牢房的样子，这种显著矛盾在1951年成了塞林格的典型特征。这一年在他的人生中至关重要，他的种种行为揭示了他性格上的矛盾，这与霍尔顿·考尔菲尔德有着惊人的相似性。他曾要求约翰·伍德伯恩不要把《麦田里的守望者》的书评寄给他，还吹嘘自己在英国期间不与任何新闻界人士来往。但在东57街安顿下来后，他似乎揣摩了他能读到的每一篇评论文章。他原本就对评论家不屑一顾，现在他的态度很快变成了厌恶。然而，他还是继续研读他们写的每一个字。

塞林格没有欣然接受正面评价，也没有蔑视负面看法，他对所有评论都进行了猛烈抨击。他认为这些文章都写得自以为是、迂腐不堪。他声称谁也没有写出读者的真实感受。他甚至斥责那些最热情洋溢的评论，因为他们仅从知识层面而非精神层面分析《麦田里的守望者》，从而剥夺了小说的内在美。因此，虽然批评性意见对塞林格来说依然很重要，但他并不谴责那些攻击他本人的评论家。相反，他认为这些人无法领会《麦田里的守望者》，因为这种罪恶，他发誓将永远鄙视这群人。[9]

8月底，《麦田里的守望者》在英国出版，与在美国相比，读者的反应要平淡得多。如果说部分美国评论家缺乏洞察力的话，那么英国人的评论完全是在摆架子。《泰晤士报文学增刊》有一篇典型评论，文章批评小说"流淌着无尽的亵渎和猥琐"。更糟糕的是，书评普遍态度傲慢，看不起《麦田里的守望者》的文学结构。此前，杰米·汉密尔顿还担心美国俚语会引起英国评论家的反感，但他们对小说用语反而不太介意，他们不喜欢的是小说看似随意的结构。结果是，《麦田里的守望者》在英国销量不佳。看到汉密尔顿不得不品尝失败的滋味,塞林格内心颇为尴尬。他很快将怒火转向了利特尔-布朗公司,他们获取的收益远远高于他在伦敦的朋友,他认为这家公司配不上这份业绩。认真读完英国人的评论后,塞林格感受到了汉密尔顿的苦恼,他发誓再也不与伍德伯恩或利特尔-布朗公司那些可恶的职员打交道。他怒气冲冲地说:"让他们都见鬼去吧。"[10]

《麦田里的守望者》出版后,塞林格的社交生活也出现了矛盾。不出所料,他发现自己比以前更受欢迎了。聚会和晚宴的请柬纷至沓来,女士们都盼着和他约会,陌生人向他索要签名,粉丝来信激增。塞林格承认,起初他还挺享受这种关注,毕竟这是他一生都在追求的目标。然而,一旦遇到上述种种情况,各方的要求都会让他窘迫不安。他近来喜欢过与世隔绝的生活,这与他的社交本能产生了冲突。他和不信任的女子约会。他参加一些活动,却在席间如坐针毡,饮酒过度,为此他又后悔当初接受了邀请。但在下一周,他还会收下另一份请柬。与霍尔顿·考尔菲尔德相同,塞林格似乎不确定该往哪个方向走。

除了《麦田里的守望者》的出版,1951年还发生了一些对塞林格影响深远的事件。在上一年秋天,他参加了《纽约客》的弗朗西斯·斯蒂格马勒和他妻子、艺术家比·斯坦举办的宴会。在那里,他邂逅克莱尔·道格拉斯。

她是英国著名艺术品经销商罗伯特·兰顿·道格拉斯的女儿，也是皇家空军元帅威廉·肖尔托·道格拉斯男爵同父异母的妹妹。克莱尔当时只有16岁，但她立刻迷上了32岁的塞林格。塞林格对这个端庄娴静的少女也恋恋不舍。她长着一双富有表现力的大眼睛，生性天真烂漫。第二天，他打电话给斯蒂格马勒夫妇，表达了对克莱尔的兴趣，他们告诉了他克莱尔在希普利的地址。具有讽刺意味的是，她和简·加拉格尔就读的是同一所私立学校。塞林格在那个星期联系了克莱尔，在此后的一年里，他们断断续续地约会了几次。

他们的爱情有时很热烈，但依然是纯洁的。1951年夏天，塞林格造访英国；而另一边，克莱尔的父亲去世，她前往意大利参加葬礼。两人的恋情因此中断。当他们各自返回美国后，这段罗曼史再次上演。然而，在1950年12月写给杰米·汉密尔顿的信中，塞林格透露，他正与一个名叫"玛丽"的女孩谈一场严肃的恋爱。他还告诉汉密尔顿，他和玛丽曾考虑过结婚，但理性最终使他打消了这个念头。塞林格的语气清楚地表明，尽管他试图保持"理智"，但这个女孩令他心醉神迷。[11]这件事的真相大概是，"玛丽"这个人根本不存在，事实上塞林格指的就是克莱尔·道格拉斯。如果塞林格直接说出克莱尔的名字，汉密尔顿就会立刻知道他说的是谁，也知道对方年纪尚轻。毕竟道格拉斯一家在英国权势显赫，这个家族人尽皆知。

理性使塞林格暂时放下恋情，而他所说的理性其实指的是宗教。从欧洲回国后，他经常去东94街的罗摩克里希那-维韦卡南达中心。此地就在塞林格父母位于公园大道的公寓附近。维韦卡南达中心向人传授以印度教吠陀经为核心的东方哲学，名为吠檀多。在那里，塞林格读到了《罗摩克里希那福音书》，这是一部讲述复杂宗教教义的鸿篇巨著，明确提倡克制性欲。因此，虽然他在1951年经常和女人约会，但从未听说他与女伴有肌肤之亲。事实上，塞林格在约会时更有可能和他们讨论宗教，而不是进行身体接触。

…………

快到1951年时，《纽约客》创始人哈罗德·罗斯突染怪病，那年11月他刚过完59岁的生日。这件事使众人大吃一惊。

那年夏末，罗斯的病情愈发严重，已经不能去杂志社上班了。自1925年以来，罗斯编辑了《纽约客》的每一期杂志，他的缺席是个不祥之兆。塞林格深感震惊，他写信给罗斯表达自己的关心，希望罗斯能尽快康复，重返工作岗位。9月中旬，这位编辑终于回归，杂志社的一切事物似乎复旧如初。塞林格本来计划在10月的某个周末去探望罗斯，但他突然得了带状疱疹，不得不推迟行程。10月23日，罗斯亲自向塞林格表示慰问，并重新安排了两人的会面。为了让塞林格放宽心，他承诺道："我们等春天再见吧。"

12月3日，康复后的塞林格觉得有必要逃离城市的喧嚣，他向格斯·洛布拉诺报告说，他要离开纽约几个星期，以便写完一篇小说。结果这趟旅途并未成行。

尽管哈罗德·罗斯重回编辑部，还为来年的工作做出了安排，但他的身体每况愈下。他前往波士顿，住进新英格兰浸信会医院，并于12月6日接受了探查手术。外科医生发现有一个大肿瘤压迫到他的右肺，正当他们思考治疗方法时，罗斯死在了手术台上。

对塞林格而言，这个消息犹如晴天霹雳，他对罗斯的喜爱是毋庸置疑的。12月10日，他与《纽约客》"家族"的全体成员一起参加了葬礼。罗斯是大家公认的领袖，他的去世不仅使他们感到震惊和悲痛，还让他们心生忧虑。罗斯的死出人意料，他也没有指定继承人。在所有哀悼者中，人们经常提到两个人的名字——他们最有可能成为杂志社新的负责人：一个是塞林格的编辑格斯·洛布拉诺，另一个是威廉·肖恩，他自1933年以来一直在《纽约客》工作。

…………

塞林格再也无法达到1948年的高产水平。在1951年的大部分时间里，他都在竭力完成《德·杜米埃-史密斯的忧郁年华》(De Daumier-Smith's Blue Period)，这是他那一年创作的唯一一部小说。塞林格说他花了五个月写这部作品，但他实际上使用的时间要长得多。

1951年1月，《歌剧魅影的安魂曲》被退稿后，塞林格就开始写这个故事。他第一次提起它是在寄给格斯·洛布拉诺的信里，但这封信没标注日期。[01]就在塞林格5月8日动身前往英国之前，洛布拉诺曾带他去阿尔冈昆酒店吃午餐，他们讨论了这部小说的进展。饭后，塞林格匆匆回家赶写作品，他原本答应上个星期六交稿，但到此时还没写完。

小说一写完，塞林格就告诉洛布拉诺，他对这个故事信心不足。他觉得小说结构松散，有点冗长，可能会引发读者的"反感"。[12]洛布拉诺不仅同意塞林格的观点，还认为这个故事"很奇怪"。直到11月14日洛布拉诺才发出退稿函，在此之前塞林格大概已经把小说修改了一遍并重新提交给《纽约客》，但他的努力并未奏效。

根据洛布拉诺的说法，"这不是一篇成功的短篇小说，

---

[01] 虽然信上没写日期，但信是从西港城寄出的，应该写于5月8日前。从信件的主旨和内容推测，这封信是在塞林格出国前就写好的。塞林格在信中显得很忙碌，还说他买了一件皮毛领子的外套——这件衣服在春天的纽约派不上用场。

也许是因为小说的思想和人物塑造过于复杂，经过压缩后难以保证质量。"[13]《纽约客》经常使用"压缩"一词，表示故事篇幅需要缩减。在塞林格的写作生涯里，他花费了不少时间将小说"压缩"到《纽约客》可以接受的长度。洛布拉诺在信中使用这个词语，足以解释塞林格为什么花这么长时间写这部作品。收到信的第二天，塞林格就给出了答复。他告诉洛布拉诺，他不反对退稿，但会另写一篇投给该杂志。[14]他回信里的不满情绪一目了然，虽然他嘴上不说，但态度却很明显：无论《纽约客》退不退稿，他都不愿放弃这个故事。12月11日，他还在为退稿一事闷闷不乐。他向杰米·汉密尔顿诉苦，并说自己没有将小说束之高阁，与此相反，他正考虑把小说收入文集或扩写成长篇。

最终，向他施予援手的很可能正是汉密尔顿。次年5月，《德·杜米埃-史密斯的忧郁年华》与读者见面，它没有发表在《纽约客》或其他美国杂志上，而是刊登在《英国世界评论》上，汉密尔顿也是通过这家杂志第一次读到《致爱丝梅——怀着爱与污浊》的。《德·杜米埃-史密斯的忧郁年华》不仅是塞林格在《纽约客》之外发表的最后一篇故事，也是仅有的最初发表在美国以外的一篇作品。

...........

《麦田里的守望者》之后，塞林格的写作方向有所转变，他致力于创作带有宗教意味的小说，揭露美国社会固有的精神空虚。为此，他被迫研究如何使用小说传递这一信息。创作小说的目的是再创现实，但塞林格想要传达的是无形的精神顿悟。他的第一次尝试并没有成功，直到多年后他才钻研出恰当的技巧来表达他的信息。

《德·杜米埃-史密斯的忧郁年华》就是塞林格在宗教小说方面的初次尝试。故事讲述了一个心神不安的年轻人如何被超凡的顿悟所拯救。故事以第一人称叙述，叙述者约翰·史密斯追思了他已故的继父。这个故事发人深省，史密斯以成年人的视角回顾1939年发生的事件，当时他年仅19岁。

约翰·史密斯相信自己会成为伟大的艺术家，他自命不凡、扬扬自得，智慧令他自我膨胀，蔑视那些他认为没有才华的人。我们知道塞林格把艺术和精神性联系起来，但故事里的史密斯却将智力凌驾于精神之上，这不仅表明他与周围世界脱节，也表明他与艺术之间存在隔阂。他狂妄自大，认为自己很像埃尔·格雷科，并无意中承认自己画了17幅自画像。最重要的是，史密斯感到孤独，他想象着一群纽约人在玩抢椅子游戏，而他被排除在外。这一描述凸显了他的孤独感。他看别人玩游戏时，祈祷同伴不要打扰他，结果他的祈祷应验了。他承认："我所接触到的一切变成了实实在在的孤独。"[15]

1939年5月,史密斯找到了他自以为可以摆脱僵局的办法。在一份法语报纸上,他看到一则"美术函授学院"招聘讲师的分类广告。该学院名为"古典大师之友",位于蒙特利尔,校长是I.尤肖托先生。史密斯立刻写了一封申请信。在信里他美化了自己的资历,声称自己是艺术家奥诺雷·杜米埃的曾侄孙,是巴勃罗·毕加索的挚友。小说的题目正源自这两段关系。他杜撰了一个浮夸的假名——让·德·杜米埃-史密斯,借此掩盖他真实身份的平庸。

史密斯被雇用了,他出发前往蒙特利尔。他从未想到,自己是唯一的申请人。事实上,新环境并没有改变他的傲慢态度。他发现听起来富丽堂皇的"古典大师之友"不过是尤肖托夫妇的小公寓,与矫形器械商店合租一栋楼,坐落在城市最差的地段。

来到蒙特利尔后,史密斯完全沉溺于各种幻想,连他自己都逐渐信以为真。他承认:"1939年,我说谎话比说实话更满怀信心。"他沉浸在虚构的人格中,当尤肖托请他做翻译时,他变得愤愤不平。"我——一个获得三次一等奖的人、一个毕加索的密友(我真的开始相信我是他的朋友)——竟被当成一个译员。"谎言和粉饰对他自己来说才是重要的,故事巧妙地将他丰富的想象力与周围人怠慢他的态度进行了对比。换句话说，史密斯迷失在自己倒置的森林中，但他的树林里没有埋藏灵感的种子，却长满了错觉和自负。

如果说"美术学院"和"讲师"地位等现实问题尚未使他气馁，那么函授学生们令人发笑的无能则使他惊愕不已。最初史密斯负责指导三个学生。对他而言，评阅头两个学生的作品和个人简介简直是种折磨。首先是班比·克雷默，她是一个家庭主妇，最喜欢的艺术家是伦勃朗和沃尔特·迪士尼。她提交了一幅作品，上面画了三个畸形的男孩，他们在同样变形的池水旁钓鱼。男孩们无视或者看不懂附近那块写有"禁止钓鱼！"的警示牌。班比郑重地将这幅画命名为"请原谅他们的非法入侵"。史密斯的下一个学生是"社会摄影师"，名叫R.霍华德·里奇菲尔德。他妻子曾敦促他"涉足绘画领域"，他说自己最喜欢的艺术家是画家提香。里奇菲尔德寄来的画作同样迷人，不在班比之下。这幅画描绘了一个身处教堂的年轻姑娘，她在"祭坛阴影下"被牧师性骚扰。以上描述在塞林格的作品中堪称幽默，但让(约翰)并不觉得有趣。相反，他被自己无望的处境逼进了绝望的深渊。

第三个学生拯救了他。此人叫艾尔玛，是圣约瑟夫修女会的修女，在一所修道院小学教书。与前两名学生不同，她没有填写年龄，也没有提供本人照片，但她寄来了一张女修道院的照片。她最喜欢的艺术家是道格拉斯·邦廷（史密斯对这个画家一无所知），她的爱好是"爱她的主以及主的圣言"。艾尔玛修女提交了一幅没有标题也没有署名的画，画的是耶稣下葬时的情景。这幅小画展现出非凡的才华，史密斯立刻被此画蕴含的美所折服。他欣喜若狂，认为艾尔玛前途无量，立即给她写了一封慷慨激昂的长信。

如同霍尔顿在《麦田里的守望者》中遇到修女，史密斯也在故事讲到一半时发现了艾尔玛修女。和《麦田里的守望者》中的那个场景一样，这件事是《德·杜米埃－史密斯的忧郁年华》的转折点。让写给艾尔玛修女的信生动地解释了他精神空虚的根源及其严重程度。这段插曲阐述了艺术和精神性之间的联系，并通过指出精神和智力的冲突来剖析平衡这一概念。

故事写到这里，读者已经了然，精神信仰的主题是不容忽视的。这个话题涉及的东西实在太多了。在给修女的信里，史密斯一方面宣称自己是不可知论者，另一方面却不真诚地将自己与圣方济各的名字联系在一起。不知何故，看过艾尔玛修女的画作后，史密斯认定她是他的知音。这是史密斯的另一个错觉。修女的出现显然是为了与他形成对比，他写的长信恰好揭示了他们之间巨大的差异。

史密斯经历了两件近乎神秘的事，它们共同构成了故事的高潮。第一件事是无声的,是他对自我疏离感的一次可怕洞察,这种疏离正将他引向崩溃边缘。一天晚上,他外出散步,被矫形器械店那明亮的橱窗吸引了。这家店铺位于校舍一楼。他凝视着橱窗里的展品——搪瓷尿壶和便盆,旁边还站了一个戴着破旧疝带的木头模特,他突然经历了一次自我抽离,这揭示了他内心的疏离感。他突然意识到,无论他的艺术在技巧上多完美,它都与知识逻辑密不可分,他将永远缺乏灵感,在世俗和丑陋的世界中漂流。他发现自己在精神上是无意识的,与神圣的灵感没有发生任何联系,而圣神的灵感才是真正的艺术或真正的生活所需要的。自负玷污了他的艺术。

这件事让史密斯感到自己无足轻重。为了应对这次经历和由此产生的负面情绪,他想了个办法——遁入幻境,在梦中与艾尔玛修女相遇。接下来的情节较为"粗俗",叙事者在小说开头已经警告过读者。在史密斯的想象中,他从修道院里救出了艾尔玛修女。幻境中的艾尔玛年轻、漂亮,史密斯如同骑士一般,在一阵浪漫的旋风里将她匆匆劫走。

幻境是短暂的。第二天,史密斯收到女修道院写来的一封信,通知学校她无法继续学习美术。史密斯感到既震惊又痛苦,他的反应非常残酷:他决定摆脱其余学生,他不怀好意地告诉他们别指望当什么艺术家，然后他给艾尔玛修女写了第二封信。史密斯的自我已经深深地陷在他固执的精神中，他告诫修女，如果缺少进一步的技术指导，她将永远无法提高自己的艺术水平。

史密斯将他的第二次经历描述为"超验的"。在塞林格塑造的人物中，史密斯的顿悟最为明显。就像前往大马士革的扫罗那样，一道炫目的光带来神圣启示，他因此而彻底改变。尽管史密斯竭力避免给这段经历贴上神秘的标签，但他强调这件事确实发生过。

在暮色中，史密斯又一次被矫形器械店灯火辉煌的橱窗所吸引。透过窗户，他看到一个女人正在给木头模特换疝带，她的身影令他着迷。突然，那女子发觉背后有人注视着，她顿时变得无所适从，慌乱中跌倒在地。虽然有些狼狈，但她马上站起来，恢复了刚才的高雅姿态，继续干手里的活儿。

橱窗里的女子对应了修女艾尔玛。两人都投身于卑微的职业，但她们所做的事其实又很美好，因为她们做事时带有一种谦逊的态度。塞林格在《麦田里的守望者》中也表达了类似观点。当霍尔顿和艾里在无线广播城音乐厅观看管弦乐队表演时，他们非常欣赏鼓手的演奏，总是为之倾倒。尽管在整场表演中，鼓手只有一两次机会打鼓，但他却极为投入,霍尔顿和艾里都认为他是他们所见过的鼓手中最棒的。霍尔顿赞叹说,耶稣大概也会喜欢这个敲定音鼓的家伙,因为他的艺术是纯粹的。在这里,塞林格把无私奉献视为精神性的。

然而,这幕场景的中心人物并不是橱窗里的女孩,甚至不是史密斯。那个被史密斯比作上帝的假人道具才拥有更大的意义。第一次相遇时,他认为假人是软弱无能的神,它在满是搪瓷尿壶的世界里过着平庸、疏离的生活,它只是一个又聋又瞎的旁观者。但当史密斯再次遇到假人时,他获得了顿悟,假人的意义也随之发生变化,它传达出故事里最重要的信息——所有其他主题都围绕着这个意义展开。

> 突然……太阳升起,以每秒9300万英里的速度朝我的鼻梁飞来。我什么都看不见了,心里很害怕——只能用手按着玻璃来保持身体平衡。等我恢复视力时,那女子已离开橱窗,只留下一地闪闪发光的、显得格外圣洁的精美珐琅花。

因为这束亮光,史密斯恍然大悟,他意识到美和价值存在于所有事物中,就连那些最卑微、最平庸的事物也不例外。此外,价值宣告了上帝的存在。不起眼的便盆和矫形用品不仅变成了美丽的珐琅花,而且这些东西焕然一新,变得"格外圣洁"。史密斯也已脱胎换骨,他很快联系了之前被他赶走的学生,恢复了他们的学籍,并解释说上一次开除他们是学校管理上的错误造成的。他也不再纠缠艾尔玛修女,放任她去追求自己的理想。他总结道:"每个人都是修女。"

在小说结尾,让·德·杜米埃-史密斯又变回平凡的约翰·史密斯,他志得意满,活在当下。这说明他从自己的经历中吸取了教训,已经摆脱虚伪和自我束缚。在这一过程中,史密斯没有放弃艺术,反而变成了他所追求的艺术——这是对自我价值更忠实的再现,他那17幅自画像是无法做到这一点的。

《德·杜米埃-史密斯的忧郁年华》说明,如同小说的主角,塞林格正走在通往证悟的大道上,寻找精神上的方向。虽然故事用了不少罗马天主教的隐喻,但它宣传的不是基督教教义。约翰·史密斯的经历本质上是一次禅修。根据禅学,史密斯的感悟被称为"顿悟"(Satori)。顿悟是禅宗佛学的关键目标,是在刹那间的顿然领悟。顿悟是一种依靠直觉的个人体验,与智性认识恰好相反。一般来说,人们可以通过参禅获得顿悟,所以任何人都能体验,无论他们归属何种信仰。一束亮光,倏然而至,转瞬即逝,仿佛来自天际的一道霹雳,这通常发生在自我遭受打击之后。

《德·杜米埃-史密斯的忧郁年华》语言幽默,寓意深刻。尽管如此,格斯·洛布拉诺的批评是正确的。在写这篇小说时,塞林格试图在狭小的空间里、在太多的层次上提出太多观点。结果是,他没有讲清楚任何一个信息,各种主题在故事里相互交织、相互混淆。

…………

《麦田里的守望者》成功后,塞林格曾希望住在曼哈顿,这样他可以隐姓埋名,不被别人发现,但他的希望最终破灭了。他害怕被认出来,但城市里的那些诱惑——社交聚会和浪漫约会,使他无法在纽约过上普通人的生活,更何况他还得一门心思写文章。他计划再写一部长篇,因此需要更多独处时间,这是纽约城无法给予的。

塞林格打算1月1日后前往佛罗里达和墨西哥,他希望在那里专心致志地开始写他的新书[16]。然而,一些事件,主要是《纽约客》掌门人的变更,使他一直待在纽约,直到3月份。

《纽约客》"家族"中的大多数成员都认为小说编辑格斯·洛布拉诺将接替哈罗德·罗斯的职位。毫无疑问,塞林格也希望他的朋友能扮演主角。虽说洛布拉诺经常对塞林格的作品不满意，但他在表示反对时依然能毕恭毕敬。在杂志社的编辑们那里，塞林格是出了名的难对付。众所周知，他对批评过于敏感，总是替自己的作品辩解，当故事受到怀疑时，他会变得郁郁寡欢，甚至勃然大怒。[01]洛布拉诺已经学会了如何与塞林格打交道，并且对他保持尊重。当他提出批评意见时，总是故意把话说得很委婉，充满歉意，同时表现出不安、痛苦、遗憾的情绪，让塞林格觉得他选择退稿是不得已而为之。洛布拉诺也承认，塞林格偶尔会因他的决定感到愤怒——或许最重要的是，他知道什么时候离开塞林格，留下作家独自反省。正因为两人相处较为融洽，塞林格可能觉得洛布拉诺执掌《纽约客》会对他更有利。

然而，威廉·肖恩朦胧的身影逐渐从阴影中浮现出来。1月底，《纽约客》宣布肖恩被选为罗斯的接班人。听到这一消息后，塞林格大失所望，洛布拉诺也怨愤不已。塞林格当时意识不到，威廉·肖恩将成为他职业生涯最坚定的支持者，而且有朝一日，他自己也会不可思议地成为像肖恩那样的人。

---

[01] 在1995年一次罕见的电视采访中，威廉·麦克斯韦尔回忆说，有个编辑仅仅在手稿中加了一个逗号，就把塞林格激怒了。麦克斯韦尔回忆说："这可真要命。"逗号最终被删掉了。采访者问麦克斯韦尔：从塞林格的作家身份看，这件事说明了什么？麦克斯韦尔突然变得严肃起来，他说："塞林格所追求的完美是真正的完美，容不得半点马虎。"

自1933年以来，肖恩曾在杂志社的不同岗位上任职，但员工们对他知之甚少。他是个闷葫芦，不与任何人亲近，大家对他的了解仅限于流言蜚语。他和罗斯的差异从一开始就很明显。哈罗德·罗斯生性活泼，擅长交际，经营杂志时大胆泼辣；而肖恩则温和内向，他虽然彬彬有礼，但有时也令人感到压抑。他上任后的第一件事就是拆除罗斯的办公室，然后搬到大楼的另一侧。在那些扬扬自得的《纽约客》"家族成员"眼中，这一举动似乎是种威胁，一时间谣言四起。有人说，1924年臭名昭著的杀人犯利奥波德和洛布想要谋害他。为了核查事实或驳斥谣言，1965年《纽约客》的几个业余侦探秘密地来到芝加哥，调阅当年审判利奥波德和洛布的档案。他们在笔录中没有发现威廉的名字，于是返回纽约，确信这个故事是假的。然而，这些好奇的员工们竟然谁也不敢当面询问肖恩。[17]这真是匪夷所思。

肖恩1907年出生在芝加哥，原名威廉·乔恩(Chon)，未曾读完大学。他觉得自己的名字听起来很像亚洲人，所以干脆改了个名字。他为人谦恭，重视忠诚，但性格十分古怪。除了对个人隐私守口如瓶，肖恩还被各种恐惧所困扰。他有幽闭恐惧症，害怕火、机器、动物，还恐高。据说他的公文包里装着一把短柄斧，以防某天被困在电梯里。[18]这些恐惧本应阻碍他的前途，但肖恩具有与生俱来的天赋和洞察力，作为编辑他还有一种敏锐的直觉，这些优点抵消了他的恐惧症。尽管他生性腼腆，但还是被推上了舞台的中心。大家都说，他是一位出类拔萃的专业人士，重视作者的意见，尊重作者的隐私，待人如同待己。肖恩说："在《纽约客》，如果我们告知某人我们想写一篇作家简介，但那个人不愿意合作的话，我们就不写了。"[19]肖恩富有艺术气质，感觉敏锐（起初他搬来纽约是想成为一名作曲家），没有哪个编辑比他更适合与塞林格交往，或更理解这位作家。

奇怪的是，在肖恩上任几周内，惠特·伯内特联系了塞林格。《故事》杂志正计划出一期特刊，伯内特想知道，鉴于《麦田里的守望者》的成功，塞林格是否愿意投稿。伯内特感慨道："我们已经很久没有读到你写的故事了。"[20]对此，塞林格断然拒绝。因为《年轻人》小说集一事，他到现在还没原谅伯内特。而且，他永远都不会原谅对方。

与此同时，塞林格发现自己不得不应付约翰·伍德伯恩和利特尔-布朗公司的"那些混蛋"。此时，距离《麦田里的守望者》出版已经过去了七个月，利特尔-布朗公司和多萝西·奥尔丁都在催促塞林格，想让他推出一本短篇小说集，他们从1951年4月就开始讨论此事。出版小说集也是塞林格一直以来的愿望，他从1944年起就有这个想法。他首先与杰米·汉密尔顿在纽约的代理人罗伯特·梅切尔会面，商讨这个计划。随后，梅切尔把塞林格的意图汇报给伦敦总部，汉密尔顿为此事的前景所鼓舞，塞林格似乎也愿意配合。但在与约翰·伍德伯恩打交道时，塞林格又犹豫了。

他还记得"每月一书俱乐部"那件事，所以他决定只通过经纪人与伍德伯恩接触。然而，等到3月，他又想推迟小说集的出版，至少暂时搁置这个计划。他不想再次面对一年前所经历的痛苦，他解释说自己还没做好准备，无法应对出书造成的混乱。[21]

事实上，塞林格在很多方面都遇到了困难。他承认，在与神秘的"玛丽"交往时，他没能保持"理性"，此外，成名后他感到不知所措。他害怕自己被别人认出来，只要走出公寓就觉得浑身不自在，怀疑有人在监视他。他开始避免和人打交道，大部分时间都躲在阴暗的房间里，想要写作却没写成，电话也不接，聚会请帖也丢在一旁，看都不看。有段时间，他开始抱怨，感觉自己被困住了，无法与他人联系。忧郁正逐渐向他逼近，为了摆脱这一状态，塞林格启程前往佛罗里达和墨西哥，他早在1月就安排好了这趟旅行。

他故意没有提前规划行程。他渴望远离城市，悄无声息地在海滩上放松一下。尽管他最初的计划是在离开纽约后着手写一部长篇，但后来的通信表明，他在度假期间几乎没怎么动笔。他似乎不急着回国，在墨西哥一直待到6月。与此同时，5月，《德·杜米埃-史密斯的忧郁年华》发表在伦敦的《世界评论》上。同月，福吉谷军事学院授予塞林格1952年杰出校友奖。颁奖晚宴计划在5月24日举行，校方希望塞林格能出席并发表演讲，然后登台领奖。塞林格的姐姐多罗丝在他外出时帮他看管公寓，她收到了学校发来的通知和邀请函。[01]在问过弟弟的意见后，她给校方寄了一封短信，信里的语气十分坚定，简直令人惊讶："我弟弟J.D.塞林格在墨西哥，没法找到他。"这封信使塞林格不必参加晚宴，却依然显得宽厚大度。6月，他一回到纽约，就给校友会写了封信，感谢他们赐予殊荣，并表示自己受之有愧。[22]

来自福吉谷的大奖凸显出塞林格性格中几个明显的矛盾。我们有理由相信这个奖项使他受宠若惊，他的感谢信也写得很真诚。然而，他又因为颁奖时身在国外而倍感轻松。具有讽刺意味的是，学校颁奖给他是因为《麦田里的守望者》大获成功，但这本书嘲笑的正是福吉谷军校。不知道学校当时是否意识到了这一点，但塞林格肯定心知肚

---

[01] 多罗丝有可能参与了塞林格的部分行程。这段时间拍摄的照片显示，她和塞林格在佛罗里达的海滨度假区玩得很开心。

明，他可不想在如此庄重的场合重复与奥利弗吃饭的那次经历。

塞林格出国时，多萝西·奥尔丁与利特尔-布朗出版社就出版短篇小说集一事重新开始谈判。到了7月的第一周，双方达成协议。塞林格于是写信给杰米·汉密尔顿，向他提供该书在英国的版权。他还告诉汉密尔顿，自己的顿悟来源于《罗摩克里希那福音书》，他称其为"本世纪最佳宗教书籍"。塞林格相信汉密尔顿会像他一样深受《罗摩克里希那福音书》的启发，所以他承诺寄一本到伦敦，并敦促汉密尔顿阅读此书，他还希望对方能在英国发行未删节版本。

《罗摩克里希那福音书》记录了孟加拉圣人罗摩克里希那与其弟子的对谈。《罗摩克里希那福音书》的作者是一个虔诚的信徒，化名为"M"。此书出版于1897年，由斯瓦米·维韦卡南达（辨喜）传入美国。这部谈话录篇幅较长，文字激昂，其中蕴含的哲思既崇高又复杂。塞林格很可能经过数月甚至数年的研读才领悟到书中的道理。

最初，塞林格在纽约的罗摩克里希那-维韦卡南达中心学习教义。根据该中心的介绍，罗摩克里希那这一生"其实都在不断地冥思神灵"。罗摩克里希那所遵奉的信仰被称为吠檀多，通过《罗摩克里希那福音书》，又将吠檀多思想引入西方。按照维韦卡南达中心的说法，"吠檀多可以总结为如下四个基本原则:众生一神论、灵魂有神论、存在统一论和宗教和谐论"。

首先,也是最重要的,吠檀多推崇一神论,宣称世界上只存在一个神,而且神无处不在。神是唯一的实在,人类对周围事物的命名、区分都不过是虚妄的。众生之间并无差异,因为众生皆神。因此,在吠檀多教义里,每个灵魂都是神圣的,因为灵魂是神的一部分,而身体只是一个躯壳。吠檀多的目的是看到神、与神合一,通过脱离躯壳,感知心灵的圣洁。罗摩克里希那将这种形式的开悟称为"通神意"。根据他的学说,只有通过个人经验才能达到这一境界。吠檀多是一种宽容的哲学,认为所有信仰都是有效的,只要它们指引众人与神相遇。如果没有通神意,宗教就会毫无生气,失去改变个人生命的力量。[23]

罗摩克里希那拥护多种信仰,西方人很少把这些信仰与印度哲学联系在一起。吠檀多断言真理是普遍的,万事万物合而为一。吠檀多与塞林格已经持有的信仰并不相悖,反而支撑并强化了这些信仰,尤其是禅宗佛学。从1952年开始到塞林格出版事业的终结,吠檀多思想在他的作品中根深蒂固。他在1952年遇到的挑战是,如何以最佳方式将这种东方哲学融入美国人的情感,他不能单纯说教,也不能采用一些奇怪的策略,否则读者定然会转身离去。

虽然塞林格确实通过《罗摩克里希那福音书》经历了精神上的顿悟，但是从他的言谈举止上却很难发现顿悟带来的影响。他依然很沮丧、孤僻。多年来，他一直饱受抑郁症的折磨，也许终其一生都未能痊愈。有时他的抑郁症比较严重，甚至无法与人沟通。具有讽刺意味的是，塞林格的抑郁症频频发作，通常是由孤独引起的。可每当他感到郁郁寡欢时，他就会远离他人，由此又加深了产生忧郁的孤独感。

塞林格通过笔下的人物来表达他的惆怅。通过西摩·格拉斯的绝望、霍尔顿·考尔菲尔德的懊恼和X中士的悲伤，读者能感受到塞林格本人的痛苦。然而，大多数角色都获得了救赎，他们往往在人际交往中得到治愈。虽然作者经常分担这些人物的哀伤，但他很少拥有拯救自己的良方。有一段时间，塞林格感到他无法再依附故事里的人物，他们虚构的顿悟已经满足不了他精神上的需求。

塞林格之所以对吠檀多感兴趣，原因很简单。与禅宗不同，吠檀多提供了与神直接接触的渠道，这对塞林格而言极具吸引力。吠檀多给了他希望，借此，他有可能走出抑郁的泥潭，如同他故事里的角色那样体验重生，与自己和周围人再度建立联系，找到神，并通过神获得内心的安宁。

7月，塞林格终于决定重新开始写作，这是他七个月内第4次做出上述声明。他把这次复工归因于七月的炎热天气,而不是任何宗教方面的灵感。事实上,直到11月他才写完下一个故事。等他写完后,这篇故事将承载新的信仰。

…………

到1952年秋天,塞林格清楚地意识到,他在纽约是无法继续写作的。生活在曼哈顿会令人焦虑,这里灯红酒绿,车水马龙,不够清净。在过去的十四个月里,他有七个月都在国外,他没法一边供着曼哈顿的公寓,一边逃离城市,在外面寻找庇护所,因为他根本负担不起公寓的租金。他从《麦田里的守望者》的销售中获得了一笔微薄的收入,但在1952年,谁也没料到这本书能将成功的势头保持下去。因此,塞林格打算厉行节俭,买一套属于自己的房子。这栋房子必须在城外,但不能离《纽约客》编辑部太远。郊区不在他的考虑范围内,这倒不足为奇,他理想的定居地是乡村,童年时他曾在乡间欢度暑假,少年时他又从田园环境中获取灵感。他联系了刚刚离婚的姐姐多罗丝,问她是否愿意陪他找房子。多罗丝欣然同意,她和弟弟,还有小狗本尼一起,动身赶赴新英格兰地区。

他们先来到马萨诸塞州,塞林格立马爱上了安角沿岸的老渔村。他们看了几栋房子,但嫌价格太贵,只好继续寻找。他们沿着康涅狄格河向北进入佛蒙特州,在温莎镇上的一家小餐馆停下来吃午饭。在饭馆里,他们与房地产经纪人希尔达·拉塞尔攀谈起来。她是当地人。她提出带领他们参观新罕布什尔州科尼什附近的一处房产,她觉得那里可能非常适合塞林格。

科尼什村在纽约市以北240英里处,但对塞林格来说,这里仿佛是另一个世界。村子坐落于层峦叠嶂、林木葱郁的群山之间,散发着静谧的气息。他们沿着人迹罕至的车道行驶,望见科尼什的森林、田野和农舍组成一片赏心悦目的风景,只因四周山势起伏,才偶尔被康涅狄格河谷打断。对塞林格而言,科尼什的确是最理想的去处。为了不让别人发现,他找不到比这里更好的地方。这个村庄本身就籍籍无名,村里没有中心区域或者活动场所,没有商业区或工业区。它的美丽和孤寂已经吸引了几代艺术家前来造访。备受推崇的画家马克斯菲尔德·帕里什在此安家,他的画作使科尼什的田园风光名传后世。[01] 20世纪初,著名雕塑家奥古斯塔斯·圣-高登斯落户于此,科尼什因此出名。几十年来,他的工作室一直是艺术家们的灯塔。事实上,拉塞尔推荐给塞林格的房产就是道奇庄园的一部分,房东正是高登斯的孙女。

---

**01** 帕里什1966年去世,享年96岁,此前他一直住在科尼什。不知道这位画家是否见过与他同样有名的邻居。

沿着一条很长的上山小路一直走到头，就能看见这所位于树林深处的房子。在山顶上，树木被砍倒后留下一片空地，上面建有一座红色的谷仓式的小型建筑，这就是拉塞尔口中的"房子"。这片空地的外沿与草地融合并向下延伸，因为下坠的坡度太大，看起来好像一道悬崖。在草地的尽头，一条小溪流进周围郁郁葱葱的林子。站在草地顶端向四周眺望，景色宏伟壮丽：面前是康涅狄格河谷，其间点缀着连绵起伏的田野和林地，远处则是雾霭迷蒙的山脉。这一画面令塞林格惊叹不已。

然而，与周围美景形成鲜明对比的是，这所房子早已破旧不堪，这实际上是个谷仓，年久失修，不宜居住。房子包括一间横梁外露的复式客厅、一间小阁楼和位于主楼侧面的小厨房。多年前有人将房子整体翻修了一次，但在这个穷乡僻壤，它依然缺乏最基本的配套设施。这里没有自来水，没有浴室，也没有暖气来抵御新英格兰的寒冬。尽管有那么多缺点，拉塞尔报出的价格却足以耗尽塞林格的积蓄。他买得起这处房产，但没有钱翻新它。

无论如何，塞林格还是对这所房子抱有极大兴趣，对此他的姐姐大为震惊。多罗丝感到难以置信，毕竟他弟弟是在纽约公园大道长大的，怎么会看上这种房子。多罗丝的前夫是一个成功的服装商人，而她自己则是布鲁明戴尔百货公司的采购员,她一辈子都过得很有格调。但塞林格对简陋的居住条件并不陌生,他曾在冰冷的散兵坑里度过无数个夜晚,也曾在改建的车库和谷仓里艰难地寻求舒适。此外,这是他替霍尔顿·考尔菲尔德实现梦想的机会,逃入一座林间小屋,远离虚伪的社会,钻进自己倒置的森林。这里是写作和冥想的理想场所,在此他可以将想象中的人物从头脑中释放出来。1952年年底之前,他买下了这块90英亩的土地。为了实现霍尔顿的梦想,他将在科尼什度过余生。[24]

............

1951年11月14日,《德·杜米埃-史密斯的忧郁年华》被《纽约客》退稿后,塞林格开始修改一个发生在游轮上的旧故事。[25]我们尚不清楚在3月外出度假前塞林格投入了多少精力写这个故事,但从他的通信来看,那几个月里他似乎没写什么东西。直到1952年秋天,他的写作才重新取得进展,11月22日他的新小说终于脱稿。因此,读者在阅读《特迪》(Teddy)时,能感受到时间上的跨度。故事的开头明显写得较为松散,不如剩余部分那么紧凑。同样显而易见的是,在与利特尔-布朗公司商谈他的小说集时,塞林格希望把《特迪》也收入其中,尽管当时他还没写完这个故事。考虑到这一点,他特意对小说做出了调整,用《特迪》来反衬、补充《香蕉鱼的完美一天》，因为后者是小说集预排的第一个故事。

《罗摩克里希那福音书》使塞林格兴奋不已，他迫不及待地想通过自己的作品来介绍《罗摩克里希那福音书》所传达的价值观。通过《特迪》这篇小说，他把之前嵌入故事里的那些信息，诸如个人冥思、治疗方法以及净化行为，第一次向公众和盘托出。他认为按照《罗摩克里希那福音书》的要求，他有义务向读者开诚布公。

1952年，在大多数美国人看来，他们的生活方式要优于东方文化倡导下的生活方式。塞林格很清楚，这是一种沙文主义思想。他也明白，西方读者不会轻易接受神秘主义或轮回转世等概念。因此，为了传递这些理念，同时保持读者的兴趣，他创造了一个10岁大的美国孩子，出生于中产阶级家庭，聪明伶俐——他很善于塑造这类角色，他也希望美国人会喜欢这个故事。

通过这个故事，读者认识了特迪·麦卡德尔这个非同凡响的人物，他是一个大彻大悟的孩子。小特迪是一个神秘主义智者，也是一个先知，他在精神上追求与神合二为一，以至于他对物质世界的爱恋，包括他对父母的亲情，都化为泡影。故事发生在一艘远洋客轮上。特迪、他的父母和他的妹妹布珀刚结束欧洲之旅，正乘船返回美国。特迪出生后就成了学术界研究的对象。这次去欧洲也不例外，他像一只走秀犬一样，被那些学者和参加宴会的普通人盘问、录像、摆弄。

塞林格把故事最初的场景设置在特迪父母的特等客舱里，他们的皮肤晒得黝黑，因为前一晚喝得太多，显然还萎靡不振。虽然身旁早熟的天才已经醒来活动，但两人依旧赖床不起。特迪聪明的大脑正在以光速运转，这是常人无法办到的。他的父亲是个生性好斗的演员，这会儿心情不好，试图拿儿子立威。特迪的母亲躺在被窝里，一边嘲笑丈夫，一边无精打采地对儿子发号施令，想要激怒孩子的父亲。特迪与父母互动时不带感情。他表面上在听他们说话，但很明显，对于他们所说的内容和说话时的态度，他并不在乎。

特迪站在父母的格拉德斯通手提箱上，身子朝舷窗外探了出去，仿佛这道舷窗是两个世界的接口：窗内是物质的、现实的世界，窗外是精神的、虚幻的世界。不知是谁把一袋橘子皮扔进大海，这又引起了特迪的兴趣。当橘子皮开始下沉时，特迪在想，不久之后橘子皮只会留存在他的记忆中，它们之所以存在，是因为他发现了它们。当他从舷窗向外凝望，陷入唯我论的沉思时，他的父母却在相互谩骂、争论不休。塞林格对人物的描写凸显出他们之间的差异。特迪总是优先考虑精神层面的事物,对周围的物质世界漠不关心。

特迪的父母被描述为贪图物质享受、以自我为中心的人。他们为行李箱的质量吵个没完,而特迪却把行李箱当凳子用。特迪的父亲一心想取回他那架昂贵的徕卡相机,但特迪把它当作玩具送给了妹妹布珀,他对相机的物质价值毫不在意。

特迪对橘子皮的兴趣不仅体现了禅宗的"无常"思想,也传递了吠檀多信仰,即独立于"我"的存在都是一种假象。这些理念为故事的结局埋下伏笔。特迪离开父母的客舱去寻找妹妹。他告诫父母,此后除了在抽象思维中,他们可能再也见不到他了。他说道:"等我走出这扇门后,我也许只会存活在所有熟人的脑海里……我可能就是一片橘子皮。"尽管他说出了这样阴郁的预言,但他临走前还是拒绝"好好地亲母亲一大口"。

特迪达到了罗摩克里希那所说的"通神意"。他感知的是内在的精神,而不是外在的表象。他觉得西方人错误地给人和物品贴上各种标签,而他对此却不屑一顾。相比之下,他的父母只能感受到万物的外壳。他们似乎对特迪的感悟无动于衷,非要把他当成孩子看待。他们精神上的过失表现在言语之中,也导致特迪对他们态度冷淡。虽然特迪仍然尊重他们作为父母的身份,但他已经察觉到他们内在精神的不成熟,所以才用那样的方式对待他们。

看过特迪与父母的相处之道后,读者会发现,特迪对妹妹布珀出奇地宽容,这似乎有点奇怪,因为布珀可能是塞林格笔下最恶毒的小孩。这个残忍的小姑娘声称,她痛恨所有人。[01]但特迪容忍妹妹的理由很简单,他发现布珀的精神之旅才刚刚开始,她还需要在未来经历多次转世。

特迪找到布珀,两人说好在游泳池见面,然后特迪在阳光充足的甲板上找了一把躺椅坐下,开始写日记。正当他埋头写作时,鲍勃·尼科尔森向他走来。鲍勃是某所大学的科研人员,在一次聚会上听到了特迪的采访录音。他迫使特迪与他聊天,向对方提出一连串哲学问题。塞林格刻画尼科尔森这个角色有两个目的:尼科尔森像一块共鸣板,通过与他对谈,特迪可以表达吠檀多和禅宗的理念;而尼科尔森则质疑这些理念,他没把特迪当成孩子,甚至没把他当成人,而是把他当成满足个人求知欲的对象。简而言之,尼科尔森是逻辑的化身,而逻辑毒害了神灵的意识;他代表着理智的力量,这种力量会蒙蔽人们的

---

01 布珀宣布,她"恨这大海上的每一个人!"这句话为故事的设定增加了一个维度,让故事中的人物在一个没有明确边界、没有起点、没有终点的环境中漂流。大海的设定也反映出禅宗和吠檀多对存在的思考。但《特迪》里的人物是实时呈现给读者的,与未来事件并无关联。

双眼，使他们无法寻求精神上的真理。

通过特迪，塞林格阐明了吠檀多的主要原则。他指出，爱和多愁善感是不同的，他声称多愁善感是一种"不可靠的"的情感。在阐述"无执"这一哲学观念时，特迪解释说，身体只是一个躯壳，外在的事物并不真实，只有与神合一才是真实的。特迪早已脱离那些外在的表象，因为他已开悟证道，他能看到事物内在的神性。

为了使西方人理解这些观点，塞林格借用了一个常见的犹太—基督教形象：亚当和夏娃失去天恩，被逐出伊甸园。泰迪告诉鲍勃，亚当和夏娃在伊甸园里吃的那个苹果，里面包含逻辑和智慧，而人类应该把它吐出来才对。他解释说，问题在于人们不想认识事物的真实面目，他们对自我的物质恋恋不舍，不愿放弃躯壳，与神共处。

话题从逻辑到转世，随后又转向死亡。特迪以自己为例，将死亡解释为生命的进程。他说，比如五分钟后他有一堂游泳课，他去上课时可能不知道泳池里已经没水了。也许他走到水池边，被妹妹推下去，头骨碎裂而死。他觉得，如果他以这种方式死去，那就不算是悲剧。他分析道："我只是在做我应该做的事，难道不是吗？"

在此之前，故事里最神秘的事件悄无声息地发生了，读者几乎难以察觉。尼科尔森在特迪旁边的躺椅上坐下，他们聊了一会儿,随后特迪变得心不在焉,他的注意力神秘地转移到了甲板上的运动区域,游泳池就在那里——他仿佛听见那边传来某个隐秘的声音。特迪沉浸在一种难以言明的沉思中,他漫不经心地用松尾芭蕉的俳句打断了尼克尔森:"知了在叫,不知死期快到。"

故事末尾,特迪起身去上游泳课,只留下尼克尔森坐在椅子上,思考着他们刚才的讨论。突然,他从躺椅上跳起来,快步穿越甲板,来到游泳池附近。接下来是塞林格为故事安排的结局,这一结局受到最广泛的批评,这在他发表的小说中尚属首次。尼科尔森还没走到泳池,就听见:

> 一声极为刺耳的、持续的尖叫声——分明是一个小女孩发出的。这声音很响,仿佛是在四堵瓷砖墙内回荡似的。[26]

大多数读者对最后两句话的理解是,特迪死于布珀之手。这个结论来源于特迪自己的预言,故事本身并未点明,塞林格只是用这两句话暗示在空游泳池里发出尖叫的是布珀而不是特迪。因此,读者有三个选项。第一,正如特迪预测的那样,布珀可能将哥哥推下了泳池,企图残忍地谋害他。第二,根据文本,也可能是特迪在妹妹动手前先将她推了下去，因为他已经意识到妹妹构成的威胁。[01]第三种可能是，特迪接受自己的死亡，并允许布珀把他推进空水池里，但因为他已料到布珀的行动，所以他抓住布珀，和她一起掉了下去。如此一来，特迪可能会带领妹妹进入下一次转世。这个天才儿童蔑视西方人对死亡的恐惧，他也许觉得自己有义务加速妹妹的精神之旅，认为在这一过程中，他不过"做了[他]应该做的事情"。

上述三种解释都不完全令人满意。因此，这篇小说的批评者们——他们中的很多人对故事里的东方学说大为不满——干脆强烈反对这个模棱两可的结局，却没有直接谴责他们无法理解的东方文化和哲学。塞林格本人也坦言，这个故事写得有些失败，他承认，虽然《特迪》可能"格外迷人""令人难忘"，但这部作品也"充满了令人不快的争议，而且一点儿也不成功"。[27]

1952年即将结束，塞林格仍然站在一个十字路口：如果他想继续通过小说来呈现宗教教义，就必须找到另一种方式，写出能让《纽约客》发表的故事，同时写出读者能够接受的人物。

---

01　许多学者提出，这种解读虽然缺乏证据，但如果顺着这个思路推测，那么还有另一种可能，即特迪策划谋杀布珀，他先预测自己的死亡，从而推卸责任。这种解读将改变整个故事，使特迪成为塞林格笔下最阴险的角色。

# 11 安顿

> 我会找个地方，用我自己挣的钱盖座小木屋。
>
> 我会把木屋建在树林边上，但不建在林子里面，因为我希望屋子里他妈的一直有阳光。
>
> ——《麦田里的守望者》中的霍尔顿·考尔菲尔德

1953年2月16日，J.D.塞林格正式成为新罕布什尔州科尼什山坡上90英亩地产的所有者。[1]有人认为，塞林格这次搬迁体现了生活对小说的模仿，这种观点很有意思。在《麦田里的守望者》中，霍尔顿·考尔菲尔德梦想着逃到邻近的佛蒙特州，在树林里找一间小木屋，过上与世隔绝的生活。为了不与外界交往，霍尔顿打算装成聋哑人。他有他的道理："这样我下半辈子就再也不用说话了，他们也不会再来烦我。"

那年冬天，塞林格满心欢喜，去林子里砍柴，去溪流旁打水。这是他第一次真正拥有一所房子。他试图在这里锻造新生活，不再做冷若冰霜、满腹牢骚的房客，而是积极充当社区的一员。他把科尼什想象成这样一个地方：在这里，他可以安静地写作，融入周围的世界，获得真正的幸福。如果塞林格确实与霍尔顿拥有共同的梦想，那么他所希望的并不是退隐山林，而是找到一个属于自己的地方。

科尼什的确产生了惊人的影响。1952年那段消沉的日子结束后，塞林格在科尼什找回了纯粹的幸福，而他上一次品尝到幸福的滋味要追溯到第二次世界大战爆发之前。他迫不及待地动手整修新房子，要使他的陋舍成为名副其实的家。他把最后一点积蓄凑在一起，找人修缮房子，填补房体上的裂缝，安装防风窗，清理地面。然后，他四处走动，开始与新邻居建立联系。

康涅狄格河从科尼什村流过，这条河也是新罕布什尔州和佛蒙特州的分界线。村子里没有居民可以聚集的场所，因此该地区的社交生活主要集中在附近佛蒙特州的温莎镇上。温莎镇规模也不大，但有不少商店，在乡村环境中可以算作商业区。1953年，镇上有家名为哈林顿温泉的咖啡馆，还有一家叫作"瞌睡"的午餐店，当地的高中生都喜欢在这两家店里聚会。塞林格经常穿过一座古老的廊桥进入温莎镇，来这里取信或购买日用品，他希望自己能和镇上的人打成一片。哈林顿温泉和瞌睡午餐馆都是塞林格经常光顾的地方，所以他必然会与温莎高中的学生相遇。

1952年11月20日，塞林格找到著名的人像摄影师安东尼·迪·杰苏。他希望拍一张肖像照送给母亲和未婚妻（迪·杰苏声称，塞林格使用的是"未婚妻"一词[01]）。

---

[01] 迪·杰苏说，塞林格想为未婚妻拍一张肖像照，此事未必没有可能。尽管杰苏的回忆可能出现错误，毕竟他是在回忆三十年前的事。然而1952年年底，塞林格确实与神秘的"玛丽"或克莱尔·道格拉斯谈过恋爱。

我当时还不太(了解)情况,所以我摆好相机,打开灯光,让他坐下来。他的表情非常僵硬,自我意识很强,(结果)我无计可施。什么也没发生。后来我想了个办法,这个办法我还没在成年人身上用过。我先告退,回到公寓,再下来时手里拿着《麦田里的守望者》……然后我建议他爱干什么就干什么。自己读书,大声朗读或者抽烟都行……我拍了48张5×7厘米的底片,有严肃的、沉思的、微笑的、大笑的、放声大笑的。[01]

迪·杰苏的叙述表明,搬到科尼什后,塞林格心里还住着一个孩子,他依然保有那份童真。塞林格仍然能与自己童年的残迹发生联系,这使他拥有少年的洞察力,从而创造出霍尔顿·考尔菲尔德这样的人物。[02]

既然有如此背景,塞林格自然而然地和当地的青少年相处融洽。不久,他开始频频光顾咖啡馆,混在学生堆里。他经常请学生们吃东西、喝饮料,和他们交谈,有时一聊就是几小时。在一些日子里,他允许一批又一批少年挤进

---

01 摘自安东尼·迪·杰苏未出版的回忆录,由圣迭戈历史学会提供。塞林格允许迪·杰苏为他拍摄48张照片,这足以证明杰苏的方法是成功的。相比之下,在塞林格离开她的工作室之前,著名摄影师洛蒂·雅各比想方设法才拍了两张照片。

02 塞林格要求迪·杰苏不要展示他拍摄的任何照片,三十年来,这位摄影师一直信守承诺。杰苏问塞林格为什么这么不愿意被认出来,塞林格回答说,要是人们认出他,他们的反应就会变得很奇怪,生怕被他写进小说里。

他的吉普车，这辆车还是他之前为找房子而买的，等大家都上车后他就开车回家。他和少年们在家里讨论彼此的生活。他们谈论学校、运动、人际关系，经常一边说一边听音乐、吃零食。一个学生回忆道："他好像是我们中的一员，只是他不像我们会做傻事。他总是知道我们谁和谁关系好，如果有人在学校里碰到麻烦，我们就找他帮忙，尤其是那些叛逆的孩子。"[2]

尽管塞林格已经34岁了，还是一位知名作家，但和这些青少年在一起时，他却感到特别轻松愉快，仿佛通过他们，他重温了自己的青春岁月——而这一次，他是群体中最受欢迎的成员。不过，在与年轻朋友相处时，塞林格从未忘记自己是个成年人。他陪孩子们参加体育活动，带他们去户外露营。他得到家长们的充分信任，被推选为当地教会青年团的负责人。从各个渠道的消息来看，他的行为光明正大，是个心满意足的监护人。虽然他是成年人，却能以非同寻常的悟性理解青少年的所思所想。

…………

塞林格没有把自己的社交范围局限于青少年群体。在科尼什许多成年居民的回忆中，他为人友善，能说会道，常常拜访邻居，举办鸡尾酒会。在招待客人时，他渴望与大家讨论宗教问题和地方事件，演示冥想和瑜伽的方法，炫耀新居发生的变化。他还效仿当地人，开始过一种简单的乡绅生活。他砍去了小屋周围的一些树木，让这里"充满未知"。他还开垦出一片菜园，在里面种上玉米。这些事都是乡下邻居们的日常活动。通过和老乡们做一样的事，塞林格感到自己逐渐成了村里的一员。

为了创建新生活，塞林格暂时放慢了事业上的步伐。好几次他要出差去纽约办事，但因为忙于装修房子，不得不取消行程。其中最引人注目的一次是在2月份，他取消了与杰米·汉密尔顿的会面。两人原本计划讨论即将在英国出版塞林格短篇小说集一事。但在最后一刻，塞林格说他没法离开科尼什。这个借口是他随便捏造的：他和汉密尔顿在出版小说集这件事上产生了一些分歧，所以这次会面未能如期举行，他很可能还觉得挺高兴呢。

1952年11月，塞林格与汉密尔顿的关系第一次出现裂痕。汉密尔顿对《罗摩克里希那福音书》的反应出乎塞林格的预料，更不是他所希望的。当汉密尔顿收到这部皇皇巨著时，他惊呆了。显然，他要是在英国出版这本书，肯定一分钱都赚不到。事实上，他自己都没法从头到尾通读一遍。

汉密尔顿似乎有意回避出版《罗摩克里希那福音书》这个话题，可塞林格却一再催促，要他赶紧出书。最后，汉密尔顿尴尬地承认，他无法读透这部巨著。他坦白道："对于《罗摩克里希那福音书》一事,我感到非常愧疚。书稿安全地送到了我手里,我也怀着愉快的心情读了大部分内容,而且受益良多,但我得承认,有些部分我并没看懂。"³ 汉密尔顿声称,另有一家出版商正在考虑出版删减后的《罗摩克里希那福音书》,因此他就无法推出完整版一事请求塞林格的原谅。塞林格告诉汉密尔顿,他理解对方的决定。表面上他不在意这次分歧,但在内心深处,他感到伤心和失望,因为汉密尔顿没能像他一样,对如此重要的话题充满热情。

塞林格的短篇小说集即将出版,这时更大的分歧产生了。奥伯联营公司已经与利特尔-布朗公司商定,在早春出版小说集,选择这个时间是为了配合《麦田里的守望者》平装本的发行。在《麦田里的守望者》出版时,塞林格曾与出版商闹过一些矛盾,因此这一次利特尔-布朗和哈米什·汉密尔顿公司都不愿意就即将出版的文集提出不同意见。而在塞林格这边,他变得更加固执了。

从小说《特迪》一事上就能看出塞林格的固执。显然,塞林格认为《特迪》写得很不错,与他最优秀的作品不相上下。他希望把《特迪》收入即将出版的小说集,这是他已经敲定的事。《特迪》同样被送到《纽约客》编辑部,尽管它具有浓厚的宗教色彩,结局令人震惊,但威廉·麦克斯韦尔和格斯·洛布拉诺都同意发表这篇小说。当时洛布拉诺还在为威廉·肖恩升职一事快快不乐，他和麦克斯韦尔的位子都没坐稳，所以没有足够的实力去挑战塞林格，毕竟此时的塞林格已经成为杂志重要的撰稿人。1953年1月31日，《纽约客》发表了短篇小说《特迪》。读者来信犹如决堤之水，迅速将塞林格淹没，他因《特迪》收到的信件甚至比《致爱丝梅——怀着爱与污浊》的还要多。大多数读者的反应是愤怒，但塞林格仍然我行我素、无所畏惧，从未考虑过要把这个故事从小说集里拿掉。

在给小说集起名时，塞林格依旧展现出强硬的姿态。1952年11月，他选出9个最好的作品，包括刚刚写完的《特迪》，组成文集。他下定决心，不以其中任何一个故事的名字作为整部文集的标题。他向杰米·汉密尔顿表达了上述想法，诸如"香蕉鱼的完美一天及其他故事"这样的标题并不在他的考虑范围内。接下来，塞林格推测："最后我可能就把这个文集叫作'九故事'。"[4]汉密尔顿对他的提议感到震惊。塞林格坚决反对的那种书名正是汉密尔顿所设想的。有趣的是，他原本计划将英国版命名为"致爱丝梅——怀着爱与污浊及其他故事"，所以塞林格的建议让他难以置信。他声称，"九故事"这个名字"对任何一本即将出版的书来说，都将是一个巨大缺陷，我们真诚地希望你不是认真的"[5]。但塞林格确实是认真的,汉密尔顿的反应令他怫然不悦。

1953年3月,图章出版公司(新美国图书馆出版公司的子公司)推出平装版《麦田里的守望者》,售价50美分。小说的外部设计令塞林格感到厌烦,但他在1951年就被迫同意了出版商的方案,现在已无力更改。封面上的那幅画,塞林格两年前就强烈反对。画上的霍尔顿·考尔菲尔德戴着红色猎人帽,提着行李箱,用他天真的目光凝视着一家乌烟瘴气的夜总会。站在霍尔顿身旁的显然是个"堕落的女人",她在点燃一根被禁止吸食的香烟。艳俗的封面预示着小说内容极具挑逗性。封面上写着:"这本不同寻常的书可能会让你震惊,必定会让你大笑,也可能让你心碎——但你永远不会忘记它。"封底上的宣传语称《麦田里的守望者》是"轰动文坛之作",此外还印有六行作者简介,但其中没有包含新的信息。

幸好塞林格对《麦田里的守望者》平装版的发行满不在乎,对他来说,这件事不过是短篇小说集出版前的序曲,此时他已拿定主意,要把小说集命名为"九故事"。然而,图章出版公司在推《麦田里的守望者》时的所作所为使塞林格更加坚信,他需要盯紧利特尔-布朗出版公司,因为《麦田里的守望者》平装版的版权在这家公司手里,他们要为图章出版公司犯下的错误负责。在塞林格眼里,利特尔-布朗只管卖书挣钱,完全不在乎如何表现艺术。事实上,塞林格甚至拒绝提及出版商的名字,而是嘲讽地称其为"畅销书出版社"。这一次,他要按自己的想法设计图书:《九故事》的封面上没有插图,作家简介也不见了,只说该作者写过《麦田里的守望者》;塞林格的照片也被撤掉。在这一点上,他的态度异常坚决。

1953年4月6日,《九故事》出版。小说集以《香蕉鱼的完美一天》开始,以《特迪》结尾,收录了1948年至1953年间塞林格在《纽约客》上发表的所有短篇,还包括他在其他杂志上发表的《下到小船里》和《德·杜米埃-史密斯的忧郁年华》。在献词中,塞林格理所当然地把这本选集献给他的编辑格斯·洛布拉诺和经纪人多萝西·奥尔丁,要不是他们,选集里恐怕没几个故事能呈现在读者面前。当塞林格终于拿到他盼望多年的小说集时却大失所望,他说,这本书看起来很平庸、软弱无力。[6]但毫无疑问,《九故事》将会成为畅销之作。《麦田里的守望者》平装版的发行重新点燃了读者对塞林格的兴趣。最引人注意的是,青年读者得以阅读《麦田里的守望者》,这使公众对小说集充满了期待。然而,对《九故事》来说,《麦田里的守望者》的成功不是一件好事。

评论界对《九故事》的反应尚佳，有赞许有推崇。大多数批评针对的不是塞林格的写作技艺，在这方面他的实力毋庸置疑，许多批评认为，小说集的质量无法与《麦田里的守望者》比肩。虽然这种观点有失公允，但比较是不可避免的。4月9日，《纽约时报》的查尔斯·普尔指出，《九故事》"不知怎么的，让人感到失望，其作者还是1951年推出首部优秀长篇小说的人"。接下来，普尔解释了目前困扰塞林格的难题。他说："要当一名杰出作家，塞林格不得不付出点代价。结果就是，他写了一本小说集，却遭到我们的抱怨。要是换成十几个稍有天赋、脑子顽固的年轻作家，这部集子足以让他们中的任何一人名声大噪。我们之所以抱怨，是因为小说集比不上《麦田里的守望者》。"[7]他接着感慨，"在（塞林格塑造的）人物的神经上弹奏曲调是件相当枯燥的事。"随后，他将矛头指向《香蕉鱼的完美一天》和《特迪》，批评它们的结局仿佛带给读者"砰！砰！"两下重击，但他赞美《致爱丝梅——怀着爱与污浊》是最伟大的反映第二次世界大战的小说。在为《九故事》写的众多书评中，普尔的观点较为典型。他既肯定了塞林格的才华，同时也表达了内心的失望，因为塞林格没能完全达到人们的期望。

与普尔相比，小说家尤多拉·韦尔蒂尤的意见更加宽容，她在4月5日的《纽约时报书评》上发表了评论文章。韦尔蒂对塞林格赞不绝口,称他是一位艺术家,夸他的作品"新颖、一流、严肃而美丽"。韦尔蒂是塞林格的朋友,对他格外理解,尽管友谊使她难以保持中立,但毫无疑问,她对《九故事》的分析可谓鞭辟入里。她指出:"塞林格先生的短篇小说尊重世界上每一个人的独特属性和宝贵品质。这些故事的作者有勇气——这份勇气更像是赢来的权利和特权——来进行文学试验,即使不被众人理解。"[8]

《九故事》只要一上架就被读者争相抢购。这本书很快上升到《纽约时报》畅销书排行榜的第九名,并在接下来的三个月里一直保持在前二十名的位置。这是一项罕见的成就。短篇小说集的销量通常远远逊色于长篇小说,所以这一成绩非常了不起。《九故事》的宣传不够充分,也没有附加诱人的作者小传,这本选集的成功似乎证明塞林格对宣传的蔑视并无不当。他心意已决,今后要保证自己对作品有更大的话语权。

塞林格决定不去理会那些书评。小说集发行后一连数周,他尽量远离报纸和杂志,并告诉多萝西·奥尔丁和格斯·洛布拉诺不要让别人给他寄书评或剪报。他说他害怕被公众的关注搅乱情绪,还解释说他人的审视会使他分心,无法专心写作。[9]

与此同时,关于小说集在英国发行一事,塞林格与哈米什·汉密尔顿出版公司最终达成了协议。塞林格一反常态，同意汉密尔顿提出的书名，这显然是为了维护两人的友情。6月，汉密尔顿出版《九故事》，但英国版的名字是《致爱丝梅——怀着爱与污浊及其他故事》。正如《麦田里的守望者》，小说集在英国也反响平平，销量一直上不去。这是汉密尔顿第二次因为塞林格蒙受损失。他对作者的才华没有丝毫怀疑，但他的友谊开始与他的商业头脑发生冲突，而他的人生之所以能不断前进，靠的就是商业头脑。几个星期过去了，销售量却一再下滑，他开始考虑如何才能从这项风险投资中获取收益。

................

如今，读者应从两个层面理解《九故事》：一、这是一部作品合集，每个故事自成一体，相互之间并无紧密联系；二、这是一部编年史，记录了塞林格精神探索的轨迹。1953年，吉尔伯特·海特为《哈泼斯》杂志撰写评论《九故事》的文章。《下到小船里》就是在这本杂志上发表的，他当时就提出了类似的观点，其目光之敏锐着实令人钦佩。海特凭借直觉感受到塞林格在每一个故事中的存在。他还认为，通过《九故事》，读者可以经历作者自我反省的各个阶段。但他也表达了自己的担忧，他担心塞林格关注的问题太过狭隘，这将限制他卓越的才华。海特在《九故事》的每个故事里都能看见同一个人，这个人就是塞林格："一个瘦弱、紧张、聪明的人，正处于崩溃边缘：我们看到他处于人生的不同阶段，孩童，青少年，或是二十多岁、漫无目的的年轻人。"

当我们把九个故事拼在一起后，就能清楚地发现，每篇故事都是塞林格精神之旅的一个足迹。选集的第一个故事《香蕉鱼的完美一天》透露出无可救药的绝望，接下来的三个故事《康涅狄格州的威格利叔叔》《就在与爱斯基摩人开战前》《大笑的男人》将这种绝望融入日常生活的每一刻。《九故事》的第一部分以凄凉的文字描述了当代美国社会固有的精神痛苦。故事里的人物徒劳地挣扎着，希望挣脱人性黑暗的一面。但《九故事》也带来希望，从《下到小船里》开始，小说集中的哲学出现了变化。前四个故事里弥漫着绝望之情，而《下到小船里》用真爱代替绝望，将读者解救出来。自此，希望的力量贯穿于全书的剩余部分，唯一的例外大概是《美唇碧眼》，这部作品在小说集里显得格格不入。塞林格一直相信，人与人的联系能够产生力量。在《致爱丝梅——怀着爱与污浊》中，这一简单程式开始具备魔力，直到在《德·杜米埃-史密斯的忧郁年华》里，由人际关系提供的感悟彻底变为精神事件。小说集的最后一个故事是《特迪》，如果说《九故事》代表了一段旅程，那么《特迪》就是旅行的终点。读者通过阅读《特迪》达到了新的境界，至此，人际联系产生的爱进一步转化为信仰，使人与神融为一体。

许多评论家和学者认为，《特迪》是对《香蕉鱼的完美一天》的重述。塞林格本人也强化了这一观点，他在《西摩：小传》中将特迪的眼睛与西摩·格拉斯的眼睛进行了对比。作者故意把《香蕉鱼的完美一天》和《特迪》放在《九故事》的一头一尾，这种安排具有象征意义，而且两篇小说的出版日期正好相隔五年。两个故事的结局都好像"砰！砰！"两下重击，主角最后都死了。两个悲剧的结尾都与水和小女孩有关。西摩·格拉斯和泰迪·麦卡德尔都与世界保持距离，虽然都被世界置于死地。很明显，塞林格是想换个角度，用特迪的死来重新解释西摩的自杀行为，试图说明西摩在精神上对死亡的接受，这是《香蕉鱼的完美一天》没有提供的思路。换句话说，塞林格用《特迪》重写了《香蕉鱼的完美一天》，或者至少改变了读者解读《香蕉鱼的完美一天》的方向。

…………

1953年年中，塞林格感到既快乐又满足。他在科尼什的新家里过得逍遥自在，他正把这里改造成舒适的乡间小别墅。他和新邻居友好相处，他们似乎都很喜欢他，他与当地的年轻人也建立了一种相互满意、和谐友善的关系。同时，科尼什激发了塞林格的创造力，他声称自己正在写的作品是迄今为止最好的。[10]平装版《麦田里的守望者》顺利发行，《九故事》好评如潮，他的事业可谓蒸蒸日上。塞林格似乎终于找到了适合自己的生活，霍尔顿·考尔菲尔德的梦想——这是他真正的归宿。

在这几个月里，塞林格的信件中并未提及神秘的"玛丽"，但克莱尔·道格拉斯再次出现，与他共度幸福时光。克莱尔当时19岁，比塞林格小15岁，就读于拉德克利夫学院。克莱尔的父亲比她母亲大35岁，所以对克莱尔来说，年龄差距根本不是问题，但塞林格还是担心他们的关系会引发流言蜚语。他小心翼翼，尽量不让外人知晓这段恋情。他们兴致勃勃地使出各种诡计，背着别人偷偷见面，甚至编造一些假想的朋友来解释克莱尔周末离校的原因。很快，塞林格爱上了克莱尔，而克莱尔的世界也开始围绕着塞林格旋转，她接纳了他的宗教、观点和品位。

这种和谐是短暂的。据克莱尔所说，塞林格要她退学，搬进科尼什小屋和他同居，一如霍尔顿·考尔菲尔德对萨莉·海斯提出的请求。但克莱尔没有同意，塞林格便逃跑了。克莱尔后来回忆说："在读书这件事上我和他意见不同，然后他就消失了。"[11]

当时，塞林格并不是克莱尔唯一的约会对象。她还在接触23岁的哈佛商学院MBA学生小科尔曼·M.莫克勒，此人是她在学校里认识的。莫克勒对艺术很敏感，为人谦逊，很讲原则，是个强有力的竞争者。又多了一个爱慕克莱尔的人，塞林格为此大为苦恼。他知道克莱尔上学时很可能与莫克勒朝夕相伴，因此他请克莱尔离开学校，搬到科尼什去，显然是想获得她的爱，让她远离自己的竞争对手。克莱尔的回答非常明确，而她的选择开始瓦解塞林格的满足感。她不仅拒绝了塞林格的请求，并在1953年夏天和莫克勒一起返回欧洲。他们在意大利逗留一阵，克莱尔很可能把莫克勒介绍给了她的母亲。[12]她决定在海外与塞林格的竞争对手度过夏天，这自然给两人的关系泼了一盆冷水。9月中旬，克莱尔从欧洲回来，但塞林格拒绝见她。

11月发生的一件事加剧了塞林格与克莱尔·道格拉斯之间的不和。他在温莎高中的朋友里有一个叫雪莉·布莱妮的高三学生。为了完成学校布置的课题，布莱妮希望采访塞林格，塞林格慨然应允。11月9日，他们在哈林顿温泉咖啡馆见面。塞林格点好午餐，布莱妮（由一个朋友作陪）开始进行采访。女孩提出的问题都很直接，却并不让人讨厌：塞林格在何处上学？他何时开始写作？他在战争期间做了什么？《麦田里的守望者》是否带有自传性质？布莱妮问的这些问题,塞林格以前都回答过,尤其是在接受威廉·麦克斯韦尔的采访时,那次专访是每月一书俱乐部安排的。他现在把布莱妮当作朋友,以天真坦率的态度对待她,因此在回答问题时并无顾虑。

1953年11月13日,雪莉·布莱妮的采访出现在当地报纸《每日鹰报》上,而不是温莎高中的课题报告里。文章篇幅较短,文笔幼稚,错误百出。比如,它把作者在纽约大学就读的时间延长了一年,说索尔·塞林格和儿子一起前往奥地利和波兰,还把塞林格服兵役的时间少写了两年。布莱妮声称,塞林格即将赶赴伦敦拍摄电影,科尼什的房子是他两年前就买下的。她显然把这些事弄错了。这篇文章最令人印象深刻的是塞林格针对《麦田里的守望者》所发表的言论。当被问及这部小说是否具有自传性质时,塞林格显得颇为犹豫。他支支吾吾地说:"算是吧。写完这本书后,我如释重负。我的少年时代和书中男孩的少年时代非常相似。向读者倾吐这些经历是一种极大的解脱。"这句话至今仍被频繁引用,但同样地,塞林格对威廉·麦克斯威尔也曾说过类似的话,他没有透露什么新信息。

  在文章开头,布莱妮用寥寥数语简单地描述了塞林格,这段文字令作家喜忧参半:

> 塞林格先生是所有高中生的好朋友,他也有许多年长的朋友,尽管他来这里不过几年时间。他很少与人打交道,只想一个人静静地写作。他个子高高的,长得像外国人,34岁,性格讨人喜欢。[01]

这篇文章使塞林格受到了深深的伤害。布莱妮欺骗了他,她说采访塞林格是为了完成学校的课题,但她的真实目的并非如此。显然,《每日鹰报》利用了这个年轻的姑娘,但这不是重点。对塞林格来说,这件事意味着,他离开纽约时想要逃避的那些东西依然存在,在这个看似恬静的社区里,那些奸猾的计谋以及对隐私的窥探并未消失。

克莱尔变心后不久又发生了这件事,所以塞林格的反应比较极端。他不再去温莎镇,结束了与学生们的友谊。他开始避开邻居。鸡尾酒会、篮球比赛、哈林顿温泉咖啡馆的午餐,边听唱片边吃薯片的谈话,这一切都没有了。

---

[01] 在对塞林格的描述中,"长得像外国人"和"异国情调"是反复出现的用词。毫无疑问,这些表述说明了塞林格作为犹太人的特点。

就像远离纽约市民那样，塞林格不再与科尼什村的人交往。当学生们来到他的小屋打探究竟时，塞林格一动不动地坐在屋里，假装不在家。数周之内，他开始在房子周围修筑篱笆。

从那时起，J.D.塞林格不再渴望融入当地社群，而是集中精力，以自己的方式追求舒适的生活。在1953年的最后一幕里，塞林格的生活又一次像极了他的艺术，只不过是以悲剧收尾。《每日鹰报》上的文章对作家造成的影响与最后那句"滚你妈的"对霍尔顿产生的效应毫无二致。正如霍尔顿那样，塞林格也被迫屈服于可悲的现实之中，这一现实是霍尔顿早已承认的。

> 你永远找不到一个美好而且安静的地方，因为这种地方压根儿不存在。你可能以为有，但等你到了那里，趁你不注意的当儿，有人会偷偷溜进来，在你眼皮底下写上"滚你妈的"。[13]

## 12 弗兰妮

1953年冬天，塞林格与克莱尔·道格拉斯分手，此事可能令他陷入孤独，但对克莱尔来说，其影响是灾难性的。当塞林格从视线里消失后，克莱尔以为他已经离开美国，结果她一下子病倒了。

1954年最初那几天，克莱尔被诊断出患有腺热并住院治疗。医生还决定切除她的阑尾，这使她不仅在身体上有所缺失，在情感上也疲惫不堪。在这场磨难中，她始终没有听闻塞林格的任何消息。守在她病床边的是科尔曼·莫克勒。他给予克莱尔关注和爱意，而这些正是她所需要的。与此同时，趁着克莱尔身心脆弱，他不断地向她求婚。克莱尔最终同意了，他们很快结为夫妇。

关于克莱尔的第一任丈夫，外界知之甚少。1961年，克莱尔同父异母的哥哥加文接受了《时代》杂志的采访。他给出的评价模棱两可，他说莫克勒"不是坏人……但他是个混蛋"。事实上，莫克勒的后半生非同凡响。许多奖学金和基金会都以他的名字命名，其中大多数还与宗教有关。后来，他担任吉列公司首席执行官，取得了巨大成就。他能同时在事业、家庭生活和强烈的宗教信仰之间保持平衡，是个令人钦佩的人物。

正是莫克勒虔诚的宗教信仰塑造了他与克莱尔的婚姻，并对小说《弗兰妮》造成影响。根据莫克勒第二任妻子的说法，在与克莱尔结婚前后，他经历了一次深刻的宗教转变。由于克莱尔已经接受了塞林格的宗教观，莫克勒的转变可能使克莱尔陷入一场危机。[1]一边是日益强烈的禅宗和吠檀多信仰，一边是丈夫的基督教原教旨主义信仰，她必须做出选择。克莱尔的决定似乎迅速且果断。与莫克勒在一起仅仅几个月后，她就回到了塞林格身边，她的第一段婚姻也宣告结束。

当时的克莱尔最适合塞林格，哪怕是塞林格亲手捏出来的，都没她本人合适。她的生活与小说中的人物爱丝梅有着惊人的相似之处。1933年11月26日，克莱尔·道格拉斯出生于伦敦。塞林格热爱英国的一切，克莱尔的国籍无疑增加了她的吸引力。和爱丝梅一样，克莱尔由一位家庭女教师带大，在第二次世界大战的战火中度过了童年。1939年，为了躲避空袭，她和同父异母的哥哥加文离开伦敦，来到乡下。克莱尔被送进修道院，而他们的父母则继续留在首都。1940年，这家人在伦敦的房子被炸毁。那一年，克莱尔6岁，加文8岁，为了保障孩子们的安全，母亲将他们带出英国，并护送他们前往美国。

1940年7月7日，琼·道格拉斯和两个孩子乘坐塞西亚号抵达纽约。[2]一到美国，克莱尔的母亲就留在纽约等待丈夫的到来，而他们的孩子则被好几个家庭收养。1941年，克莱尔的父母已经在曼哈顿定居，但他们尚未与孩子团聚，两个孩子继续辗转于多个寄养家庭。³所以，虽然克莱尔和加文的父母在战争期间仍然健在，但他们与孩子长期分离，这种情况正如爱丝梅和查尔斯那样，他们的父亲因为死亡无法与子女相聚。

尽管塞林格可以在他的故事中给予爱丝梅和查尔斯精神和情感上的依托，但在现实生活中，战争产生了巨大影响，使克莱尔和加文失去方向。加文受到的打击尤为严重，与《致爱丝梅——怀着爱与污浊》里的查尔斯不同，战争爆发后，加文发生了变化，他无法奇迹般地保持故我。道格拉斯家的孩子们漂泊无依，被一户人家撵去另一户人家，在战争结束前他们已经与七个寄养家庭相处过。[01]之后，克莱尔又被送去和修女们住在一起。这一次是在纽约州萨芬村的玛丽德尔修道院。后来她又搬到希普利上学，1950年她在那里遇到了塞林格。

考虑到克莱尔经历的风风雨雨，人们就很容易理解塞林格为何在她面前扮演了多种角色：他是克莱尔的父亲、老师、保护者和恋人。而对塞林格来说，克莱尔的成长背

---

[01] 其中一户寄养家庭位于新泽西州的西格特。此地距离乌娜·奥尼尔的家不远，与《一个在法国的男孩》里的玛蒂·格拉德韦尔提到的马纳斯昆镇也相距不远。她是在写给哥哥贝比的信中提到这座小镇的。

景、她的年轻美貌和楚楚动人的魅力很可能使她成了爱丝梅的化身。夫妻俩还有许多共同爱好，他们都沉迷于宗教。在希普利中学，克莱尔在戏剧、语言和体育课上表现优异，同样，塞林格在福吉谷时也很擅长这些科目。克莱尔是个聪明的女人，在国内几所名校里都是优等生。尽管1954年的她娇柔虚弱，但她并不是空洞的容器，任由塞林格往里面填充奇思妙想。她深深地爱着塞林格，拥有一种不可思议的力量，能让他脱离自我防御。每当塞林格和克莱尔在一起，他都会放下防备，变得顽皮活泼，能够重新找回少年时的纯真。克莱尔把他从孤独和抑郁中拯救出来，她自己可能也知道这一点。在两人生命中的那个阶段，他们需要的正是彼此。是时候安定下来了，忘记过去，开始新的生活。

1954年，塞林格关注的焦点是他和克莱尔·道格拉斯的关系，所以那一年他没有发表新作品，但他的写作事业并未陷入沉寂，《麦田里的守望者》和《九故事》的销售速度依旧十分惊人。此外，这一年里他的几个作品还被收入不同的选集。《康涅狄格州的威格利叔叔》出现在戴尔出版公司的《美国短篇小说佳作》中；曼哈顿的班塔姆公司重印了《就在与爱斯基摩人开战前》，收入《来自伟大城市心脏的故事》；《九故事》的平装本由新美国图书馆公司出版，这版封面上仍然没有插图。

塞林格作品的知名度不断提高，此时劳伦斯·奥利弗爵士通过杰米·汉密尔顿找到塞林格，他打算把《致爱丝梅——怀着爱与污浊》改编成BBC广播剧，因此希望征得对方同意。汉密尔顿说："我特别渴望收入《致爱丝梅——怀着爱与污浊》，希望你能同意。"在奥利弗制作的系列广播剧中，塞林格将会成为唯一入选的当代作家，他应该感到荣幸，但还是拒绝了。《我心愚钝》被改编一事仍使他记忆犹新，他不允许任何人演绎《致爱丝梅——怀着爱与污浊》，就连奥利弗也不例外，他生怕这么做会违背原作的精神主旨。因为有了1951年那次尴尬的晚宴，奥利弗没想到塞林格会拒绝他。如果说奥利弗感受到的是惊讶，那么杰米·汉密尔顿则觉得自己碰了一鼻子灰。

…………

塞林格与克莱尔戏剧性的关系为小说《弗兰妮》提供了素材，这是他在1954年完成的唯一的作品。自该书问世以来，学者们一直认为克莱尔是弗兰妮这个人物的原型。塞林格经常把个人生活写进小说，毫无疑问，弗兰妮对应的正是克莱尔·道格拉斯。她哥哥加文也认同这一观点。1961年，他接受《时代》杂志采访时表示，故事里弗兰妮携带的那只"白色皮革镶边、深蓝色的包"，就是克莱尔与科尔曼·莫克勒见面时拿的包。加文还轻蔑地指责塞林格，说他在写这篇小说时把推动故事发展的耶稣祷文强加给他妹妹。加文回忆说："她从此对耶稣祷文念念不忘，杰里能让人对某些事上瘾，他在这方面很有一套。"尽管这是加文对塞林格的嘲讽，但他的说法从未遭到怀疑。如果这是真的，那么我们应该同情塞林格，因为读者很少重视这些祷告词。

将小说《弗兰妮》与现实事件进行对比后，我们还能发现另一个相似点，那就是弗兰妮的男友赖恩·库特尔。早已有人推测，赖恩这一人物的创作灵感来源于克莱尔的第一任丈夫。然而，塞林格笔下的赖恩自视甚高，爱摆架子，他太过理智，无法回应弗兰妮的精神需求。事实上，与故事里的弗兰妮一起经历宗教转变的是莫克勒，而不是克莱尔，虽然这件事可能确实引发了克莱尔内心的精神危机。

不过，塞林格似乎早在克莱尔短暂的婚姻之前就设计好了《弗兰妮》的基本情节。实际上，这部作品的构思大概可以追溯到《麦田里的守望者》出版那年。1951年，当《德·杜米埃-史密斯的忧郁年华》被《纽约客》退稿时，塞林格告诉格斯·洛布拉诺，他正在考虑写"那篇大学的故事"。[4]所以，尽管塞林格可能在《弗兰妮》中添加了大量个人经历，但这篇小说并不是在复述他自己的恋情。塞林格笔下的许多角色都取材于真实人物，但作者的想象力很快占据上风,掩盖了角色的现实来源。因此,赖恩·库特尔可能并不是科尔曼·莫克勒,正如罗伯特·阿克利未必是塞林格的同学,雷蒙德·福特也不是查尔斯·汉森·汤。

…………

《弗兰妮》讲述了一个年轻女子的故事,她对周围人的价值观提出疑问。她相信比起自私自利和竞争,生活中一定还有更重要的东西,所以决心从精神上寻觅幸福。急于领悟真理的弗兰妮偶然间读到一本绿色封皮的小书,此书名为《朝圣之旅》,她立刻迷上了这本书。[01]读者们很快发现,弗兰妮是被这本书的内容所吸引——一个四处游历的俄罗斯农民试图实现《圣经》中"不停祈祷"的劝诫,她沉迷于书中的耶稣祷文。"我主耶稣基督,请怜悯我",她不断重复这句祷告词,直到它与心跳同步,能使祈祷自动地进行下去。

乍看之下,《弗兰妮》似乎是一部相对静态的文学作品。故事几乎全部由对话组成,说话的人只有两个,地点也未发生多大变化。然而,在这部作品中,塞林格出色地操纵着叙事视角的转化。故事一开始,第三人称叙述揭示

---

[01] 后来塞林格把弗兰妮写成格拉斯家的孩子,并且改变了她与《朝圣之旅》的相遇方式。在《弗兰妮》中,她在宗教课堂上发现了这本书,但在《祖伊》中,她是在已故哥哥西摩的桌子上发现《朝圣之旅》的。

了人物的动机和心理，引导读者毫不费力地进入故事情境。等到读者处于较为舒适的阅读状态后，叙述者便悄然离去。当弗兰妮开始与男友赖恩产生矛盾时，叙述者不再说明弗兰妮内心的想法。为了理解她的动机，读者被迫将注意力放在对话上。在故事的结尾，叙述口吻变得十分冷漠。叙述者只是在转述事件，将阐释的责任完全交予读者。

塞林格使《弗兰妮》里的每一句话都具有象征意义，由此表明弗兰妮已经不是她所在世界的一部分。她变成了一个朝圣者，在充满自负和虚伪的美国荒野中漫游，希望寻找未知的真理。为了预示弗兰妮的精神困境，塞林格召回了过去那些意象。他回顾《就在与爱斯基摩人开战前》，再次借用鸡肉三明治这一意象作为圣餐的象征——这一次，除了三明治，还加上了一杯不起眼的牛奶。他将以自我为中心的智力与精神上的堕落进行比较，这在小说《特迪》中已有先例，而在此处他想通过这种比较解释弗兰妮的状态。从弗兰妮和莱恩坐在高档法国餐厅的那一刻起，塞林格就把弗兰妮这个人物比作《朝圣之旅》中的探索者。

《弗兰妮》里最具象征意义的意象出现在故事的中间部分，它标志着叙事视角的转变。从充满比喻义的情节背景、描写、动作等角度进行分析，这部分文字可能在结构上最接近后来发表的《祖伊》。

赖恩开始大肆吹嘘他写的一篇关于古斯塔夫·福楼拜的学期论文，那模样真叫人腻烦。他对文学和学术界大放厥词，显得居高临下、自鸣得意。弗兰妮打断了他自以为是的长篇大论，把他比作"代课老师"——填补文学教授空缺的助理，因为他以膨胀的自我和短视的目光批评他所提及的每一个作家。听完女友的评价后，赖恩惊呆了，而弗兰妮则感到不知所措。她躲进女盥洗室，把自己关在最里面的那个隔间，放声痛哭起来。她如同胎儿般蜷缩起四肢，从灵魂深处发出呐喊。阅读这段文字时，读者会发现弗兰妮作为精神探索者的形象，她希望追求心灵上的启蒙，却被人性的缺点所限制。隔间里的四面墙象征着自我、唯智主义、虚伪和顺从，这些因素共同阻碍了弗兰妮在精神层面的求索。她试图屏蔽这些压力，于是把自己关进隔间，用手掌按压眼部使视力变得模糊，但最终还是无法控制自己。她开始绝望地抽泣——不是因为她在精神上犹疑困顿，而是因为她知道何处是真正的方向，但被周围的世界吓得畏缩不前，只有那本压在胸口的绿皮书给了她振作起来、继续前进的力量。这个场景类似于让·德·杜米埃-史密斯的第一次觉醒，他通过粉碎自我获得灵感，为最后的大彻大悟打下基础。

弗兰妮以为自己快要疯了。事实上，她并没有失去理智，她的现实感正在发生变化。她正在摆脱那些曾经蒙蔽她的传统，渐渐淡出物质世界，转向不同的感知。传统和表象变得越来越不真实。这种变化不仅体现在情感和精神上，还体现在身体上。弗兰妮脸色苍白，额头冒汗，她生病了。

弗兰妮的身体状况越来越差。她晕倒了，失去知觉，被抬到饭店的办公室里。当她苏醒时，读者看到的是故事里的最后一幕。这幕场景是一个逐渐消失的意象，并未附加叙述者的评论。

> 弗兰妮一个人静静地躺着，看着天花板。她的嘴唇开始嚅动，无声地说着什么，她的嘴唇就这样一直嚅动着。[5]

弗兰妮渐渐消失在耶稣祷文的力量中，她正一步步走向神性。不过，她并没有表现得英勇无畏、毫无私心，或已经达到圣洁的高度。她对耶稣祷文的使用是不假思索、不知不觉的，这使她的祈祷充满缺陷。[01]她新发现的感知里没有爱，反而滋生出一种自我优越感。赖恩奚落那些智力

---

[01] 塞林格较为含蓄地表达了他的观点。尽管他非常同情弗兰妮，但在解释祷文背后的理论时，他没让弗兰妮的手找准烟灰缸，这一说法暗示了她对耶稣祷文的误用。

低下的人，与他相比，弗兰妮的新感知也是对他人的嘲笑。弗兰妮谴责赖恩的傲慢态度，但在她追求的灵性中也包含着蔑视，这可能使她的精神探索弊大于利。

弗兰妮不停地默念耶稣祷文，使其与心跳节奏同步。她已沉浸在祷告中，被传统世界驱逐出来，然而这是她唯一知晓的世界。因此，弗兰妮的危机在于她不能同时生活在两个世界里。这种进退两难的窘境与塞林格自己的挣扎十分相似。一边是周围的社交世界，一边是由纯粹艺术构成的精神意境，他在两者之间左支右绌、茫然不解。[01]

............

1955年1月29日，《弗兰妮》发表在《纽约客》上，随即引起轰动，立刻成为评论家的新宠和读者热烈讨论的话题。塞林格收到的读者来信数量再创新高，《纽约客》也因为《弗兰妮》收到了创刊以来最多的邮件。在公众眼里，J.D.塞林格不会出错。不幸的是，虽然塞林格费尽心思，避免重蹈《特迪》的覆辙，并将弗兰妮塑造得如此真实、自然，以至于故事里没有一点点说教的痕迹，但大家还是没能看懂这篇小说。

---

[01] 《朝圣之旅》中的探索者也面临这一困境。在此书开头，他写道："教堂里正在宣读圣保罗写给帖撒罗尼迦人的书信，我从中听到这样一句话：'不住地祈祷吧。'正是这句话，比其他经文更深刻地印在我的心上。我开始思考，一个人除了谋生，还要料理其他事情，怎么可能不间断地祈祷？"

20世纪50年代,学术界对精神性一般持反对意见,因此读者和学者可以接受关于《弗兰妮》的任何阐释,唯独无法认同塞林格本人的写作意图。许多读者认为,这篇小说是对当代学术环境的谴责。另有一些读者将故事理解为弗兰妮长大成人的经过。有些人甚至认为赖恩·库特尔才是真正的主角。还有一个普遍的错误认识,不少人都说弗兰妮怀孕了。

连《纽约客》的编辑们都相信弗兰妮怀孕了。针对这一误读,塞林格做出了一些改动,希望打消读者的疑虑,但他同时感到很纠结。向读者传达明确的信息,这有悖于他的写作哲学。他非常尊重读者,不想破坏他们的个人分析。1954年12月20日,他在写给格斯·洛布拉诺的信中提到了自己面对的僵局。他告诉这位编辑,他并不认为弗兰妮怀孕了。但这件事的决定权不在他手上,他也不知道事情的真相,只有读者才能下结论。尽管塞林格不希望读者从弗兰妮怀孕的角度来分析这个故事,但他对读者怀有的信心是不容亵渎的。于是,他对《弗兰妮》的文本进行了几次重大修改，并在反复考量后决定加上两句话，他要碰碰运气，试试读者的反应。这两句话是："说得难听点。两次喝酒之间的间隔也太他妈长了。"他希望读者能明白，这里指的是两次性行为之间的时间，而不是月经周期。[6]这是一场赌博，最终塞林格输了，他为此后悔不迭。[01]

弗兰妮被耶稣祷文所吸引，这不仅反映出塞林格对东方哲学的兴趣，也说明他对美国文化颇有怨言，因为它只会阻挠精神性的发展。塞林格笔下的弗兰妮在美国唯智主义的丛林里流浪，一如《朝圣之旅》中的西伯利亚农民，被迫四处漂泊。不幸的是，作者的描述可能太过客观。《弗兰妮》哀叹了西方社会在精神方面的麻木不仁，这一点是显而易见的，但由于缺少叙事上的清晰导向，读者们一再误解这个故事，认为它是对弗兰妮精神探索方法的批评。在现实中，塞林格可能对耶稣祷文及其所代表的神秘力量非常崇敬，但不少读者依然认为，祷文产生的最终影响证明，弗兰妮应该放弃祈祷。

---

01　沃伦·弗伦奇在他1963年的著作《J.D. 塞林格》（第139页）中公正地指出，塞林格加上的那两句话反而强化了读者的观念，即弗兰妮已经怀孕。

## 13　两个家庭

1955年2月17日，杰罗姆·大卫·塞林格与克莱尔·艾莉森·道格拉斯结婚。婚礼仪式没有对外公开，证婚人是地方治安法官。婚礼安排在科尼什以西20英里的佛蒙特州巴纳德镇，只有最亲密的家人和朋友受邀参加。两人在2月11日进行了婚前验血，并在12日领取婚姻登记证。也许是为了开启新生活，克莱尔和塞林格拒绝在结婚证上写出过往婚史，所以这份文件显示，双方都是第一次结婚[01]。[1]

仪式结束后，两人回到科尼什，又举办了一次小型招待宴。来宾包括塞林格的母亲米丽娅姆、姐姐多罗丝以及克莱尔的第一任丈夫小科尔曼，后者的出席令人费解。作为婚宴礼物，塞林格向到场的每一位宾客赠送了一本带有他签名的《麦田里的守望者》。他送给克莱尔的礼物是他最新发表的短篇小说《弗兰妮》。科尼什的居民们也赶来助兴，按当地传统，他们推选新郎担任哈格里夫镇的名誉镇长。这项任命是当地的习俗，塞林格自然不能当真。上任后，他有义务把离群的猪赶到一起。这当然是个玩笑，但他对此类活动并不陌生，多年前他曾在波兰抓过生猪。

婚后，塞林格和克莱尔开始建立自己的生活，他们坚

---

[01] 提供虚假信息是塞林格的一大特点。在他的一生中，凡是他认为与别人无关的事实，他总要改变。他特别喜欢篡改官方文件里那些附属材料，就像他在1942年征兵登记时所做的那样。然而，塞林格的结婚证证明，他知道母亲的出生地是爱荷华州，虽然后来他又否认了这个微不足道的事实。

定地奉行宗教信仰，不像20世纪50年代的其他人那样沉迷于地位和外表。他们的生活里没有虚伪和物质主义，这些都是塞林格在作品中强烈反对的。出于信仰，他们早已抛弃了这些东西。他们的生活朴实无华，强调精神性和自然性。这确实是一种简朴的生活——塞林格仿佛又回到了东57街的公寓，但如今的日子更具禅宗风格。这对夫妇从古井中汲水，在院子里种菜。尤其是塞林格，他对有机园艺的热情终生不渝。根据加文·道格拉斯的说法，两人都发誓要尊重所有生命，连最小的昆虫都不忍杀害。午后，他们一同冥思、修习瑜伽。到了晚上，他们相互依偎着读书，《罗摩克里希那福音书》和帕拉宏撒·尤迦南达的《一个瑜伽行者的自传》是他们经常翻看的书。

1961年，加文向《时代》杂志记者讲述了一个故事，从中我们可以推测出塞林格对新生活的感受。他说："塞林格想要自给自足，他有个菜园，麦克斯韦尔和其他人会送来东西让他种植。那是一种近乎原始的生活——你可以称为禅宗或别的什么事物。"婚宴结束后不久，塞林格带领加文参观他的宅院。他指着废弃的谷仓，说起房子的前几任主人："他们都走了。他们都没能做到。但现在我在这儿。我要让这片土地长出东西。"克莱尔的哥哥灵光一闪，他认为塞林格的宣言是"一种肯定……是对人性的信任"[2]。的确，新生活似乎令塞林格迸发出蓬勃生机。那年6月，塞林格的朋友、作家S.J.佩雷尔曼前来拜访这对新人，他谈到了婚姻和生活方式给塞林格带来的积极影响。[01]他告诉莉拉·哈德利："说句公道话，杰里看起来比以往任何时候都好，很明显，他们琴瑟相和，杰里在婚姻的影响下喜气洋洋、神采奕奕。"[3]

然而，科尼什的小屋里有两副面孔，分别折射出这对夫妇在此生活时的两种心情。一张脸俯瞰着倾斜的草坡和壮观的康涅狄格河谷，这张脸容光焕发，确实"充满了阳光"；但小屋也坐落在新罕布什尔林地浓密的阴影里，这张脸代表着塞林格的现实，却时常被树荫所掩盖。

塞林格从一开始就担心克莱尔无法适应科尼什的孤寂和简朴。此前，她的生活里充满动荡和变化，她总是被人簇拥着。她生长在知识分子家庭，家族成员遍布世界各地。他们是名门望族，处处彰显着财富和地位。正如乌娜·奥尼尔，她大概与富有的社会名流在一起才感到舒服，而新英格兰农民的生活对她来说是陌生的。

订婚期间，他们把大量时间花在旅行上，这似乎是塞

---

[01] 人们一直认为是佩雷尔曼于1954年把塞林格介绍给克莱尔认识的。这种误解是塞林格本人造成的。他认为自己与克莱尔·道格拉斯早年的关系纯属隐私，他可能担心引发别人含沙射影的批评，说他和克莱尔谈恋爱时女方尚未成年。

林格刻意安排的，他想延迟克莱尔对即将到来的朴素生活的反应。他们经常去纽约，和塞林格的父母住在一起。塞林格还把克莱尔介绍给《纽约客》家族里的朋友。两人一同前往罗摩克里希那-维韦卡南达中心，此地离塞林格父母家不远。正如塞林格所希望的那样，克莱尔爱上了这个地方，但她能否适应新英格兰农村那种简朴至上的生活，这个问题只有时间才能回答。

他们的关系似乎很快就出现了裂痕。结婚不到一个月，克莱尔开始重新审视她对吠檀多信仰的理想化观点，而此时的塞林格则越来越沉迷于吠檀多思想。订婚期间，这对夫妇阅读了《一个瑜伽行者的自传》，他们深受启发，于是写信给这本书的出版商自悟会，询问在哪里可以找到一位老师，指导他们深入研习。自悟会建议他们拜访斯瓦米·普里曼达，此人在马里兰州大学公园市有一座寺庙。1955年3月，他们登上开往华盛顿特区的火车，赶去与普里曼达会面。

除了跟随塞林格学习，克莱尔对吠檀多哲学的了解仅限于参观纽约市的罗摩克里希那-维韦卡南达中心。该中心资金充裕，地点设在高档街区的褐石建筑中，其奢华的氛围和充满异域情调的装饰令人陶醉。相比之下，马里兰州那座寺庙却截然不同：一间平淡无奇的红砖房，坐落在底层社区，这令克莱尔一眼望去便感到局促不安。庙里的陈设更是简单。完成宗教仪式和冥想练习后，两人与斯瓦米·普里曼达单独会面。在克莱尔看来，这位大师和他的寺庙一样乏善可陈。他们接受了呼吸方面的指导，并向大师捐赠善款。随后，普里曼达要求他们不断重复一道偈语，如同弗兰妮默诵耶稣祷文，最后这对夫妇加入了自悟会。这次造访使克莱尔大失所望，却令塞林格欣喜若狂。那天晚上，他们在返回科尼什的火车上做爱，后来克莱尔把这件事告诉了女儿玛格丽特，因为她就是在那时候怀上的。结婚两个月后，克莱尔·塞林格怀孕了。

怀孕后的克莱尔感到越来越郁闷。她告诉朋友们，她和塞林格的性生活原本就不规律，总是零零散散的，但现在她指责丈夫厌弃她的身体。克莱尔认为，当她的妊娠特征变得明显时，塞林格就会回归罗摩克里希那的那套学说，抵制女人和性行为。按照罗摩克里希那的教诲，性是放纵俗欲，男女同房只是为了繁衍后代。一旦克莱尔怀孕，性就成了罪恶。《罗摩克里希那福音书》里的观点很明确，没有留下任何阐释空间。相比于《一个瑜伽行者的自传》和自悟会，《罗摩克里希那福音书》坚决反对浪漫关系。

> 独身一人，默想神明，心中便生出智慧、宁静和

虔诚。同是这颗心,若寓居尘世,则终将堕落。因为尘世中仅存一种思想:女人和金子。[4]

即使在婚姻内,《罗摩克里希那福音书》也把以快乐为目的的性关系视为诅咒。所以,1955年下半年的克莱尔心乱如麻,更糟糕的是,塞林格在事业上全神贯注。他频频前往纽约,窝在《纽约客》的办公室里。而克莱尔的身子越来越沉重,她陪丈夫外出的次数逐渐减少。到了冬天,她发现自己独自留在科尼什的小屋里。塞林格发奋写作,孜孜不倦,他对新生活很满意,但与世隔绝的克莱尔开始把自己看作一个不折不扣的囚徒。

塞林格在1955年为自己和克莱尔构筑的那种生活经常招来公众的蔑视,诋毁者借此来证明他为人古怪,指责他抛弃甚至虐待妻子。要是对塞林格的天性以及他在艺术上的投入有所了解就会发现,上述批评并非完全没有道理。住在科尼什就会不可避免地与孤独为伴。这座村庄地处偏远,人口稀少。几十年来,甚至几个世纪以来,村里的生活几乎没有发生什么变化。但这是一片未受污染、山清水秀的净土,想要住在这里,孤独是必须付出的代价。J.S.佩雷尔曼将他们的家描述成"俯瞰五个州的私人山巅"——这足以证明此地之美,就算以佩雷尔曼的高标准来衡量，也称得上无与伦比。

今天的科尼什仍然是个小村落，但在1955年，生活尤其要听凭大自然的摆布。冬天漫长而寒冷，下一场大雪就意味着立刻与外界失去联系。乡间通道基本上都是土路，春天融雪时路面变得泥泞不堪，无法通行。对于当地村民而言，许多人世世代代都在这里耕作良田，他们想象中的生活就该这样：远离尘世、自给自足。没有人觉得塞林格的生活方式与众不同，更何况他还有个新婚妻子相伴左右。

塞林格会选择这种生活，也是合情合理的：他可以保护隐私，把日子过得井井有条，将主要精力投入写作中。年轻时，他就喜欢独来独往，总是千方百计要寻个清净，以便独自创作小说。多年来，他不断逃离纽约，只为寻找私人空间和写作灵感。在军队服役期间，他在狭窄的酒店房间里度过了许多周末和假期，当他的朋友们利用休假追求女孩时，他轻轻敲击着随身携带的手提打字机。现在，他有了自己的地方——一个宽敞的宅院，他终于可以亲手创建自己的庇护所，这对他的创作激情至关重要。

从写作的角度来说，1955年是多产的一年。年初那几天，他赶在《弗兰妮》发表前对其进行了最后的润饰，随后他便立即开始创作一部90页的中篇小说。这部小说具有开创意义，它融合了塞林格往昔的作品，为他的写作开辟了一条新路径：这个中篇就是《抬高房梁，木匠们》，格拉斯家族第一部名副其实的家世传奇。

塞林格不知疲倦地写这个故事，足足写了一年。这是继《麦田里的守望者》之后他倾注最多心血的作品。他不断地改写、完善、"压缩"这个中篇，直到字数和质量符合《纽约客》的要求。[01]格斯·洛布拉诺很少参与这一过程，因为他的健康状况开始恶化。这一次，与塞林格合作的人是威廉·肖恩(洛布拉诺的死对头)。尽管肖恩脾气古怪，但却是公认的一流编辑，他的指点能使最平淡无奇的作品焕发光彩。几个月来，他和塞林格藏身在《纽约客》的办公室里，反复修改这部小说。11月，《抬高房梁，木匠们》终于脱稿。小说绕过了编辑部的审阅流程(正是这些审稿人完全曲解了《弗兰妮》)，直接排印发表。

............

《抬高房梁，木匠们》开头那几页写得非常精彩。叙述者回忆起二十年前的一个夜晚，他十个月大的妹妹被搬进了他和哥哥合住的房间。夜里，妹妹号啕大哭，为了让她平静下来，哥哥给她念了一个古老的道家故事，讲的是中

---

**01** 尽管塞林格和肖恩花费了不少精力修改《抬高房梁，木匠们》，但在《纽约客》上发表的最初版本中依然存在两个印刷错误，而且在数次重印后仍未更正。第68页（利特尔－布朗出版公司1963年精装版）上写的是"God damn"，第69页却添加了连字符，变为"God-damn"。最明显的错误出现在第18页，"In doing it, I hit my head a very audible crack on the roof."这句话在印刷时漏印了几个字。

国官吏派一个看似普通的菜贩外出寻找千里马。这个任务似乎很难办到。官吏发现这个小贩连马的性别和毛色都分不清，他失望透顶。这样的人怎么能判断马匹的优劣呢？然而，待马前来，众人不禁感叹，这竟是一匹天下无双的骏马。出身卑微的菜贩九方皋之所以相中这匹马，是因为他能察觉到马的精神本质，至于外在细节，他早已抛之脑后。

这段开篇充满柔情，以轻盈、娴熟的笔法将读者引入塞林格的想象世界中。塞林格的文字温柔细腻，能引导读者走进故事中。随着他接连写出新作品，这种技巧也在不断精进，而在《抬高房梁，木匠们》中已达到了炉火纯青的地步。通过小说开头那几句话，读者虽然不知叙述者是谁，却已认出两个业已熟悉的人物：弗兰妮——塞林格上一部作品中愁绪满怀的主人公；西摩——著名小说《香蕉鱼的完美一天》里那个悲剧角色。这两个人物的出场使读者当即产生了亲密、舒适的感觉。当他们读完叙述者回忆的这段往事，即哥哥西摩给幼年弗兰妮读道教故事，他们的内心定然百感交集。

随之而来的是回忆与现实的碰撞。读者很快意识到，智慧超群、思维敏捷、善良敦厚的西摩已经去世了。但对读者而言，现在退出为时已晚，他们已经进入塞林格亲手编写的矩阵。读者们深陷文本之中，自然而然地同情起这个讲故事的人，因为他对西摩之死深感悲痛。这种悲伤使那个道教故事变得苦乐参半。叙事者哀叹道："西摩就是这样一个人(如同慧眼独具的菜贩)，能识破现实的本质。"七年前，西摩在弗罗里达度假时自杀，从此之后叙述者再也没能"想出谁可以代替西摩前去寻马"。这部小说的叙述者是西摩的弟弟巴蒂·格拉斯，西摩讲完秦穆公和九方皋的故事后，巴蒂的故事就开始了。

巴蒂的故事发生在西摩结婚那天，时间是第二次世界大战期间的1942年6月，这是他讲述的第一个故事。巴蒂先是重新介绍了西摩这一角色，然后通过描述格拉斯家族的其他成员为读者的阅读扫清障碍。他的描述不仅能让读者熟悉巴蒂和他的兄弟姐妹，还能解释为什么只有他代表西摩的家人出席婚礼。

巴蒂的妹妹布布被迫"出于战争需要飞往未知地区"，在她的请求下，巴蒂从佐治亚州的本宁堡基地赶赴纽约参加哥哥西摩的婚礼。[01]巴蒂和其他客人挤在"一座庞大的褐砂石老房子"里，等待西摩的到来。众人白白等了1小时20分钟，最后准新娘缪丽尔·费德不得不接受现实——她独

---

**01** 1942年6月，塞林格驻扎在新泽西州的蒙茅斯堡，在《抬高房梁，木匠们》里，西摩也曾驻扎在此地并写下日记。然而，塞林格还想通过地理坐标与巴蒂·格拉斯产生联系。本宁堡其实影射了班布里奇陆军基地，两个基地都位于佐治亚州。此外，本宁堡也曾是塞林格所属的第12步兵团的大本营。

自等在婚礼圣坛上,新郎却并未出现。她在家人的引导下走出那座褐砂石房子,被等在外面的婚车接走了,只是新郎此时仍不见踪影。

费德夫妇因此事大丢面子,对西摩极为愤怒,他们向来宾宣布,尽管婚礼被迫取消,但婚宴仍将举行。于是,众人鱼贯而行,纷纷扎进停在路边的汽车,前往费德夫妇家。

巴蒂的身份使他感到非常尴尬。在所有客人中,他的尴尬是独一份的,为此他又感到十分痛苦。更糟的是,巴蒂发现自己和缪丽尔的伴娘坐在同一辆豪华轿车上,车上还有新娘的姨妈、舅姥爷以及伴娘的丈夫——那个中尉。作为缪丽尔的死党,伴娘怒火中烧,大声斥责新郎不讲信义,听得巴蒂羞愧难当。车上没人知道他是西摩的弟弟。巴蒂也不明白西摩为何缺席婚礼,他是否应该承认自己是新郎的弟弟,并为哥哥离经叛道的行为做出辩解,或者继续保持沉默,隐瞒他与西摩的关系?

经历了一系列有趣而怪异的事件后,轿车被游行队伍阻拦,无法到达费德夫妇的公寓,宾客们没能赶往婚宴现场,而是来到了巴蒂和西摩的公寓。伴娘还在继续批评西摩,即使来到西摩家后也没有闭嘴。巴蒂终于鼓起勇气,挺身为哥哥辩护。如此一来,他被迫承认自己是西摩的弟弟,因而遭到伴娘的无情抨击。

在与伴娘的争执中，巴蒂发现了西摩藏在浴室里的日记本，读完日记后他才理解哥哥为什么没来参加婚礼。这本日记也使读者开始了解西摩的性格和人品。

故事里有两个主要冲突，其一发生在巴蒂和伴娘之间，另一个则是巴蒂和自己的冲突（因为他试图对西摩看似无情的自私行为做出合理解释）。当伴娘给新娘家人打电话，并向大家宣布西摩和缪丽尔已经私奔时，这两个矛盾才宣告结束。

《抬高房梁，木匠们》不仅与塞林格之前的小说相互呼应，还与作者的亲身经历有着明显相似之处。他和西摩都是下士，战争期间都在陆军航空队服役。和西摩一样，塞林格也在新泽西州的蒙茅斯堡接受基本训练，随后被调往巴蒂驻扎的佐治亚州。在个人生活方面，通过把事件设置在1942年，塞林格对比了穆里尔·费德和乌娜·奥尼尔。在故事里，巴蒂并未见到西摩的未婚妻。然而，在布布的来信中，她将缪丽尔描述为相貌出众但头脑空空的女子，1942年塞林格也曾用相似的语言评价过自己的女友。除此之外，西摩还在日记中提到他从蒙茅斯堡赶去纽约与缪丽尔见面，这与塞林格在1942年的日程相差无几，当时他正与乌娜·奥尼尔约会。

《抬高房梁，木匠们》的情节与塞林格1955年的生活密切相关，这一点尤为明显。小说描述的是一场婚礼，而在创作故事的那一年塞林格自己也结婚了。此外，他写这部小说时正值妻子怀孕，因此这个真正属于格拉斯家族的故事就被赋予了深刻含义，它预示着两个家庭的诞生：格拉斯家族和塞林格自己的家庭。在为这篇小说命名时，塞林格（通过布布）引用了希腊诗人萨福的一首婚礼诗。不难想象，1955年，当塞林格看着工人们扩建他在科尼什的小屋时，他想到了萨福德的这首诗，他在诗句中加入了个人感受，将其改为："抬高房梁，木匠们！"

小说里还掺杂着一些禅宗和吠檀多思想，但与之前的作品相比，这一次的展现方式更为隐蔽。其中最重要的话题是对事物表里等量齐观，这实际上是把神的观念运用到个人生活中，与世俗陈规大相径庭。小说一开始，巴蒂就用相马的故事说明了这个主题，因为九方皋注重的是马的内在精神，而不是外在表象。而巴蒂的困境则使该主题进一步扩展，贯穿全文。他尊敬并热爱西摩，但无法理解哥哥的行为。西摩的一些举动既自私又残忍：他在婚礼当天抛下缪丽尔，他小时候还用石头打伤夏洛特·梅休。巴蒂面临的挑战是，如何透过这些行为的表象了解其背后的真正动机。就巴蒂而言，这是一次对信任的考验，他开始怀疑哥哥的品德，因为周围人的批评给他带来了巨大压力。

西摩在日记中记录了他与缪丽尔的约会以及他去费

德家的经历。这两件事能解释开篇的道教故事如何与小说本身产生关联。在西摩眼里，虽然缪丽尔注重物质享受，为人自私自利，但她纯真无邪的品质超越了上述缺点。当她把亲手做的甜点送给西摩时，西摩喜极而泣。缪丽尔的纯真里还蕴含着善良，这一点是西莫最为看重的，至于她是否媚俗，西摩并不在乎。从道教故事的角度来说，西摩选择了一匹骏马，尽管其外表和内在截然相反。然而，巴蒂不愿意接受这一逻辑，他的行为表明他不赞成西摩的选择。读完西摩的种种记述后，他愤怒地扔掉日记本，开始酗酒。

巴蒂的行为还反映出小说的另一个重要主题：坚守信仰，坦然接受。西摩与夏洛特·梅休的相处表明，塞林格对人性中相互排斥的力量一直很感兴趣。西摩渴望成为圣人，但他依然有残忍的一面。他的残忍并非蓄谋已久，而是出于本能。虽然西摩·格拉斯代表着塞林格对羔羊品质的渴望，但他身上仍有老虎的特性，正如在人性中黑暗面与精神性并行不悖。

当塞林格写作《抬高房梁，木匠们》时，他正努力使这些矛盾的力量和谐共处。他不明白神为什么要通过人性制造冲突，但他不得不接受，因为这是神明高深莫测的安排。在《抬高房梁，木匠们》里，西摩以一只小猫为例，谴责人类善用虚假的情感来掩盖世间更残酷的现实。他分析道:"当我们给予某一事物的柔情比神赋予的还要多时,我们就在滥用感情。"神的安排天衣无缝,必须被接受,即使它与社会观念存在分歧。人类往往不愿承认人性的两面性,喜欢按照自己情感上的幻想来塑造神灵,西摩将此视为亵渎。他警告说:"人类的声音秘密合谋,玷污了地球上所有的东西。"[5]

在《抬高房梁,木匠们》里,真正的接受当以信仰为基础,而不是依靠逻辑来完成。虽然缪丽尔注重物质,但西摩还是接受了她;虽然西摩有残忍的一面,但巴蒂还是接受了他。直到故事结束,巴蒂依然不明白哥哥幼年时为何朝夏洛特·梅休扔石头。读者也不明白。然而,塞林格强调的重点是:如果我们要接受西摩·格拉斯,就必须接受他所有的复杂性和缺点,而不仅仅是他的美德,因为每一种特质都是神圣的。

坚守信仰,坦然接受,最能代表这种价值观的是缪丽儿那身材矮小的舅姥爷。他是故事里最富魅力的人物,只有他不对别人评头论足。塞林格将他描写成聋哑人,以此来强调他与小说两大主题的联系。这两大主题就是坚守信仰和通神意。在《抬高房梁,木匠们》的倒数第二个场景中,房间里只剩下巴蒂·格拉斯和这个小老头,这说明巴蒂已经通过亲身经历获得了上述两种能力。在故事末尾，巴蒂想把小老头的雪茄烟蒂（作者从始至终都没提到他点燃雪茄，但在最后他突然把这支烟吸完了）连同一张白纸（象征着坦然接受和等量齐观）送给西摩作为结婚礼物——证明他已有所领悟。

在《抬高房梁，木匠们》中，塞林格对人物的塑造已臻化境。故事里的角色贴近现实，且非常自然，角色间的对话张弛有度。这部小说写得诙谐有趣，相比之下，那些发表在《纽约客》上的短篇都不具备这种风格。但这部作品在其戏谑的文字之下，潜藏着塞林格对人性的追问，以及他对通神意是否存在实例的思考。创作这部作品时，塞林格精益求精，为的是让读者在阅读时感受到纯粹的乐趣。种种迹象表明，他在写作时必定欢欣鼓舞。格拉斯家族是作者进行探索的新载体，而当读者走进这家人的生活，他们也会感到身心愉悦。这种愉悦感很大程度上是因为读者对故事人物足够熟悉，但更重要的原因是，塞林格将写作时的心情传递给了读者。故事里的每个字、每次沉默、每个眼神都意味深长，但读者无须费心解读其中的含义。《抬高房梁，木匠们》中的大部分情节都充满乐趣，因为它反映的是普通人生活中的普通时刻。塞林格之所以精心刻画格拉斯家族，尤其是西摩·格拉斯，就是为了让大家意识到，人人心中皆有神圣之美。

在塞林格的生活里，这篇小说对他个人而言有着非常积极的意义。西摩·格拉斯这个人物代表着塞林格对人性的肯定——每个人身上都有能够战胜绝望的神性。作为塞林格笔下的人物，西摩的出现意味着作者已经重拾对人性的信任。经历了数年的疑惑之后，这种信任慢慢复苏，最终通过格拉斯家族重现生机。考尔菲尔德一家曾对生命的意义提出怀疑，他们时常达不到自己追求的目标，因此满腹牢骚。相反，格拉斯一家证明了生命的意义；尽管他们和考尔菲尔德家一样，都是普普通通的人。西摩将注意力转向神灵，由此获得力量，塞林格相信这种力量存在于每个人的心中。从塞林格的角度来说，他希望在生活中抬高西摩·格拉斯的形象，使其神圣性发扬光大。他没有把西摩塑造成想象中的自己，而是把他视为应当实现的目标。

1961年，《弗兰妮与祖伊》精装版发行，塞林格在封皮上写下一段注释，这段话完全适用于《抬高房梁，木匠们》。塞林格的注释不仅表明了他的个人愿景——把格拉斯家族的故事写成一个系列，也展现了他对格拉斯一家的喜爱之情。

> 我正在创作一套系列小说，写的是20世纪住在纽

约的移民家庭——格拉斯家族,《弗兰妮》和《祖伊》都是这个系列里非常重要的打头阵的作品。我喜欢写格拉斯家的故事。为了遇见他们,我已经等了大半辈子。我想我有一个相当体面的近乎偏执的计划。我会兢兢业业、竭尽所能地写完这个系列。[6]

塞林格向读者推出这户移民家庭是冒了风险的。他的名字已经和另一个虚构家庭等同起来,那就是霍尔顿·考尔菲尔德一家。全世界的读者都已欣然接受这家人,并且逐渐爱上了他们。人们渴望读到更多描写考尔德菲尔德家的故事。塞林格知道,许多人可能不愿看到一群新来的角色与他们喜爱的那个家庭互争高低。

此前塞林格写过两个宗教故事,但都写得不太成功,这一次他觉得自己终于找到了传递信息的理想载体。他从以往的小说中收集人物,把他们组合成一个家庭,利用贝茜·格拉斯和莱斯·格拉斯的七个孩子来描绘现代人的痛苦。造成这种痛苦的原因是,人们既要在现代社会中挣扎求生,同时又想寻求崇高以及永恒的真理。凭借这些人物,塞林格还将展开全新的探索,最终走入那些有灵性的、有信仰的人的生命:这场探索的目标是追求至善。

14　祖伊

1955年12月10日，克莱尔在新罕布什尔州汉诺威的玛丽·希区柯克纪念医院诞下一个七磅四分之三盎司重的女婴，J.D.塞林格当上了父亲。[1]初为父母的他们给孩子取名为玛格丽特·安。[01]塞林格本想叫她菲比，以霍尔顿·考尔菲尔德妹妹的名字命名，但克莱尔坚决反对，并在最后一刻取得胜利。虽然婴儿的大名确定为玛格丽特·安，但私下里这对夫妇叫她佩姬，这是《蓝色旋律》里那个小女孩的名字，也许这个名字是他们相互妥协的结果。[02]

佩姬的出生令塞林格心花怒放。从对这个人的想象里曾经走出玛蒂·格拉德韦尔、菲比·考尔菲尔德，以及了不起的爱丝梅。甚至在佩姬出生前，塞林格就在作品里表达了他的期待和成为一个好父亲的决心。《抬高房梁，木匠们》刚好在佩姬出生前三周问世，通过西摩的日记，塞林格向全世界说出了他的希望和期冀。[03]

> 我整天都在读一本关于吠檀多哲学的文集。婚姻

---

01 玛格丽特这个名字大概出自克莱尔的建议。在道格拉斯家，玛格丽特是女孩常用的名字。道格拉斯家族非同一般，其世系可以通过玛格丽特·都铎追溯至亨利八世，也可以通过她追溯至苏格兰的斯图亚特家族。

02 玛格丽特·安的出生证上有一个错误：文件把克莱尔的名字写成了艾莉森·克莱尔·塞林格，而她正确的名字应该是克莱尔·艾莉森·塞林格。

03 佩姬出生的时间并不凑巧。按照预产期，她应该在11月19日出生，《纽约客》打算在同一天发表《抬高房梁，木匠们》。然而，小家伙有自己的计划，她晚到了三个星期。

伴侣应该服务于彼此。他们需要相互提携、帮助、教导、勉励,但最重要的是——服务。以高尚的、慈爱的方式养育孩子,做到不偏不倚。孩子是家里的客人,应该受到眷爱和尊重——绝不能被占有,因为他(她)是属于天神的。这是多么奇妙,多么理智,多么困难却美好,因此,这才是真实的。我这辈子第一次感到承担责任的喜悦。[2]

事实上,塞林格和克莱尔还没有做好为人父母的准备。他们的过往、性情和所处的环境使他们无法满足抚养孩子的要求。克莱尔年仅22岁。她小时候父母几乎不在身边,除了回忆保姆和养父母的育儿经验之外,她对养育孩子知之甚少。而且,她变得越来越脆弱,科尼什的生活孤独寂寞,她对婚姻又缺乏安全感,所以总是感到闷闷不乐。至于塞林格,虽然他已年近37岁,却也不知道如何才能当好父亲。尽管做父亲的理想使他兴高采烈,但抛开小说不论,他与孩子的相处十分有限。即使在小说里,他也从未写过那些基本的育儿事项,比如照顾婴儿、换尿布以及回应需求等。根据塞林格家人的说法,有一次,当他抱着女儿时,孩子正好尿裤子。他举起双臂,把婴儿抛向空中。幸好,佩姬安全地落在了垫子上,差点因为父亲的无知和自己的无意付出沉重代价。

此外，他们还面临着其他挑战，这些挑战对新晋父母来说并不常见，却足以造成更为严重的问题。在克莱尔和塞林格眼里，科尼什似乎突然变成了荒野，在这里抚育婴儿是一件可怕的事。佩姬出生于12月初，这预示着克莱尔将经历四个月的寒冬，而在一年前，闭塞和孤独已将克莱尔逼入绝境。天气越来越冷，小屋仿佛正围着她不断收缩，克莱尔再次成为囚徒。塞林格自然而然地将注意力集中到婴儿身上，这使克莱尔的孤独感与日俱增，因为她发现自己可能要和女儿争夺丈夫的爱。她初为人母，突然担负起不可推卸的责任，于是开始怨恨自己的孩子。[3]这种情绪是可以原谅的。1956年，产后抑郁症还不为人知；女人们只能默默地忍受着，她们既感愧疚又觉迷惑，内心痛苦不堪。塞林格那段时期的书信表明，他意识到了妻子的不适，但也只是隐隐约约地有所察觉。

佩姬患上了一系列婴儿常见病，这显然使她的父母不知所措。离科尼什最近的医院位于20英里外的汉诺威，塞林格夫妇不得不承认，他们总是生活在担惊受怕中。[4]虽然塞林格试图通过祈祷来医治孩子的疾病，但佩姬的身体总是不太好，而且哭个不停。塞林格困在这间拥挤的小屋里，身边是郁郁寡欢的妻子和整日哭闹的孩子，他发现自己无法写作。所以,在佩姬出生后不久,他便做了一个决定,这个决定对他的写作事业大有益处,但对他个人而言确实是一场灾难。

他在小溪对面,离房舍大约100码的地方建起一个小型的混凝土建筑,他把这里当成私人隐居处,专门用于写作。这个独立工作室经常被称为"掩体",但出人意料的是,工作室有着轻松舒适的环境——即便是简陋的,但它绝不是与世隔绝的避难所,而是一个可以让想象力自由驰骋的地方。

塞林格还在小屋旁边的草地上开辟出一条不易发觉的小径。在草地与树林的交会处,地面忽然下陷,小径变成了蜿蜒向下的石阶。走过石阶后,路面又变得平整,小径继续延伸,通向一片开阔的田野。在田间,人们可以听到哗哗的流水声。一条小溪潺潺流动,将田野和远处幽暗的森林分隔开,溪流间有一道瀑布和一口清泉。[01]塞林格在溪上建了一座简易木桥,桥那边就是他的工作室,这座桥是用绿色的煤渣混凝土砖建造的,与周围环境融为一体。

在"掩体"里,一个燃烧木柴的火炉便能温暖新罕布什尔州的冬季。在晴朗的日子里,慷慨的阳光将整座房子

---

**01** 即使在盛夏,泉水依然十分清凉。因此,塞林格用清泉代替冰箱,储藏瓶装的可口可乐。这样,他在小径上行走时伸手就能取出一瓶。

照得通亮。屋里有一张床、几个书架、一个文件柜和一张长桌，塞林格把这张桌子当作书桌，将他那台珍贵的打字机放在上面。[01]塞林格不用椅子，但他弄来一张巨大的真皮汽车座椅，还经常在上面打莲花坐。然而，在塞林格的工作室里，令人印象最深的东西是墙壁，墙面呈现出复杂性：上面贴满了越来越多的笔记。当格拉斯家族的传奇故事从塞林格的脑海中一点一滴流出时，他就会把自己的灵感记录下来，贴在周围的墙壁上。他笔下人物的个人历史、格拉斯家的谱系、过去和未来故事的构思，都能在墙上那些混乱的笔记里找到自己的位置。

自从有了"掩体"，塞林格养成了一种习惯，并一直坚持到晚年。他早上六点半醒来，然后打坐或是做瑜伽。吃过清淡的早餐后，他会带上午餐消失在僻静的工作室里。在那里，他不受打扰。每天工作12小时是常态，甚至一天工作16小时也不算稀罕事。有时，他会回家吃晚饭，饭后再返回工作室。但在很多个夜晚，他连家都不回。

在林中建造一座隐居之所，这是塞林格逃避尘世的最

---

[01] 塞林格对打字机很迷信。他尽量不换打字机，所以他用同一台打字机写出了《哈普沃斯，1924年16日》和《麦田里的守望者》。事实上，在他的写作生涯中，他可能只换过三次打字机，而且都是迫不得已才换的。服役期间，他用一台军用打字机写小说，跟他在公园大道用的那台不一样。他非常喜爱这台军用打字机，因此他似乎在退役后买了一台类似的，并且将它带去了科尼什。尽管塞林格很喜欢打字机，但他从来没有学过盲打，他所有的故事都是用两根手指一个字一个字敲出来的。

大象征，长期以来这一行为一直遭到世人的嘲笑。事后看来，他当初的选择对其个人生活造成了严重损害。但他仍然相信，为写作做出牺牲是值得的。为了坚持上述习惯，他与家人很少见面，这表明他的雄心壮志不容动摇。在他自己创设的舒适环境中，外界的干扰已经烟消云散，丰富的艺术终于以生动的形式走进现实生活。在他封闭的小天地里，现实和想象相互交融，"掩体"变成了格拉斯家族的领地。在这里，想象中的人物高高在上，他们仿佛是来自另一个世界的幽灵，而塞林格则是灵媒，他们通过给他讲故事来传递信息。在没有外人打扰的情况下，这些人物对作者来说就是有血有肉的真人。

…………

春天来临，佩姬的病情开始好转，塞林格夸口说她正成长为一个快乐的孩子，充满欢声笑语。他和克莱尔对女儿的爱一天比一天深。[5]塞林格在他依旧简陋的房舍里增添了几件设施。小屋终于装上自来水系统，还有一台洗衣机。塞林格还勉强同意在他的工作室里安装一部电话，但他警告克莱尔，只有遇到紧急情况才能打给他。冰雪消融后，他们总是带着佩姬前往麦克斯韦尔家做客。平日里，塞林格还兴致勃勃地照料他的园子，研究各种有机食物。人们有时会看到他开着吉普车进城，或者在附近的温莎镇上挑选日用品。在温莎镇,他与当地农民奥林和玛格丽特·图克斯伯里建立了终身友谊,他经常从他们那里购买农产品。塞林格和奥林坐在图克斯伯里家的门廊上,一坐就是几个小时。他们查看农田,讨论本地事件,克莱尔则向玛格丽特介绍当时还很新潮的有机农业概念。慢慢地,图克斯伯里夫妇也接受了这种新型的生产方法。图克斯伯里夫妇经常与塞林格谈论玉米、化肥等,但从不提及塞林格的作品。玛格丽特后来回忆说,这个话题绝对是个禁忌。[6]

一到春天,塞林格夫妇最期待的访客是离他们最近的邻居比林斯·勒尼德·汉德法官和他的妻子弗朗西丝。汉德夫妇年事已高[01],他们每年只在科尼什待六个月,春回大地时住在这里,寒冬来临前奔赴纽约。等汉德夫妇回来后,塞林格和克莱尔每周都会去他们家吃晚饭。两家人喜欢一起大声朗读,讨论新闻时事、精神和社会方面的话题以及科尼什的日常生活。冬季到来时,塞林格经常写信给汉德,让法官了解他外出期间村里发生的事件。塞林格和克莱尔(以及后来稍稍长大的佩姬)总是盼着这户邻居的归来,他们的渴望之情再怎么形容都不为过。漫长的冬天过去了,汉德夫妇

---

**01**  汉德法官出生于1872年,1956年他已84岁。

终于回来了，塞林格欣慰地写道："他们带来的只有安宁和欢乐，那两个人。"7

塞林格生活里的一个突出特点是，他总能碰上一些机缘凑巧之事。他经常在正确的时间遇到正确的人。如果没有师从惠特·伯内特，他很可能会从事演艺事业。当他的灵魂需要停泊时，他便遇见了海明威。后来，他对利特尔-布朗公司的编辑们大为不满，正急于寻找志同道合的人，杰米·汉密尔顿主动和他联系。在他最需要业界的肯定时，威廉·肖恩走进了他的生活。1955年，克莱尔重回他身边，将他从绝望中拯救出来，否则他定会深陷其中无法自拔。塞林格与勒尼德·汉德法官的友谊再次证明了他的好运气。

**比林斯·勒尼德·汉德**(Billings Learned Hand)被公认为美国历史上除了最高法院大法官之外最重要的法官，被誉为"最高法院的第十个大法官"，以此褒奖他对美国法律产生的影响。1944年，汉德就自由精神的本质发表演讲，从此声名鹊起。他的演讲思想深刻，观点独到，至今仍是美国各地法学生必须研究的作品。在五十二年的联邦法官生涯中，他始终捍卫个人自由，坚定维护言论自由，因此名满天下。

汉德法官与塞林格在信念上有着相似之处，两人还拥有许多相同的个人特点，正是这些特点使他们走到一起。汉德也是作家，他的著作对于宪法而言意义重大，正如塞林格的作品在小说史上影响深远一样。两人都很重视隐私权，唯恐自己的言论被他人曲解，用来达到他们不可告人的目的。两人都对宗教十分痴迷，喜欢探讨精神方面的话题，一聊起来总要花费好几个小时。不幸的是，两人的婚姻都陷入了困境，但他们都竭力不让对方知道。也许最重要的是，塞林格和汉德都曾在一段时间里感到极度抑郁，他们同病相怜，忧郁症以独特的方式将他们捆绑在一起。在汉德生命的最后几年里，他与塞林格的交往也许最令他感到欣慰，而塞林格对他们的友谊也心怀感激，这是毋庸置疑的。他经常给汉德写信。他在信里透露，自己无法应对克莱尔的孤独感和无助感。女儿出生后，塞林格最先把这个喜讯告知汉德，他还选择法官做佩姬的教父。

…………

1956年3月1日，与塞林格长期合作的编辑格斯·洛布拉诺因癌症去世，时年53岁。洛布拉诺的死使《纽约客》家族深感震惊。塞林格悲伤地说："他真是个好人，我不知道该从何说起……我非常想念他。"[8] 尽管塞林格和洛布拉诺在写作理念上存在分歧，但两人的合作一直很顺利。他们相互扶持，度过了十个春秋。格斯·洛布拉诺还使塞林格想起哈罗德·罗斯,正是罗斯教导洛布拉诺要对作家心怀敬意,这在与塞林格打交道时至关重要。

作为首席小说编辑,洛布拉诺在《纽约客》的地位举足轻重,他的死留下一个空白,从而引发了不少混乱。对塞林格与该杂志的关系来说,其影响可能是毁灭性的。洛布拉诺突然离世,雄心勃勃的候选人们满怀期待,争相竞聘他的岗位,其中最有希望的是凯瑟琳·怀特。早在1938年,洛布拉诺就是接替了她的位置才成为小说编辑的。回到《纽约客》后,怀特夫妇急于重新确立他们的影响力。在这场激烈的职场竞争中,J.D.塞林格很难找到一个替代洛布拉诺的人。

《纽约客》编辑部里的钩心斗角的确制造了一些受害者,比如塞林格的朋友S.J.佩雷尔曼。他暂停了与杂志社的合作,只因他对洛布拉诺死后发生的人事倾轧感到厌恶。佩雷尔曼与洛布拉诺关系密切,此前肖恩接替罗斯一事已经让他大为不满,如今洛布拉诺尸骨未寒,众人就急着抢夺他的位置,目睹这一切的佩雷尔曼感到既震惊又愤慨。就连杂志的撰稿人似乎也被卷入这场混战,用佩雷尔曼的话来说,"他们一个个装腔作势,好像这本杂志是他们创办的"。有一次,他竟然和漫画家詹姆斯·瑟伯动起手来。根据他的描述:"瑟伯一直吹个没完,说自己多有影响力,如何为整个企业确立风格,等等,听着真叫人作呕。我实在是受够了,轻飘飘地说了一句:'得了吧,得了吧,不过是又一本15美分的杂志。'虽然他视力不好,但还是扑向我,想把我掐死,多亏来了两个身材魁梧的编辑才把他从我身边拖走。"[9]

等到《纽约客》内部的明争暗斗渐渐消散,凯瑟琳·怀特悄悄登上了洛布拉诺的位置。她和她的丈夫在杂志社里拉帮结派,许多从前与洛布拉诺交好的人都惶惶不可终日。佩雷尔曼写道:"格斯·洛布拉诺去世后,怀特独揽编辑大权,她凌驾于杂志之上,正在慢慢地扼杀它的生命。"[10]

塞林格不得不接受现实,尽心尽力地与怀特合作,但他的努力最终被证明是徒劳的。为了巩固自己在杂志主要撰稿人心中的地位,洛布拉诺去世后不久,怀特立马给塞林格写了一封吊唁信。3月29日,塞林格回了一封长信。他承认一时难以面对洛布拉诺的离世,但他告诉怀特,她的支持让事情变得容易多了,他对此十分感激。他突然补充道:"其余的话就不多说了,但我现在正在写一个故事,我希望能够尽快交稿。"[11]

塞林格一边按部就班地从事写作,一边设法了解《纽约客》的最新动态。就在此时,他听说《大都会》杂志为了纪念创刊60周年准备再次发表他的小说《倒置的森林》。虽然缺乏法律援助，但塞林格还是反对再版，他请求杂志社重新考虑这一决定，但他的抗议并未奏效。《大都会》急于利用塞林格最近的名气谋取利益，而他们手头恰好有《倒置的森林》，这可是塞林格的第一部中篇小说，对编辑们来说是个巨大诱惑。[01]与这篇小说一起发表的还有一个作者简介(简介自然不是塞林格提供的，他拒绝透露任何信息)。杂志还特意在小说第一页的底部印了一句话，提醒读者他们手上有两部塞林格的作品——《倒置的森林》和《蓝色旋律》，两篇小说都写在《麦田里的守望者》发表之前。除了上述声明使塞林格大为恼火之外，他生气的另一个原因是，《大都会》的宣传会让读者误以为《倒置的森林》是一部新作。

这是塞林格第一次试图阻止杂志社重印他的早期小说，尤其是那些先于《纽约客》发表的小说。此前，他对再版小说一事毫无怨言。六年前，他甚至把个人恩怨放到一边，允许惠特·伯内特使用《洛伊丝·塔格特漫长的首次亮相》。然而，1947年《倒置的森林》第一次重印时，他就觉得很尴尬，此后他对这篇小说一直不太上心。现在他正全神贯注地创作格拉斯家族的系列故事，最不希望看到旧作品重回公众视野，因为以前的作品在结构和内容上都与新

---

**01**　在《大都会》六十周年特刊上，与塞林格一同发表作品的还有几个比他更出名的人：温斯顿·丘吉尔、赛珍珠和欧内斯特·海明威。

作品截然不同,很可能会使读者在阅读新故事时产生困惑。

塞林格反对再版《倒置的森林》,虽然他的要求是正当的,但这件事反映出一种倾向,而这种倾向将很快变成他的执念。他越来越不愿意让读者仔细研读自己那些不太精良的小说。早在1940年,他就明确表示,重读昔日的作品会让他感到窘迫,因为这些旧作都有不少瑕疵。他说:"当我写完一部小说后,我不好意思再朝它看一眼,生怕我没把它的鼻子擦干净。"[12]事实上,塞林格经常怀念早期作品里那种简洁的风格。[13]然而,在写格拉斯家族的每个故事时,他都力求完美。从1956年开始,随着《九故事》的成功以及格拉斯家族的出现,塞林格越来越希望当初发表在各大杂志上的短篇能够逐渐从读者的脑海中消逝,直至彻底被人遗忘,因为这些小说的缺点实在太明显了。

…………

没有哪个故事比中篇小说《祖伊》更能说明塞林格对完美的追求。为写这部作品,他耗费了一年半的时间,每个字,甚至每个标点都是他苦心孤诣的结果。从其叙事结构来看,《祖伊》是一部世家传奇。小说不仅涉及《纽约客》内部的权势之争,也对塞林格的个人生活产生了不可估量的影响。它诞生于凯瑟琳·怀特执掌大权之后,编辑部对它的态度几乎使塞林格脱离了《纽约客》。此外,他把写作

《祖伊》看作人生的头等大事,全心全意地投入其中,他对作品的忠诚差点儿埋葬了他的婚姻。

1956年2月8日,塞林格从《纽约客》那里收到年薪(根据优先阅读协议)。支票被寄给塞林格的经纪人,同时寄来的还有麦克斯韦尔的一封短信,信上说杂志社希望发表塞林格的下一部作品。麦克斯韦尔写道:"编辑们要是能读到您的新小说,那将是《纽约客》的一件幸事。"[14]

那年2月,关在"掩体"里的塞林格确实在创作新故事,但他的目标不是完成一部短篇小说。事实上,塞林格已经着手写作一部关于格拉斯家族的长篇小说。他原本打算等《麦田里的守望者》脱稿后立即撰写第二部长篇,但这个愿望一直未能实现。现在,他创设了私密的工作环境,又构想出一群令他痴迷的人物,他觉得动笔的时机终于成熟了。在1956年和1957年的通信中,塞林格兴奋地提及他的新书。这些书信还清楚地表明,我们现在所读到的中篇《祖伊》原本是那部长篇里很大的一部分。

为了完成这部雄心勃勃的作品,塞林格尝试采用写作《麦田里的守望者》时用到的办法,这种办法被证明是行之有效的,即他想要把几个独立的短篇小说拼接在一起组成新书。《祖伊》就是运用这一写作方法的最佳案例。虽然在他信里说得很明白:等到新书完成后,《祖伊》将成为其中的一部分，但作家最直接的目的是把《祖伊》写成独立的故事，作为《弗兰妮》的续篇推出。[15]

1956年4月中旬，《祖伊》即将脱稿，但此时的塞林格对这部作品依然缺乏信心。[16]考虑到《纽约客》办公室里的乱象，他担心小说会惨遭拒绝。他的担忧是有充分理由的，毕竟上一部小说《抬高房梁，木匠们》并未引发热议。

《抬高房梁，木匠们》在结构上堪称完美——有些批评家原本急于鞭挞小说的宗教内容，但看在其结构的分上，往往决定放它一马。多年后，《纽约客》编辑本·雅戈达指出，《抬高房梁，木匠们》之所以在批评家那里逃过一劫，是因为塞林格"虽然迷上了神圣的西摩以及格拉斯家的其他成员，但小说本身依然忠于文学，没有背离叙事的价值"[17]。按照塞林格的说法，《祖伊》没有在宗教上做文章，如果他不能复制《抬高房梁，木匠们》的精准度，那么评论家和编辑们必将摒弃这部作品。

塞林格竭尽全力，减少《祖伊》中的宗教元素，但他发现这是办不到的。他说，如果他坐在打字机前，下定决心要写"一个关于一双被盗运动鞋的爱情故事"，其结果仍然会是一篇宗教布道文。他声称这是自己无法控制的事情，似乎只能听之任之。他无可奈何地说道："选择什么素材似乎从来不是我说了算。"[18]显然，塞林格的信仰已经与他的作品相互交织、难以分辨。现在的问题是，当作者与祈祷者的身份合二为一后，公众将对此作何反应？

等塞林格把《祖伊》送至《纽约客》编辑部后，众人满怀热情地将小说审阅了一番。新晋编辑想借此机会树立威望，他们要让这家杂志最负盛名的撰稿人乖乖听话，按照杂志社的要求写作。他们认为这个故事太长、太杂芜，作者对故事里的人物过于迷恋，导致人物显得很做作。但最为严重的是，他们指责这个故事充满宗教色彩。《祖伊》不仅被《纽约客》的编辑们拒绝了，而且是全票否决。

格斯·洛布拉诺去世后，威廉·麦克斯韦尔成了塞林格的联系人，他不得不通知对方，稿件已被退回。为了顾及塞林格的感受，麦克斯韦尔声称《祖伊》被退稿是因为《纽约客》禁止发表小说续篇。[01]但真相一目了然。杂志社的怠慢使塞林格忧心忡忡。他在这部小说上投入了大量时间和精力，到1956年，他已不再考虑把《祖伊》转投给其他杂志社了。

塞林格发现自己进退维谷。他制订了宏大的写作计划，要给格拉斯家族写一个系列小说，这是他不愿放弃的。《祖

---

01　麦克斯韦尔的这个借口非常不诚恳，反而令他和塞林格都感到颇为尴尬。这位编辑应该记得，当年《纽约客》不仅接受了塞林格的第一篇投稿《麦迪逊街边的小叛乱》，还希望他能写出以霍尔顿为主人公的续篇。

伊》被拒,塞林格的计划似乎遇到了严重障碍。此外,他还面临经济方面的问题。《九故事》和《麦田里的守望者》都卖得不错,版税的确相当可观,但未必能立即兑现。他现在拥有一栋占地90英亩的房子,最近又对建筑进行了大规模翻修。他家里还有妻子和刚出生的孩子。塞林格也许会担心,如果断了《纽约客》那里的收入,那么他将如何养家糊口?

塞林格对未来感到迷茫,无可奈何之下只能铤而走险,他把目光投向了好莱坞。他还记得1949年电影制作人对《威格里叔叔》的肆意篡改,但他强迫自己放下内心的憎恶,考虑从《九故事》里挑一篇,出售其电影摄制权。这一次他选择了《大笑的男人》。塞林格聘请H.N.斯旺森做他的代理人与电影制片方谈判。斯旺森是奥伯联营公司的商业伙伴,此人被朋友们称为"斯旺尼",是好莱坞最著名、最成功的作家经纪人。[01]他曾经是威廉·福克纳、欧内斯特·海明威的代理人,而他最著名的客户要数F.斯科特·菲茨杰拉德。塞林格被迫将小说版权转让给他不喜欢的行业,但至少,他还有大名鼎鼎的斯旺森助他一臂之力。

斯旺森找到好莱坞制片人,并转达了塞林格的想法。这些人的反应是可以预见的,他们难掩兴奋,但提议把

---

**01** 斯旺森与莱斯·格拉斯有相似之处,后者在《抬高房梁,木匠们》中被描述为洛杉矶"一家电影公司的星探",这可能是巧合,也可能不是。

《麦田里的守望者》搬上大银幕。这个念头才真叫人激动不已,但塞林格自然不会同意。事实上,他早已通过经纪人事先声明:自己绝不以任何形式参与作品的改编;他只愿意出售《大笑的男人》的电影摄制权,仅此而已。

百老汇也看上了《麦田里的守望者》。著名导演伊莱亚·卡赞恳求塞林格,允许他改编《麦田里的守望者》。等到气喘吁吁的卡赞说服了其余所有人后,塞林格只是摇了摇头,喃喃地说:"我不能同意。我怕霍尔顿会不高兴。"此事到此结束,但这个故事很快变成了传奇。[19]

除了他所谓的霍尔顿的意愿之外,塞林格之所以突然把好莱坞和百老汇拒之门外,可能还有另一个原因。1956年11月8日,塞林格收到了《纽约客》为购买《祖伊》而开出的支票。威廉·肖恩力排众议,不顾编辑部的反对执意要发表这篇小说。此外,肖恩决定亲自来当《祖伊》的编辑。对怀特和麦克斯韦尔来说,肖恩的行为一定让他们背后一凉。通过推翻他们的决定,肖恩不仅批评了编辑们的傲慢和短视,还向大家表明,他完全站在塞林格那一边。在接下来的六个月里,肖恩和塞林格将共同修改《祖伊》,远离杂志社其他人的影响。他们一连数日把自己关在肖恩的办公室里,一个字一个字地修改这部小说,坚持不懈。在这一过程中,两人成了最亲密、最忠诚的朋友。威廉·肖恩不仅挽救了塞林格的中篇小说，也挽救了他与《纽约客》的关系。对此，塞林格永生难忘。

要修改《祖伊》，最大的困难似乎是小说的长度。按照《纽约客》的要求，小说在发表前应该被"压缩"至适合杂志的篇幅，此前他们也请塞林格删减了《抬高房梁，木匠们》的字数。[01]最终，《祖伊》的定稿有41130个字，是塞林格除了《麦田里的守望者》之外最长的作品。肖恩买下这部作品后，塞林格又花了六个月来缩减故事，这在某种程度上能说明小说最初的长度。

肖恩办公室里的秘密行动自然引起了凯瑟琳·怀特的注意，她饶有兴趣地观望着，不免心生嫉妒。为了参与这次改稿，怀特给塞林格写了好几封信，表示她对此事怀有强烈兴趣。1956年11月下旬，小说的修改似乎取得了实质性的进展，怀特便装模做样祝贺塞林格获得阶段性成果。

> 我只想让你知道我有多高兴——既是为你，也是为杂志，你终于把小说压缩到适合发表的长度了。不过抱歉，它还不能马上排印……我们还要等待特刊才能容纳那么长的故事。[20]

---

[01] 1943年，当时的塞林格还很年轻，不懂变通，当《纽约客》要他"压缩"《麦迪逊街边的小叛乱》时，他形容这一要求是"自以为是的字数限制"。

六周后,她再次写信给塞林格,但似乎对塞林格取得的成绩并不像先前那么有把握,她所使用的语气一定使塞林格心存戒备,因为这封信的内容让人想起惠特·伯内特以及他对《麦田里的守望者》的觊觎。

> 我最近一直在想你的事,你要把小说缩减到《纽约客》可以接受的长度,这需要付出辛勤劳动,对此我深表同情。我知道这对你来说一定是个痛苦的过程,我衷心希望这次改稿能顺利完成,不必占用你太多的精力,也不会耽误那部长篇小说的进度,毕竟那才是我们热切期盼的。[21]

怀特在此前的一封信里也提到了这部备受期待的长篇小说。她在信中写道:"我迫切希望长篇小说里那些较为简短的新故事能够尽快写完,这样我们就能立刻安排发表。"[22]

这封信除了提到塞林格尚未完成的长篇之外,还有一个耐人寻味的地方。他和肖恩努力"压缩"的那个故事,学者们普遍认为是《祖伊》,但其实怀特和《纽约客》称其为《伊凡雷帝》(Ivanoff the Terrible)。[01]一直以来,学术界完全忽视了

---

[01] 按照《纽约客》的惯例,在按时间顺序整理编辑和作者之间的通信时,应在文件底部标明某信件谈论的小说。

《伊凡雷帝》这个标题，坚信信里提到的短篇是《祖伊》，但他们的推理可能带有情感倾向，并不符合逻辑。如此重要的一部作品竟不知去向，另一部描写格拉斯家的长篇又不见发表，这两件事造成的损失是不可估量的。

…………

回到科尼什后，塞林格又开始聚精会神地修改《祖伊》，这迫使他一连数日隐身于工作室里。这是克莱尔在新罕布什尔州度过的第三个冬季，独自在家的她感到格外痛苦。就像前几个冬天一样，她心灰意冷，变得忧郁愁苦。塞林格几乎没有注意到妻子的变化，他立志完善《祖伊》，却不得不自食恶果——克莱尔的沮丧之情正一天天加重。

1957年1月的第三个星期，杰米·汉密尔顿和他的妻子伊冯娜从伦敦来到纽约。塞林格和克莱尔希望趁此机会让汉密尔顿夫妇见见他们的女儿(同时拜访肖恩，商讨《祖伊》的最近进展)，他们高高兴兴地把佩姬裹在襁褓里，抱着她赶赴纽约。

当他们抵达时，塞林格的母亲和姐姐正在百慕大群岛旅行，所以他没有住在公园大道，而是选择了曼哈顿的一家酒店。克莱尔再次回到纽约舒适的环境中，一想到科尼什孤寂的冬天，便觉得难以忍受。等塞林格离开酒店，看着他的背影消失后，她就抱起孩子逃走了。等塞林格回来时，酒店房间内空无一人。[23]他只好独自返回科尼什，无论他内心多么懊悔——后来发生的事情证明他的确非常后悔,他都隐忍不言。他的私人信件和工作信件都没有提到克莱尔的出走和佩姬的失踪。相反,他继续埋头修改《祖伊》。

与此同时,已然受挫的塞林格从好莱坞经纪人H.N.斯旺森那里收到消息,《大笑的男人》已经不可能被拍成电影。原来,这个故事最终被送到了制片人杰里·沃尔德手上。他曾设想把故事改编成一出喜剧,不过沃尔德认为故事太短,不适合拍成电影,还抱怨塞林格不愿意修改作品。

> 我认为,正是小说文字里的特定元素才使这个故事具有独特的魅力和感染力,如果把这些元素放大到影片中,就会很难传达出来……当然,这就要求作家与我们的想法一致……但塞林格先生又不愿亲自修改。我这边的主要问题是,《大笑的男人》留给我的创作空间太少了。[24]

沃尔德拒绝《大笑的男人》之后,塞林格彻底放弃了他对好莱坞的渴望,他再也没有考虑过把自己的故事交给电影制片人或剧院导演。从那时起,他小心翼翼地守护着每一部作品,唯恐被他人掠夺,就像他守护《麦田里的守望者》那样。然而，在保卫《麦田里的守望者》这件事上，塞林格从未动摇过。在拒绝《大笑的男人》的那封信里，沃尔德再次请求获得《麦田里的守望者》的摄制权。他恳求斯旺森："请您转告塞林格先生，我对他的大作《麦田里的守望者》依然很感兴趣，希望能以某种方式说服他将这个故事搬上银幕。"塞林格当然没有同意。考虑到沃尔德制作的其他影片（当时他正在改编《冷暖人间》），以及他试图把《大笑的男人》演成喜剧，拒绝他可谓一桩幸事：既挽救了故事，也挽救了作家，否则两者一定免不了蒙受耻辱。

改完《祖伊》后，塞林格决定接回妻子和孩子。1957年5月1日，他再次前往纽约。此时，克莱尔和佩姬正住在一栋公寓里，租金由克莱尔的继父支付。塞林格把《祖伊》的定稿交给威廉·肖恩，然后找到克莱尔劝她返回科尼什。克莱尔很焦虑，她此前每周要去看三次心理医生，医生鼓励她和丈夫好好谈谈。

两人见面后，克莱尔表示只有塞林格答应她提出的一系列条件，她才考虑和解：塞林格必须花更多时间陪伴她和佩姬；当他外出工作时，家里可以经常接待客人；小屋要进一步翻新、扩建，要增加一间婴儿室；庭院里的草坪需要重新修剪，新建一个运动场；最重要的是，她坚持要有旅行的自由，塞林格去纽约见编辑时得带上她，压抑的冬季来临后她要去更温暖的地方，当她感到心烦时能到海外长期度假。

塞林格慨然应允，并着手履行承诺。他雇用建筑商人盖了一间婴儿室，还请来园丁整修草坪。[01]他还向克莱尔保证，他们会经常邀请客人，他会花更多时间和家人在一起。两人还计划共同前往不列颠群岛度长假，再现1951年那次令他愉快的旅行。更何况英国是克莱尔的家乡，她在那里度过了童年。在写给勒尼德·汉德和杰米·汉密尔顿的信里，他兴致勃勃地谈到了这次旅欧计划。也许塞林格曾暗自思忖，他们再也不会回到科尼什，而是在苏格兰定居，毕竟这是他长期以来怀有的幻想。

…………

1957年5月17日，《祖伊》终于登上《纽约客》。[02]从一开始作者就告诉大家，《祖伊》根本不是一部短篇小说，而"有点儿像平凡的家庭录像"。[25]作者的目的是写"一双被盗的运动鞋"，以格拉斯家最小的两个孩子弗兰妮和祖伊为中心，使读者窥见整个家族的生活风貌，正如《抬高房梁，木匠们》将叙事重心放在了巴蒂和西摩身上。小说花了大

---

[01] 据佩姬说，她父亲坚持亲自设计婴儿室，但效果非常糟糕。他忘了考虑天气因素，指示工人把屋顶建成平的。结果冬天下雪时，雪必须从屋顶上铲下来；一到下雨天，雨水也会积在屋顶上，导致屋里经常漏水。

[02] 事实上，《祖伊》几乎占据了5月中旬那期杂志的所有版面。

量笔墨来描写格拉斯一家,从而增进读者对他们的了解,但很快塞林格还是忍不住将话题转移到了精神方面。小说也由此产生了多层含义,这在开篇那几页里已有所提及:"在《祖伊》这个故事中,我得事先声明,我们要处理的是复杂的、交叉的、分裂的问题。"

1945年10月,塞林格曾告诉《绅士》杂志,自己很难用简洁而自然的方式写小说。他说:"我脑子里塞满了黑色领带,尽管我发现它们时会及时扔掉,但总有一些漏网之鱼。"[26]1957年,这些黑色领带还残留在塞林格的作品中,但已经从矫揉造作的文学遗迹演变为精神上的二分法:将世界上的人分成开明和无知两派。在《祖伊》里,塞林格希望在文学和精神两个层面丢弃他最后的黑领带。《祖伊》写得既简洁又自然,试图将精神上的自负从塞林格的作品中清除出去,这种自负曾使弗兰妮·格拉斯备受折磨,几乎要把她逼疯。《祖伊》就是接着他之前的作品往下写的。在《弗兰妮》里,事件发生三天之后,弗兰妮蜷缩在自家沙发上,因沉迷于耶稣祷文而承受着精神和身体上的危机。在《祖伊》的开头,叙述者故作忸怩地承认,他其实是弗兰妮的哥哥巴蒂·格拉斯,虽然他决心以第三人称来叙述事件。

乍看之下,格拉斯家的孩子们才华出众,似乎能在粗鄙的世界外构建一块飞地,或者如巴蒂·格拉斯所说,"某种语义几何学,其中任意两点间的最短距离是个傻乎乎的圆"。这种自命不凡的优越感似乎是塞林格头脑中最傲慢的"黑领带"——他喜欢塑造一个封闭的社群,里面都是特立独行的人,偏离客观现实的轨道。然而,仔细研究《祖伊》就会发现,这个故事真正关注的是人物的缺点,而不是他们的优点。

正如《弗兰妮》里所预示的那样,此时的弗兰妮因信仰耶稣祷文和《朝圣之旅》,觉得自己在精神上高人一等。这种心态不仅将她与世界上的其他人分隔开,还有可能令她远离家庭。在《弗兰妮》中,精英主义倾向在很大程度上是女主人公自身存在的问题,而在《祖伊》中,这种自我优越感被描绘成从她哥哥西摩和巴蒂那里继承来的。[01] 为了解释这一点,塞林格不得不重新安排弗兰妮与《朝圣之旅》的相遇方式。在《弗兰妮》里,这本书是弗兰妮在学校图书馆里发现的。而在《祖伊》里,这本书是在西摩的写字台上找到的,自他七年前去世以来此书就一直放在那里。通过这一更正,塞林格不仅谴责西摩向家庭里最年轻的成员宣扬教条,还将弗兰妮因傲物轻世造成的精神危机与格拉斯家族的清高疏离联系起来。

---

[01] 虽然巴蒂把弗兰妮的精神困境主要归咎于他的西摩,但他在叙述里也暗示弗兰妮本身就自视甚高,有精英主义倾向,她认为自己既倦怠又老练。

首先出场的是弗兰妮的哥哥祖伊，他被母亲贝茜·格拉斯困在浴缸里。贝茜劝说祖伊帮助弗兰妮走出困境，但祖伊自己也在经受一场精神危机，虽然不易察觉，但同样具有破坏力。他正与自我做斗争，因而感到精疲力尽。他从小深受先进宗教思想的熏陶，以至于他比别人更偏执。

在塞林格的安排下，祖伊把浴室称为"小教堂"，贝茜逐一列举了浴室药箱里的40多件物品。每件物品都明显与自我相关。面霜、指甲锉、各种粉末和牙膏，其中夹杂着个人家庭生活中被忽视的纪念品：贝壳、早年的戏票和破碎的戒指。这些东西与自我痛苦紧密相连。为了使读者不要忽略这层联系，接下来祖伊用塞林格最常见的方式展现了什么是专注自我：他对自己的指甲非常在意。

故事的第二部分发生在格拉斯家的客厅里，由祖伊和弗兰妮之间的对话组成。这幕场景的设置可能在故事里最具象征意义。一开始，客厅被弗兰妮当成了精神坟墓，里面飘荡着昔日的幽灵。客厅里摆满了物件和家具，给人一种黑暗、压抑、尘封已久的感觉。每一件不拘一格的家具、每一道划痕和每一处污渍、书籍和家庭纪念品都被仔仔细细地描述了一番，作者不仅介绍这些东西的外观，还简单讲述了它们的历史。每一件物品和每一个瑕疵都承载着往事旧梦，这些回忆就像少年的魂魄或是去世已久的孩童的幽灵,萦绕在客厅里,似乎也萦绕在沉睡的弗兰妮身旁。[01]

显然,这间客厅正在等待油漆工的到来,他们将用一层崭新的涂料掩盖过往那些数不清的污渍,使房间焕然一新。为了方便工人粉刷,贝茜从窗户上卸下沉重的锦缎窗帘。此时,弗兰妮正睡在窗边的沙发上。突然间,客厅里洒满了阳光,也许这是多年来的头一次。阳光暴露出室内凌乱不堪的状态,油漆工们显然无法在这种环境里工作。

此处对格拉斯家公寓的描写在塞林格的作品中是独一无二的。他在其他作品里从未如此细致地描述过场景。塞林格总是忽略房间、环境以及家具,而将人物的装束置于重要位置。但在《祖伊》里,他没有理会弗兰妮和祖伊穿什么。人物的刻画离不开他们各自所在的房间。读者第一次见到祖伊是在他关注自我的小教堂里,而弗兰妮则出现在客厅里,那里埋葬着格拉斯家族的记忆。西摩的幽灵徘徊于此,比其他任何记忆都要深刻。这个幽灵诱使弗兰妮陷入沉默的绝望,让祖伊暴跳如雷。他哀号道:"这个该死的房子散发着鬼魂的腐臭味。"

这间客厅也象征着弗兰妮的精神和情感状态。如果

---

[01] 在描写格拉斯家的公寓时,塞林格插入了一个误导性细节,他很喜欢在故事里安插此类细节。显然,格拉斯家的公寓是以塞林格父母在公园大道的公寓为原型的。然而,巴蒂·格拉斯说他们家坐北朝南。但塞林格在公园大道的公寓并非面向南方,而他父母那栋人人向往的公寓则位于街道转角处,面朝西北,正对中央公园。

读者意识到这一场景与弗兰妮的联系，就能理解其中的含义，并能预见故事里最终的顿悟。除了弗兰妮和祖伊，小说的第二部分还有第三个角色——太阳。贝茜取下又旧又重的窗帘，让阳光照进房间，此时弗兰妮正蜷缩在旧沙发上。贝茜的举动还让外面的世界——孩子们在对面学校的石阶上玩耍——进入了格拉斯家的领地，仿佛阳光照进了墓穴。

祖伊劝弗兰妮要更理智，不要滥用耶稣祷文，试图帮她摆脱颓唐不安的状态。他指责弗兰妮不该把祷文当成咒语，通过祈祷来囤积精神财富。在他看来，找寻精神财富与贪恋物质财富没什么两样，所以弗兰妮的做法是不可取的。更糟糕的是，他批评弗兰妮在精神上自高自大，说"她的虔诚开始令人反感"，他指控妹妹在进行一场"不知天高地厚的十字军东征"，把周围的人都视为敌人，而把自己当成殉道者。换句话说，弗兰妮想利用耶稣祷文来巩固她自以为是的形象，将自己与众人区分开，因为她认为其他人在精神上都比她低一等。祖伊的言论几乎让弗兰妮情绪失控，但他丝毫不留情面。他继续争辩说，如果弗兰妮要把她的精神危机坚持下去，她最好返回学校，不要待在家里，因为在家里她是大家的宝贝，会把那双讨厌的踢踏舞鞋放进衣柜里。

祖伊沉浸在自己的长篇大论中，开始质疑弗兰妮的信仰是否真诚。他追问，如果弗兰妮无法接受基督的本来面目，那么她怎么能继续念耶稣祷文呢？他提醒弗兰妮，当她还是个孩子时，耶稣的观点曾令她愤愤不平，因为在耶稣眼里人类的地位远高于天空中令人怜爱的小鸟。这种人类至上的主张根本不符合弗兰妮对耶稣形象的理解。对弗兰妮来说，耶稣应该是可爱的，更像阿西西的圣方济各，而不是一个脾气火爆的先知，会走进神殿掀翻桌子。祖伊奉劝妹妹，如果她想正确地运用耶稣祷文，在生活中不停地祈祷，那么她必须首先看清耶稣本来的样子。他把这种能力称为"基督意识"，即能在生前与上帝展开交流。"全能的上帝，"他喊道，"弗兰妮，如果你要念祷文，至少对着耶稣念，别对着圣方济各、西摩和海蒂爷爷的混合体念。"[27]

毫无疑问，《祖伊》这部小说包含了许多宗教符号。然而，对祖伊这个人物来说，他的精神开悟之所以令人赞叹，正因其发轫于一件美好的小事。为了展现这一效果，塞林格抛弃了近些年来的写作风格。他不再多做解释，而是找回了考尔菲尔德时代那种模糊而柔和的文风。

在两人争辩的过程中，祖伊瞥了一眼窗外，发现街上正上演着简单的一幕。他逐渐被外面发生的事所吸引，直至目不转睛地注视着，尽管一开始他也不明白这件事有何魅力。一个7岁左右的小女孩，身穿海军蓝毛呢短上衣，正在和她的狗玩捉迷藏。小女孩躲到一棵树后，那只不明就里的腊肠犬突然就找不到她了。小狗心烦意乱，不知所措，只能跑来跑去，拼命寻找。正当分离的痛苦几乎使小狗无法忍受时，他辨别出了主人的气味，一下子朝主人扑了过去。小女孩高兴地叫起来，小狗也愉快地吠个不停。他们的重聚以拥抱告终，然后他们悠闲地向中央公园走去，消失在祖伊的视线里。

祖伊的解释也许破坏了这一幕的微妙之处。他分析道："世界上还有美好的东西，我们都是白痴，才会走那么多弯路。不管遇到什么该死的事儿，我们总是，总是，总是忘不掉我们那点低劣的、微小的自我。"这句话可以理解为塞林格过往和当下主题的结合。祖伊不过偶然见证了一件普通的小事，但这足以让他意识到世界上仍然存在"美"。"美"就在小女孩无瑕的纯洁里，塞林格过去塑造的那些人物，如贝比·格拉德韦尔和霍尔顿·考尔菲尔德，也通过同样的方式发现"美"。但比起贝比和霍尔顿，祖伊获得的启发更加深刻，他指出，自我总能掩盖日常生活中无所不在的神圣之美。

《祖伊》的创作灵感主要源于两个方面：一是自悟会出版的书；二是作者与自我斗争的经历。塞林格从1955年开始与自悟会接触,在写作《祖伊》期间,他依然与该团体保持联系。自悟会于1920年由印度圣人帕拉宏撒·尤迦南达创立。1945年,塞林格阅读了尤迦南达撰写的《一个瑜伽行者的自传》,此书肯定了他的宗教信仰,并对他和克莱尔的婚姻产生影响。他深入研究这本书,将其中的许多教义写进小说里。就像在读《罗摩克里希那福音书》时候那样,他还全心全意地研读尤迦南达的其他著作。其中最重要的是尤迦南达的两卷本巨著《基督的再次降临:基督在你心中复活》(*The Second Coming of Christ: The Resurrection of the Christ Within You*),书中论述的教义为《祖伊》所传达的精神信息奠定了基础。

尤迦南达声称,他得到了上帝的启示,所以唯有他能对基督教福音书和基督的生平做出正确解释。[01]他在《基督的再次降临》里按照自己的理解阐述基督的言行,还对四大福音书进行了逐字逐句的剖析。根据他的说法,耶稣已经完全拥有上帝的意识,真正与上帝合二为一了。在他看来,耶稣就是上帝之子,耶稣本人包含了神性,但他还不是神。这位瑜伽行者认为,每个人都是上帝的孩子,可以通过祈祷和冥想唤醒体内的神性。他的论点是,复活的真正意义就在于唤醒神性。因此,基督的第二次降临并不是

---

**01** 尤迦南达声称,神启告诉他,基督在开始传教前曾在印度待过很多年。尤迦南达还利用诺斯替教派和伪经来宣传不被四大福音书承认的主张。

发生在未来的现实事件。相反，尤迦南达相信，通过与上帝在精神上合一，任何人在任何时候都能迎接主的归来。尤迦南达在书中将这种精神觉醒称为"基督意识"，拥有"基督意识"的人能在万事万物中找到上帝，从而使自身变得圣洁。

评论家们断言，祖伊是塞林格除了霍尔顿之外塑造得最好的人物。虽然塞林格和巴蒂·格拉斯共用一个声音叙述《祖伊》，但真正能代表作者心声的却是祖伊这个角色。自从写完《麦田里的守望者》后，塞林格坚守的写作哲学是：将作品等同于冥思。科尼什的孤寂生活使他远离公众打扰，不为声名所累，能够进一步实践上述哲学。公众对塞林格的兴趣、粉丝的来信和奉承、接连不断的攻击性评论或是赞美小说的文章，都会破坏他的沉思。他坚持说别人的关注阻碍了他的写作，如果他觉得自己"上了新闻"，就没法写小说了。虽然塞林格在公开场合总是极力躲避众人的目光，但在私底下他还是很享受那种被人在意、被人肯定的感觉。这使他陷入自相矛盾的境地，成为他人生中一个莫大的讽刺。因为他把写作视为一种冥想形式，但他写出的优秀作品又满足了他的虚荣心。

作为演员，祖伊发现自己的处境与塞林格相似。他选择的工作满足了他的自我，但他明白自我意识会导致精神上的堕落。和塞林格一样，祖伊以虔诚的态度对待他的工作。巴蒂在信里敦促祖伊要心无旁骛地追求他的演艺事业（西摩后来也劝巴蒂以同样的热情对待写作）——尽情释放星光，把工作当成一种信仰。专心工作即是精神探索，为了重申这一观点，塞林格把《薄伽梵歌》中的语录贴在了巴蒂和西摩的房门上："你有权工作，但只是为了工作而工作。你无权享受工作的成果。对工作成果的渴望绝不能成为你工作的动机。"第二段引文也预示了故事的结局："做任何事都要想着至高无上的主。不要惦念成果。"塞林格和他笔下的人物所面临的挑战是，如何全力以赴地从事工作，同时不被自己的劳动成果所诱惑。

祖伊随口说出的那些精神真理根本不见效果，弗兰妮听后反而哭了起来。叙述者巴蒂告诉我们，祖伊在空气中嗅到了失败的味道，于是沮丧地离开了房间。祖伊对妹妹说的话是符合逻辑的。然而，祖伊的逻辑中缺少一些至关重要的东西，所以他的规劝未获成功。故事写到这里，祖伊仍然不明白自己为何失败，否则当他走出客厅时也不会对母亲表现得如此粗鲁和不耐烦。

故事的最后一幕安排在巴蒂和西摩童年居住的房间里。祖伊假装巴蒂给弗兰妮打了个电话。这个房间一直被视为家里的圣地，自从七年前西摩举枪自杀后，这里没有发生任何变化。巴蒂坚持以西摩的名义在书桌上装了一部电话，以此维持他和哥哥的联系，因为他拒绝承认两人已经分离。房间内的装饰依旧充满童趣，到处都堆着书。祖伊被那部电话吸引住了，"就像牵线木偶一样"。他拿起电话，用原本搭在头上的手绢盖住话筒，拨下一个号码。

用一个简单行为点燃意义的火花，再由这个火花引起一系列火焰，塞林格就是用这种方法创造出内涵最丰富的场景。《祖伊》包含了塞林格作品中一个最为超现实的形象。母亲催弗兰妮接电话，说是巴蒂打来的。在去接电话的路上，弗兰妮经过大厅来到父母的卧室。她周围的环境已经发生变化，既有混乱也有革新。走廊里弥漫着新油漆的味道，弗兰妮必须踩着地板上的旧报纸走路。她朝电话机走去，每走一步她的身体就变得更加年轻。当她走到大厅的尽头时，她已经变回一个小孩，就连她的丝绸睡衣也神秘地变成了"小孩的羊毛浴衣"。这个形象转瞬即逝，故事结尾的叙述也很冷静。然而，此时的弗兰妮正呼吸着新油漆的气息，脑中回荡着祖伊对基督意识的呼唤，她可能以神奇的方式展现了耶稣自己说过的话："如果你们不改变，不变成小孩的模样，那么你们绝不能进入天国。"

在弗兰妮和祖伊的最后一次谈话中，故事的各个部分逐渐汇聚。在很长一段时间里，弗兰妮深信给她打电话的人是巴蒂,他正在纽约州的林子里过着独居生活。[01]这种误解使弗兰妮有机会宣泄她对祖伊的愤怒,并表达自己的观点。她认为,从精神层面而言,祖伊根本没资格评判耶稣祷文,她还指出祖伊最大的缺点在于为人苛刻。

最后,弗兰妮不可避免地意识到她其实在和祖伊通话,接下来兄妹俩之间发生的事与《麦田里的守望者》结尾霍尔顿和菲比的对峙十分相似。尽管被妹妹识破身份,但祖伊还是决定不顾弗兰妮的怒火,将谈话继续下去。弗兰妮勉强同意听他说完最后一句,她让祖伊有话快说,之后就不要再来烦她。弗兰妮的"别来烦我"让祖伊心里很不好受,就像菲比那句"闭嘴"使霍尔顿深受打击。电话那头的人不再说话,弗兰妮这才发现她把话说重了。

听完弗兰妮的一番表态后,祖伊决心释放自我,支持妹妹的精神需求。他的态度发生了变化。他用妥协的语气告诉弗兰妮,她可以继续念祷告词,但他恳求对方以正确的方式默诵,请她首先承认贝茜做的"鸡汤"是神圣的,因为汤里包含着无条件的爱。祖伊还以痛苦的心情鼓励弗兰妮继续她的演艺事业。他之所以感到痛苦,是因为他发现表演是欲望的直接结果,是对劳动成果和他人称赞

---

**01** 为了实施诡计,祖伊谎称自己是巴蒂,还用弗兰妮的昵称"弗洛普西"(Flops)来称呼对方。

的渴望。他哀叹道，宗教生活依赖于超脱——这和欲念背道而驰。他认为弗兰妮没有其他选择。她必须表演，因为那是上帝赐予她的天赋。她必须卖力演出，在这一过程中达到平衡。他对弗兰妮说："在宗教方面你唯一能做的就是表演，如果你愿意的话——做上帝的女演员吧，为上帝献艺。"

祖伊的肺腑之言既是对弗兰妮说的，也是对他自己和他的自我斗争说的。祖伊没有指示弗兰妮去何处寻找启示，也没有引领弗兰妮抵达天启之地，他们是共同获得启示的。祖伊的逻辑和耶稣悼词都不乏精神上的真理，但它们缺少神圣的感悟，而这种感悟必须通过人与人的联系才能产生。母亲"鸡汤"里的圣洁、小女孩和腊肠犬共享的快乐，这些都不是普通生活里的平庸琐事，而是彰显上帝存在的神迹。接着，祖伊讲述了"胖夫人"的故事，这个故事已经成为塞林格作品中最鼓舞人心、最著名的意象之一。祖伊很小的时候就参加了电台智力问答节目《智慧儿童》。有一天晚上，当他正要上台前，西摩走到他身边告诉他先把皮鞋擦亮。祖伊很生气。他认为录音棚里的观众都是傻子，制片人也是傻子。他不必为他们擦鞋，况且他坐在台上，别人也看不到他的脚。但西摩并不赞同他的说法，他脸上带着严肃的表情，要求弟弟为了"胖夫人"擦亮皮鞋。西摩从未解释过"胖夫人"是谁,但祖伊的脑子里却有一幅清晰的画面:那是一个身患癌症的女人,坐在门廊上听收音机。因为脑海里的这个形象和西摩的坚持,祖伊每晚登台前都会擦亮皮鞋。弗兰妮的头脑中也有一个类似的"胖夫人"形象,因为西摩曾鼓励她为了"胖夫人"表现得风趣些。

这是西摩对弗兰妮和祖伊的鞭策,希望他们竭尽所能做到最好。至于这位"胖夫人"究竟是谁,或者她代表着什么,这些年来两人始终迷惑不解——直到开悟的那一刻,兄妹之间产生的联系使他们拥有了基督意识,得以瞥见上帝的真容。"你难道不知道那个胖夫人到底是谁吗?"祖伊问道,"……啊,伙计。啊,伙计。那是基督他本人,是他本人,伙计。"[28]

胖夫人的故事是个寓言。这个故事承认我们每个人心中都有上帝。对于祖伊来说,认识到这一点就能摆脱自我的束缚。对弗兰妮来说,这是在解释如何"不停地祈祷"、如何永远把上帝放在心里。弗兰妮要做的不是喃喃地默念他人写下的话语,而是在生活中实践,把每件小事都当成神圣的行为,就连擦鞋也不例外。

祖伊不明白为什么要擦鞋，正如弗兰妮不理解她所背诵的耶稣悼文。从本质上说，他们都在执行同样的规定仪式，试图以此获得安慰。西摩对两人的劝说，妙就妙在他并未推翻耶稣祷文。当年朝圣者用古老的俄语念诵经文，祈祷天恩降临，使他看清上帝的面容，而西摩的劝诫正是古代悼词的现代美国版本。

豁然开悟后，弗兰妮喜不自胜，和受到启发的贝比·格拉德韦尔以及X中士一样，她幸福地睡着了。

塞林格在《祖伊》里敞开心扉，袒露了他的精神与自我之间的战争。格拉斯家的孩子们觉得自己无法与周围人沟通，他们为此深感痛苦。对于塞林格来说，这种痛苦也是他所熟知的。接受他人、认识世界的美好，这不仅是弗兰妮和祖伊苦苦追求的目标，也是赋予他们生命的作者想要努力实现的愿望。在《祖伊》里，塞林格还和读者分享了他最大的苦恼。绝望和孤独迫使他通过写作寻找上帝，但他发现写作可能就是他与上帝交流的最大障碍。无论如何，他必须找到一种方法，继续用写作来表达他对上帝的敬意，同时躲避这一劳动带来的物质回报。

15　西摩

《祖伊》在《纽约客》的读者中大受欢迎。公众对小说的认可使部分专家默不作声,或者说,至少平息了他们的议论,此前这些人深信《祖伊》会令塞林格的事业走向衰败。批评者(包括凯瑟琳·怀特的手下)最终将小说的成功归因于《纽约客》读者的良好素养,因为他们已经习惯了塞林格那种变化莫测的文风。尽管如此,批评小说的人仍然认为如果将《祖伊》呈现给普通读者,它必将为千夫所指。很少有人相信塞林格会厚着脸皮把这个中篇当成书来出版。《祖伊》诞生于《纽约客》的书页里,也将在这些书页里衰老、死去。

评论家们的沉默并未使《祖伊》幸免于难,至少塞林格是这么认为的。1957年5月12日,小说发表仅一周后,图章出版公司就在《纽约时报》上刊登了一则宣传广告,将这部中篇小说与平装版的《九故事》和《麦田里的守望者》相提并论。[01]塞林格不喜欢别人用这种方式推销他的作品,况且这些宣传还和他的新小说绑在一起,他对此十分恼火。他感到自己受到了冒犯,自然而然地把矛头对准利特尔-布朗出版公司。他一气之下给波士顿发了封电报,以愤怒的口吻谴责图章出版公司的宣传策略以及他们所做的

---

[01] 1954年图章出版公司推出《九故事》平装本。书籍的设计虽然谈不上美观,却很有格调。封面上没有花里胡哨的图画,也没有挑逗性文字,与该公司出版的《麦田里的守望者》风格一致。然而在那时,塞林格已经对平装书("一次性书籍")这一概念感到厌烦,因此他对图章出版公司出版的《九故事》和《麦田里的守望者》都视如敝屣。

类比。利特尔-布朗公司立即寄来长信,再三道歉,声称与广告无关,广告见刊时他们并不知情。等塞林格回过神来,已是几天之后,他给利特尔-布朗公司的主编内德·布拉德福德写了封回信,这一次他的语气较为和缓,虽然依旧愤愤不平。他重申了自己对平装书的厌恶,说图章出版公司的广告和《祖伊》的首次亮相离得太近,所以这样的安排"不合时宜"。[1]

这段插曲看似微不足道,却足以展现塞林格对出版商由来已久的蔑视。他与图章出版公司和利特尔-布朗公司就广告一事发生的争执表明了他的观点:他被迫坚持不懈地保护他的作品,阻止出版商胡作非为。尽管他在写作上努力追求完美,但一想到编辑们为了追求利润而糟蹋他的作品,不免火冒三丈。金钱是关键所在。在塞林格看来,出版商已经攫取了太多利润,他在通信里对他们的贪婪多有不满。

这件事也能印证塞林格在《祖伊》里提出的困惑:如何面对艺术创作和收益之间的矛盾。在《祖伊》里,塞林格不遗余力地解释他为何要继续出版小说,尽管成功会在精神上造成隐患。祖伊告诉弗兰妮,她别无选择,只能演戏,因为这是上帝赐予她的天赋。塞林格对自己的职业怀有同样的看法。他相信为了分享观点,有必要继续发表文章。然而，一旦他的作品获得成功，收益是在所难免的，正如弗兰尼在舞台上的出色表现必然会收获掌声一样。西摩和巴蒂曾严厉地告诫人们不要觊觎劳动成果，因为这些果实与自我相连，会造成精神上的死亡。塞林格作品所产生的利润会损害他的宗教信仰，这让他深感不安。但是，大部分利润都被利特尔-布朗公司拿走了，这又使塞林格怒不可遏。

克莱尔和佩姬回到科尼什后，塞林格对出版商的憎恶有所缓解。1957年夏天，小屋的翻修工作终于完成。佩姬搬进了育儿室，并在新修剪的草坪上玩耍。家庭娱乐室里新添了一台电视机和一架钢琴，几乎是格拉斯家公寓的翻版。佩姬还不到三岁，塞林格特别喜欢她。他在信里滔滔不绝地讲述孩子的滑稽动作，以及她每天给家里带来的快乐。根据塞林格的说法，佩姬是个开朗活泼的孩子，他给她起了个绰号叫"发电机"。他喜欢给女儿放爵士唱片，教她跳舞。佩姬已经开口说话。1月，塞林格对汉德法官吹嘘说，她甚至认出了自己的姓氏。当然，她相信每个人都姓塞林格，即便是电视上的人也是如此。

在这些夸赞佩姬童年的信件里，塞林格还诅咒漫长的冬季，他担心冬天可能对克莱尔产生影响。《祖伊》问世后不久，塞林格就已全身心地投入下一个项目中，这又是一个格拉斯家的故事，将再次耗费他的大量心血。他原应履行承诺，带克莱尔和孩子去欧洲度长假，但临行前他发现自己无法离开科尼什，无法离开他手头的工作。他不无尴尬地解释说："我想，事实是，我因写作而热爱这个地方。"[2]据塞林格所说，尽管旅行延迟了，但克莱尔依然耐着性子，没有发火，他对此万分感激。他明白，自己严格的写作计划只会给妻子造成巨大伤害，他不禁为克莱尔感到悲伤，还用自嘲的语气哀叹道："嫁给一个五年后领你到阿斯伯里公园过周末的男人，这真是太好了！"[3]虽然他心存愧疚，但他对写作的迷恋有增无减。1958年2月，杰米·汉密尔顿委派他在美国的代表罗伯特·梅切尔与塞林格在纽约会面，谁知对方竟婉言拒绝。塞林格推脱说，也许要过上好几年他才能从工作中抽出身来。[4]

通过上述致歉，塞林格传达的信息是明确无误的：对他来说，家人固然重要，他欢迎妻子和女儿回家，但排在第一位的始终是工作。从极为真实的意义上说，他变成了工作的囚徒。他感到自己必须完成格拉斯系列小说，甚至愿意为此付出任何代价，哪怕再次失去克莱尔和佩姬。因此，从1958年到1959年，塞林格的生活与创作相互融合，终于孕育出格拉斯家族的下一个故事，这个故事就是《西摩：小传》。当塞林格写完这部中篇时，他已经完全沉浸在自己的作品里了。

1958年1月1日，塞林格刚满39岁，他的写作正在平稳推进，他对当前的写作速度和现有成果都很满意。[5]然而，八个月过去了，他的新小说还没脱稿。此时《纽约客》已经安排了一期特刊，专门刊发他的新作。等到秋天，这部作品的篇幅已经超过《抬高房梁，木匠们》。孜孜不倦地工作了一整年后，塞林格病倒了。夏末，他连续患上伤风和流感，导致胸部受到严重感染，不得不卧床休息，暂停写作。与此同时，《纽约客》急于看到他的新作品，或者至少想确定脱稿日期。他们指责塞林格拖延交稿时间，使杂志遭受重创。[5]到了10月，塞林格的身体因服用大量维生素而有所好转，他认为自己恢复得不错，可以继续写作了。[6]可是，他已虚度数月光阴，发现自己很难从停笔的地方接着往下写。1959年年初，这部中篇小说仍未完成，《纽约客》的态度也变得越来越急躁。

　　每当塞林格遇到写作瓶颈时，他总要外出旅行，相信换个环境就能激发创造力。他经常跑到外面游历一番，至于效果如何，还很难说。但这一次，他不惜一切要写完《西摩：小传》，所以又开始求助于旅行这种办法。1959年3月，他独自离开科尼什，在大西洋城的一家酒店开了间房。西摩·格拉斯有资格去泽西海岸旅游，而克莱尔自己却无法外出度假，她此刻的心情可想而知。塞林格的这一决定无非在告诉她：写作才是头等大事，这令克莱尔的积怨越来越深。

塞林格发现，他在大西洋城还是缺乏灵感，无法写完《西摩：小传》。心乱如麻的他又搬到纽约，在《纽约客》编辑部隔壁的街区找了一个房间。就像1950年创作《麦田里的守望者》那样，他借用杂志社的办公室，只为专心写稿。但事与愿违，他的计划又落空了。抵达纽约几天后，他再次染上流感。绝望、沮丧，外加身体虚弱，他只好返回科尼什，而那部中篇仍未完成。[7]

1959年春天，塞林格终于写完《西摩：小传》，并将稿子直接交给威廉·肖恩，后者立即接下稿件，但并未和《纽约客》小说部商量。凯瑟琳·怀特又吃了一次闭门羹，心中愤愤不平。多亏威廉·麦克斯韦尔及时开导她。麦克斯韦尔理解肖恩的动机，也和怀特关系最近，他告诉怀特："和塞林格打交道，你得用特殊的方式，而且不能拖拖拉拉，我想唯一可行的方法就是像肖恩那样——亲自和他对接。再说，还得考虑这些故事的篇幅、里面包含的禅宗思想，还有上回《祖伊》那件事。"[8]

麦克斯韦尔的信不仅安慰了怀特，也能解释《西摩：小传》如何避开了《纽约客》编辑们一贯的吹毛求疵。为了替肖恩辩解，麦克斯韦尔把塞林格描述成难以相处的人，但他在最后一句提到《祖伊》，说明他和怀特都不愿挑战塞林格的新作，免得碰一鼻子灰，重复《祖伊》那次的尴尬场景。

............

从1957年5月《祖伊》出版到1959年6月5日《西摩：小传》问世，塞林格一生中最重要的事不是发生在新罕布什尔州的科尼什镇或《纽约客》杂志社，而是发生在一个更为广阔的舞台上。在此期间，公众眼里的J.D.塞林格突然从小说家一跃成为文坛的传奇人物。美国人心中有个关于塞林格的神话：他是苦行修道的隐士，虽然心不甘情不愿，但依旧坚持向世人分发启蒙的珠宝。这一形象在美国人的意识中根深蒂固、不可磨灭。塞林格在小说里把西摩·格拉斯提升到圣人的位置，他发现自己也被读者抬到了同样的高度，而这个群体的数量如此庞大，以至于无法忽视他们的存在。他想通过避世来寻求谦卑，却反而多了一道心虔志诚、不得接近的光环，这增加了他在读者心中的魅力。同时，他的个人形象也变得含混不清，人们对此各执一词。事实上，作家和作品已不分彼此。当大众对社会表达不满、为自己发声辩护时，他们就搬出霍尔顿·考尔菲尔德这个角色；而在解释各种各样的社会问题时，人们也开始提及J.D.塞林格的名字。

20世纪50年代中期，一场青年运动蓬勃兴起。年轻一代感到无法融入社会,因为当前这个物欲横流的社会不属于他们,而属于他们父母那一辈。自第二次世界大战以来,美国社会思想僵化,人人墨守陈规,但20世纪50年代的年轻人拒绝随波逐流,他们试图发出集体的声音,借此表达对周围世界的失望和愤怒。他们要为自己逐渐显露出来的不满寻找正当理由。这种不满情绪将稳步增长,直至把社会改造得面目全非。许多人在《麦田里的守望者》中发现了他们想要的合理性。距《麦田里的守望者》首次出版多年之后,美国的年轻人突然抓住了霍尔顿·考尔菲尔德这个人物,把他当作他们那一代的发言人。美国青年觉得霍尔顿的话是说给他们听的,而塞林格与虚伪和消费主义做斗争,替他们表达了对社会的不满,于是这帮青年人开始全心全意地团结在塞林格的作品周围。其结果是,社会上出现了所谓"守望者崇拜",一种宗教般的狂热开始包围这部小说及其作者。对学生来说,随身携带《麦田里的守望者》或《九故事》是件相当时髦的事。年轻人在穿衣和态度上都效仿霍尔顿·考尔菲尔德。具有讽刺意味的是,在这个重视个性与差异的亚文化里,与霍尔顿产生联系变成了一项必备条件。

学者们用惊讶的目光注视着这群困惑的少年。1956年至1957年,学术界第一次认真分析了塞林格的作品。这位大学肄业、一有机会就嘲笑学术群体的作家,突然发现自己成了学术讨论的热点话题。在美国的大学校园里，塞林格是教授和学生们念念不忘的学术对象。

早在1956年年底，塞林格在学术圈的新地位已经开始显现。当时，密歇根大学安娜堡分校邀请他担任该校教员，刚过完38岁生日的塞林格婉言谢绝，他说自己不善与人相处，最好还是留在科尼什，言语之间颇有些责怪对方的意思。塞林格承认，另有其他原因让他觉得在密歇根大学任教是不可能的。和这些原因有关的是"一个职业小说家该如何生活以及在哪里生活的个人信念"，他将自己的信念描述为"坚定"但"索然无味"的。[9]

密歇根大学的邀请自然使塞林格想起1949年在莎拉·劳伦斯学院演讲时的不安，以及随后在他的信念与自我之间产生的矛盾。塞林格一向自负，这是无可争辩的。然而，出于对宗教信仰的尊重，他一生都在努力遏制自我，这也许能解释为什么科尼什相对封闭的环境——远离闹哄哄的仰慕者——对他竟有如此大的吸引力，对他的工作又极为重要。

塞林格继续写作，继续发表作品，他的影响力不断提高。到1959年，人们在塞林格作品中发现的那种反叛精神开始慢慢地渗透到主流社会。剧院里经常上演贝托尔特·布莱希特、让-保罗·萨特和阿瑟·米勒等剧作家的作品，他们都刻画了个人在传统社会里的异化，其表现手法与霍尔顿的抱怨如出一辙。美国人的书架上开始收藏约翰·厄普代克和库尔特·冯内古特等人的小说，这些作家在年轻时就深受塞林格的影响。备受争议的小说《洛丽塔》虽在1955年被禁，但还是钻进了美国人的意识里。弗拉基米尔·纳博科夫承认，小说的灵感来自《香蕉鱼的完美一天》。诚然，西尔维娅·普拉斯也为塞林格文字里的激情所折服，这些年来她写完了《钟形罩》的初稿，而这部小说明显是在模仿《麦田里的守望者》。就连好莱坞也无法抵抗塞林格的影响。演员詹姆斯·迪恩在很多方面都是霍尔顿·考尔菲尔德的化身，诸如《无因的反叛》(至今仍有人把这部电影与《麦田里的守望者》相提并论)这样的电影上映后立刻引起了轰动。

当塞林格开始写《西摩：小传》时，垮掉的一代已经占据了舞台中心。杰克·凯鲁亚克和威廉·巴勒斯等作家延续了塞林格开启的对话，把关于异化和流散的讨论提升到一个新的高度。[01]对这些"垮掉派"来说，诗歌已经成为表

---

[01] 塞林格与凯鲁亚克的联系是个有趣的话题。据说是凯鲁亚克创造了"垮掉的一代"这个短语，用来形容他那代人对遵循社会规则的厌倦，其方式与霍尔顿·考尔菲尔德类似。塞林格在《西摩：小传》里谴责的"达摩流浪者"则是凯鲁亚克1958年小说的标题，此处塞林格显然是在直接向凯鲁亚克喊话。有趣的是，塞林格和凯鲁亚克在哥伦比亚大学就读的时间只相差一个学期，如果哥伦比亚大学没有要求凯鲁亚克在新英格兰先读预科的话，他们就会成为同班同学。在写作方面，两人都志向远大，但最终都对自己的名声感到厌恶。两位作家都是一代人的偶像，因此人们常常援引两人的名字为他们并不赞成的问题和立场辩解。为此，他们都颇为苦恼。塞林格的应对方法是隐居避世、遁入宗教，而凯鲁亚克则堕入酗酒的深渊，导致他英年早逝。

达思想的主要手段，大诗人艾伦·金斯伯格以一种特别贴近塞林格内心的方式追问：人类在世界上究竟处于什么位置？这也是塞林格持续关注的问题。

尽管垮掉派诗人和作家不断发出诗意的抱怨，但他们传递的信息里缺乏救赎。在这些极具创造力的叛逆者眼中，塞林格是他们的偶像，但这位作家却在嘲笑他们。对塞林格来说，他们是"达摩流浪者"，是"垮掉的、懒散的、爱耍脾气的人"。而他最严厉的斥责是将他们称为"禅宗杀手"。然而，社会上的许多变化显然都是由他自己推动的，他发现自己处于一个尴尬的境地：一方面，他强烈反对那些漫无目的的崇拜者随意援引他的名字；另一方面，这些出于个人利益的引用却使他的作品收获了全新的理解和敬意。

在科尼什树林深处，塞林格试图无视周围的骚乱，但这是不可能的。陌生人开始登门拜访。他的邮件里堆满了要他点评的论文和学期报告。[10]关于他的故事和谣言开始出现在报刊上。这只不过是开始，是外界对他持续关注的一小部分，在接下来的几十年里，公众的关注将不断折磨他，迫使他用写作做出回应。

1962年秋天，塞林格从崇拜者那里收到一封有趣的来信。或者更确切地说，他的答复更加有趣。某个自称"史蒂文斯先生"的人（可能是一名大学生）向作家透露，他非常憎恶成人社会崇尚物质的价值观。他熟知东方哲学的理论知识，所以当他发现别人重视"物质"而不是精神时，自然倍感沮丧。毫无疑问，史蒂文斯先生心满意足地把信寄到了科尼什。如果这个世界上还有人能理解他的焦虑的话，那么这个人必定是J.D.塞林格。

10月21日，塞林格给史蒂文斯写了封回信。这封信写得彬彬有礼，这是他一贯的风格，但出乎意料的是，信的内容异常坦率。他先是对史蒂文斯的来信表示感谢，随后简单附和了对方的观点，接下来才切入正题。这封信令他印象最深的是墨水的质量：史蒂文斯的打字机色带快没墨了。塞林格写道："对我来说，首先，年轻人，你需要换个新的色带。发现这一事实，但不必小题大做，然后继续做今天要做的事吧。"[11]

在某些人看来，塞林格的回信似乎十分傲慢，史蒂文斯先生肯定也这么认为。但这封信真实地记录了他正在形成的态度，他并不想接受崇拜者强加给他的尊敬。他既不是古鲁[01]，也不是伟大的奥兹巫师，他小说里的人物从未取得过完美成就。他既不是叛逆者，也不是先知。虽然他谴

---

**01** 印度教或锡克教的宗教导师或领袖。——译者注

责社会的浅薄，却总是主动承担责任。塞林格用上述态度撰写了《西摩：小传》，也在这部小说里加入了回复史蒂文斯时那种讽刺式的冷幽默。如果他的崇拜者们希望寻找一个偶像来确认自己的立场，那么他们最好去别处找找——先思考一下个人生活的细节，然后继续上路。

…………

《西摩：小传》的叙述者还是巴蒂·格拉斯。塞林格承认，巴蒂是他的另一个自我，和他本人一样，巴蒂在写这个故事的时候也已经40岁了。这部中篇小说试图描写巴蒂的哥哥西摩的本性，他是上帝的追随者，已经受到神的启发。尽管1948年3月他在佛罗里达州自杀，但却仍然是格拉斯家族的精神导师。巴蒂一边讲述故事，一边重新审视西摩的生活和性格。在这一过程中，他遭遇了一系列情感和身体上的困难。这些插曲一再威胁到巴蒂的计划，但他直言不讳，大方地和读者分享这些故事。

从一开始，巴蒂就提醒读者，这篇小说将会很冗长、很啰唆，而且经常脱离主题去讨论叙述者认为有趣的内容。巴蒂给读者献上的"括号之花"[01]预示着他的叙述方式是无拘无束的。塞林格把巴蒂作为代言人，尝试在文学创

---

**01**　巴蒂在小说里频繁地使用括号来表达内心想法。——译者注

作领域开辟一条他人从未走过的道路。通过这部小说的叙述、风格和主题，塞林格抛弃了许多结构上的惯例，朝着未知的方向继续前进。塞林格的其他作品都没有像《西摩：小传》这样完全背离《纽约客》的哲学，《纽约客》反对"作家意识"，而《西摩：小传》显然违反了塞林格此前遵守的创作原则。然而，正是在这种看似混乱的叙事结构中，塞林格自己的写作哲学才终于变得清晰起来。

《西摩：小传》这部作品具有一种神秘的液体特质，其中既有顺流又有逆流，就像小溪里变化多端的水流。虽然小说大体上可以分为几个部分，每个部分都有其叙述重点，但在表面之下总有逆流涌动，从而丰富各个部分的内涵。考虑到这种叙事方式，人们很难对《西摩：小传》做出可靠评价，因为读者经常被看不见的暗流所左右。

小说开篇引用了弗兰兹·卡夫卡和索伦·克尔凯郭尔的话，此外还有巴蒂自己的序言。引用两位作家的话是为理清作者和作品之间的关系。这段引语表达了小说家和他笔下人物之间的爱，并解释这种爱的力量如何指引作家写作。然后，巴蒂直接与读者进行交流，称他们为"鸟类观察家"，指责他们给自己的写作和个人生活添加了不少虚构成分。这一思路延续到故事的第二部分。在此，巴蒂公开批评评论家及其分析方法。他还指责"垮掉的一代"，说他们在精神上盲目无知。巴蒂强调,有些人试图从知性角度来剖析他的作品,这犹如"长了一对铁耳朵的贵族",他对这些人非常反感,因为他的作品应该从精神层面去理解。这段文字巧妙地将两部分联结起来,使小说的第一部分自然地过渡到第二部分。

在《西摩:小传》的第三部分里,巴蒂解释了他为何要以小传的形式呈现这个故事。这大概是小说里最含糊其辞的部分。巴蒂暗示他写的不仅是关于西摩的小传,也是关于他自己的。而通过巴蒂这个人物,这篇小传实际上又和塞林格产生了联系。这部分略带讽刺意味,因为巴蒂提到了他过去出版的那些作品,其中每一部都是塞林格的读者们所熟知的,如此一来,就连最困乏的鸟类观察者也不免竖起耳朵,留心倾听。

第四部分用相当长的篇幅分析了西摩的诗歌,其诗作明显深受日本和中国诗歌的影响。在这里,塞林格重申了"诗歌等同于精神性"的信念——自从写作《倒置的森林》以来,他始终秉持这一观点。他再次指出:真正的诗歌来源于神灵的启发,"真正的诗人没有选择素材的权利,是素材选择诗人,而不是诗人选择素材"。通过巴蒂·格拉斯的言论,塞林格再次将诗歌的特质与精神上的完美画等号,称西摩不仅是一位真正的诗人,也许还是最伟大的诗人。

塞林格提醒读者，西摩是神圣的，他是上帝的追随者中苦难最为深重的那类人。

诚然，西摩·格拉斯并非完人。在故事的第五部分，巴蒂迅速确立起哥哥的特点，讲述了他和西摩从家里继承的卖艺传统。这一部分充满着象征性的回忆，其中提到小丑"揆揆"、加拉格尔与格拉斯，以及西摩如何骑在乔·杰克逊镀镍自行车的把手上，这是小说里最令人难忘、最美妙的插曲，但塞林格没有详细描述此事。

杰克逊被称为"骑自行车的流浪汉"，是著名的杂耍小丑，他周游世界，用自行车特技表演迷倒了大批观众。他打扮成流浪汉，以哑剧的形式比画手势。通常，他会骑上自行车，一边费力地蹬车一边慢慢地把零部件拆下来。1942年，杰克逊在纽约罗克西剧院献艺，演出结束后不久，就因心脏病发作而去世。弥留之际，听众的欢呼声仍在杰克逊耳边回响，他说出了最后一句话："他们还在鼓掌。"他死后，他儿子小乔·杰克逊子承父业，并完全参照父亲的方式进行表演。两人的职业生涯加起来长达百年，他们用那辆镀镍自行车给人们带来无限欢乐。

五岁时，西摩骑在乔·杰克逊那辆快要散架的自行车的把手上，愉快地"绕着舞台转了一圈又一圈"，这一场景充分说明了有关信任和信仰的问题。读者被告知，这就是西摩的生活方式：他沉醉于生活里那些纯粹的愉悦，以至于没有意识到，或至少不关心周围存在的破坏性力量。这也是塞林格写这篇故事的方式，他的风格和创新势必引发危险，但他无动于衷。西摩和塞林格同时拥有杰克逊镀镍自行车的把手，自然也要共同面对这幕场景所提出的问题。如果西摩·格拉斯热爱丰富多彩的生活，并对生活深信不疑的话，那么他为什么要结束自己的生命呢？同样地，既然塞林格如此享受无拘无束的创作方式，不在乎他人的评头论足，那么为什么要过早结束自己的作家生涯呢？

《西摩：小传》的第六部分能让读者初步了解作家的工作情况，因为这部分解释了巴蒂近期没有发表作品的原因：他在写作上遇到了困难，又身患疾病，加之西摩的形象也发生了转变。这段叙述在小说中互动性最强。巴蒂以越来越亲密的方式与读者沟通，叙事渐渐松弛下来，自我意识不再成为障碍，巴蒂变得越发放松、越发愉快。巴蒂与读者分享了西摩在1940年写的一封信。信的抬头是"致亲爱的睡梦中的虎兄"，指的是威廉·布莱克的那首诗。西摩在信里说的话直接反映出塞林格的写作哲学。"写作什么时候成了你的职业了？"西摩问道，"写作是你的宗教，一直都是……既然写作是你的宗教，那么你知道你快要死的时候，别人会问你什么吗？……你写作时有没有尽心尽力？有没有把心里话都写出来？"[12]接下来，巴蒂以令人费解的语言描述了西摩的外貌，随后他又不厌其烦地讲述一幕幕"家庭录影"，其中记录着两人的童年回忆，读起来就像一系列禅宗寓言。巴蒂写下的每一次回忆、每一个故事和每一个例子，都在不断壮大西摩的灵魂，使其对巴蒂的影响越来越深。直到小说第八段，也是最后一段，连续播放的"家庭录影"显然耗尽了巴蒂的精力，令他疲惫不堪。不过，这些"录影"也带来了启示。巴蒂感到非常满足并解释说，他已经平静地接受了他的生活、他周围的世界，甚至他哥哥的死亡。

…………

巴蒂的叙事充满了个人的悲伤，而这种悲伤又引发出多种情绪。这当然是合理的，因为《西摩：小传》的结构本身就可以分为好几个层次。如果说塞林格在创作《祖伊》时确实清除了他文学衣橱里那些自命不凡的黑色领带，那么他很快就制作出另一条：这是一条在黑暗中透出微光、不停旋转的领带。他用这条更为花哨的配饰来装扮这个故事。[01]关于西摩的大部分内容宛若杂耍表演，对此塞林格心知肚明。从开始到结束，塞林格以一场三环马戏来震撼读

---

**01** 实际上，在《西摩：小传》里，塞林格的领带被描述为"橘黄色的"，但1946年的隐喻仍然存在。巴蒂承认，他的领带总会有一天会从文章里冒出来。

者，因为每场戏都是同时发生的。

这部中篇小说大概是格拉斯家族系列中的一员，由巴蒂·格拉斯讲述，用以扩充他家的编年史。在这里，传记和教义讲授相互融合，因为西摩生活中的事件同时起到精神教导的作用。通过一系列公案式[01]的回忆，巴蒂要让读者熟悉他哥哥的性格，并在精神问题上指导他们。这些公案般的寓言使小说充满生命力。它们像一个个法贝热彩蛋贯穿整个故事，使巴蒂的叙述在柔声细语中传达深刻意蕴，展现出开明之美。

大家也可以把《西摩：小传》当成描写作家创作的故事。巴蒂一边写一边向读者倾吐心声，述说他的境遇和内心的情感。他不仅讲故事，还分享了他对所写文本的个人感受。

作为一本家族史和精神指南，《西摩：小传》可谓引人入胜。但对读者而言，这部小说最大的魅力在于，人们经常将《西摩：小传》视为J.D.塞林格本人的自画像。

从这个角度来说，塞林格在写这部中篇小说时已经对格拉斯家族系列进行了改造。塞林格没有用传统方式讲述这个正在进行的故事(除了巴蒂·格拉斯在写作上经历重重困难那部分)，而

---

**01** 公案指的是禅宗历史和典故中的故事、对话、问题或陈述。一般来说，公案里蕴含的真义靠理性是无法理解的，但凭直觉却有可能有所领悟。

是借助文本来讨论一些影响他个人生活的问题：达摩流浪者、他自己的名气，以及他对保护隐私的渴望。通过这一形式，塞林格与读者直接交流，揭发公众对他私生活的迷恋和对他本人形象的误解。他似乎想借巴蒂·格拉斯这个人物来澄清流言。他首先斥责读者是鸟类观察家、在他的玫瑰花圃里留下车胎轧痕，随后又似乎分享了他对生活的许多见解。然而，如果有人读完《西摩：小传》后觉得自己对塞林格了解得更深了，那么这种感觉必然是错觉，是塞林格为读者精心营造的幻象。正如西摩的诗歌，作者其实在整部小说中"没有透露一丁点真正和他相关的信息"。

事实上，上述解释未必真实，但都有它们的道理。在《西摩：小传》里，三条叙事线索同时展开，其中两条是传记性的，一条是自传性的。但没有哪一条线索是固定的或线性的。相反，塞林格在同一文本中讲述的三个故事不断地融合、分离、变换，再融合。其结果是，几十年来读者们时而赞叹不已，时而困惑不解。

找出这部小说里的自传元素，或者将巴蒂·格拉斯与作者共有的特点逐一区分，这两件事都很有趣，但都是一种画蛇添足式的阅读行为。《西摩：小传》最大的奥秘掌握在西摩本人手里，而它的最大的魅力在于将作品献给上帝。

西摩·格拉斯的幽灵在故事里到处游荡。西摩无法出场,这令巴蒂倍感痛苦,他传递的所有思想中都流露出这份刻骨铭心的伤痛(夕阳西下,西摩站在路边看着弟弟打弹子,读者不仅能想象这幕场景,还能感受到、听到,甚至尝到)。正如塞林格对A.E.霍奇纳所说,小说是"被放大的体验"。那么,塞林格究竟动用了怎样的经验来刻画西摩的微妙变化,以至于将这个人物写得如此惟妙惟肖呢?这是《西摩:小传》最神秘的地方。巴蒂·格拉斯怀有的那种深刻痛苦,作者又是如何在灵魂深处找到的呢?塞林格没有兄弟,在他的生活中也没有哪个亲戚或朋友与西摩·格拉斯有着相似之处,塞林格认识的人里也没有谁在40岁时自杀身亡。事实上,除了罗斯和洛布拉诺的逝世之外,战后的塞林格是幸运的,他从未直面过死亡。然而,西摩这个人物写得如此真实,以至于必定有其现实依据。而巴蒂·格拉斯的悲伤又是这般凄美,只能源于作者的真实情感。

在《西摩:小传》里,巴蒂讲了一个耐人寻味的故事。他在军队服役时曾患上胸膜炎。病情拖延了三个多月,最终,他靠一种近乎神秘的方法来减轻症状:他把威廉·布莱克的一首诗塞进衬衫口袋里,诗歌像膏药那样散发出治愈的力量,或者用巴蒂的话来说,如同"见效神速的热疗方子"。巴蒂以这个故事为例,说明了精神疗法的效力。他还用这段回忆来解释为何要收集和出版西摩的诗歌。不过，这个故事也可能触及塞林格创作这部作品的动机——他写《西摩：小传》不是为了在精神层面教育读者，而是出于个人原因。

如果我们假设巴蒂的故事对应了塞林格生活中的真人真事，那么我们也许能发现西摩这一人物的灵感来源，也能明白塞林格从何处为巴蒂找来悲伤。最为合理的推测是，巴蒂讲述的是1944年10月至12月塞林格在德国的痛苦经历。10月，他穿越齐格菲防线向许特根森林挺进；12月，他终于步履蹒跚地走出这个血腥的战场。在那几个月里，塞林格通过写诗来寻求慰藉。他在森林里写完了《一个在法国的男孩》，小说主人公将布莱克的诗歌《羔羊》视作精神上的寄托。

塞林格在战斗中赖以生存的价值观，在巴蒂那里再次得到印证，这也提醒读者，作者已经习惯了战友牺牲带来的悲伤，虽然要做到这一点是非常困难的。摆脱战争的塞林格没有再遇上痛彻心扉的事情，所以他无法感受到巴蒂失去哥哥的那种深切哀伤。为了在文字中展现兄弟间的感情，塞林格很可能追溯了痛苦的征战岁月。在西摩·格拉斯之前是肯尼斯·考尔菲尔德，他出生于战争年代，象征着希望、战胜死亡和反抗绝望。在塑造西摩这一人物时，塞林格可能再次找回战时写作的那种状态，所以我们有充分的理由断定，西摩·格拉斯也是战争的痛苦催生出来的产物。

令人钦佩的是，战争结束十四年后，塞林格还能将自己的经历运用于写作之中，以生动的语言再现当年的痛苦，使旧的痛苦迸发出新的活力。然而，虽然西摩之死令人心碎，巴蒂又为此深感悲哀，但这些都不是这两个人物要传达的主旨。相反，他们代表了塞林格对生命的肯定——他将永远沉醉于世界之美，永远相信救赎的力量。在巴蒂的叙述里，西摩被描绘成一首转瞬即逝的诗，一首神圣的、简短的俳句。西摩的价值不能用生命的长短来衡量，他的存在本身就具有重要意义，况且他还对周围人的生活产生了深刻影响。通过了解西摩，巴蒂收获了精神上的启示。他认为自己有责任将这些启示传递给别人，所以他才收集并出版西摩的诗歌，想借此与全世界分享他从哥哥那里得到的感悟。因此，在塞林格笔下，西摩的诗不仅是艺术品，还是"见效神速的热疗方子"，是用来治愈精神痛苦的良药。

西摩代表着启蒙和内在之美，巴蒂在悲痛之余仍对哥哥留下的诗作心怀感激，这些都与塞林格那代人愤世嫉俗的消极态度形成鲜明对比。"跨掉的一代"排斥美的事物，强调社会的弊病。西摩和巴蒂对他们提出了疑问。塞林格提供了信仰和希望,而垮掉派只能输出抱怨和精神上的迷茫。巴蒂和西摩虽饱受磨难,却依然热爱上帝。塞林格借用这两个人物来谴责那些"禅宗杀手",因为他们"只会顺着自己那绝对蒙昧无知的鼻子往下看,忘了这是一个多么壮丽的星球,基尔罗伊、基督和莎士比亚都曾在此停留"。在塞林格看来,垮掉派作家和诗人在创作和精神层面都不是他的对手,无须向其示好。他们就像专业读者,是"长了铁耳朵的贵族",理应受到指责。[13]

归根到底,塞林格写《西摩:小传》不是为了达到某种文学目的,也不是为了交代西摩的生平,他的真实意图藏在1958年写给勒尼德·汉德的信里。他建议对方:"与神合一,平心静气,在责任的大道上不假思索地前进,如果神想让你承担更多,就会降下灵感让你知道。"[14]

过去,塞林格以《纽约客》的原则来规范写作,并认为只有靠这些原则才能使作品趋于完美。直到1959年,他开始意识到真正的完美和《纽约客》要求的天衣无缝是不同的。他认为,两者之间存在精神上的差异。塞林格写给汉德的话再次强调他在1956年提出的观点:他无法选择写作素材,因此素材源自神的启示。在中篇小说《祖伊》里,弗兰妮被哥哥称为"上帝的女演员",同样地,塞林格将自己视为上帝的作家。巴蒂·格拉斯有义务向全世界播散西摩诗里的感悟；和他一样，塞林格也觉得有必要和众人分享他参透的世间之美——他要怀着坚定的爱，用笔下的人物来传递这些体验，事实上他和小说里的人物早已融为一体了。在塞林格眼里，《西摩：小传》也许不是一个需要精心构思的故事，而是一种天赐的灵感。这种灵感能以自由的方式肆意流淌，那是因为自由源于信仰。当西摩骑在车把上时，他的内心正怀有这种信仰。灵感的降临使巴蒂摆脱了传统文学的清规戒律，这才是最令他感到幸福的事。《西摩：小传》的终极仲裁者不是《纽约客》，不是评论家，甚至不是读者，而是上帝自己。

这是《西摩：小传》里巴蒂·格拉斯得到的启示。作家仅仅对他的灵感和他的启蒙之神负责。若要对其作品做出真实评价，则该着眼于作品所传达的信仰。一旦完成他的神圣使命，巴蒂才能睁开双眼，发现近在咫尺的真理。此刻，他认识到地球上的每一个地方都是圣地，通过与他人的联结，巴蒂找到了平静。他甚至承认307教室里那些可怕的、被误导的女孩也是他的姐妹，与布布或弗兰妮无异，因为他和她们也存在着联系。和妹妹弗兰妮一样，巴蒂在获得启示后也迎来了类似的结局。对于塞林格笔下那些同样有所感悟的角色来说，这个结局并不陌生：巴蒂心满意足地爬上床，安然入睡。

# 16 暗峰

> 我的看法也许颇具颠覆性。我认为,当一个作家尚在写作时,默默无闻、隐姓埋名的感觉是他能凭借的第二大财富。
>
> ——J.D.塞林格,1961年《弗兰尼与祖伊》封面

1959年6月6日,《纽约客》刊登了《西摩:小传》。[01]这期杂志的封面描绘了三个在田间嬉戏的孩童,他们抬头望向天空,眼神中充满着喜悦。对于塞林格的狂热追随者而言,杂志里这个不拘一格的故事令他们爱不释手;但在普通读者那里,《西摩:小传》得到的评价却褒贬不一,大多数读者简直无法理解这个中篇。小说究竟在谴责还是在肯定?这是虚构的故事还是作家的自白?这是一件艺术品还是一次自我陶醉的习作?

读者对小说的意义感到困惑,评论家对其看似无拘无束的风格感到震惊。于是,人们立即展开激烈讨论,探索塞林格新作品的基本特质。结果,《西摩:小传》成了1959年必读小说,这期杂志很快售罄——一切尽在《纽约客》的意料之中。这个故事写得好不好倒在其次——威廉·肖恩在收下《西摩:小传》时恐怕也难以说出它的优点,但凭

---

[01] 《西摩:小传》几乎占据这期《纽约客》的所有版面。

借塞林格的名气，小说不愁卖不出去。

塞林格的名声保证了《纽约客》的销量，但这却使他本人陷入尴尬境地。报纸和杂志对《西摩：小传》的研究方兴未艾，其中既有赞扬的声音也有鄙弃的言语，这期杂志很快脱销，被那些幸运的塞林格迷抢购一空。随着《麦田里的守望者》和《九故事》被译成多种语言在海外出版，塞林格的崇拜者已经遍布世界各地。对这些人而言，作者似乎不太公平，因为作品只发表在《纽约客》上，而且只有小部分人才能买到。此时，距离《麦田里的守望者》问世已近十年，离《九故事》的出版也有六年。塞林格将推出一本关于格拉斯家族的新小说，这是人们早就预料到的事，如今他们正热切盼望着。事实上，从1955年起，塞林格就承诺要为《纽约客》写一部格拉斯家的小说。

等到《西摩：小传》出版后，读者能够轻易地从故事里察觉到塞林格的身影，他羞答答地把自己藏在巴蒂·格拉斯这个人物里。巴蒂申辩道，读者"不知从哪儿听来一些假消息，说我一年有六个月是在佛寺里度过的，另外六个月则住在精神病院里"。巴蒂的抗议反而证明了当时非常流行的观点，即塞林格是个得道隐士，虽然他为人有些古怪。从塞林格的角度来说，他入戏很深。《西摩：小传》出版后不久，他开始出现在达特茅斯学院的学术报告厅里，几乎是在模仿巴蒂·格拉斯这个人物，他还在学校的图书馆里工作了好几个小时，这和人们想象中那个具有文学性美感的巴蒂一般无二。塞林格暂时蓄起胡子，套上布料结实的、乡下人才穿的牛仔服装和格纹棉衬衫，这身打扮不仅适合搞学术研究，也适合砍柴。巴蒂是个喜好沉思的天才。为了让自己更贴近这一形象，塞林格还抽起烟斗，从中飘出阵阵香甜的索伯兰氏烟草味。

在扮演这个角色的过程中，塞林格从未离开公众好奇的视线，但他又和众人保持一定距离，以免有人凑近观察。说白了，他想把正确的形象留给大众，但又不能让人看得太清楚。这个距离既要引发公众的崇敬，又要避开他们的审视。他在玩一场冒险游戏，一切后果皆由他个人承担，而在这场游戏中他注定无法取胜。

到1959年年底，塞林格已经扮演过许多角色：艰苦奋斗的艺术家、战争英雄、被抛弃的恋人、精神上的苦行僧、一代人的发言人。但他的形象仍然有所缺失。20世纪60年代前夕，美国社会正在经历一次觉醒，人们开始注意到社会和政治领域存在的诸多问题。这是自南北战争以来前所未有的。诗人、作家和剧作家围绕原子弹、种族隔离、贫富差距等话题选边站队，用艺术的形式阐明立场。然而，塞林格从未对政治表现出多大兴趣，除了曾在《蓝色旋律》

中谴责种族主义之外，他的小说基本上不涉及那个时代的社会问题。

私下里，塞林格嘲笑所有政治主张。他写给勒尼德·汉德的信表明，他对美国的建国理想深信不疑，而且坚信为了捍卫这些理想，政府、政治和文化方面的缺点都需要纠正。[1]他和一些朋友保持着密切联系，这使他能以独特的视角来洞察时事，深入了解社会行为准则。他经常联系的朋友里除了积极参与时政的汉德之外，还有约翰·基南。第二次世界大战时期，基南是塞林格在反情报部队的战友，此人退役后因为其丰富的战时经验而转入纽约警察局，并在那里当上警长。[01]这些涉猎广泛的朋友给塞林格提供了不少真知灼见，使他第一次有机会公开发表社会评论——不过，这也是他人生中仅有的一次。

1959年秋，《纽约邮报》刊登了彼得·J.麦克尔罗伊的文章，题为《谁为被诅咒的人说话？》。这篇社论提请人们注意纽约州的一项法律，法院根据该项法律裁定：被判终

---

01　将塞林格和基南进行对比会是一件非常有趣的事。作为塞林格在反情报部队的战友，基南的战时经历与塞林格最为相似，这是其他幸存者都比不上的。然而，两人对同一事件的反应却截然不同。战争使塞林格身心疲惫，他选择用余生来思考这段经历的深层意义。而基南似乎采取了一种高尚但更为超然的态度。从战场上回来后，他加入纽约警察局的谋杀案调查司，这与他在反情报部队的工作没有本质上的区别。若是1950年时的那个塞林格，他可能会对基南的态度感到迷惑，当时他正在写《致爱丝梅——怀着爱与污浊》。但他的朋友是纽约市民的好公仆。基南是侦破谋杀案件的首席侦探，并在20世纪70年代负责臭名昭著的"萨姆之子"案件的调查。

身监禁的囚犯无权获得假释。通过与汉德和基南的交往,塞林格也许对法律知识非常熟悉,因此对他来说,这篇文章的标题是在向他提问。12月9日,《华盛顿邮报》在第49页刊登了他的回应。塞林格写道:"正义不过是一个词语,好让我们把目光挪开或竖起衣领。没有宽恕的正义(justice-without-mercy)必然会成为语言中最凄凉、最冷酷的词组。"[2]塞林格的立场十分鲜明,他写给编辑的信措辞严厉。在他看来,纽约州这项禁止假释的法令不仅缺乏"宽恕",也否认救赎。即使一个囚犯改过自新,铁面无私的法律也不允许重判。纽约州坚持把囚犯终身监禁在铁牢里,从法律上剥夺他们忏悔和寻求帮助的机会。塞林格以嘲讽的口吻指出:"虽然要在里面待到老死,但现在的囚室既干净又通风,可比16世纪的条件好多了。"塞林格将救赎作为人生目标,所以在他眼里,纽约州拒绝救赎就是在亵渎神灵。而这种亵渎行为的受害者——那些被囚于斗室,无法再走出来的人,似乎是"地球上最受忽视、最遭厌弃的人"。

…………

1959年11月7日,发生了一件令人不安的事:塞林格收到了他从前的编辑兼导师惠特·伯内特寄来的信。十年前,《故事》杂志遭遇困境,伯内特把这种情况归咎于他手下一名无良的业务经理。后来,该杂志被迫停刊,只能偶尔把往期收录的作品汇编成集公开出版，靠卖这些精装文集苟延残喘。1949年，塞林格允许《洛伊丝·塔格特漫长的首次亮相》出现在其中一本文集里。如今，伯内特打算重启杂志，于是写信给塞林格请求他同意发表昔日的作品。他的请求不仅不合时宜，而且使用的语气还近乎责备。伯内特一开始写道："你大概会感到惊讶吧——听到一个来自过去的声音，但这个过去可不比你在哥伦比亚大学那会儿更久远，那时你总是呆呆地坐着，朝窗外望去。"[3]接着，伯内特表示，他想发表两个仍在他手里且从未面向公众的短篇小说。他希望就此事征得塞林格的同意。[01]多年前，伯内特并未发表这两部作品，而现在，因为塞林格的成功和名望，这些弃作又有了新的魅力。伯内特解释说："其中一篇写于战争时期，可能有点过时，名字是《穿肥大衬衫的青年》，它在同类小说中算得上一流的；另一部更像《伊莱恩》或《洛伊丝·塔格特漫长的首次亮相》——名字是《已故伟人的女儿》。"

塞林格在《故事》杂志上发表的小说就那么几个，《伊莱恩》和《洛伊丝·塔格特漫长的首次亮相》都包含在内。

---

**01**　从1945年起，《穿肥大衬衫的青年》和《已故伟人的女儿》就一直在伯内特手里。塞林格原本计划将这两个短篇收入《年轻人》小说集，但伯内特的请求可能又使塞林格想起了与小说集有关的种种往事，因此他才狠下心肠，拒绝了伯内特。

如果不是伯内特的恳求，塞林格也许早就忘了它们的存在。伯内特在信里提到这两个作品，是要让对方想起他曾经帮过的忙。然而，塞林格拒绝了伯内特的提议。要是伯内特粗略地翻一翻《西摩：小传》，他就该明白，塞林格不喜欢出版旧作，况且那两篇小说直接指向他的战争经历和他与乌娜·奥尼尔失败的恋情，小说发表后势必会引来评论家和崇拜者的细致分析。

1946年，《年轻人》选集胎死腹中，塞林格和伯内特的友情也就此终结。如今，伯内特不仅在信的结尾再次提起这段往事，还急于撇清责任。他伤心地写道："这是我俩最大的遗憾。"他不提此事还好，提了反而雪上加霜，注定了他这次请求不会有任何结果。

塞林格不为所动，他指示多萝西·奥尔丁拒绝伯内特发表小说的请求，而且要求伯内特把小说还回来。三天后，奥尔丁把这一消息告诉了伯内特。对于塞林格的经纪人来说，这是件尴尬的差事，因为她认识伯内特的时间几乎和她认识塞林格的时间一样长。此外，塞林格不知道的是，奥尔丁已经收下了对方为小说支付的稿费，因此不得不退还支票。[4]

12月15日，伯内特再次给他从前的学生写信，恳请塞林格重新考虑，尤其是《穿肥大衬衫的青年》这篇小说。

但这封信的语气是苦涩的,他似乎已经接受了塞林格的决定。

> 据我所知,那是你的要求,我正要退回你在1945年或1946年寄给我们的两篇小说——《穿肥大衬衫的青年》和《已故伟人的女儿》。我很遗憾没有收到你亲自写来的短笺,不过我知道你已经不再写那种东西了。

塞林格不仅对昔日的友谊关上了大门,还在门上加了一道锁。

............

1960年2月13日凌晨3点13分,J.D.塞林格再度当上父亲。26岁的克莱尔在科尼什附近的温莎医院诞下一子,名为马修·罗伯特·塞林格。[5]温莎医院是一座小型木结构建筑,建于1836年,最初是私人宅邸。自从马修出生后,塞林格就从儿子身上看到了自己的优点和缺点。他说,新生儿的眼睛里闪烁着智慧和快乐的光芒,但他担心马修会比姐姐佩姬更脆弱、更敏感。他还希望青年时期的马修能够成为一名学者,"清瘦、腼腆、头发蓬乱、身上压着重重的书",就像年轻时的自己那样。[6]

当塞林格还在为儿子的诞生欢呼雀跃时,1960年4月发生的一件事给了他当头一棒,使他在友情和事业上都备受打击。在工作领域,威廉·肖恩是塞林格最坚定的支持者,除他之外,塞林格最信任的朋友是他在英国的编辑杰米·汉密尔顿。为了保证作品的完整性,塞林格不得不牢牢盯住利特尔-布朗公司及其代理人图章出版公司,密切监视他们的一举一动。相比之下,汉密尔顿总是尊重塞林格的意愿,他推出的小说版本也能忠于原著的精神,所以塞林格对他非常信任。直到最后,塞林格几乎全权委托汉密尔顿替他做一些决定。

事情得从1958年2月说起,当时塞林格告诉罗杰·梅切尔,他收到一家英国平装书出版商提供的一份合同,请求在英国出版《九故事》,并将书名改为《致爱丝梅——怀着爱与污浊》。尽管塞林格看不起平装书,但他还是勉强签下了合同,因为此事是汉密尔顿一手安排的。签完合同后,塞林格似乎没再把这件事放在心上。等到梅切尔将他的意见报告给伦敦后,汉密尔顿大惊失色。原来,汉密尔顿根本不希望塞林格收到合同副本,也不想让他得知真实情况。事实上,如果塞林格了解到这份合同的具体内涵的话,他绝对不会签字,对此汉密尔顿心里很清楚。

1959年年底,平装版《致爱丝梅——怀着爱与污浊》出版,但汉密尔顿没有把样书寄给塞林格。到1960年4月,作者仍未见到他的新书，却开始听到一些稀奇古怪的流言，对小说集的封面说三道四。塞林格和克莱尔正计划在公园大道度过复活节，因为米丽娅姆急着要见一见她的孙子。塞林格愉快地联系了他的朋友、汉密尔顿在美国的代表罗伯特·梅切尔，两人约好在纽约见面。他只有一个要求：看到在英国发行的平装版《致爱丝梅——怀着爱与污浊》。虽然这是他自己的作品，但他几乎是满怀歉意地提出了上述要求，还答应对方不会"留下"样书。[7]他对英国商业伙伴们的信任可见一斑。

然而，在那个复活节，塞林格并没见到梅切尔。此时他已经自己弄来一本平装版，等书到手后他惊呆了。这本小说集的设计模仿的是廉价的"一角钱小说"。[01]封面的背景色选用了一种艳丽的黄色调，上面画着一个魅惑的女郎，她的年纪比爱丝梅大得多，正在向外张望。出版商好像还嫌那女子的目光不够诱人，特意在她头顶上用粗体字注明了此书的粗俗内容，这行宣传语说小说集里"陈列着男人、女人、青少年和儿童的痛苦与不幸"。塞林格目瞪口呆。1953年，他曾与汉密尔顿就小说集起名一事展开争论，当时塞林格认为，《致爱丝梅——怀着爱与污浊》这个名字

---

[01] 原文 dime novels，在美国指那些短小的、平装的、内容艳俗肤浅、粗制滥造的图书作品，其售价十分便宜。——译者注

太过随意，但为了保护他们的友谊，塞林格最终同意汉密尔顿继续使用这个书名。如今，小说集的封面上不仅印有低俗插图，还写着挑逗性言语，这似乎在告诉塞林格：汉密尔顿从一开始就没把《九故事》当成严肃作品，他特意贬低此书的价值，其目的就是赚钱。

汉密尔顿急忙为自己辩解，说他对图书设计过程一无所知。他声称曾把小说集推荐给企鹅出版公司，因为这家公司推出过《麦田里的守望者》的平装本，而且印得非常有格调，但这一次他们拒绝发行《九故事》。于是，汉密尔顿把版权卖给了哈伯勒出版公司及其下属的平装书出版公司——王牌图书公司。根据汉密尔顿的说法，当看到王牌图书公司出版的小说集后他也不免倒吸了一口凉气，但此事已成定局，他实在无能为力。后来他说这本小说集的封面是"一件极其粗俗的外衣"[8]，而事实上，关于此书出版的具体事宜，匆匆签下合同的塞林格自然不甚了了，但汉密尔顿怎会全然不知？况且，他与王牌图书公司的这笔交易让他赚得盆满钵满，这是他第一次从塞林格的作品中获得如此高的收益。这一赤裸裸的事实更加证明，汉密尔顿对合同细节早已心中有数。

塞林格再次感到编辑背叛了他，而这个编辑还是他最为敬重的，他将对方视为同事和朋友，所以他无法控制自己的伤心和愤怒。汉密尔顿先是恳求塞林格予以理解，之后又请他原谅自己的过失，他还让妻子伊冯娜和罗伯特·梅切尔替他致歉，甚至提出如果塞林格愿意与他会面，他可以来美国和他讨论这件事。塞林格拒绝了这位编辑的所有请求。虽然哈米什·汉密尔顿公司拥有塞林格下一部精装书的优先购买权，但塞林格告诉汉密尔顿，他宁愿放弃在英国出书的机会，也不允许汉密尔顿继续糟蹋他的作品。这是两人的最后一次交流。这十年来，他们一直是关系紧密的好友，但从这一刻起，塞林格再也没有和杰米·汉密尔顿说过一句话。

虽然塞林格与出版人之间存在种种矛盾，并且总是抱怨他们的行事作风，但在他的写作生涯中，他还是不由自主地依附于一些编辑。他从他们那里寻求支持，而且经常把工作关系和个人关系混为一谈。因此，一旦他发现出版人的商业决定违背了自己的意愿，他就认为这是对他本人的背叛。他在这方面没少吃亏，却从未完全吸取教训。1961年，他将《弗兰妮与祖伊》献给威廉·肖恩，称他为"我的编辑、我的导师和我最亲密的朋友（上帝保佑他）"。[9] 后来的事实证明，肖恩没有辜负这些称谓，但他也是仅有的一个例外。塞林格原本就对编辑不太信任，与汉密尔顿闹僵后，他则变得更加小心翼翼。他要求每一份合同，包括外文译本，都要写明作品的最终呈现形式应该由他决定，就连最小的细节也要等他拍板。所以，塞林格后来出版的作品几乎都没有插图、宣传语、简介、作者小传（除非是他亲自写的），更别提照片了。很少有作家能够对自己已完成的作品实行如此严密的控制。尽管很多人认为，塞林格对细节的过分关注是种怪异的行为，但在他自己看来，这么做不过是为了保护作品的完整性，毕竟惠特·伯内特、约翰·伍德伯恩和杰米·汉密尔顿都给他上过一课。

…………

1960年春天，塞林格决定出版新作，但不是他此前承诺的写格拉斯一家的长篇小说。他决定不顾评论家的看法，将《弗兰妮》和《祖伊》合成一本书，在全国发行。虽然他不愿和出版人打交道，但他的雄心再次说服了他——为了出书，他需要和内德·布拉德福德合作。此时，约翰·伍德伯恩已经去世，布拉德福德接替了他在利特尔-布朗公司的职位，正如当年格斯·洛布拉诺逝世后，威廉·肖恩接手了他的工作，而成为塞林格在《纽约客》的小说编辑。这一次，塞林格打定主意，尽量不掺和出版流程，但新书的宣传手段和封面设计必须由他说了算。他通过多萝西·奥尔丁向利特尔-布朗提出了一系列要求，并指示奥伯公司与出版人直接接触。尽管如此，数月之内，塞林格即将出书的消息还是不胫而走,引起媒体极大关注,报纸和杂志立马将注意力转向他。公众的持续关注使这位作家开始重新审视自己的前进方向。

《新闻周刊》是第一家严重侵犯塞林格私生活的媒体。它与《时代》周刊比肩,是美国最受欢迎、最受尊敬的新闻杂志。尽管这份刊物在业内颇有名望,但它窥探塞林格隐私的方法与现代狗仔的伎俩大同小异。这件事自然与塞林格的处世之道不无关系。他隐居乡间,不惜一切代价躲避新闻记者,别人就只能通过特殊渠道来了解他的信息。众所周知,塞林格希望自己的私生活不受干扰,但《新闻周刊》还是决心要从他身上挖出故事。杂志社派出记者梅尔·埃尔芬前往科尼什,调查这位神秘的作家。埃尔芬在那里守了一个星期,连塞林格的影子都没见到。她被迫采访塞林格的朋友、邻居和熟人,却发现很少有人愿意谈论他,就算是那些接受采访的人也说不出什么新东西。埃尔芬得知,塞林格喜欢谈论音乐、侦探小说(他读得很多)、禅宗、日本诗歌和瑜伽,在这些话题上能聊好几个小时。还有位邻居提到了一件怪事,他说塞林格在婚前练习过倒立。但大部分描述都和塞林格的公共形象并无出入。"杰里拼了命地工作,"艺术家伯特兰·伊顿告诉埃尔芬,"他是个一丝不苟的匠人,不断地修改、润色和重写他的作品。"[10]

除了埃尔芬,《新闻周刊》还派出一名摄影师,抓拍塞林格的生活照。一天,这位摄影师正坐在车里监视塞林格,他把车停在通往塞林格家的道路边,不料却被对方抓了个正着。当时,塞林格和佩姬一起出现在小径上,两人可能要徒步去温莎镇收取邮件。他们隔三岔五就得这么走一趟。塞林格趁摄影师不备,走到他身旁。也许是因为作家生性有礼,或是因为4岁的佩姬在场,摄影师感到自己的任务不大光彩,有些无地自容。根据后来的叙述:"摄影师看到塞林格带着年幼的女儿向他走来,显然不知道有人在拍他。这位摄影师心软了,他走下车,进行了自我介绍,并解释了他此行的目的。"他承认,他受雇于《新闻周刊》,来这里偷拍塞林格。听完这番话后,塞林格没有转身逃跑。他感谢摄影师坦诚相告,还向他说明自己回避拍照的原因。塞林格解释说:"我的工作方式不允许我被打扰,否则就容易分心。在我完成设定好的写作任务之前,我拒绝照相,也不接受采访。"[11]

现在,知道这个故事的人不在少数,但它并未出现在1960年5月30日《新闻周刊》发表的那篇文章里。故事最早见于晚些时候《纽约邮报》上的一篇文章,作者是爱德华·科斯纳。他引用了纳尔逊·布赖恩特为《克莱蒙特鹰报》撰写的文章。布赖恩特的消息源是那名摄影师,而摄影师又向他转述了塞林格的话。1961年5月9日，在写给唐纳德·菲恩的信里，布赖恩特声称真实的故事与科斯纳讲述的版本不同。按照布赖恩特的描述，驾车的人是塞林格，佩姬坐在车里，而摄影师正在路上步行。塞林格在回家的路上发现了对方，随即靠边停车，走向摄影师，问他汽车是不是坏了，需不需要帮忙。摄影师说不用，塞林格便开车走了。摄影师意识到刚才和自己说话的人正是他要拍摄的对象，于是继续朝塞林格家走去，在那里他面带愧色地解释了《新闻周刊》派给他的任务。[12]无论是以上哪个版本，塞林格和摄影师的故事都让人觉得既温馨又哀伤。然而，这个故事又让人想起海明威和鸡的故事，其相似之处在于：要指望一个故事在三次转述后依然保持本来面目，这几乎是不可能的。

《纽约邮报》的那篇文章直到1961年4月30日才见刊，比《新闻周刊》的专题报道晚了将近一年。《新闻周刊》那次采访起码还挖掘到了少量信息，但当《纽约邮报》的记者想要探听塞林格的私生活时，他已经确保他们连半点儿消息都得不到。爱德华·科斯纳发现，接受他采访的人比埃尔芬那次还少。他最后写了篇文章，絮絮叨叨地抱怨了一通，讲述塞林格的朋友如何一一拒绝他的采访。威廉·肖恩告诉他："塞林格就是不希望被人写。"奥伯联营公司说，塞林格享有隐私权，不该被打扰。科斯纳仍未气馁，直接赶到科尼什，却发现根本没人愿意和他交流。虽然如此，他还是发表了文章，尽管文章所写的都是人尽皆知的事。

这些事件只会搅乱塞林格的世界，把他仅有的一点儿正常生活置于危险之中。平日里，他喜欢和佩姬散步，带她去温莎镇的邮局，在当地餐馆吃饭。现在，陌生人潜伏在他家周围，试图翻越小屋的围栏，还在半道上等着他和他的家人。他以前经常到镇上开会或者参加教堂举办的聚会。而如今，记者们就躲在黑暗的门廊里，摄影师们则守在村庄中心跟踪拍摄他。在这种充满威胁的氛围中，塞林格试图抚养一个4岁的女儿和一个刚出生的儿子，使他们继续保有纯真的魔力，免受外部侵袭。克莱尔也必定感到惶惶不安。如果说曾经的她觉得自己被困住了，那么现在，眼前这些鬼鬼祟祟的陌生人更让她难以走出家门。还有更严重的问题，塞林格的一些追随者精神不太稳定。随着他的名气越来越大，加上他隐居山林的形象逐渐深入人心，他开始收到恐吓信——更糟糕的是，有些恐吓针对的是孩子。树林里的影子、潜伏在路边的人物，或是镇上游荡的陌生人，都有可能是疯狂的崇拜者，他们决心要伤害他和他的家人。

这一边，塞林格的朋友和亲人正忙着躲避记者；那一边，美国国务院已经着手调查这位作家。教育与文化事务局向塞林格最敬重的几位同事下发了调查信，询问作家的人品。这次调查显得十分迟钝，因为塞林格的为人是众所周知的。信的开头写道："我们希望将杰罗姆·大卫·塞林格列入我国的专家储备库中，以便为今后的海外文化交流项目挑选人才。请简要地、坦率地评价他的专业素质和个人素养，感谢您的配合。"[13]

其中一封信寄给了汉德法官，他的回信热情洋溢，表达了对好友的支持："他是我的亲密朋友，我不仅非常敬佩他的智慧，也极为推崇他的人品。"接着，汉德解释了塞林格对东方哲学的浓厚兴趣，并强调了他对艺术的执着奉献："他在写作这件事上是不知疲倦的，写了又改，反复斟酌，直到他认为已用完美的形式充分表达了自己的思想，如此方才作罢。"[14]

汉德法官并不确定"文化大使"的确切职责，所以在信的结尾他要求国务院详细说明他们对他的朋友究竟做何安排。一周后，他收到一封回信，告诉他塞林格"毫无疑问将会受邀出访不同国家，面向感兴趣的专业人士和非专业团体发表非正式演讲。他还将参与非正式的圆桌讨论，花点儿时间与外国同行们探讨工作"[15]。汉德简直难以置信。政府对塞林格的性格竟然毫无了解。对方的无知显然令汉德大为恼火,他试图让国务院明白塞林格到底是怎样的人,以及他们面临的问题是什么。他斥责道:"塞林格喜欢独处,喜欢独居,我想不出还有谁比他更不愿意'参加非正式的圆桌讨论',更不愿意花时间和同行们'谈工作'。"[16]

让J.D.塞林格周游世界并发表演说,这个想法十分有趣,但这件事既惹恼了汉德法官,也让塞林格警惕起来。考虑到汉德最后的回答是如此决绝,人们可能会认为政府很快就会打消念头,不再邀请塞林格出任公职。但事实并非如此。在未来几年里,政府的各个部门,包括美国总统本人都固执己见,想要强迫塞林格为国效力。

..............

1961年1月,塞林格即将出书的传言得到证实,因为利特尔-布朗出版公司在精心挑选的报纸上刊登了一系列广告。这些宣传广告上画着一本本《弗兰妮与祖伊》,要么摞起来,呈金字塔形,要么摆成一排,宛若多米诺骨牌。塞林格同意提前宣传,但要求宣传风格要像此书的封面一样低调、质朴。《弗兰妮与祖伊》的封面不会选用任何插图。虽然塞林格将新书的出版事宜牢牢掌控在自己手里,但多萝西·奥尔丁和利特尔-布朗公司还是试图劝说他接受几家图书俱乐部的邀约。当年《麦田里的守望者》就采取了这种销售方式。当然,他们只能点到为止,不敢说得太多。毕竟早在1961年5月,塞林格就拒绝了"每月一书俱乐部""读者订阅俱乐部""寻书俱乐部"提供的合同。他还告诉内德·布拉德福德,"寻书俱乐部"的邀约令人震惊,非常吸引人。[01]塞林格相信,没有图书俱乐部的推广,《弗兰妮与祖伊》的销售也许会遇到阻力,但最终仍能"稳步前进"。事后看来,他当时的想法颇具讽刺性。[17]

不过,利特尔-布朗公司的编辑们都深谙销售之道,他们能突破塞林格设立的条条限制,找到聪明的推销办法。距离小说正式出版还有六个月,他们就已经打出第一条广告,以戏谑的语气宣称,"美国正在阅读《弗兰妮与祖伊》"。出版公司的提前吹嘘使塞林格迷们陷入疯狂,他们纷纷涌向书店,结果却败兴而归。

书还没出版就早早做起宣传,如此一来,被煽动的可不仅仅是读者,批评人士也因此有了充足的时间,装填弹药,瞄准目标。不出塞林格所料,他们大显身手的时机终于到了。9月的第二个星期,《弗兰妮与祖伊》正式出版,刚

---

**01** 在写给内德·布拉德福德的回信里,塞林格不仅拒绝与图书俱乐部合作,还附带了一份有趣的文件。不知为何,他整理了一份清单,列举了他从1941年7月《诀窍》至1950年4月《致爱丝梅——怀着爱与污浊》期间发表的小说。这不禁让人怀疑,塞林格和利特尔-布朗正在规划出版一部新的小说集,而这部选集里的故事大概都和第二次世界大战有关。

上架就遭到评论界的猛烈抨击。

最初的几篇评论似乎比较积极，虽然仔细读来也不全是正面评价。9月14日，《纽约时报》的评论家查尔斯·普尔发表了一篇近乎盛赞的文章，尽管八年前他曾对《九故事》非常不满。他宣布："《弗兰妮与祖伊》超越了塞林格以往的任何作品。综观同时代一流小说家创作的小说，恐怕没有哪一部能比得上它。"他在上一篇书评里对《特迪》和《香蕉鱼的完美一天》的结局冷眼相待，但此后却爱上了格拉斯家族。他声称："愿格拉斯家这些冗长的、晦涩的故事能够继续讲下去，在他们充满仪式感的绝望里透露出一种神奇的生命力。"

普尔的书评是个例外，大多数评论家都嘲笑这本书。他们批评小说的各个章节，并将此书拆分成两部分。对于《弗兰妮》，他们通常持肯定态度，赞扬其人物塑造、整体格调和叙事结构。但一提到《祖伊》，他们就摆出不屑一顾的姿态，说小说沉迷于宗教话题，结构混乱，篇幅过长。最糟糕的是，他们指责塞林格在塑造祖伊这个人物时，明显陶醉在想象的世界里，致使人物完全脱离了现实。总之，《祖伊》在全国范围内遭遇了连珠炮似的批评，同样的情形也曾在《纽约客》编辑部里上演过——当时编辑们窃窃私语，对《祖伊》群起而攻之。

大多数评论不但没有提及新书的优点,反而将矛头公开指向作者。近年来,塞林格的名气越来越大,评论家们早就积攒了一肚子怨气,现在他们总算找到机会,可以将压抑许久的不满情绪一股脑儿地发泄出来。有的书评竟公然发表一些恶毒言论,有的则畏首畏尾地表达谴责。唯有诺曼·梅勒的见解最具洞察力,他在1959年指出,对塞林格作品(和成功)的这种批评,"可能只是出于嫉妒"。[18]

除了塞林格和他的人物之外,喜爱他的读者也成了评论家口诛笔伐的目标。在他们眼里,这群读者都是来自上流社会的年轻人,受教育程度很高,但整天无所事事。艾尔弗雷德·卡津的书评发表在《大西洋月刊》上,他指责塞林格操纵人心,故意迎合这类读者的自我意识,还拐弯抹角地暗示,塞林格这么做的目的是赚钱。卡津断言:"塞林格的小说拥有众多读者……他们认为自己生性敏感、内心孤独、天资卓越,他们之所以感到痛苦,是因为从未敞开心扉……他们的希望、信任以及对这个伟大世界的好奇心都行将枯竭。"[19]其他批评人士也同意卡津的说法。在《国家评论》上,琼·翁谴责塞林格"总爱满足每个读者的小心思",还说他"好为人师,喜欢教导别人如何生活"。[20]

9月17日,小说家约翰·厄普代克在《纽约时报书评》

上发表的文章也许是最重要也是最著名的。[01]此前,厄普代克不仅崇敬塞林格本人,而且非常喜爱他的作品。但这一次,他也加入了批评的狂潮。厄普代克的批评比较委婉,还带着几分歉意。其态度颇为尴尬,仿佛一个年轻人向上了年纪的老师讨要零钱,而这位老师曾借给他一笔巨款,并且从不指望他归还。

虽然厄普代克的评论有些自以为是,但它还是指出了大部分评论家在阅读《弗兰妮与祖伊》时发现的缺点。厄普代克认为,若是单独审视这两篇小说的话,每一篇都无可指责,但放在一起"组成一本书,就好似方枘圆凿,非常不和谐"。[02]如果把第一个故事中的弗兰妮和《祖伊》中的弗兰妮做一番比较,厄普代克显然会更喜欢前者,这也是大部分评论家的选择。对厄普代克而言,他可以辨认出《弗兰妮》的世界,却无法理解《祖伊》的世界。《祖伊》似乎是一个梦境:在一座飘荡着幽灵的公寓里,弗兰妮通过与哥哥的对话莫名其妙地找到了安慰。厄普代克觉得兄妹俩的对话漫无边际,"盛气凌人"。

---

01 厄普代克的评论文章题为《格拉斯家族的忧虑日子》,刊发在星期天出版的《纽约时代书评》上。在评价塞林格作品的所有文章里,这一篇流传最广。

02 厄普代克在评论里指出,人们读过第一个故事后会产生弗兰妮已经怀孕的错误认识,但《祖伊》的出现消除了这一误解。他还总结说:"弗兰妮怀孕这个想法似乎不符合格拉斯一家超凡脱俗的特质。"

他还批评塞林格塑造的格拉斯家族只是一个概念——这其实是在质疑塞林格的创作方向。厄普代克说，格拉斯家的孩子们太漂亮、太聪明，悟性太好，塞林格太爱他们了。他不无惋惜地指出(模仿西摩在《抬高房梁，木匠们》里的评论)："塞林格对格拉斯一家的爱超越了上帝对他们的爱。他爱得如此深沉，甚至产生了强烈的占有欲。为了创造他们，他不惜过上了隐士的生活。他对他们的爱破坏了艺术的适度性原则。《祖伊》写得太长：故事里有太多香烟，太多咒骂，太多废话。"

厄普代克的评论虽然文辞犀利，却没有包含刻薄的字眼，言语间依然对作家充满敬意，因此就连那些为塞林格激烈辩护的书迷也很喜欢。[01]提出批评意见后，厄普代克以体面的方式结束了他的文章。他提醒读者，无论《弗兰妮与祖伊》有何缺陷，这部作品都仍然出自一位伟大的艺术家之手。

他所描绘的格拉斯家族的传奇大多是臆造的。至

---

[01] 厄普代克的书评发表后，《纽约时报》收到了大量读者来信。10月8日，报纸上刊登了一封致编辑的信，写信人要求"纠正"厄普代克"对事实的错误陈述和误导性暗示"。为了回应上述指责，厄普代克亲自给编辑写了封长信，证明自己已经仔细研究过塞林格的作品并且十分钦佩这位作家。尽管如此，他还是为自己辩解了几句："我很遗憾，就连最热情的塞林格迷也认为我的评论充满敌意。我写文章时就没有那个意思，重读之后也没在其中发现敌对情绪。"

于他的写作方向,我对此持保留意见,因为其中既有值得称道的优点,也有令人忧虑的缺陷,我已在文章里一一说明。但我们还是得承认这是一个方向。不安于现状,愿意为自己的痴迷而冒险,这就是艺术家与艺人的区别。这种精神使一些艺术家成为探索者,代表我们所有人去体验未知。[21]

相比之下,小说家玛丽·麦卡锡可没有笔下留情,她的批评是迄今为止最为激烈的。为了把塞林格拉下文学神坛,她此前已撰写了一系列文章。这些文章言辞尖锐,她也因此声名鹊起。她与塞林格的观点可谓相去甚远。她在自传《天主教少女的回忆》里讲述了她对宗教的厌恶,她对无神论的推崇,以及她如何将信仰运用于智慧——这些都与塞林格书中的弗兰妮截然相反。麦卡锡势必要抨击《弗兰妮与祖伊》,尤其不会放过塞林格。这对了解她的人来说根本不足为奇,但让所有人猝不及防的是她恶狠狠的言语。

1962年年初,麦卡锡曾为英国的周日报纸《观察家报》撰文,文章后来又被《哈珀斯》转载。她先是指控塞林格刻画人物的方法是从海明威那里窃取来的。随后,她不仅谴责《弗兰尼与祖伊》,还谴责《麦田里的守望者》:"塞林格的世界里只存在盟友和敌人。《麦田里的守望者》和海明威的小说一样,都以排他性为基础。人物被分为俱乐部成员和非俱乐部成员。"显然,这里的"俱乐部"指的是格拉斯家族。麦卡锡明白,想要有效打击塞林格,最好从他塑造的孩子们入手。她质疑道:"这些神奇的孩子不是塞林格本人又是谁呢?……就好像看着塞林格的七张面孔,个个都充满智慧、纯真可爱,这简直是在凝视那喀索斯[01]那可怕的池塘。塞林格的世界里没有别人,只有塞林格。"[22]

麦卡锡一次性击中了三个目标:《弗兰妮与祖伊》的主旨、《麦田里的守望者》的独创性和作者的写作动机。[02]塞林格被麦卡锡的言论激怒了。也许对他来说最严重的是,麦卡锡给他安上的两条罪名——自私和虚伪,这是他最痛恨的两点。面对如此严厉的批评,业界自然会做出回应。虽然没有在第一时间挺身而出,但威廉·麦克斯韦尔还是站出来为塞林格辩护。他的评论是对麦卡锡的直接回应,但也可以答复指向塞林格的所有批评。麦克斯韦尔哀叹道:

---

01 那喀索斯是希腊神话中的美少年,他爱上了自己在水中的倒影,最终因相思成疾而亡,死后化作水仙花。那喀索斯或水仙花(narcissus)后来成为"自恋"(narcissism)一词的词源。此处,麦卡锡暗示塞林格有自恋情结。

02 当时有人怀疑麦卡锡的长篇小说,其痛斥针对的不仅是塞林格,还有《纽约客》,因为她和《纽约客》私下有些过节。该杂志此前一直是麦卡锡的坚定支持者,并与她签订了优先阅读协议。但在1962年这份协议期满终止,编辑部没再续签。人们都知道麦卡锡因为受到杂志冷落而大为恼火。她的文章表面上是在批评《纽约客》的当家撰稿人,暗地里也是在报复该杂志。麦卡锡在1962年6月16日写给威廉·麦克斯韦尔的信中承认了这一点。——译者注

"哦，天哪，水里的血太多了。她欣赏不到他的优点——对话的魅力、言简意赅、毫不做作。格拉斯家的故事不是知性的，而是神秘的。"[23]

如今，人们普遍认为《弗兰妮与祖伊》是一部杰作，一代又一代的读者推崇这部小说，将其视为充满同情、人性和精神性的故事。对现代读者来说，那个时代评论家的嘲讽和轻视都已随风飘散，只留下些许痕迹，而《弗兰妮与祖伊》则是永恒的。我们无法想象没有《祖伊》的《弗兰妮》，也不觉得《祖伊》内容杂乱或篇幅太长。针对此书的批评已经逐渐被人遗忘，自1961年以来，《弗兰妮与祖伊》每年都在发行，随着时间的推移，印刷的数量也在增长。

塞林格无须等待数年光阴才能证明自己，也不必依靠威廉·麦克斯韦尔这样的朋友来仗义执言。塞林格的满足感以及他对批评者的最佳反击出现在1961年9月14日星期三。那一天，利特尔-布朗出版公司正式发行《弗兰妮与祖伊》。热情的读者在书店门口排起长队，急于购买塞林格的新书。出版后两周之内，该书的销量已超过12.5万册，并迅速登上《纽约时报》畅销书排行榜榜首。这是《麦田里的守望者》都不曾达到的位置，利特尔-布朗的印刷量几乎无法满足读者的需求。《弗兰妮与祖伊》精装版在出版的第一年里就至少重印了11次，连续六个月荣登畅销书排行榜。

即使后来跌出榜单,这本书也非常顽强地冲了回去,成为1961年和1962年最畅销的小说之一。

小说的封面非常素净,《弗兰妮》和《祖伊》这两个故事与发表在《纽约客》上的原版毫无二致。作者没有做任何改动,唯一的变化是塞林格新写的短评。这段文字印在新书的勒口上,详细说明了这两个故事在格拉斯家族系列小说中的地位。除了已经出版的格拉斯家的故事,塞林格还向公众承诺,将在《纽约客》上发表该系列的其他小说。当然,这不一定是真的,但塞林格的话让读者相信,《弗兰妮与祖伊》只是这个系列的第一部。他声称:"我的稿纸上还有许多没有安排好的素材,在未来一段时间内,用流行的商业术语来说,我计划拿这些素材'大做文章'。"[24]

毫无疑问,在写下这段短评时,塞林格真心希望履行对读者的承诺。然而,他为了个人目的,在短评结尾提供虚假信息,这种行为让人无法原谅。他写道:"我的妻子突然变得非常坦率,要我再写上一句:我和我的狗都住在西港城。"这句话当然是假的,写在这儿也毫无必要,其中使用的"坦率"一词更令人感到尴尬。塞林格住在科尼什,这是众所周知的事。他说自己另有住处,这不仅表明他想极力保护隐私,也证明他还没意识到自己的名气有多大。

9月15日,也就是《弗兰妮与祖伊》出版的第二天,塞林格是名人这件事已经成为不容忽视的现实。读者们再次聚集在书店前排队抢购；评论家继续在报纸上批评塞林格对笔下人物的溺爱；美国发行量最大、最受尊敬的新闻杂志《时代》将塞林格选作封面人物，印有他照片的新一期杂志开始在全国各大报刊亭出售。在美国文化中，登上《时代》周刊封面对名人而言是一种礼遇，说明他们获得了社会的广泛认可。这是值得珍惜的事，也是令人羡慕的事。但在塞林格眼里，这是对他的侵犯。为了揭示塞林格生活中的细枝末节，《时代》杂志社曾经下过很多功夫，但总是收效甚微。这一次他们决定不遗余力，非要挖点料出来。他们派记者去科尼什，找到塞林格的邻居、邮差、杂货铺老板，缠着这些人打听消息。杂志社还派调查员前往福吉谷军校和华盛顿，寻觅塞林格的老同学和第12步兵团的战友。另有一队人马赶到纽约，蹲守在《纽约客》杂志社门口，游荡在公园大道附近，或者埋伏在多罗丝上下班的路上。

经过这番努力，《时代》最终发表了一篇专题文章，题为《塞林格小传》。光是文章开头那些话就能让塞林格心头一沉。在前两段里，一群不知名的科尼什村民汇报了他们的所谓发现。他们实在抑制不住好奇心，于是偷偷翻过塞林格家的围栏，想要窥探屋里的动静。这些偷窥者显然未被主人发现,他们潜伏在暗处,向读者描述了自己的所见所闻:塞林格的日常生活、他工作室里的物品,还有他皮肤的颜色。接下来,文章列举了塞林格人生中的重大事件,并对《弗兰妮与祖伊》进行了客观公正的评价。总之,《时代》周刊的这篇特稿雷声大雨点小,与其说是揭露不如说是赞美。尽管它试图满足读者对塞林格私生活越来越强的好奇心,却没有报道多少新消息。《时代》周刊发现的最大秘密不是来自研究人员或翻越围栏的邻居,而是来自塞林格本人。文章煞有介事地写道:"一个隐藏已久的事实是,塞林格已经很多年没在西港城住过了,也已经很多年不养狗了[01]。"[25]

塞林格痛恨《时代》周刊的那篇文章,还急于把这一想法告诉愿意倾听的人。首先,他认为文章侵犯了他的隐私。他原本打算将人们的注意力从科尼什转移到西港城,然而此文一出,他的希望自然破灭,而且文章还以辛辣的文字揭穿了他的诡计,使他弄巧成拙。不过,塞林格最讨厌的是杂志的封面。这倒没什么可奇怪的。《时代》周刊的封面都要归档留存,而且总是被人收藏,但我们都知道,

---

[01] 事实上,1961年,塞林格确实养了一条狗,就在《时代》周刊发文前后,《生活》杂志的摄影师拍到了这条狗。1951年,塞林格因《麦田里的守望者》出版而接受威廉·麦克斯韦尔的采访,当时他提到自己和狗住在西港城。当然,他所指的是他心爱的雪纳瑞犬本尼。本尼死后,塞林格大概很难再找到一条合适的狗,而且《生活》杂志拍到的是个狗崽,它显然是佩姬的宠物。

塞林格为了不让自己的照片出现在小说封面上，曾经耗费了不少心思。对此，《时代》杂志社是知道的。事实上，他们还特意在文章里强调，塞林格不喜欢自己的形象上封面。因此，《时代》杂志社显然是抱着幸灾乐祸的心理，有意将塞林格的脸醒目地印在封面上。这幅肖像出自罗伯特·维克里(Robert Vickrey)之手，画面上的塞林格已显老态，头发花白，面容憔悴。他的眼睛既注视着周围的一切，又什么都没看见。他的精神似乎错乱了，正在忧郁地沉思默想。背景自然是一片麦田，一个形似儿童的身影伸开双臂，在悬崖边缘摇摇欲坠。

当封面设计者拉塞尔·霍本得知塞林格对此肖像大为不满后，他感到十分沮丧。霍本也是塞林格的狂热拥趸。他给自己的两个女儿一个取名为菲比，一个取名为爱丝梅，就是为了纪念塞林格笔下的人物。然而，他的崇拜之情反而将作家推得更远。在公众看来，1961年可能是塞林格最成功的一年，也是他事业的巅峰期，但由此带来的结果却是黑暗的。如果说J.D.塞林格的崇拜者希望有一天能和这位作家成为朋友，甚至如霍尔顿在《麦田里的守望者》里所言，给他打个电话，那么这个希望在1961年的秋天就已破灭。

《弗兰妮与祖伊》的巨大成功，以及随之而来的无数评论文章，激发了公众对塞林格私生活的强烈兴趣，这是他一年前无法想象的。他的个人隐私为报刊文章提供了良好素材，诸如《神秘的J.D.塞林格》等文章对读者而言颇具吸引力，由此带动了杂志自身的销售。然而，这些文章也编造了一个关于塞林格的神话：他摇身一变，成为苦行修道的隐士，为了给想象力寻觅一个栖身之所，毅然抛弃了现实世界。记者们先在他的身上创造一种神秘感，然后再想尽办法破解谜团。这种操纵不仅将纸上的神话变为事实，也给塞林格施加了一道符咒。为了躲避新闻媒体的持续关注，避免自己的隐私受到侵犯，塞林格决定继续潜踪匿迹，过着他自己也未必喜欢的隐居生活。他越是珍视隐私，就发现保护隐私变得越发困难。

…………

科尼什的冬天来得很快,9月下旬几乎没有几个晴暖的日子。1961年秋天难得遇上一个好天气,克莱尔·塞林格抱着九个月大的儿子,牵着四岁的女儿,光着脚来到户外享受阳光。走出小屋后,她听到围栏那边传来叫喊声。克莱尔心里发慌,急忙拉着佩姬朝大门口走去。她透过门缝向外张望,那一天的满足感顿时化为乌有。门外站着欧内斯特·哈夫曼,他说《生活》杂志派他来调查有关塞林格的传闻。"哦,上帝!"克莱尔哀叹道,"希望这是最后一个。"[26]

# 17 分离

1944年7月8日，盟军攻占瑟堡后仅一周，第12步兵团的一名上士在驾驶吉普车时触雷身亡。自登陆日起，他就一直与塞林格并肩作战。上士因其在战争中的英勇表现而被追授紫心勋章，他悲痛欲绝的父母从中得到了安慰，因为他们相信儿子是为崇高事业而牺牲的。这一事故发生在战斗间隙，当时中士觉得性命无虞，所以没有提高警惕。在犹他海滩、埃蒙德村和蒙特堡，他一次次死里逃生，然而死神选择了这个高枕无忧的时刻，一下将他击倒了。

死亡的随机性给塞林格留下深刻印象，并逐渐渗透到他的作品中。在许特根森林里，文森特·考尔菲尔德在篝火旁烤手时被迫击炮击中，沃尔特·格拉斯被看似无害的日本炉子炸死，这两个人的命运代表了塞林格对死亡的控诉。生与死只有一线之隔，生死之间充满了变数。在战争期间，塞林格身边经常发生类似的不幸事件，他渐渐明白死亡毫无仁义，以漫无目的的方式挑选受害者。他虽然活了下来，但这背后的原因是说不清道不明的。他也可能在1944年7月驾驶那辆吉普车时，被树林里隐蔽的流弹击中。因此，当塞林格离开军队时，宿命论的思想已在他的心底生根发芽，终其一生都难以拔除。

到了1960年，宗教信仰进一步强化了塞林格的宿命论倾向。1957年，他告诉杰米·汉密尔顿，说他无法控制作品里的人物，有一股高高在上的力量在对他们发号施令。1959年，他向汉德法官指出，如果神想让他承担更多责任，就会亲自告知他。就连塞林格笔下的人物也在传达这种信念。在《西摩：小传》中，巴蒂·格拉斯告诉读者："真正的诗人没有选择素材的权利，是素材选择诗人，而不是诗人选择素材。"[1]

1960年4月，塞林格眼前出现了一幅凄凉的幻象。他看见自己坐在舞厅里，目睹舞者在乐队的伴奏下跳起华尔兹。奇怪的是，乐声变得越来越轻，跳舞的人似乎也离他越来越远。这个孤独的意象说明，塞林格正在远离周围的世界——与其说是出于选择，不如说是命运使然。"多年来，我一直期待以这样的方式安排座位。"他悲伤地说。然而，到了最后，他没有抱怨，他宣称这是他唯一知道的写作方法。他也明白，要想顺利写作，他必须与世界分离。[2]

科尼什的冬天似乎一年比一年长，塞林格的疏离感也在逐渐增强。他的抑郁症频频发作，但他心无旁骛，只是全神贯注地写作。[3] 1961年9月，佩姬上学了，这使塞林格感到更加孤独。此前，他总是把大部分注意力放在女儿身上，他们每天外出散步，这已经成为他日常生活中最重要的事。女儿上学后，塞林格的日程安排出现了空白，原本与佩姬共度的时光现在都被消耗在工作室里。没过多久，工作再次成为他的头等大事，他又开始忽视家人，忘记陪伴他们。

1961年冬天,塞林格和克莱尔带着孩子们飞往纽约,探望塞林格的父母,并在公园大道住了一阵子。但那次旅行是个例外。在下一个冬天,佩姬和马修都得了支气管炎,克莱尔带他们前往佛罗里达州的圣彼得堡,而塞林格却独自待在家里,对着他那台打字机。[4]1962年入冬后,克莱尔和孩子们来到巴巴多斯,他们在那里与克莱尔的母亲一起度假。[01]而塞林格则以写作新书为借口,一个人留在科尼什小屋里。[5]

与此同时,塞林格发现他没有几个真正交心的朋友。他抛弃了许多人。除了杰米·汉密尔顿,他与罗伯特·梅切尔也不再来往。事实上,如果梅切尔的身份有所不同,他大概会成为塞林格最信任的朋友。1959年12月后,与惠特·伯内特恢复友谊的希望已经变得十分渺茫。至于那些胆敢在1961年接受记者采访的人,塞林格早已和他们一刀两断。

塞林格的一生中常有贵人相助,他总在机缘巧合之时与他们相遇,但此时的塞林格还不知道,他的生命里再也不会有贵人出现了。朋友离开后留下的空缺无人填补,当他需要安慰和肯定时也无人倾诉。那些朋友挥手告别,身后留下的空白在提醒塞林格,他在舞厅里的座椅已经和众人相去甚远。

---

[01] 1957年,克莱尔的母亲与她的第二任丈夫接待了克莱尔与佩姬。此后,塞林格开始对岳母一家心生不满。塞林格不太希望琼·道格拉斯与克莱尔他们有太多接触,所以根据佩姬的说法,1962年的巴巴多斯之旅是她第一次见到外祖母。虽然在随后的几年里克莱尔和孩子们看望琼的次数越来越多,但母女之间总是保持着一定的距离。

1961年7月2日，欧内斯特·海明威在爱达荷州的家中开枪自尽。他不仅是塞林格的朋友，也曾在战争期间给予塞林格无限力量。六个星期后，也就是8月18日，塞林格最亲密的朋友、无话不说的知己汉德法官在纽约去世。对塞林格来说，音乐已经开始渐渐沉寂。他的工作习惯使他选择了避世隐居，而媒体的步步紧逼又使他陷入更深层的隔绝状态。最终，在宿命论的推动下，这种与世隔绝的的生活演变成了彻底的孤寂。

塞林格并非有意要退出这个世界。他的疏离一点一滴地积累起来，悄无声息地靠近，终于慢慢包围了他。可悲的是，他知道黑暗正在降临，却无力逃脱。对他而言，写作已经成为神圣的职责，所以他只能接受命运的安排，以孤独和隔绝为代价履行上帝赋予他的使命。在他为《弗兰妮与祖伊》写的短评里，塞林格与公众分享了这些感受。他承认他感到自己正逐渐消失在写作中。他直言不讳地说："我想，真正危险的是，我迟早会陷入泥泞、停滞不前，也许会完全消失在我自己的方法、言语和写作习惯里。"但他仍然很乐观，认为自己能在完成使命后保留自我。"不过，总的来说，我依旧满怀希望。"他写道。[6]然而，在这段公开的自白里，没有任何迹象表明他愿意改变已然选择的道路。在外界看来，这足以证明他已经把自己的人生交由命运摆布。但对塞林格来说,他不过是在遵从神的旨意,除此之外他别无选择。

…………

尽管《弗兰妮与祖伊》大获成功,但塞林格的名声还是有赖于《麦田里的守望者》。1960年,《麦田里的守望者》重新登上《纽约时报》畅销书排行榜(排名第五),到1962年,这本书的销量已超过200万册。因此,令人颇为费解的是,当小说遭到图书馆、学校董事会和教师的强烈反对时,塞林格竟然一言不发。要知道这股抵制浪潮可能会导致大量年轻读者流失,而《麦田里的守望者》之所以如此畅销,靠的就是这批年轻人。

1954年,加利福尼亚州的一个校董会首先向《麦田里的守望者》发起挑战。从那以后,许多人试图删减书中内容,要求学校禁止学生将《麦田里的守望者》带进校园,不允许教师推荐这本小说。图书馆、学校董事会和家长团体都希望封禁此书,他们给出的理由是:霍尔顿满嘴脏话,藐视权威,对性和教育的看法是错误的。《麦田里的守望者》的成功激化了这场争议。小说越受欢迎,反对的声音就越来越多。《麦田里的守望者》其实更适合大学生阅读,但随着它在学术界的知名度越来越高,高中教师也开始向学生推荐此书。一些教师甚至在课堂上公开讲解这部作品，以此来挑战教育制度。他们的试验是成功的，《麦田里的守望者》对学生的影响立竿见影。许多学生认为，霍尔顿说出了潜藏在他们内心的真实感受。但家长对此深恶痛绝，他们不希望自己的孩子迷上这样一个粗俗下流的人物，他喝酒、抽烟、骂人、爱逛酒吧，还是个嫖客。家长们的愤怒使《麦田里的守望者》陷入奇怪的境地。在1962年的一项调查中，加州大学的教授把这部小说列在他们向学生推荐的书目之首。与此同时，《麦田里的守望者》又迅速成为美国众多学校和家庭严禁阅读的对象。

针对这个问题，塞林格只发表过一次公开声明，而这唯一的声明也没有什么分量，因为它是对事件的预测，不是对事件的反应。《麦田里的守望者》出版前不久，利特尔-布朗出版公司在有限的范围内做了一次宣传推广。当时塞林格就担心《麦田里的守望者》可能会因其语言和内容而受到谴责。他在面向发行商的宣传稿里写道："在我最好的朋友里有些人还是孩子，事实上，我所有最好的朋友都是孩子。把我的书放在他们拿不到的书架上，这对我来说几乎是难以忍受的。"这段话是塞林格仅有的一次就审查制度发表公开评论。

到了1960年，虽然《麦田里的守望者》可能面临进一步的查禁，但塞林格的态度已从不温不火的抗议转变为逆来顺受的妥协。他再次以宿命论来解释他作品的命运。多年来，他接连收到一个研究生的来信。此人名叫唐纳德·菲恩，菲恩曾是一名高中英语教师，因向学生推荐《麦田里的守望者》而被校方解雇。他现在是路易斯维尔大学的讲师，正在攻读硕士学位。他给自己制订了一项艰巨的任务，那就是将塞林格的所有作品及其译本汇编成完整的文献综述，以此来完成硕士学位论文。他给塞林格写了几封信，但都没有得到回复。1960年9月，菲恩大吃一惊，他收到了塞林格的回信。塞林格在信里先向菲恩道歉，说他无法帮助对方完成项目，接下来他提到了《麦田里的守望者》被打压而引发的争议，并表达了他个人对这件事的感受。塞林格写道："我很苦恼，我常常在想，能不能做些什么来改变这种情况。"最后，他决定忽视外界的争议。他向菲恩解释说，他正在伏案疾书创作下一个作品，为了将所有精力投入新工作中，他选择放下对旧作品的责任心。"[7]

············

1962年6月的第一个星期，《弗兰妮与祖伊》在英国出版。与哈米什·汉密尔顿公司闹翻后，塞林格试图退避三舍，不再亲自和出版商进行接触，但他依然关心作品的宣传策略，希望在这方面拥有更大的话语权。他要求奥伯公司为他在英国寻找合适的经纪人。奥尔丁选择了休斯·马西公司(Hughes Massie & Co.)。这家公司的管理者还经营着哈珀·李公司(Harper Lee)。奥尔丁委派休斯·马西公司为《弗兰妮与祖伊》物色出版商。在第一批投标的出版公司里就有哈米什·汉密尔顿,该公司开出的价格是1万英镑,但从法律的角度来说,他们已经拥有了小说版权。塞林格没有理会汉密尔顿的报价,转而接受了威廉·海涅曼提出的4000英镑的价格。汉密尔顿完全可以起诉塞林格违反合同,但他没有这样做,他试图以体面的方式结束他们的合作关系。根据他后来的说法,这是他职业生涯中最痛苦的经历。

然而,对海涅曼和休斯·马西公司来说,痛苦才刚刚开始,他们很快就体验到了利特尔-布朗公司早已司空见惯的烦恼。塞林格立即要求新经纪人和新出版商践行他的工作标准——力求精益求精。1962年3月,奥伯公司起草了聘用海涅曼为经纪人的合同,并在其中提出了一系列要求。这些要求是如此细致而繁杂,对首次投标的海涅曼来说简直难以置信。合同规定,未经塞林格同意不能开展宣传推广活动;他的照片不能出现在护封上;所有广告都要经过他的批准;凡是引语,无论褒贬,一概不得使用。[8]最终,威廉·海涅曼还是签下了这份合同。

5月,塞林格收到英国版《弗兰妮与祖伊》的售前样书(此前塞林格没能从汉密尔顿那里得到《致爱丝梅——怀着爱与污浊》的样书,其后果前文已有详述，所以读者应该能猜到，寄送样书一事也是合同里明确规定的)。看过样书后，他立即修书一封，寄给他在休斯·马西的经纪人。海涅曼出版的《弗兰妮与祖伊》符合他的所有要求，只是在他看来，外观依旧很庸俗。塞林格声称，这本书让他想到"财政预算较低的铁幕国家生产出来的东西，而这些国家也许能印出同等质量的或者品质更好的书"。[9]休斯·马西公司随后致信多萝西·奥尔丁，向对方解释塞林格的不满情绪。这封信既充满歉意，又显得忍气吞声，同时还极具讽刺意味。信上说，令塞林格不满意的似乎有两点：纸张的大小和装订材料的质量。[10]最终，英国版的《弗兰妮与祖伊》于1962年6月问世，和塞林格在5月收到的样书并无区别。两年后，当塞林格的下一本书在英国出版时，书页尺寸和装订材料都有所改善。

…………

1963年1月28日，利特尔-布朗公司出版了塞林格的第四本书(也是他的最后一本书)。和《弗兰妮与祖伊》一样，《抬高房梁，木匠们；西摩：小传》收录了两篇描写格拉斯家的故事，此前这两个故事都在《纽约客》上发表过，所以这本书只是将它们的标题简单地拼凑在一起。早在1960年，塞林格就打算出版这部作品，同时推出《弗兰妮与祖伊》。他已经提前做好安排，要让两部小说集一同与读者见面。按照塞林格的计划，《抬高房梁，木匠们；西摩：小传》应该紧随

《弗兰妮与祖伊》之后出版，这本书的发行时间要符合出版商的安排，而不是取决于他本人对评论界的反应。无论《弗兰妮与祖伊》受到读者的追捧，抑或招致批评者的嘲笑，都不该影响另一本书的发行。

与上一本小说集相同，《抬高房梁，木匠们；西摩：小传》也符合塞林格一贯的宣传要求：封面朴素，没有宣传标语，没有作者照片，除了塞林格写的话，不允许出现其他文字。出版商在出书前也没有大肆宣传，广告数量很少，而且每一则都设计得既朴素又低调。1月7日，《出版者周刊》刊登了一整版广告，宣布此书即将发行。这则广告没印插图，只是对小说集的内容进行了描述。4月7日，另一则广告出现在《纽约时报书评》上，画的是累成金字塔形的书本，与《弗兰尼与祖伊》的宣传广告相差无几。事实上，《抬高房梁，木匠们；西摩：小传》照搬了上一部小说集的出版流程，唯一的区别在于，广告投放的时间更接近于出版日期。

《弗兰妮与祖伊》出版后立即受到评论家的猛烈抨击，在此情况下塞林格还执意推出新的小说集，这一行为似乎有些厚颜无耻，更何况新书还包括令人费解的《西摩：小传》。但是到了1963年，塞林格已经坚定不移地相信，每一部作品都有其既定的宿命，所以他开始不再理会专业读者的意见。他原本还担心自己会消失在工作中，现在他已经放下忧虑，完全跟随作品的节奏起舞。他在《抬高房梁，木匠们；西摩：小传》的护封上写了一段评论，其中透露了他对格拉斯家族的深深眷恋。他对这份执迷没有任何愧疚。此前，在《弗兰妮与祖伊》出版时，他还忧心忡忡，说自己可能会"陷入作品的泥淖中，停滞不前"。这一次他向读者解释说，他之所以把《抬高屋梁，木匠们》和《西摩：小传》合并在一起，是为了避免这两部作品与将来出版的格拉斯系列相互抵触。他向读者保证，他正积极创作格拉斯家的新故事，无论是在纸面上还是在脑海里，这些故事都在"按照各自独有的方式打磨、扩展"。塞林格承认，就算他被格拉斯家的角色困住了，他也将其视为幸福的囚禁。"奇怪的是，"他写道，"随着时间的推移，在塑造格拉斯家族的过程中我收获了越来越多的快乐和满足感。"[11]

根据塞林格在1963年做出的承诺，他今后还将推出许多作品，组成一部格拉斯家的编年史。其中有些故事还在构思，另一些已接近脱稿。塞林格的许诺不是一席空谈。当利特尔-布朗公司发行《抬高房梁，木匠们；西摩：小传》时，他们已经和这位作家展开了新一轮谈判，答应为他的下本书预付7.5万美元。[01]

---

[01] 在1963年，7.5万美元可是一大笔钱。塞林格有意接受这笔稿费，说明他打算继续出版作品，而且对未来小说的质量充满信心。

大家也许能猜到，尽管格拉斯家的故事给读者带来不少乐趣，但评论界希望塞林格就此打住，不要再续写下去——目前看来这个系列似乎没完没了。总的来说，相比于《弗兰妮与祖伊》，《抬高房梁，木匠们；西摩：小传》遭受的批评没有那么猛烈。但一想到这部作品之后又会有下一部格拉斯小说，评论家们就纷纷抱怨，直截了当地要求塞林格马上结束这个系列。《纽约时报书评》指责塞林格"放纵自我，想要与深刻的智慧调情，但在此之前又忸怩作态、不知所措"[12]。《时代》周刊则更为大胆，说出了许多评论家压在心底却不好意思宣泄的恼怒。《时代》周刊讥讽道："成年读者开始怀疑，这位斯芬克斯般的西摩是否拥有值得分享的秘密。如果真的有，那么塞林格打算何时揭开谜底呢？"[13]

《弗兰妮与祖伊》的成功告诉塞林格，虽然评论家对他的小说冷嘲热讽，但他可以期待普通读者站在他这边。果然，《抬高房梁，木匠们；西摩：小传》出版后，读者再次表达了对他的坚定支持。此书立即获得成功，迅速售出10万多册，并夺下了《纽约时报》畅销书排行榜上令人垂涎的榜首位置。《抬高房梁，木匠们；西摩：小传》的销量没有赶上《弗兰妮与祖伊》，但后者取得的成就是如此巨大，所以《抬高房梁，木匠们；西摩：小传》卖出多少本已经无关紧要。无论如何，它仍然是轰动文坛之作，是1963年排名第二的畅销书。

塞林格承认他欠读者一笔人情债，因为他们不顾批评者的意见而继续购买他的作品。在《抬高房梁，木匠们；西摩：小传》的第二版里，他特意为读者写了一段姗姗来迟的献词，亲切地将他们视为自己的家人。这段献词既感谢了普通读者，又暗中嘲讽了那些专业的评论家。关于这本书，我们能读到许多经久不衰的言论，塞林格的这段话也在其中，而且已经成为文学史上最著名的献词之一。

> 只要世界上还剩一个业余读者——或者任何一个能阅读能奔跑的人，我将怀着难以言表的感激和爱戴，把本书的献词分成四份，分别赠送给这位读者以及我的妻子和孩子。[14]

献词发表二十四年之后，塞林格终于证明，他已真正领会惠特·伯内特在课堂上传授的道理。他尊重读者，相信读者会因他的文字有所感悟。这一信念再次拯救了他的写作事业。周围的世界正缓缓离去，朋友变得越来越少，家人又渐行渐远，此时正是普通读者挽救了他：那些鸟类观察家、福克纳心爱的沉默的读者。至于读者以外的其他人，塞林格的态度很明确，让他们都见鬼去吧。

18 告别

1963年1月,《抬高房梁,木匠们;西摩:小传》出版前两周,罗摩克里希那-维韦卡南达中心在纽约市沃里克酒店设宴,庆祝斯瓦米·维韦卡南达诞辰一百周年。联合国秘书长吴丹是这次活动的主讲人。他提到了维韦卡南达为促进各民族相互理解做出的贡献以及罗摩克里希那-维韦卡南达中心为维护世界和平付出的努力。J.D.塞林格坐在宴席的最前排,几乎是正对着讲台,他刚刚为自己的下一本书做了最后几笔润色。在这次活动拍摄的大合照中,塞林格笑逐颜开,神态自若,看起来心满意足。他上一次流露出如此轻松得意的表情,还要追溯到1941年,当时他在康谢尔姆号邮轮上打零工,并留下一张春风满面的相片。往后的事实证明,1963年的宴会合影正如1941年的邮轮小像,捕捉的不过是浮光掠影,照片里那个神采飞扬的塞林格即将消失在我们的视线里,而且再也不会回来了。

短短两年间,塞林格的人生发生了许多变化。1961年年初,格拉斯一家还只是《纽约客》杂志里呢喃细语的小人物,此后他们迅速登上国际舞台,为其创作者带来了意想不到的事业上的成功。与此同时,《麦田里的守望者》人气激增,成为美国文学史上的经典之作。

塞林格在1963年的显赫地位,早在上一年3月份就被

《乡村之声》的艾略特·弗里蒙特-史密斯所承认。他为《弗兰妮与祖伊》写了一篇迟到的书评。弗里蒙特-史密斯（《九故事》的书迷们看到这个名字定然会哈哈大笑）陈述了一个无可争辩的事实："塞林格在当代作家中是独一无二的。尽管他的作品屈指可数……但他受到的关注远远超过其他作家。"[1]

《乡村之声》的文章充分肯定了塞林格的成就，给予他非常高的评价。但文章也无意中凸显了塞林格当前面临的两大个人困境，这两个困境共同发难，将他逼进了死胡同。成功、金钱、崇拜和越来越多的关注，这些东西引发的后果即使在科尼什这个隐居地也逃不开、躲不掉。塞林格的自我意识又开始蠢蠢欲动，激烈的斗争在灵魂深处死灰复燃，他曾在写作《祖伊》时痛苦地承认，他在和自我一决高下。虽然塞林格试图控制自己的骄傲，但他觉得有必要继续出版作品，而且意识到今后得出版新作品。正如弗里蒙特-史密斯在书评里指出的（他说得比较委婉），最近那些使塞林格获得成功的小说不是新素材，而是旧故事的再次出版。1963年1月，此时距离塞林格发表新小说将近四年，他手上当然有新作品。他的私人信件也证实，他一直在为格拉斯系列创作新故事。然而，到底要不要推出新作，他仍然举棋不定。

进入1963年后，塞林格已经和艺术创作融合为一，他个人的冲突也反映在他描写的人物身上。他不仅像祖伊那样与自我搏斗，也像西摩·格拉斯那样经历着疏离，感到周围的世界不再属于自己。以他现在的名气，塞林格可能会觉得，再次成功——尤其在他刚刚推出两部畅销书之后——也许会使他的自我占据优势，引诱他偏离精神修行的正轨。塞林格的作品就是他的祷文，多年来两者几乎相差无几。塞林格的抱负早已不是追求成功，而是默念祈祷。虽然出版小说能够带来物质上的回报，但他所寻求的是心中的抱负，而不是物质奖励。他要继续通过写作来祈祷，所以他要继续发表新作。此时此刻，他仍在为神写作。他试图遵循罗摩克里希那的教导——这位大师承认"我们无法完全抛弃劳作"，但也指示追随者"干好你的活儿，但把成果献给上帝"。[2]

塞林格试图掌握平衡，一方面将出版小说当作精神上的职责，另一方面又竭力避免被劳动成果所诱惑。他从罗摩克里希那的话中获得力量，知道兼顾两者是可能的。事实上，写作一直是他生活的动力，他对写作之外的生活方式全然不知。

塞林格对物质享受并不排斥，他的劳动成果也确实有其用武之地。不过，他崇尚节俭，这对他那种地位的人来说是少见的。要知道他可是富家子弟，又在事业上取得了非凡的成就。他对自己的稿酬从不感到满足,三番五次地咒骂出版社贪得无厌。所以,他花钱时总是精打细算——把他的收入主要花在家人和科尼什的房子上。

与父母的幼年时代相比,佩姬和马修的成长环境更加简单。科尼什没有公园大道的豪华宅邸,也没有意大利的避暑别墅[01],而且塞林格夫妇最不希望孩子们有优越感。然而,在他们的成长轨迹中,我们依然能看出富贵家庭的印记。他们的童年生活算不上安逸,也没有享受种种特权,这是父母刻意安排的;但塞林格同时保证,如果他们愿意的话,就能轻轻松松地融入上流社会。每年2月,去佛罗里达度假已经成了家里的老规矩,至于塞林格去不去则是他自己的事。到了20世纪60年代中期,他们离开佛罗里达后通常还要赶往欧洲和加勒比沿岸长住。马修练习网球、马术,就读私立学校;佩姬在广场酒店的橡木厅里学习餐桌礼仪。[02]塞林格家的孩子们从不娇生惯养,但他们的生活与科尼什农民孩子的生活的确大不相同。

当塞林格的收入因《弗兰妮与祖伊》的版税而增加时,

---

01 克莱尔的母亲在一年内要换三个寓所居住:她在曼哈顿拥有一间公寓,在百慕大和意大利分别拥有一栋房子。尽管年幼的克莱尔因躲避战乱被父母送到不同的寄养家庭,但她从未忘记自己出生于富贵之家。

02 在对孩子的教育问题上,塞林格和霍尔顿·考尔菲尔德的态度截然相反,他并不反对寄宿学校。马修进入安多佛菲利普斯中学读书,这是美国最著名的私立学校之一,他也因此成为小约翰·肯尼迪的同学(马修的祖母对此感到非常高兴)。

他决定拿出其中一部分来翻新和扩建房舍。马修在2岁前一直与姐姐合宿，这次塞林格给他单独隔出了一个房间。佩姬的房间也重新整修了一番，漏风漏雨的地方都已补上，不会再扰乱孩子们的正常生活。塞林格拥有一辆吉普车和一辆小轿车。从前，每到冬天他总把车停放在汉德家的车库里；而如今，法官已撒手人寰，他需要一个属于自己的车库。为了方便进出，他特意在车库里建了一条连着住宅的地下通道。

小屋的装修改造一度占据了克莱尔的注意力。承包商为她制作了房子的微缩模型，其组件既可拆卸也可添加，以便克莱尔规划布局，仔细审查。虽然塞林格讨厌施工时的嘈杂喧闹，但克莱尔以此为乐，还提出了自己的意见。她的参与也引发了一个有趣的问题。新车库上方又建起一个小公寓，不仅配有厨房还有浴室。[3]这一设计究竟是谁的主意，目前尚不清楚。也许是克莱尔，她希望利用新建的公寓来招待客人。但等到小公寓建成后，使用这些房间的人却是塞林格，这不仅表明他越来越喜欢独处，也说明他和克莱尔的婚姻关系正变得越来越紧张。

1966年，塞林格添置了一处最昂贵的地产。一年前，他家附近的农场挂牌出售。塞林格最初没有表现出多大兴趣，因为他对已经拥有的90亩土地感到十分满足。然而，当他得知有人要在那里建造拖车式活动房屋停车场时，他大为震惊，迅速把名下的资产抵押出去，只为买下这片农场，维持土地的农业用途。这笔买卖几乎耗费了他所有的积蓄，却为他赢得了科尼什村民的喜爱。他们不希望村庄被拖车式活动房屋停车场破坏，但又想不出办法来阻拦开发商。这一事件将产生深远影响。村民们永远不会忘记塞林格这次出手相助，他们很快对这位最著名的居民忠心耿耿。为了保护自己，塞林格曾筑起围栏将邻人挡在门外，如今换成邻居们聚集在他周围，保护他的隐私不受外界侵犯。

塞林格在20世纪60年代初期的功成名就也是美国繁荣的写照。50年代的美国社会死气沉沉，人们墨守陈规，宣扬沙文主义。到了60年代，前所未有的经济富足推动社会迸发新的活力，自我探索的态度以及对传统的质疑精神逐渐融入美国人的性格中。与此同时，丰富的色彩和浪漫重新出现在美国人的生活里，多样性和新的开放思想也卷土重来。1963年，当塞林格在沃克里酒店参加维韦卡南达中心的百年庆典时，美国正是一个充满信心的国家。它对自己在世界上的地位深信不疑，也对未来满怀憧憬。

没有什么比美国第一家庭更能代表那个时代的乐观主义了。年轻、有文化、富有、时尚，肯尼迪夫妇创造了卡米洛特王朝[01]的幻象，而美国社会则迫不及待地将其视为自己的倒影。1963年11月22日，约翰·F.肯尼迪总统遇刺，世界为之震惊，美国的自信姿态很快蜕变为怀疑和自我怀疑。这个国家不仅失去了极具象征性的领袖和自我形象，还失去了一部分纯真。

肯尼迪遇害后，塞林格悲痛万分。他尊重总统，但他的感情远比崇敬更亲密：他觉得自己认识肯尼迪一家。1962年春天，肯尼迪总统邀请他参加白宫为著名作家举办的晚宴。他倾向于接受邀请，但又迟迟拿不定主意，几周前他才拒绝了政府要求他担任公职的提议。

1961年秋，加州帕洛阿尔托市行为研究实验室（隶属于联邦政府经济机会办公室）主任戈登·利什联系了塞林格。政府希望塞林格加入新成立的就业团计划，请他写一篇鼓舞人心的文章，旨在激励待业在家的城市青年。1962年2月，塞林格通过电话回复了利什。根据利什的说法，作家语气里有些不耐烦，说话也是怯声怯气的。塞林格解释说，他只知道如何写考尔菲尔德和格拉斯一家，若要为就业团写文章，他也许不是合适的人选。利什回答道："好啊，没问题，写他们的故事也行。"塞林格没有答应，他指责说："你们想

---

**01** 传说中的亚瑟王宫，媒体以此来比喻肯尼迪执政时期的美国政府。——译者注

让我参加这个项目只是因为我名气大。"利什则反驳道:"不,不,不,邀请您是因为您知道怎么跟孩子说话。"塞林格在电话那头顿了一顿,随后是他惊人的坦白。"不!我不能。"他说,"我甚至不知道怎么和自己的孩子沟通[01]。"[4]

所以,塞林格收到白宫的邀请后,不得不保持警惕。能够参加晚宴固然是不胜荣幸的事,但他担心有人趁此机会再次请他出任公职。他可以在电话里拒绝戈登·利什,但不可能面对面地拒绝总统的邀约。他之所以如此瞻前顾后,还有其他原因。白宫晚宴必定是一场奢华招摇的活动,时尚将占据舞台的中心,各路媒体也会蜂拥而至,所有人的目光都将聚集在他身上。十有八九,他会被迫发表某种正式演讲,甚至被授予奖项。简而言之,上述种种都是他多年来竭力避免和拒绝的。

但肯尼迪夫妇可不是能随意打发的主儿。杰奎琳·肯尼迪没有收到任何回复,于是她试图亲自说服塞林格。那年春天,科尼什的电话铃响了。克莱尔接起了电话,而佩姬则在一旁兴奋地偷听母亲和第一夫人的谈话。据她所

---

[01] 1962年,戈登·利什确实给塞林格打过电话,但他的描述却未必真实。这番对话是事发三十多年后他向作家保罗·亚历山大转述的。事实上,这也不是他与塞林格仅有的一次接触。1973年,利什担任《绅士》杂志的小说编辑,他写了一篇题为《献给鲁伯特——无悔》(For Rupert—with No Regrets)的短篇小说,故意模仿塞林格的风格。随后,他在《绅士》上匿名发表了这篇小说。小说立即引起轰动,因为人们普遍认为塞林格是真正的作者。当利什最终承认这一诡计时,此事又成了头版新闻。愤怒的塞林格通过多萝西·奥尔丁向利什发出严厉谴责,称这种欺骗行为是"荒谬和卑鄙的",但对方仍然毫无悔意。

说,杰奎琳对塞林格的才华表示钦佩,希望他们一家都能出席宴会。克莱尔连声诺诺,立马叫丈夫来接电话。当塞林格意识到电话那边是杰奎琳·肯尼迪时,他一定瞠目结舌。杰奎琳恳求作家务必参加白宫举办的活动,但塞林格没说什么,他抵挡住了第一夫人的传奇魅力。塞林格无法让自己经历一个充满自我的夜晚,无法忍受众人的严密审视。他在小说里曾经强烈谴责这类张扬的活动,如今他要是参加,就会沦为"虚伪"的人。

克莱尔和佩姬也许永远不能原谅塞林格,要不是他,全家人都能前往白宫做客。也许塞林格也从未原谅自己。在1963年11月的最后一周,他和大多数美国人一样:脸上依然带着明显的震惊,默默坐在电视机前,观看肯尼迪总统隆重而又哀伤的葬礼仪式。当他注视着送葬队伍走向阿灵顿国家公墓时,回忆里那些熟悉的形象再次浮现在眼前。这是他在战争结束后第一次见到这些形象:一排排军人伴随着悲伤的挽歌缓缓前行;他们护送着一具覆盖国旗的棺材,旁边是一匹没有骑手的马,这是战友倒下的悲伤象征。这些形象重新唤起了塞林格对战争的记忆。旧伤与新痛交织在一起,他不禁当众垂泪。将近四十年后,佩姬回忆此事时仍感到无比惊讶,那是"我一生中仅有的一次见到父亲哭泣"[5]。

众所周知，塞林格在1964年创作了两个作品，一是格拉斯系列的新作，名为《哈普沃斯，1924年16日》；一是为惠特·伯内特的小说集所写的序言。这篇文章终将成为两人关系的墓志铭。伯内特打算编纂一本小说集，收录多年以来不同作者在《故事》杂志上发表的50个短篇小说。他希望将选集命名为《五十个故事：〈故事〉杂志的三十三年》，并于1965年出版。他再次找到塞林格，请求在小说集里选用他的一部作品。塞林格依然没有同意，而编辑对此可能也并不感到意外。然而，塞林格主动提出要为选集作序。这篇序言不仅能满足伯内特的愿望，将塞林格与《故事》杂志联系起来，还能使作家免于交出早年的作品。伯内特满怀感激地同意了这个提议。但塞林格这个序言写得时断时续，几乎贯穿1964年始终。序言写完后共有550字，塞林格直接把它寄给了《故事》杂志社。

在序言中，塞林格提到了伯内特朗读福克纳作品那一课。这是发生在1939年的重要事件，它教会了塞林格从背景出发进行写作的重要性，以及对读者应该心怀崇敬。令人惊讶的是，序言读来感人至深，言语间尽显赞扬之意。考虑到两人之间经年累月的嫌隙，这篇文章实在是出人意料。塞林格也许想用这种方式与昔日的良师益友达成和解。尽管序言写得很讨喜,但不适合放在小说集前面,也不符合伯内特的要求。他最终婉言拒绝了这篇文章。他向塞林格解释说:"你写的序言令人颇为尴尬,其中描写我本人和哥伦比亚大学课程的内容多过描写50名作家。我不好意思用。"[6]

伯内特的拒绝一定令塞林格难以置信,也令他深受打击。塞林格认为自己提议作序是宽宏大量的表现,这是他十八年来第一次为伯内特撰写文章,而当他提交稿件后却被对方退了回来,仿佛他仍然是个苦苦挣扎的年轻新手。对伯内特来说,自从《麦田里的守望者》出版以来,他一直被视为无关紧要的背景人物,还被从前的学生一次次拒绝,不得不独自承受失意和沮丧,现在他拥有了最后的发言权,但他的决定使两人握手言欢的希望化为泡影。当时,他们谁都没有发现此事背后的讽刺性:那个在1939年退还塞林格第一篇小说的人,又退还了他最后一部公开发表的作品。

惠特·伯内特改变了塞林格的生活,可以说还不止一次。塞林格在序言里描述了伯内特作为教师的技能以及他对文学的热爱。序言同时具有自传性质,其中披露的真实信息比塞林格的小说更为丰富。在那节有关福克纳的课堂上,伯内特没有介入作家和读者之中,他不仅移除了自己的存在，还移除了塞林格的期待，移除了那些横亘在学生塞林格与福克纳的想象世界之间的生活和文学概念。如此一来，他迫使塞林格以全新的目光审视福克纳——以自己独特的视角欣赏文学作品。这一课的教诲使塞林格终身受益：随着事业的发展，其意义显得愈发深刻。如果没有伯内特的点拨，塞林格既不会尊重也不会感激那些"心爱的沉默读者"或是那个"能阅读能奔跑的人"。

虽然伯内特拒用塞林格所写的序言，但文章并未因此而石沉大海。1972年，惠特·伯内特去世，三年后，他的遗孀哈莉将序言作为《小说家手册》的后记发表出来。后记取名为《向惠特·伯内特致敬》，这个标题是完全正确的，这也是塞林格同意发表的仅有的一部非小说类作品。序言一事曾给他带来哀愁，但1975年这部旧作的发表足以说明塞林格对昔日良师的喜爱和敬重。只是序言最后以这样的形式呈现给读者，未免令人唏嘘。

…………

1964年夏末，塞林格带着8岁大的佩姬来到纽约。塞林格与子女们一同外出是常有的事，他们会去纽约探望孩子的祖父母，或是拜访《纽约客》家族的成员，但这一次塞林格不厌其烦地向女儿解释说，此行的目的不同寻常。他们打算拜谒威廉·肖恩，问他是否愿意做佩姬的教父，此前担任这一角色的是已故的汉德法官。

塞林格对这次请求极为重视。自从汉德在三年前去世后，佩姬曾两次住院（一次是在1963年夏天，一次是在同年冬天）。此外，他和克莱尔的婚姻每况愈下，他现在几乎独自住在车库上面的那间小公寓里。他还急于利用这个请求来表达对肖恩的尊重，尤其是在伯内特那里碰了钉子后他总觉得心里怏怏不快。

抵达纽约后，塞林格和佩姬并未径直前往西43街拜会肖恩。塞林格的日程表上还有一个计划，他必须首先落实这个愿望。父女俩一起步行至中央公园。在那里，出现了J.D.塞林格一生中最超现实、最得意的时刻：他把女儿抱上中央公园五颜六色的旋转木马，然后退到一边，高兴地看着佩姬转了一圈又一圈。[7]

............

20世纪60年代早期，大多数美国人通过报纸和杂志了解时事和舆论，当时电视新闻还处于起步阶段。肯尼迪遇刺案证明电视报道能够吸引庞大的观众群体。等到60年代末，报纸和杂志的影响力被电视新闻所超越，公众的兴趣正从印刷新闻转向电视新闻。但这种变化时断时续，并不稳定。在纽约等地，纸质媒体原本就十分流行，因此这一转变来得更加激烈。诸如《纽约邮报》《先驱论坛报》《纽约时报》《华尔街日报》等出版物竞相争夺不断减少的读者,时常为扩大发行量而明争暗斗。

1963年,《纽约先驱论坛报》孤注一掷,发起了大刀阔斧的改革,希望借此重振雄风,防止读者进一步流失。杂志对其周日增刊《今日生活》进行改版,旨在模仿并挑战纽约市最负盛名的文学偶像《纽约客》。他们还妄图挑衅对手,大胆地将增刊更名为《纽约》,与塞林格的职业家族对着干。这件事其他报纸连试一试都不敢。

起初,肖恩和《纽约客》没有理会《先驱论坛报》的挑战。没想到这家报纸竟把汤姆·沃尔夫和吉米·布雷斯林这两位优秀人才招至麾下。不过,《纽约客》很快在这场竞争中大获成功,这倒是出人意料的结果。1964年年底,肖恩和他的员工开始反击,他们发表了许多抨击《先驱论坛报》的社论。但他们的做法无意中激发了对手的好胜心,《先驱论坛报》频频出招,其手段之狠辣,是《纽约客》这群贵族绅士无法招架的。

汤姆·沃尔夫决定直接攻击《纽约客》的要害,而这个要害就是威廉·肖恩。肖恩患有各种恐惧症,而且行为怪异。据说他和塞林格一样极度注重个人隐私,所以此前没有关于他的任何报道。这次沃尔夫不仅要写一系列肖恩"小传",以及两篇嘲讽他管理风格和个人习惯的戏仿文章，还要亲自给肖恩打个电话，请他接受采访。沃尔夫的计谋使肖恩倍感窘迫，他通知身边人不要接触与《先驱论坛报》相关的人员。

沃尔夫描写肖恩的第一篇文章在正式发表的4天前就已经被打印出来。为了引诱肖恩与他正面交锋，沃尔夫确保在24小时内将一份"小传"的复印件送到了编辑的办公桌上。这篇特稿名为《小木乃伊们！43街活死人国统治者的真实故事！》，其风格与街边小报如出一辙——肆无忌惮地讲述名人的八卦逸事，这正是肖恩所担心的。他大为光火，立即写信给《先驱论坛报》的出版人约翰·海·惠特尼(别名为乔克·惠特尼)，恳求对方阻止这篇文章的发表。他怒气冲冲地指出："这已经不仅仅是言语上的诽谤，而是蓄意谋杀。此文将一举毁掉《纽约先驱论坛报》的声誉，把这份报纸推到阴沟里去。"[8]

惠特尼曾经担任驻英大使。当他把肖恩的信转发给沃尔夫和布雷斯林时，他尚且不确定下一步该怎么办。这两位记者倒是喜出望外，他们毫不犹豫地拨通了《时代》周刊和《新闻周刊》的电话，把信的内容念给这两家杂志社听。他们还添油加醋，声称强大的《纽约客》非常害怕沃尔夫撰写的系列文章，为了阻止其发表，居然威胁要提起诉讼。结果，《小木乃伊们！43街活死人国统治者的真实故事！》于

1965年4月11日被刊登在《纽约》杂志上，随之而来的是公众的广泛关注，这份杂志的读者人数也因此增长了好几倍。[01]

肖恩那封信并不是惠特尼收到的仅有的一封抗议信，约翰·厄普代克、E.B.怀特、缪丽尔·斯帕克等人纷纷写信为肖恩辩护，并表达了他们对《小木乃伊们！43街活死人国统治者的真实故事！》的厌恶。在这些来信中，塞林格的信最为引人注目，因为他是肖恩最亲密的朋友，也最能理解被媒体操纵和中伤的感觉。塞林格在信的开头写道："描写肖恩的那篇小传信息不准确，水平又不及大学生，言语轻浮，用心险恶。此文刊发后，《先驱论坛报》的名字，包括你的名字，很可能再也不能与尊敬和荣誉挂钩了。"9

对J.D.塞林格来说，尊重和荣誉是至关重要的品质。这些品质不仅深深镌刻在他的性格里，也是他衡量自己以及他人生活的可靠标准。他要求自己有责任心、有风度，而且希望别人也能如此，所以要是有人粗鲁地对待他或欺骗他，他总是感到既惊讶又难过。虽然生活中发生的许多事情他都难以控制，但他一直严以律己，彬彬有礼。在战争期间，责任心和荣誉感使他不屈不挠。他被迫将自己的情感压在心底，直到这些情感无法危及他人时才释放出来。

---

[01] 《先驱论坛报》后来停刊了，但沃尔夫描写威廉·肖恩的文章拯救了布雷斯林、沃尔夫和《纽约》杂志。直到今天，《纽约》杂志仍在蓬勃发展。

人际交往中的失礼行为——在演讲中自我陶醉或在晚餐时虚与委蛇——让他感到无比尴尬。即使是塞林格写过的最尖刻、最轻蔑的信函，其言辞依然恭谨有礼，这是他永远不会放弃的品质。而最令他伤心的是别人的麻木不仁：漫不经心的批评、朋友的失信、孩子的谎言。

在《先驱论坛报》一事上，塞林格和肖恩都没有抓住问题的关键。整件事与尊重和荣誉毫无关系，而与之相关的是发行量、知名度和金钱——这都是塞林格最鄙视的东西。事实上，责任、荣誉和体面等概念已经不再适用于现实世界。1965年，虽然这些价值观还时常被人挂在嘴边，但在日常生活中早已如镜花水月。塞林格为好友打抱不平，谴责《先驱论坛报》。这是值得钦佩的高尚行为，因为肖恩的清白和稳重是有目共睹的，但塞林格的行为没能打动惠特尼、布雷斯林和沃尔夫。对他们来说，这种义气和正直是抽象且过时的，美国社会已经进入一个激变的时代，与此同时，价值观也发生了深刻的转变。在这个时代里，汤姆·沃尔夫和吉米·布雷斯林这样的人才能所向披靡，他们富有干劲，勇于粉碎偶像。塞林格也是偶像之一，但他已不再属于这个世界。从前，他从社会倡导的礼仪和价值观中修养品性，而如今，他所熟悉的那个社会正受人怀疑或被人遗弃。

1964年，塞林格至少在事业上得到了些许满足。这一年，图章出版公司发行平装版《麦田里的守望者》的合同终于到期。塞林格拒绝续约，将版权转卖给班塔姆图书公司。按照惯例，他向新出版商提出了一系列要求，并补充说，他要亲自设计小说封面。班塔姆欣然同意，于是塞林格给他们送上一份朴实无华的设计图稿，上面只有书名和他自己的名字。他还告诉班塔姆选用哪种字体最为合适，字号大小和字间距该依照什么标准。他甚至邮寄了一张彩印样品，展示自己想要的封面颜色。最终，这版《麦田里的守望者》的封面是栗色的，书名和作者名的颜色介于黄色和橙色之间，塞林格名字里的"J"和"D"使用了两种不同的字体。[10]

时至今日，塞林格创作的封面依然是美国文学史上最受喜爱、最有价值的图书设计。正是因为封面了无修饰、简洁素雅，1964年班塔姆版本的《麦田里的守望者》一眼望去就能让人追忆往昔，并使人心灵为之一颤。这是其他书无法达到的效果。由于塞林格的设计大受欢迎，因而班塔姆公司连续二十七年使用这一封面，直到1991年将版权转让给利特尔-布朗公司之前，他们从未做出改变。

…………

1965年1月初,《纽约客》开始预留出几乎一整期杂志来发表塞林格的新小说——格拉斯家族系列的又一力作《哈普沃斯，1924年16日》。该小说共28000字，是塞林格生前推出的最后一部作品。至于这部中篇小说是如何被送到编辑部的、而肖恩最后又是如何拍板接收的，其中的种种细节竟在《纽约客》的档案里毫无记录，这实在出人意料。[01]《哈普沃斯，1924年16日》很可能与《西摩：小传》一样，未经编辑部审稿，而由肖恩直接安排发表。此时，这位编辑已经习惯于大胆采用塞林格越来越标新立异的稿件，因为他曾经冒过的风险都被证明是值得的，还为他赚了不少钱。虽然《哈普沃斯，1924年16日》的奇异风格令肖恩心生踌躇，但过往的胜利足以打消他眼前的顾虑。出于同样的原因，就算杂志社里的其他人了解到塞林格新故事的结构，他们也宁愿保持沉默，不敢提出批评意见。从前他们对塞林格的小说横加指责，结果事实证明他们的判断是错误的；如今塞林格成了肖恩最要好的朋友，作为杂志社的雇员谁敢肆意抨击他的作品？况且，塞林格近来又积极为肖恩辩护，还让他的女儿认肖恩做教父。在1997年的一

---

[01] 《纽约客》现存的档案里包含塞林格与编辑人员的许多通信。直到格斯·洛布拉诺死后一段时间以及1957年《祖伊》出版前，双方之间的联络均未中断。然而，当塞林格的主要工作伙伴变成威廉·肖恩后，这类信件就从《纽约客》的档案中消失了。这也许是塞林格的特殊要求，也可能是两人的共同意愿，因为他们都不愿意往来信函被人研究。总之，这些记载小说创作过程的文件早已无迹可寻。此事虽然非同寻常，但很有可能是两人蓄意而为的结果。

次电台采访中，威廉·麦克斯韦拒绝就《纽约客》利用《哈普沃斯，1924年16日》一事发表评论。他吞吞吐吐地说道："事实上，我不愿提及此事。我过去是，希望现在依然是塞林格的朋友。我真的不喜欢别人谈论他，所以我还是闭嘴比较好。"[11]对《纽约客》的员工来说，杂志收录《哈普沃斯，1924年16日》很可能是一个既定事实，他们在这件事上都没有发言权。

…………

《哈普沃斯，1924年16日》的开头是巴蒂·格拉斯为读者写的序言，序言的落款日期是1965年5月28日星期五。和塞林格一样，巴蒂年满46岁，此时距他撰写《西摩：小传》已有六年，距离西摩之死也已过去十七年。巴蒂刚收到母亲贝茜寄来的邮件，里面装着一封西摩在1924年写给家人的信。这封信是从缅因州西蒙·哈普沃斯营地的医务室寄来的，当时西摩和巴蒂都在那里过暑假，他们一个7岁，一个5岁。巴蒂解释说，他以前从未见过这封信，这次他将原原本本地抄录下来供读者品鉴。当初巴蒂凭着内心的责任感创作了《西摩：小传》，如今同样的信念又驱使他分享西摩四十一年前写的这封信，将其内容一字不差地转述给读者。

看过家书的开篇后，我们就知道西摩不是一个普通的孩子。虽然有些读者早已通过阅读从前的小说熟知西摩这个人物,但他们同样会被西摩使用的词汇及其与父母说话的方式吓一跳。他说自己的弟弟是个"了不起的、难以捉摸的、滑稽的小伙子",还说巴蒂"不知身在何处",这令他"总是感到既好笑又悲伤"[12]。这些话由7岁的孩童说出来,难免让读者认为西摩是个矫揉造作、迂腐不堪,甚至有些道貌岸然的人。为了快速消除这种印象,塞林格让西摩承认他和巴蒂十分想家,"想得要命"。语言风格上的差异不仅使读者迷惑不解,也说明西摩在成年人的感知力和儿童的反应之间来回转变,而且这一趋势将贯穿整部小说。在《哈普沃斯,1924年16日》里没有什么是绝对的。小说提出的每一个明显的结论,读者都会发现其中必有问题。在西摩家书的第二段里,塞林格间接地总结了《哈普沃斯,1924年16日》的多变属性。西摩提到他正在阅读的英语作文书,他对此书的评价是"要么是无价的珍宝,要么是纯粹的垃圾"。

西摩的信似乎写得断断续续,并非一气呵成,其重点是在描述哈普沃斯营地发生的事件。由于腿部受伤,他躺在医务室里("被迫卧床"),因此他有时间写这封长信,并思考他在营地的地位,以及他与上帝、顾问、其他营员和家人的关系。

根据西摩的说法，格拉斯兄弟似乎无法融入夏令营里的任何一个团体。他们只有三个朋友：哈皮太太，营地首席顾问的妻子，已身怀六甲；约翰·科尔布，在西摩眼里不仅善良而且勇敢；还有尚在尿床的格里菲思·哈默史密斯，他仿佛影子一般跟着西摩和巴蒂，当他富有而自命不凡的母亲发现儿子最好的朋友是格拉斯兄弟时，不禁大失所望。西摩向父母抱怨说，若是与这里的男孩单独接触，就会发现他们几乎都拥有"高尚的灵魂"，但只要他们和朋友在一起就会抛弃善良的品性。他将这些小团体与社会上的人做比较，感慨普沃兹营地和"这个可悲星球上的其他地方一样，模仿成了口号，声望则是人们追求的最高目标"。事实上，对这个7岁的诗人来说，哈普沃斯是世界的一个缩影。

尽管西摩声称他和弟弟正想尽办法与其他营员和睦相处，但他们和别人的兴趣爱好完全不同，分歧仍然在所难免。他们不参加团体活动，因此惹上了麻烦。他们不在集会上唱歌，也不按规定整理物品。相反，他们喜欢避开众人，独自冥想、阅读和写作——西摩在16天内以惊人的速度写出了25首诗，巴蒂同样才华出众，创作了6个短篇小说。

因此，正如《满是保龄球的海洋》里的霍尔顿，西摩不得不承认，他和弟弟受到营地里其他小伙伴的排斥。起初，读者也许会同情这两个男孩，因为他们被同龄人视为异类，只能依靠彼此。但读者们很快发现，他们之所以陷入如此尴尬的处境，不是因为旁人冷酷无情，也不是因为西摩太过敏感或异常聪明。西摩承认，他无法容忍身边人在精神上的不成熟，很明显，兄弟俩与众人失和的原因在于西摩自身的优越感。西摩试图原谅其他孩子，因为他们毕竟年幼无知，但他毫不留情地谴责了那些营地顾问，恨不得每天用铁锹砸他们的脑袋，以此惩罚他们的愚蠢行为。我们都知道西摩是上帝的追随者，而且有所感悟，再加上他这个年纪已经该为自己的言行负责，所以"用铁锹砸脑袋"等言语着实令人震惊。上述言论自然不能引起读者对西摩这个人物的好感。

关于西摩如何看不起他人，小说里有个最为明确的例证，那就是他对自己受伤住院一事的描述。西摩写信的前一天上午，哈皮先生带领营员外出采摘草莓。所有男孩都挤在一辆古老的马车里，他们将行驶"数英里"以便寻找合适的果园。前一天这里下了大雨，马车很快便陷在泥坑里。孩子们无法继续前进，只好下来推车，希望能把马车从泥淖中解救出来。马车被他们推出去时突然向前急冲，车轮间锋利的金属片在西摩大腿上划开一条2英寸长的口子。哈皮先生立马骑上摩托车，火急火燎地把西摩送到营地医务室。西摩则骂了对方一路，还威胁说如果他那条跳踢踏舞的腿被截肢的话，就要把哈皮先生告上法庭。

在医务室里，西摩的大腿被缝了11针，但他为自己大动肝火而深感羞愧，所以拒绝使用麻药。他成功地战胜了身体上的疼痛，却无法克服精神上的脆弱，写信时他不能自已，5次落泪，这使他的自控能力看起来大打折扣。他也许能控制肉体感官，却难以摆脱情感上的痛苦。

他向母亲坦白，不知何故，他被哈皮太太所吸引，虽然对方比他大15岁，已经结婚，而且正处于妊娠期。他在信中说哈皮太太有"非常完美的腿、脚踝和迷人的胸脯"以及"非常健硕的臀部"。这段描述揭示了西摩为时尚早的性冲动。这即使不是整封信里最令人震惊的部分，也很有可能是最令读者感到不适的部分。然而，西摩还在不厌其烦地述说哈皮太太的魅力以及他的情欲。如果说小西摩的性觉醒并未使读者大惊失色(此事必定夺走了他仅有的一点纯真)，那么当他们意识到西摩的倾诉对象是他母亲时，定然会感到十分厌恶。毫无疑问，儿子的新喜好一定会令她惊愕不已。

从过去的故事中读者已经了解到西摩对格拉斯一家的影响，他的言传身教塑造了弗兰妮与祖伊的性格。他去世后，留下的文字仍在继续教导巴蒂。然而，通过阅读《哈普沃斯，1924年16日》，读者开始明白西摩的统治是何等严苛。他主宰着家里的一切，即使不在人世也能支配家人的日常生活。他建议母亲贝茜用真声唱歌，还建议父亲莱斯隐藏澳大利亚口音。在母亲从杂技团退休一事上，西摩"一锤定音"，因为他有预知未来的能力，所以他劝母亲最早要等到10月份才能考虑退出舞台。他指示布布要练习读写，此外还应注意礼仪。对于双胞胎沃尔特和威克，西摩要求他们每天练习踢踏舞，如果他们做不到的话（显然，他们想要逃过训练，告诉大哥自己只有3岁，而西摩把这一借口称为"坦率的废话"），他就命令这对双胞胎每天至少穿踢踏舞鞋两个小时。他还表示，威克也该练练杂技。

西摩在信里花了不少笔墨列举出一大堆书目，他希望父母把这些书从图书馆借来然后寄到营地。针对书单里的每本书和每位作者，西摩都会发表一番评论。他不仅逐一夸赞作品或作者的优点，而且滔滔不绝地探讨他们的品质和哲思。塞林格本人就喜欢用这种方式谈论文学，所以西摩的兴趣和文学品位自然和他的创造者如出一辙。西摩罗列的书实在太多了，即使他一个夏天能读完，他那可怜的父母也没法把这些书都弄到手。

也许这是小说里最容易被人忽视的部分，因为这些书评似乎有点多余，与主题毫不相干。然而，西摩之所以列出自己喜爱的书和作者，不仅是为了获得阅读材料，更是为了表明，这些著作都是人世间的美好事物。

接下来，信的内容逐渐转向西摩的内心世界，直到最后，他开始与上帝对话。当我们读到西摩向上帝喊话这一节时，并不会觉得突兀，因为前文中他一直在讨论与精神有关的话题。在开列书单那个重要段落里，西摩分享了他对约翰·班杨及其经典作品《天路历程》的思考。他承认小时候低估了这位作家，因为当时他不赞同班杨的宗教观，认为其具有绝对性。为了解释自己的宗教哲学，西摩引用了基督在《圣经》里说的话："所以你们要做完备之人，甚至如同天父那样尽善尽美。"

西摩解释说，人无完人，必有缺陷，只有神才是完美的。他指出，虽然神灵完美无瑕，但世上依然充满饥荒和儿童的死亡。[01] 按照西摩的理解，人类无法获悉上帝的伟大本质以及造物的浩瀚力量。他利用这一逻辑为人类的某些行为寻找借口，而在班杨看来，这些行为都是人性的弱点。他反驳班杨的观点，批评对方过于严苛。他认为人性的每

---

01　西摩进一步解释了这个例子，他指出儿童的死亡是"表面上的"早夭。由此可见，他以听天由命的态度接受上帝的旨意并且认为这些儿童正在经历轮回而非死亡。众所周知，塞林格曾说过他不相信死亡。

个方面都是上帝精心设计的。其结论是,那些世人眼里的重大缺陷很可能正是上帝神秘安排的一部分,因此也是完美的。

西摩请父母寄送一只毛绒玩具兔,因为巴蒂那只在来营地的火车上丢失了。与不停地要书的西摩相比,离家在外的巴蒂似乎更需要毛绒玩具给予慰藉。西摩的请求使读者感到困惑。如果他在信的开头就提出要求的话,读者大概不会在意。但此时小说已进入尾声,读者对格拉斯兄弟的看法已经发生变化。一个5岁孩子对玩具的渴望似乎变得十分别扭,与文章内容不符。

需要再次强调的是,在《哈普沃斯,1924年16日》中,没有什么东西是坚实可靠的,所有观点都有所保留,甚至包括西摩对上帝的看法。尽管他宣称"全心全意"爱基督耶稣,但他依然对上帝的智慧提出了怀疑,因为上帝在《新约》里允许奇迹发生。西摩指出,如今神迹不再显灵,所以人们才会放弃信仰,转而鼓吹无神论。然而,西摩最终还是服从了高深莫测的神意,愿终其一生为上帝效力。

从许多方面来说,《哈普沃斯,1924年16日》是塞林格作品不断演进的必然产物,是他精神旅程中的重要一步。西摩对营地顾问和其他营员进行了严厉斥责,表现出他在精神层面的不宽容态度,这让人想起他的妹妹弗兰妮。格拉斯兄弟无法与他人建立联系，因为他们的价值观与众不同，这也呼应了弟弟祖伊后来发出的抱怨——他和弗兰妮已经变成怪人，因为他们从小就接受了太多宗教教育。西摩对营地里的成年人大肆批评，这也许令人想起《麦田里的守望者》中霍尔顿的叛逆。但西摩明显有别于塞林格此前塑造的人物：虽然他心怀神圣的意图，却不知道如何做出让步；相比之下，霍尔顿至少通过适当妥协得到了一定程度的解脱。此外，西摩也没在周围任何人的身上发现"胖夫人"。在哈普沃斯营地，西摩·格拉斯尚未学会特迪·麦卡德尔的逆来顺受，也没有像《抬高房梁，木匠们》里的巴蒂那样，领悟到等量齐观的重要性。

显然，1965年的塞林格仍然固执地相信人性具有二重性。和他的大部分作品一样，《哈普沃斯，1924年16日》审视了人类的二重性，探讨了精神和物质之间的冲突。塞林格得出一个明确的结论：即使是悟性最高、最有天赋的人也无法理解上帝的计划，尽管如此，上帝的旨意仍必须为人类所接受。事实上，对于《哈普沃斯，1924年16日》里的西摩来说，虽然他不明白为什么上帝创造的万物看似存在矛盾之处——或是无价的珍宝，或是纯粹的废物，但造物之谜使他更加敬畏上帝；正因为神的安排难以捉摸，所以他可以毫无异议地接受上帝的旨意。西摩宣布："我的上帝,您真叫人猜不透。感谢上帝!如今,我对您的爱更胜往昔!请允许我听候您的差遣,做您笨拙的仆从,永远为您效力!"

营地医务室成了西摩·格拉斯的炼狱,他在这里深刻反省自己的二重性,认真考虑摆在眼前的两种选择:努力融入传统世界,还是放弃传统世界,走上一条更贴近上帝的孤独之路?西摩拥有天才的头脑和瑜伽修行者的精神,但他被困在一个7岁男孩的身体里,尽管他在轮回转世中曾幻化出种种形态,但目前他只是个孩子,阅历有限。他抱怨说:"我受够了这种令人尴尬的巨大差异。一个人有两种声音,这让人不适也让人发愁。"在《哈普沃斯,1924年16日》里,西摩这一人物集中体现了人性的二重性。他努力协调本性中的对立面:成人与儿童、精神与肉体、神性与人性。

............

1965年6月19日,《哈普沃斯,1924年16日》在《纽约客》上发表。从文学角度来说,这是一场灾难。这部中篇小说不仅要求读者通读塞林格之前的作品,对巴蒂和西摩了如指掌,还要求他们如作者那样热爱这两个人物。即便满足上述条件,读者还得硬着头皮读完长达81页的家书。况且这封信写得既矫情又不真实,其内容更是晦涩难懂,对读者而言,阅读此信不啻于一种折磨。西摩本人也赞同这种观点。他坦言:"我肆意妄为地强迫大家,家长和孩子们阅读这封冗长乏味的信,其中涌动着我生硬的语言和思想。"不幸的是,这句话出现在小说中段。其实,它揭示了小说最重要的真相,显然更适合被放在开篇。那年6月,成千上万的读者购买了《纽约客》,每个人都期盼着文学大师的新作,但很少有人能读到故事的最后一行。等到西摩那尴尬的忏悔出现时,大多数读者早已合上了杂志。

这一回,塞林格没有遭到评论家的嘲讽。相反,小说发表后,公众的反应十分平淡。这让塞林格不知所措,小说被人忽视可能比它受到斥责更令塞林格感到不安。《时代》周刊倒是在6月25日发表了一篇批评文章,但这篇评论只写了一段,还被满不在乎地塞在《人物》栏目里。一些评论家已经不愿浪费笔墨批评这位著名作家,因为他根本不听他们的意见。还有一些人等着《哈普沃斯,1924年16日》自己说话,认为这部作品最能说明:作为作家,塞林格的确迷失了方向。他们对小说的发表不闻不问,同时也把作者抛到脑后。在为《纽约书评》撰写的《公平对待J.D.塞林格》一文中,珍妮特·马尔科姆指出,《哈普沃斯,1924年16日》"似乎证实评论界的看法日趋一致:塞林格'正在无可救药地走下坡路'"[13]。另一种可能是,许多评论家和读者一样,被文本打败,无法读完整部小说,所以提供不了任何评论。说来奇怪，评论界对《哈普沃斯，1924年16日》的冷漠态度恰好预示了即将发生的事：塞林格本人的沉默。

《哈普沃斯，1924年16日》引发的问题始终困扰着塞林格的崇拜者。他是有意把这个故事当成最后一部作品吗？为什么这部小说让人读不下去？此前，塞林格通过推出《西摩：小传》疏远了大批专业读者，而《哈普沃斯，1924年16日》的发表不禁令人怀疑：他是不是也想摆脱普通读者的崇拜，因此写出这样一部佶屈聱牙的作品？

《哈普沃斯，1924年16日》里有好几个段落都被解读为作者的温柔告别。首先是西摩劝母亲在退休一事上保持耐心，其次还有两个不太引人注意的段落，但写得非常高明，其中蕴含的巧思在整部作品中都极为罕见。在某个段落，西摩提到他对未来的展望。他描绘了1965年的巴蒂，而他所勾勒的正是塞林格的形象，如同巴蒂。塞林格此时已经上了年纪，头发灰白，手上露出青筋。他坐在创作室的打字机前，室内摆满书架，洒满阳光。他心中怡然自得。西摩宣称："他实现了年轻时的梦想！如果这是我生命中的最后一瞥，我将死而无憾。"塞林格本人以这种奇特的方式最后一次出现在读者眼前，让读者瞥见他临别时的身影，最后连他的影子都消失了。这确实是"最后一瞥"。

至于另一个段落，只有我们读过塞林格的所有作品后才能发现隐藏在文字里的离别之意。在小说结尾，塞林格向读者介绍了他笔下的最后一个角色：一个捷克女人，她推荐西摩阅读奥塔卡尔·布雷齐纳(Otakar Brezina)的诗歌。西摩回忆说，她是个漂亮女人，"穿着暗色的、昂贵的衣服，但指甲却脏乎乎的，既有趣又动人"。自从二十五年前写作《年轻人》以来，塞林格笔下的人物都会精心修剪、清理他们的指甲，作者将其视为自命不凡、装腔作势的标志。这是塞林格作品中为数不多的固定符号之一。当他快要写完最后一部作品时，塞林格终于塑造了一个不在乎指甲的角色，并将其称为美德。西摩欢呼道："上帝保佑那些服饰昂贵而别致、指甲肮脏而动人的女士。"

上述段落，加上《哈普沃斯，1924年16日》与作者以往作品之间的区别——西摩曾经拥有的可爱品质几乎荡然无存，使许多读者把这个故事视作塞林格的收官之作。许多人认为，通过《哈普沃斯，1924年16日》，J.D.塞林格完成了自我向笔下人物的转变——他成了西摩·格拉斯。以《哈普沃斯，1924年16日》为文学子弹，塞林格亲手断送了自己的职业前途——正如巴蒂·格拉斯对哥哥的评价，让"整个充满爱意的家庭陷入困境"[14]。人们往往把塞林格退出文坛归咎于《哈普沃斯，1924年16日》。这种解释自然省事，却难以令人信服。没有迹象表明塞林格打算把《哈普沃斯，1924年16日》当成最后一部作品。他是一个百折不挠的作家，不会因为写了一个糟糕的故事就放弃创作。西摩说："一切都不会完蛋，当事情变得令人抓狂时，才是你汇聚强大力量、重新审视问题的时候。"1966年，塞林格不顾《哈普沃斯，1924年16日》遭受的冷遇，继续巩固他与利特尔-布朗公司的关系，并正式承诺再出版一本新书。[15]事实上，他在同年10月告诉他的朋友迈克尔·米切尔，他已经写完不止一部，而是两部新的长篇小说。[16]

也许到了1965年，塞林格确实因为自己的怪癖和性格"陷入泥泞，停滞不前"。长期以来，形形色色的人物和经历滋养着塞林格的创造力，但十二年的隐居生活切断了他与外界的联系，使他难以获得源源不断的灵感，也无法写出恢宏的作品。毫无疑问，写作《哈普沃斯，1924年16日》时塞林格正处于文学生涯中最脆弱的时刻——既然他决心在创作上另辟蹊径，这一时刻就是不可避免的。因为没有《纽约客》的把关，这部作品繁芜冗长，漫无目的，与《倒置的森林》和《儿童梯队》相差无几。但是，如果人们读完《哈普沃斯，1924年16日》后坚信塞林格已江郎才尽，那么他们不仅低估了这位作家，也低估了创造力本身的韧性和适应性。或许，孤寂的美国乡村并不亚于繁忙的纽约街道，塞林格迟早能在田园生活中找到同样高质量的灵感。

# 19 沉默之诗

塞林格作为作家的公共生活与《哈普沃斯,1924年16日》一同终结。在未来几十年里,他还将继续写作,但再也没有发表过作品。随之而来的是长达三十年的沉默。对塞林格来说,他的新生活是宁静的,是一种祈祷,他通过写作来锤炼信仰,同时避开自我意识催生的种种罪恶。对于外界来说,塞林格的退隐令人懊恼。许多人试图填补他离去后留下的空白,尽管他一再请求大家不要打扰他的私生活。塞林格的沉默被证明是一把双刃剑。自20世纪50年代以来,他在公众眼中就独具魅力,如今他的沉默加剧了世人对他的迷恋。关于他的传说层出不穷,他的作品无出其右。结果,他的名字在美国人心中成了"隐居"的代名词——类似于都市传奇,大众对他本人的痴迷程度超过了对其作品的欣赏。

人们对塞林格的晚年生活几乎一无所知,这多多少少体现了一些因果报应。塞林格始终认为,读者的兴趣应该局限于他的作品,凡是与作品无关的信息都属于他的个人隐私。然而,1956年后发生的几件事共同塑造了塞林格的文学遗产,展现出他对写作的看法以及他在众目睽睽之下退隐的原因。

…………

塞林格与克莱尔·道格拉斯的婚姻于1967年正式结

束,尽管多年来,这段婚姻早已名存实亡。1966年夏天,克莱尔开始去新罕布什尔州附近的克莱蒙特市就诊,她说自己"神经紧张、失眠、体重下降"。医生找不到引发这些症状的生理原因,在分析了克莱尔对个人生活的描述后,医生将她的病症归咎于"婚姻不和"。[1]凭借这一诊断结果,克莱尔迅速聘请当地律师,于9月9日向沙利文县高等法院提起离婚诉讼。

在很大程度上,克莱尔的正式申诉无可非议。她在陈述中写道,塞林格"长期"拒绝与她交流,这直接反映出他固执的工作习惯,此外,他的"冷漠"已经足以"损害她的健康,危及她的理智"。这份诉状还宣称,塞林格已经"公开表示他不爱她,也不想维持他们的婚姻"[2]。这句话才是克莱尔提出离婚的根本原因。塞林格长期不在她身边,这种情况已经持续多年,让她真正难以忍受的是爱的消逝。诉讼书给人留下的印象是,塞林格的冷漠寡情使克莱尔大为震惊。

其实不然。1966年,就在买下附近那座农场后不久,塞林格觉得车库上面的公寓住着过局促,于是在目前居住的小屋对面盖了一栋新房。新建筑里有一间大书房,他把"掩体"里的所有东西——包括那台古老的打字机和汽车座椅——都搬进了新家。克莱尔和孩子们仍然留在老屋里。

事实上，从塞林格搬家的那一刻起，他和克莱尔的婚姻就已走到尽头了。

在克莱尔提出离婚申请四周后，塞林格领着佩姬和马修来到离家250英里的纽约，说是要去看牙医。他们住在市中心的德雷克酒店。有一天，塞林格正躺在床上看书，他突然被身旁熟睡的孩子们所吸引，目不转睛地看着他们。一个星期后，当他回忆起那天晚上的情景时，仍然感慨万千，他显然深深爱着自己的一双儿女。"我喜欢坐在床上……在同一个房间里看着他们熟睡的身体，"他回忆道，"关键是，我喜欢和他们一起去任何地方。"[3]

对塞林格而言，离婚本来就是个不小的打击，他又不愿与家人或朋友讨论此事，这使他更难接受这一事实。1957年，他和克莱尔曾经短暂分居，那时他就装出若无其事的样子；如今，他依然倾向于忽视妻子的离婚诉求，希望他们之间的冲突会自行修复并逐渐消失。但这一次，分歧难解，破镜难圆，塞林格对克莱尔的冷落由来已久。他不得不承认这段婚姻已无法挽救，他开始面对现实。但一想到可能失去孩子，他就觉得难以忍受。

1967年9月13日，法院批准离婚，10月3日生效。孩子们的监护权被判给克莱尔，塞林格拥有探视权。他被要求每年支付8000美元的赡养费，同时承担孩子们就读私立学校和上大学的学费。法院还把原先的90英亩土地以及建于其上的房舍都判归克莱尔所有，但如果克莱尔要出售这块地产，塞林格有优先回购权。塞林格分得的财产包括1966年购置的土地、吉普车和他新盖的房子。[4]

乍一看，这次财产分割似乎夺走了塞林格多年来辛勤劳动的成果，然而如果老屋及其院落不判给克莱尔的话，很难想象她在离婚后还会继续留在科尼什。她很可能会逃到纽约，或者逃得更远，孩子们也将跟着她离开。尽管判决对克莱尔有利，但她能留在科尼什依然令人感到惊讶，因为这些年里她始终觉得自己被困在此处，与囚犯无异。

所以，即使离了婚，塞林格夫妇的生活也没有发生太大变化。他们现在变成了邻居。过去，塞林格偶尔才从工作室或车库上的公寓里露面，现在他只需穿越一条小道就能从新家来到旧居，这两者之间几乎没有差别。最重要的是，两人在协议离婚期间，都努力使孩子们免受影响。就算夫妻间爆发了激烈争吵，他们也尽量远离孩子，所以对佩姬和马修而言，尤其是马修，他们的生活一如既往。两个孩子都能经常与父母见面。克莱尔为孩子们安排了骑术和网球课（塞林格对此嘲笑不迭，但还是同意了），塞林格教他们打棒球和乡间的街头棒球，后者是他童年时的特长。孩子们还参加夏令营，并按照惯例每年前往佛罗里达州度假。塞林格仍然和往常一样,频频造访纽约,看望他的父母和《纽约客》的朋友们,而且至少有一名孩子作伴。1968年,他终于赴英格兰和苏格兰旅行,这是他十一年前答应克莱尔的事。只不过这次与他同行的只有佩姬和马修。[01]

............

虽然发表作品的欲望正逐渐消退,但塞林格仍在孜孜不倦地忘我创作。杜鲁门·卡波特坚称,《哈普沃斯,1924年16日》之后,塞林格试图在《纽约客》上发表另一篇小说。他告诉约翰·厄普代克,他无意中听到威廉·肖恩和塞林格的通话,前者拒绝了塞林格提交的新作。卡波特还说,肖恩带着哭腔告诉塞林格,杂志社已经不需要他,还向他解释了辞退他的理由。厄普代克不相信卡波特的故事,并且直言不讳地表明,他是在胡说八道。直到1972年,人们才清楚地意识到,塞林格已经决定不再推出任何作品。那一年,他以5%的利息返还了利特尔-布朗出版公司75000美元的预付款,因此无须再履行合同所规定的出书义务。[5]与此同时,他更加注重保护自己的隐私,多次拒绝将他的作品收入选集。对于那些已经选进文集的作品,他

---

**01** 这次旅行表明,在涉及孩子的问题上,离婚后的塞林格和克莱尔依旧能保持步调一致。离婚协议规定,未经对方同意,任何一方不得把孩子带到国外;即使带出国,逗留时间也不能超过10天。

也要保持绝对的控制。这些都是塞林格长期坚守的习惯,但即将发生的许多事件将这些习惯固化为执念。

1967年年底,主动联系塞林格及其经纪人的不是别人,正是惠特·伯内特。这位编辑正在汇编新书,书名为《我心中的最佳作品》,是一本作家选集。就像过去那样,伯内特来询问塞林格是否愿意为文集提供一篇小说。此前,伯内特退回了塞林格为其小说集撰写的序言,这一次他不怕自讨没趣,提出相同的请求,可算是个了不起的人物。然而,此时的塞林格早已对伯内特失去耐心,也无法容忍对方一次次向他索要小说。塞林格在这件事上的态度是可以理解的。1968年1月,他直截了当地回绝了伯内特。他没好气地写道:"我没有小说可以收进你的选集,无论是已发表的还是未发表的。"他还批评伯内特太固执。他怒气冲冲地说:"我们已经在这个问题上讨论过很多次了。"[6]但向他索要作品的不只伯内特一人。塞林格收到了无数请求,希望他重新出版小说,接受采访,将作品搬上银幕和舞台。一般来说,总是多萝西·奥尔丁代表他出面拒绝,而且她的态度也变得越来越坚定。1972年,她告诫休斯·马西公司:"我们不会允许塞林格的作品被收入选集,我很抱歉,但就是这样。"[7]

1968年发生的一件事更让塞林格叫苦连天。长期以来，德克萨斯大学校长哈里·兰塞姆致力于提高学校图书馆的藏书质量，因此他收集了丰富的珍本和手稿，希望与普林斯顿、耶鲁和哈佛大学的收藏一较高下。在此过程中，兰塞姆的一些做法颇具争议。常青藤大学更为富有，收藏的文献也更古老、更有名。为了与这些名校竞争，兰塞姆不惜厚着脸皮，在未经许可的情况下获取在世作家的稿件。他雇用了一个名叫卢·大卫·费尔德曼的经纪人，此人在纽约专门从事"珍本图书和手稿交易"。兰塞姆让他混迹于拍卖行和对外出售的庄园，或者使用其他方式寻找目标藏品。据说费尔德曼本是布鲁克林的一名推销员，后来突然转行到艺术产业，在麦迪逊大道开了间事务所，取名为"埃尔·迪夫之家"。这个名字虽充满异国情调，却毫无意义。1967年，费尔德曼设法弄到了塞林格的一批手稿，数量相当可观，其中包括作家写给伊丽莎白·默里的40余封私人信件。1968年1月6日，这些手稿和信件被德克萨斯大学图书馆收藏。得知此事后塞林格十分震惊，他迅速采取行动，限制公众接触兰塞姆的收藏，尤其是他写给默里的信。

兰塞姆事件造成的后果是灾难性的。塞林格觉得自己受到了侮辱，决心再也不让他的任何信件落入收藏家手中。他要求多萝西·奥尔丁销毁他们之间的所有通信，这些极具价值的信件可追溯至1941年。1970年，奥尔丁听从塞林格的吩咐，毁掉了500多封来信，抹去了他们一生中书信往来的痕迹，在文学史上留下了可能永远无法填补的空白。[8]此时，塞林格大概也向其他朋友和家人提出了类似请求。他和威廉·肖恩的通信也不复存在。还有他的家书，尤其是写给母亲的信——虽然无人在意，但或许是他书信里最宝贵的部分——也已消失不见。

从1970年起，在多萝西·奥尔丁的坚定支持下，塞林格努力做到不让任何隐私泄露出去，无论是过去的还是现在的。然而，他对隐私的执着保护产生了反向效果。他不但没有从公众的脑海中隐没，反而因为退隐而变得更加出名。不管塞林格是有意还是无意，他为摆脱公众关注而采取的每一项行动都只会增加他的传奇性。塞林格承认："我知道大家认为我是个古怪的、离群索居的人。我要为这种性格付出代价。"[9]

到了1970年，美国社会已经历数年动荡。无数城市爆发野蛮的种族骚乱，越南战争加剧了社会对立，街头的暴力冲突几乎司空见惯，种族、性别和代际的摩擦成为那个时代的标签。在这种非黑即白、势不两立的氛围中，如果塞林格发表新作，读者又会有何反应？这会是个有趣的话题。在这段岁月里，人们重视的是行动，尤其是鲁莽的，甚至是暴力的行动，温柔的沉思或微妙的启示早已被人束之高阁。我们很难想象当时的读者会耐着性子体悟轻轻旋转的木马里蕴藏的深意或倾听天才儿童的说教。

尽管如此,《麦田里的守望者》依然受到新生代读者的喜爱。这代人以怀疑的目光审视父母,强烈抨击"建制派",正如霍尔顿痛骂成年人的妥协和虚伪一样。此外,塞林格的许多个人价值观在十年前看来似乎有些奇怪,如今却被年轻一代欣然接受。在那个年代里,人们暂时回归田野,崇尚朴素,无数年轻人返回乡村,集体劳作,共同生活。随着环保意识的不断提升,人们对有机食品和整体疗法 (holistic remedies) 兴趣渐浓,禅宗佛教以及各种各样的印度哲学开始大行其道。为了在充满不确定性的时代里安之若素,人们掀起了一股精神探索的热潮。对于那些顺应上述潮流的人来说,塞林格就像预言家,他的生活方式在几年前还不为外人所理解,而现在却蔚然成风。对于周围发生的变化,塞林格的反应始终如一,他只求不被打扰。

虽然塞林格不再发表作品,但他的生活依然如故,每日的安排并未发生变化。他坚持早起,随后打坐冥想,吃过简单的早餐后立即回到书房写作。他喜欢园艺,对有机食品和顺势疗法表现出浓厚的兴趣。他时刻关注着《纽约客》的动态,仍然是威廉·麦克斯韦尔和威廉·肖恩的好友。他对东方哲学的研究也从未停止,并继续与自悟会和罗摩克里希那-维韦卡南达中心保持联系。

塞林格每次来纽约都要去哥谭书屋，这是他心中的圣地。这家书店开设于1920年，是著名作家经常光顾的地方。书店里的顾客对塞林格的到来无动于衷，因此他觉得这里与众不同。塞林格与书店创始人斯特洛夫走得很近，因为两人都对东方哲学感兴趣。斯特洛夫退休后，安德烈亚斯·布朗接手书屋，塞林格又和布朗过从甚密。[01]

1974年，距离塞林格出版最后一部著作已有十一年，距他发表最后一个故事也过去了九年。读者渐渐明白，这位作家已经遁入沉默，可能再也不会发表作品。许多追随者垂头丧气，他们等不到新作品，自然就把目光投向了塞林格在《纽约客》之前发表的小说，以此来满足他们的阅读需求。然而，塞林格早年间的作品并未汇集成册，要获得阅读资源实非易事。大多数小说只能散见于20世纪40年代的杂志，比如《克利尔》《绅士》《星期六晚邮报》上。这些故事都要一个个找出来，很少有图书馆能把所有故事集齐。即使能找到当年的杂志，同时里面还保留着塞林格的小说（许多杂志页数不全，印有塞林格小说的几页被人撕去当成"私人"藏品），其书

---

[01] 安德烈亚斯·布朗后来向作家保罗·亚历山大描述了某天塞林格来哥谭书屋的情景。他说塞林格是带着儿子马修来的。马修当时大约10岁。走进书店后，塞林格立刻沉浸在宗教书籍中，而马修则急匆匆跑向漫画区。根据布朗的说法，马修喜欢反戴棒球帽，这是个迷人的习惯，多年后才成为时尚潮流。

页也已破旧不堪、褪色发黄。所以，1974年，一群放纵不羁的塞林格迷决定把他没有收录文集的作品搜集整理，希望弥补作家退隐所留下的遗憾。他们总共搜寻到21个短篇小说，从《年轻人》到《蓝色旋律》。他们将这些故事抄录下来，装订成一本盗版书，取名为《J.D.塞林格集外小说全集》(上下册)。这本未经授权的合集大约印了2.5万册，被兜售至旧金山、芝加哥和纽约的书店。有一天，一个年轻人(被布朗描述为知识型嬉皮士)出现在哥谭书屋，试图推销这部盗版选集，布朗见状立刻联系了塞林格。

对塞林格来说，保护作品和隐私是不能松懈的任务。他和多萝西·奥尔丁总是保持警惕，以防他的隐私权或著作权受到侵犯。就在一年前，《绅士》杂志的戈登·利什曾让他大动肝火，因为此人混淆视听，模仿他的风格写了一篇文章，名为《献给鲁伯特——无悔》。塞林格是一个力求把作品的细枝末节都拽在手里的作家，至于作品的出版流程和宣传方式，他更是铁了心要一手包办。此前有不少人提议重印他的早期作品，都被他一一拒绝，所以当他得知盗版书的存在后，不免火冒三丈。他马上联系奥尔丁，后者为他聘请了律师。

虽然塞林格很生气，但他大概也不想打官司，毕竟闹上法庭会引来媒体的关注，全国每家报纸和杂志都会争相报道，急切地探听这位深居简出的作家自1965年以来做过什么或没做什么。如果真是这样，那么对塞林格来说将会是一场折磨。多萝西·奥尔丁认为，除了提起诉讼外还有其他办法。如果盗版书的出版者知道塞林格坚决反对发行选集的话，他们也许会打退堂鼓。如此一来，塞林格既不用打官司，也能避免他的早期作品继续流传。奥尔丁找到《纽约时报》，将此事的原委告知对方。没想到这家报纸反而要求采访塞林格。于是，在1974年10月的最后一周，塞林格做了一件对他来说可能需要巨大勇气的事，他打电话给《纽约时报》记者莱西·福斯伯格，同意接受采访。

令人惊讶的是，在塞林格的所有访谈中，要数这一次最坦率、最深刻。他提醒福斯伯格，说他只想在电话里讲"1分钟"，结果他讲了30分钟。对福斯伯格而言，塞林格的声音显得"时而热情、迷人，时而谨慎、不安"。他承认自己仍在写作，但无意对外发表。他说："不发表作品给我带来一种奇妙的平静。这是宁静的、平和的。相反，发表作品是对我个人隐私的严重侵犯。我喜欢写作，我热爱写作，但我写作只是为了自己，为了让自己高兴。"[01]

---

[01] 塞林格说："发表作品是对我个人隐私的严重侵犯。"这句话为我们提供了有趣的视角，说明他还在把生活的细节和个人的特质写进作品里。塞林格写作不全是为了自己，但为自己写作也是必不可少的。因此，就某种程度而言，他的故事就是他的个人感悟，只是他不愿与世界分享这些感悟。

塞林格还阐述了他对过往作品的看法。他解释说，他非常珍视这些作品，但他更希望大部分早期小说渐渐湮没。他认为这些故事都是他的私人物品，如同抽屉里的袜子。他说："有些作品是我的财产，但它们被偷走了，被人盗用。这是违法行为，也是不公平的。假设你喜欢一件大衣，但有人钻进你的衣橱把大衣偷走，你有何感想？而这就是我现在的感受。"

当然，塞林格没有在访谈中透露自1965年以来他一直在做什么，也没有分享他对发表作品以及衣服被盗的感受。他接受这次电话采访，为的是用打官司来威胁盗版书的出版者。他希望对方能知难而退，避免真正对薄公堂。11月3日，福斯伯格的文章刊登在《纽约时报》头版上。根据她的忠实报道，塞林格已向联邦地方法院提起民事诉讼，起诉非法出版商（化名为"约翰·格林伯格"）以及17家销售盗版小说集的大书店。塞林格指控格林伯格侵犯版权，要求获得25万美元赔偿金，还特别提出，书店每卖出一本盗版书应该处以4500美元到9000美元不等的罚款。"这件事真的令人很恼火，"塞林格吐露道，"我对此深感不安。"

不过，塞林格在《纽约时报》的访谈录里撒了个小谎。这是他的老毛病，在他此前的采访和评论文章中都有体现。多年前他就渴望出版《年轻人》小说集（福斯伯格和读者都不知情），他无视这一事实，声称他从未打算将早期作品结集出版。他说："这些故事是我很久以前写的，我从没想过要以图书的形式公之于众。我只想让它们寿终正寝。我不想掩饰年少时的笨拙，只是觉得这些作品不值得出版。"[10]

《纽约时报》那篇文章发表后，塞林格立即得到了他想要的结果，法院下令禁止传播和销售《J.D.塞林格集外小说全集》(上下册)。于是，这部盗版书的发行突然中止，神秘的"约翰·格林伯格"销声匿迹，诉讼也被撤销。整个事件给人的印象是塞林格只顾自己，也许还心怀恶意。此事也引发了一场争论，即从道德角度来说，暂且不论作者意见如何，禁止公众传阅出版物一事是否合情合理？

盗版小说集引发的风波绝非塞林格1974年关注的重点。这一年，他痛失双亲。3月，所罗门·塞林格去世。三个月后，米丽娅姆也撒手人寰。

…………

1980年12月8日，一场悲剧发生了。这场悲剧将使《麦田里的守望者》永远蒙受污名，也导致多年来塞林格的追随者们被贴上危险、情绪化的标签。

此时的约翰·列侬已经离开披头士乐队，他和妻子小野洋子、儿子肖恩一起住在达科塔大厦。这是一座高耸入云的高档公寓楼，位于中央公园西路。12月8日晚，当他们走进公寓时，一名精神错乱的男子——25岁的马克·大卫·查普曼近距离内朝列侬胡乱开了5枪，杀死了这位传奇音乐家。随后，凶手平静地坐在人行道上，从口袋里掏出一本《麦田里的守望者》，若无其事地看起书来。

刺杀事件震惊了全世界。那一代人几乎都喜欢列侬，在他们看来，列侬毫无意义的死亡也是凶手对他们个人的挑衅。随着刺杀细节慢慢浮出水面，很明显，查普曼将以精神错乱为由，为自己展开无罪辩护。他声称脑袋里有个声音迫使他杀害列侬。然而，在他的辩护词里有一条最关键，也最狡猾，而且会让全世界的塞林格迷们不寒而栗，他把自己的罪行归咎于《麦田里的守望者》。

查普曼从夏威夷来到纽约实施谋杀。一进城，他就去书店买了一本《麦田里的守望者》。这部小说他已经读过很多遍，他确信自己就是现代版的霍尔顿·考尔菲尔德。查普曼怀揣此书追寻霍尔顿在小说中的每一个足迹。他和穿绿裙子的妓女聊天，参观中央公园动物园，欣赏湖区和旋转木马，还询问一个警察公园里的鸭子去哪里过冬。然后，他起身前往达科塔大厦。当警察来逮捕他时，他仍在不动声色地读书。警察从他手中夺走书，将其羁押。他们注意到查普曼在书上写了两句令人不安的话："这是我的声明。

霍尔顿·考尔菲尔德,《麦田里的守望者》。"

直到2006年,查普曼在接受采访时仍坚称,他之所以杀死约翰·列侬,是因为受到塞林格小说的影响。他的解释包括:他觉得自己就是霍尔顿·考尔菲尔德,他担心"麦田里的守望者"这一名号被列侬抢走,他刺杀音乐家的目的是阻止他堕落成虚伪之人。后来,查普曼不再谎称自己精神错乱,而是选择认罪伏法。他被判处二十年至终身监禁,在阿提卡州立监狱服刑。

马克·大卫·查普曼用极其扭曲的方式解读了塞林格的作品。不幸的是,此后的许多年间,塞林格迷们不得不承受怀疑的目光,似乎喜欢塞林格的作品就意味着精神不正常。1981年3月30日,列侬被谋杀后不到四个月,又有人企图刺杀罗纳德·里根总统。一个名叫小约翰·欣克利的精神病人朝总统、他的新闻秘书以及他的保镖开枪,只为引起女演员朱迪·福斯特的注意。警察搜查了他在华盛顿酒店订的房间,发现他带来十本书。其中有关于莎士比亚的,有讲精神病抗辩的,还有《麦田里的守望者》。此事与列侬遇刺案相隔不久,所以媒体开始利用欣克利物品中的发现大肆炒作。有人基于两次刺杀事件做出了种种离奇的猜测。一些人认为列侬之死和里根中弹是一个复杂阴谋的一部分,类似于《谍网迷魂》里的情节。部分出版物和文章提出，美国政府内部的神秘主体用心险恶，在《麦田里的守望者》里输入了难以察觉的谋杀命令。1997年，电影《连锁阴谋》上映，这种荒诞的想法再次出现。影片里的程序杀手鬼使神差般地收集了数百本《麦田里的守望者》。

…………

塞林格希望不受外界打扰，但媒体对此始终置若罔闻。塞林格似乎永远无法理解他们的做法。其实，他越是难以接近，就越是充满神秘感，人们对他的私生活也越发好奇。因此，报纸和杂志在他退隐之后还在热切地追逐他的踪迹，这股劲头让人回想起1961年，而彼时的塞林格正处于事业的巅峰期。1981年7月24日，著名文学杂志《巴黎评论》发表了一篇极为罕见的采访，这也许是关于塞林格的最臭名昭著的"独家新闻"。这篇采访题为《去年夏天我做了什么》，文章由乔治·普林顿编辑，贝蒂·埃普斯撰稿。

这次采访机会是埃普斯用诡计骗来的。根据文章所叙，埃普斯写了封短信，说自己是一名苦苦挣扎的普通小说家，希望能与伟大的作家见上一面，并将尊重他的隐私。塞林格去温莎镇取邮件时读到了这封信，于是落入了埃普斯设好的圈套。塞林格与埃普斯见了面，但没回答几个问题，这迫使埃普斯在文章中写了不少无足轻重的内容，比如塞林格的沉默寡言以及她本人如何在采访过程中努力隐藏录音机和摄像机。她确实问了塞林格一个重要的问题：女性在美国梦中扮演着怎样的角色？塞林格对这个问题很感兴趣，满怀热情地陈述了自己的见解，但埃普斯显然对他的回答并不满意，这倒让塞林格感到十分诧异。塞林格坚决表示："美国梦属于所有美国人，女性也是美国人。美国梦当然也属于你。继续奋斗，如果你想实现美国梦，就靠双手去打拼。"[11]随后，埃普斯的表现违背了新闻记者的专业素养，她不耐烦地将话题引向别处。

> 过了一会儿，我想知道塞林格能不能停止讨论这个话题。对我而言，我希望他就此打住，因为录音机快要关机了，马上就会发出哔哔哔的提示音。

埃普斯报告说，塞林格发起火来。她声称，一个当地居民发现在温莎停车场里正在进行一次采访，便不知分寸地走上前来和作家搭话，塞林格对他的到来非常不满。这件事有可能发生，但还有另一种可能：塞林格识破了埃普斯的伎俩，所以才大发雷霆。

这篇采访本来就是用不正当的手段谋得的，还这么厚颜无耻地刊登出来，这让人们对塞林格心生同情，因为他在文章里显得既温柔又腼腆。文章发表三十年后，贝蒂·埃普斯对自己的行为深感后悔，但她指责普林顿美化了文章的大部分内容。后者为了博人眼球，向来不择手段，在业内早已声名狼藉。无论谁该为此事负责，《去年夏天我做了什么》对未来的记者和历史学家都造成了严重损害。这是塞林格最后一次接受采访。从此，他再也不会讲述自己的故事或者公开阐述观点了。

…………

约翰·列侬遇刺后的几年里，塞林格比从前更加深居简出，仿佛要迎合公众长期以来为他塑造的形象。他对这一变化心中有数，也自认不讳，虽然他感到悲伤渐渐占据了心扉，但他最终还是被宿命论打败了。

从1981年到1985年间，塞林格的抑郁症反复发作，像霍尔顿·考尔菲德一样，他称这种病症为"忧郁"。此时，就连吠檀多信仰似乎也无助于减轻痛苦。他只能通过其他方式寻求慰藉，在抽象的精神方向上四处游荡。他承认，"遥远的东西和来自远东的事物"让他心驰神往。在精神之旅中，他走过的最长的弯路大概是痴迷占星术。

20世纪70年代末，塞林格创作了一个故事，里面有个与占星术有关的人物。为了增强叙述的准确性，他开始研究占星术，渐渐地，他把角色的兴趣变为自己的兴趣。他热衷于分析个人星座运势，而且深谙此道。"没想到我会迷上这玩意儿。"他愤愤不平地说。当朋友和家人得知塞林格的新爱好之后，他们请他绘制占星图。在他看来，测算星运是稀松平常的事，就像在火车上做填字游戏那样。但到最后，他对占星术的迷恋逐渐消退，这些把戏成了娱乐活动，而他的抑郁依然存在，他的怨恨也在日益增长。[12]

甚至从塞林格对季节的态度上，我们也能看出他退隐的决心是否坚定。起初，他在科尼什落户时曾希望新家"充满阳光"，而如今他说自己讨厌夏天，因为书迷们最有可能在夏季偷偷潜入他的宅邸，在车道和草坪上留下轮胎驶过的痕迹。从前，塞林格一直陶醉于新罕布什尔州的秋天，他称赞金秋时节凉风送爽、色彩缤纷，令人感到精神振奋；但现在，他觉得秋天使人沉郁，他向往的唯有冬季，因为寒冷的积雪和泥泞的道路将他的居所构筑成堡垒，阻挡不受欢迎的书迷、朝圣者和记者。

但有些时候，无论处于何种季节，即使身居堡垒，塞林格也不得不面对陌生人。几年前，他请来施工团队，要在住宅旁新建一个L形的配房，里面将隔出一间浴室、卧室和写作工作室。那些未发表的手稿也将最终被存放在这里。修建配房的工程持续了好几个月，塞林格被工地上传来的喧闹声搅得心烦意乱。他气冲冲地抱怨说，工人们挤在房屋周围，企图窥探他的隐私，这使他无心工作。1981年春天，他决定在房子附近搭个木棚，但一想到工人们又会在眼前转来转去，他就感到非常恐惧。虽然一小队人马只花了一星期就搭好了这个不起眼的小建筑，但这段经历却对塞林格的内心造成了巨大冲击。他把"锤子和电动工具的使用者"比作外星人，把这次施工比作异族入侵，并承认自己备受折磨，吓得脸色发白。[13]

塞林格也曾试图打破孤立状态，勇敢地走出科尼什，踏足外面的世界。但这些尝试大多是短途旅行，而且随着时间的流逝，他外出的次数越来越少。1981年6月，他千里迢迢地赶赴纽约。与往年相比，这趟远途旅行实属罕见。回来后，他向一个朋友夸口道，他虽然在旅程中很不自在，但"总算到了那里"。那年夏天，他还驱车258英里前往科德角拜访友人。尽管他讨厌长途驾驶，但第二天早上他还是选择启程返回科尼什。1982年5月，他来到佛罗里达州与女演员伊莱恩·乔伊斯会面，两人已经通信数月。但那次旅行是个例外。一般来说，每到一个地方他更愿意独自游览而不是拜会老友。比如在1981年，他去波士顿玩了一天，参观了当地的毕沙罗画展，但没有和近在咫尺的朋友相聚。对他来说，写封道歉信总好过度过一个无聊的下午。

1984年夏天，塞林格的疏离感已经变得十分强烈，这是不可否认的事实。此时，佩姬正在牛津大学读研，塞林格决定去看望她，给她个惊喜。他没有提前打招呼就直接飞往英国，先在伦敦找了家酒店，然后给住在学校的女儿打电话。但没有打通，因为佩姬利用课余时间出国旅游去了。尽管如此，塞林格在伦敦还有些旧相识，他希望借此机会拜访他们。然而，他发现自己无法拿起电话联系任何人，也无法与人面对面交流。塞林格在酒店房间里独自待了一周，他盯着电话，试图鼓起勇气拨打号码，却没能成功。他后来坦陈："对此我没法做出合理的解释。这些年来，我感到自己被排除在所有大众的或私人的谈话之外，几乎与人断绝来往。"[14]就在塞林格快要搭乘飞机返家之际，佩姬回到了英国。那年夏天，他们只在一起吃过一次午餐，但佩姬已有足够的时间发觉父亲身上发生的变化："他似乎不再是我认识的那个爸爸，他看起来更加孱弱。"[15]

长期以来，塞林格对"不请自来"的信件极为厌恶，后来这种厌恶转为恐惧，继而化作轻蔑，最后又重新变成惧怕。到1983年，他发现，就连经纪人转交的来信他都无法处理，尽管他知道奥尔丁已经替他把这些信归类整理，还丢掉了其中一大半。在塞林格的想象中，写给他的大部分信件都很"可疑"：有人请他帮忙，有人建议他继续发表作品。因此，他养成了一种习惯并持之以恒：从温莎邮局取回信件后，他就把信原封不动地扔在桌上，有时一连数周都不处理。随着这些书信堆得越来越高，他内心的恐慌也在加剧，直到他终于被眼前的景象吓得目瞪口呆，声称他与生俱来的善良本就所剩无几，而这一大堆信扼杀了他心中最后一丝善意。[16]

其实，塞林格怀疑书迷来信一事并非毫无逻辑，因为列侬之死的阴霾尚未散去。但随着时间的推移，塞林格不仅忽视陌生人寄来的书信，也开始忽略家人和朋友的来信。他的大部分关系都是通过写信来维持的，其中不乏几段重要的友情和亲情。多年来，他一直在用心经营这些关系，通信成了他与妹妹、威廉·麦克斯韦尔、约翰·基南和迈克尔·米切尔之间的主要联系方式。而现在，由于他惧怕来信，上述关系都处于岌岌可危的状态。

1985年，塞林格已经为自己的恐惧和自我孤立找到了合理解释。他向迈克尔·米切尔道歉，说在过去的几年里他对米切尔的关心越来越少。但他并不后悔，相反，他固执地奉行自己的写作哲学，并告诫对方，虽然他们相知相识长达三十八年，但今后他对这段友谊的投入将是微乎其微的。塞林格坚持认为，写作——他如今称为"任务"——要求他牺牲个人生活，这是他无法拒绝的。他解释说，迄今为止只要有人闯入他的世界,他都会感到痛苦不堪。但他出乎意料地忍受了这些侵扰,继续全神贯注地从事写作。现在,他在小说创作方面开拓出全新的领域,他正潜心探索,"不能因为友情而稍稍分心,即便他们是莫逆之交"。[17]

自1965年以来,塞林格不再与世界分享他的作品,写作已经完全变成他的个人事务。尽管如此,他坚信写作是上帝赋予他的使命,而离群索居就是他为此付出的代价。为了艺术,他不得不遗世独立,事实上,塞林格早已适应了隐居生活。他的孤僻只会对别人造成伤害,他为艺术所做的牺牲没有给他本人带来多大冲击,反倒让米切尔伤心不已,因为他将被迫放弃一段珍视多年的友谊。

…………

到20世纪80年代中期,塞林格已经沉寂了二十年。虽然他已决定不再发表作品,但他不能阻止别人撰写与他有关的文章。关于塞林格的新书不断上市——这些书是他无法控制的。早在1958年,弗雷德里克·格温就出版了《J.D.塞林格的小说》。紧随其后的是沃伦·弗伦奇,他在1961年推出《J.D.塞林格》。1962年,威廉·贝尔彻和詹姆斯·李合著的《J.D.塞林格与批评家》问世。1963年,市场上又涌现出一大批与塞林格相关的专著,包括唐纳德·菲恩的《塞林格作品研究综述》以及马文·雷泽和伊哈卜·哈桑的作品。在随后的几年里，詹姆斯·E.米勒、詹姆斯·伦德奎斯特和哈罗德·布鲁姆都加入这一行列。到20世纪80年代中期，塞林格已经成为数十种出版物的研究对象。这些书籍使他的作品继续留存在公众的意识里，但在此过程中，作家本人始终一言不发。

每本书都是对塞林格小说的批判性分析。为了支撑论点，这些作者大量引用塞林格的作品，尤其是《麦田里的守望者》。因为他们写的是研究文学的学术著作，所以塞林格无法左右其中的内容。另有几篇草草编制的年表，记述了作家的出生情况、服役经历以及出版小说的时间。除此之外，还没有人尝试为塞林格写一本有深度的传记。1982年，W.P.金塞拉出版了他的畅销书《没有鞋的乔》，塞林格化身为故事的主角。尽管塞林格在金塞拉的小说里毫无顾忌地畅谈人生，但《没有鞋的乔》仍是一部虚构的作品，作者从未打算通过笔下人物还原一个真实的塞林格。

1986年5月，塞林格收到多萝西·奥尔丁寄来的包裹，邮包里装着出版商排印好的校样。这是一部未经塞林格授权的传记，题为《J.D.塞林格：写作生涯》。稿件的作者是伊恩·汉密尔顿。此人在英国是著名的编辑、传记作家和诗人。兰登书屋委托他破解塞林格公众形象之谜。塞林格一页页地翻看校样，发现书中包含他以前从未公开过的私生活细节，作者还引用了不少他的私人信件。

1968年，兰塞姆中心得到了塞林格写给伊丽莎白·默里的信，此后塞林格立即采取行动，从奥伯联营公司和《纽约客》（件数相对较少）的档案中取走了大量私人信函，但他写给惠特·伯内特的信却无法回收。1965年，普林斯顿大学买下《故事》杂志社的档案，塞林格与前任导师的通信也在其中。汉密尔顿发现了这批书信，又借用兰塞姆中心的收藏，以此作为写作传记的素材。

像之前的无数新闻记者那样，汉密尔顿也试图采访塞林格的朋友、邻居和业务伙伴。他找到塞林格在乌尔辛纳斯学院和福吉谷军校的老同学，询问他们的看法，挖掘他们的回忆。他还写信给奥伯联营公司，但没有得到答复。他给纽约市电话簿上所有姓塞林格的人都寄去一封信，想要碰碰运气，诱使塞林格的亲人为他提供信息。但他从未去过科尼什，他认为直接联系塞林格是没有用的。事实上，他对待塞林格就像对待一个早已去世的公众人物。汉密尔顿断言："在现实生活中，他是隐形的，和死人没什么两样。"[18]虽说汉密尔顿写这部传记不是为了表达崇敬之情，但他依然希望此书能得到塞林格的认可。他写道："我仍然相信他也许会喜欢我写的传记。"

塞林格在收到样稿的几个月前就知道汉密尔顿为他

作传的事。他姐姐多罗丝的电话号码也被列在纽约市的电话簿上,她一收到汉密尔顿发来的信函,就立刻向弟弟汇报了这一情况。塞林格从前经历过这样的事,于是他用对付《时代》周刊和《新闻周刊》的办法来对付汉密尔顿。他联系了威廉·费森和约翰·基南等朋友,请他们不要理睬汉密尔顿。然后,他直接写信给汉密尔顿,表达他对传记一事的强烈不满,更不同意对方用偷偷摸摸的手段搜集材料,拼凑他的生活细节。他指责汉密尔顿和兰登书屋侵犯了他的个人隐私,把他当成"犯罪嫌疑人"那样对待。最令他感到愤怒的是,汉密尔顿竟然利用电话簿来耍花招,妄图纠缠他的家人。在信的结尾,塞林格承认,如果汉密尔顿和兰登书屋下定决心要推出这部传记,他也无力阻止。但他明确表示,传记一事不仅惹他生气,还令他感到痛苦。他说:"在我的一生中,有人利用我,有人侵犯我的隐私,我已经忍受了我所能忍受的一切。"[19]

汉密尔顿回复塞林格,就骚扰他家人一事向他道歉。接着,他试图安抚塞林格的情绪,承诺传记内容必将尊重传主,并且只写到1965年《哈普沃斯,1924年16日》出版为止。但他的说辞并未改变塞林格的立场,1986年5月25日,汉密尔顿和兰登书屋收到塞林格律师发来的律师函,要求从传记中删除所有引自塞林格未发表信件的文字。兰登书屋指示汉密尔顿删减直接引用塞林格私人信件的内容。结果，在同年9月排印的第二版样稿里，汉密尔顿把第一版中出现的许多直接引语重新改写了一遍。他们把新样稿寄给塞林格，但塞林格依然讨厌用自己的话来描写自己，或者按照他目前的理解，汉密尔顿对原句的改写将误导读者，他认为汉密尔顿的修改不过是在"敷衍"他。因此，他在1986年10月3日正式向法院递交申请，要求对《J.D.塞林格：写作生涯》一书下达禁令。

若要打赢官司，塞林格必须赶赴纽约，出庭作证，但大家都知道塞林格不喜欢外出，所以兰登书屋期待他知难而退，打消起诉的念头。然而，10月10日，塞林格和他的律师马西娅·保罗来到了位于曼哈顿赫尔姆斯利大厦的萨特利·斯蒂芬斯律师事务所。他们落座后发现，坐在对面的正是伊恩·汉密尔顿和兰登书屋请来的律师罗伯特·卡拉吉。

塞林格此时已有67岁，看上去却依旧精神矍铄。他打扮得非常考究，举手投足间彰显出卡拉吉所说的贵族气质。但他光鲜的外表无法掩饰内心的不安，他的双手在桌子底下止不住地颤抖，在整个庭审过程中他的律师始终紧紧握着他的手。

卡拉吉连珠炮似的向塞林格发问，意在动摇他的决心。像往常一样，塞林格不愿回答这些问题，有时他还试图在回答中加些讽刺式的幽默。但卡拉吉对此置若罔闻，他继续接二连三地提出疑问：那一年《麦田里的守望者》卖出了多少册？40万册以上。塞林格的年收入是多少？大约10万美元。1965年以后他还在写作吗？是的。这些作品在过去的二十年里发表过吗？没有。

然后，卡拉吉出示了一封塞林格的信件，这封信是汉密尔顿在书稿里引用过的。塞林格认得这封信吗？信是写给谁的？什么时候写的？他能解释其中的内容吗？信里最重要的语句是哪些？[01]卡拉吉每出示一封信，就要把相同的一连串问题再问上一遍，而他手里有将近100封信。双方对质长达6个小时，这对塞林格来说是一场可怕的磨难。

最终，汉密尔顿打赢了地方法院的官司，但塞林格提出上诉。1987年1月29日，美国联邦上诉法院第二巡回法庭推翻了地方法院的裁决，做出了有利于塞林格的判决。法院判定，汉密尔顿可以解释塞林格私人信件的内容和风格，但如果他想看到自己的书出版，就必须进一步删除直接引用的语句以及对原文的改述。兰登书屋试图挑战上诉

---

[01] 当塞林格被问及他在战前和战争期间写的那些信时，他会用第三人称来称呼自己，把自己叫作"男孩"，解释说"男孩"在给谁谁谁写信，"男孩"希望传达什么信息。汉密尔顿的律师认为这种称谓非常奇怪，似乎塞林格把年轻时的自己完全视作另一个人。

法院的裁定。于是，该案被移交至最高法院，但最高法院拒绝受理，这实际上意味着塞林格已经胜诉。直到今天，塞林格起诉兰登书屋一案仍被视为美国版权法的典型案例，是全国法学生必须研究的案件。然而，这场官司也对塞林格造成了伤害。1987年，汉密尔顿撰写的塞林格传还是出版了，最终版只是在第二稿的基础上略有改动。他将传记更名为《寻找J.D.塞林格》，还把他与塞林格的民事纠纷也写进书里。因此，这部传记不仅没有大改，还体现出对传主的怨愤之情。就连《纽约时报》也感慨道："塞林格先生还不如当初就同意他们引用他的书信，也好过如今这样，被人用报复性的言语来描述。"[20]

这起诉讼案一度成为各大报刊的头版新闻，所以《寻找J.D.塞林格》公开出版后，其销量立马翻了好几番。有人问汉密尔顿，他的下一部作品将写谁：汉密尔顿回答说，他还没想好，但"有一点是可以肯定的，他今后只会写100年前的人物"。[21]

…………

塞林格不惜打官司，也要保护个人隐私，但事实证明，这件事无法遏制公众的好奇心，他们依旧对他的私生活和隐居情况充满兴趣。他非但没有被人遗忘，反而成为美国最著名的隐士。现在，他成了活着的传奇——与其说是因为他的写作,不如说是因为他的生活状态,或者说,至少是他在公众心目中的生活状态。他在一定程度上保护了作品里的人物和年轻时的自己免受利用,却无法控制那些在他成年和退隐之后产生的谬谈。数不尽的流言蜚语和离奇故事都把他当作主角,但他从未加以反驳,他的沉默反而助长了这些神话的滋生和蔓延。

虽然塞林格已经停止出书,但仍有不少书迷不愿接受这一事实。他们在其他作家那里寻找与偶像相似的地方,期望塞林格还在用笔名发表小说。1976年,《SoHo新闻周刊》刊登专题文章,声称作家托马斯·品钦其实就是塞林格。此后,这种说法开始广泛地流传开来。1965年,品钦的处女作发表在《纽约时报》杂志上,同年,塞林格退隐文坛。和塞林格一样,品钦非常注重隐私,对拍照一事尤为反感。1973年,他推出杰作《万有引力之虹》,小说里包含了多种声音,在塞林格的追随者听来,其中之一酷似塞林格。即使品钦多次出面澄清,证明自己不是塞林格,《SoHo新闻周刊》也为混淆两人而道歉,但许多塞林格迷还是难以摆脱这种错觉。1991年,利特尔-布朗公司将塞林格的旧作重新包装,以平装书的形式再次出版。其素净的白色封面上赫然绘制着一道彩虹,于是品钦就是塞林格这种说法又死灰复燃。

其实，关于塞林格的一些神话是有事实依据的。1982年，塞林格的战友约翰·基南退休，塞林格参加了他的告别晚宴。之后，立马有人爆料说塞林格在晚宴上发表演讲，宣布他已经完成了一部以第二次世界大战为主题的小说。究竟是谁放出了这个消息，至今还不清楚。塞林格也许确实在晚宴上说了几句话，但他不太可能在这种场合炫耀新作，以免抢了朋友的风头。

对于晚年的塞林格，人们最关注的大概还是他退隐后撰写的作品。毫无疑问，自1965年以来，他依旧保持着创作激情，写出了很多新作品。但他总是以近乎神秘的方式从事写作，他用作品创设出一个封闭的私人世界，然后置身其中，默默祈祷。即使在他发表作品的岁月里也没人读过他尚未脱稿的小说，他在餐桌上从不提及正在创作的小说或人物，也不和家人或朋友讨论故事情节。工作是他自己的事，他小心翼翼地将写作与家庭生活以及社交生活分开。就连佩姬也是在上学之后才知道父亲的职业，因为有老师告诉她（此人觉得这样做很有趣）塞林格是个著名作家。佩姬以前对此浑然不知。成年之前，父亲的许多作品她都从未见过，她没有在父亲的工作室里阅读过《一个在法国的男孩》和《哈普沃斯，1924年16日》等小说，而是在国会图书馆里找到的它们。因此，很少有人（如果有的话）真正看过塞林格退隐后的作品，但有关这些作品的传闻却比比皆是。大多数人说塞林格把晚年作品放在一个大型保险箱里，有人说这个保险箱的大小能赶上一个房间。至少还有一则流言说，这些作品被埋在他家地下。这些传闻中最振奋人心的说法是，塞林格根据每部作品的创作情况对这些文学宝藏进行了分类：未完成的，正在修改的，或准备发表的。

…………

1966年，文学界传言，沉默三十年后，塞林格做出了一个惊人的决定：出版了精装本的《哈普沃斯，1924年16日》。据说，他没有把这部中篇小说的版权卖给知名出版商，而是选择了一家名不见经传的出版公司。该公司名为奥克赛斯，位于弗吉尼亚州亚历山大市。评论家们开始疯狂寻找最初那版《哈普沃斯，1924年16日》，但他们的努力也许鲜有成效。因为1965年7月出版的《纽约客》本就所剩无几，其中刊登小说的那几页早已被人裁去。奥克赛斯对外宣布将在1997年1月发行《哈普沃斯，1924年16日》，但等到1月过去了，小说尚未出版，奥克赛斯和塞林格也没有对此做出解释。事实上，到1997年年初，出书一事已经向后推迟了三次，这让塞林格的书迷们忧虑不已。

这几次延误正好给了评论家们继续搜寻小说的时间，他们找到了一些副本，随后开始争先恐后地发表评论文章。如此一来,《哈普沃斯,1924年16日》的知名度迅速提高,相关评论如雨后春笋般冒了出来。这都是小说首次发表时极力避免的。《华盛顿邮报》《纽约新闻日报》《芝加哥论坛报》《新闻周刊》《时代》《绅士》等报刊先后刊发评论文章。美国有线电视新闻网和其他主要新闻机构对塞林格即将出书一事进行了报道。就连《周六夜现场》也在模仿新闻播报时调侃塞林格,他们编造了一段记者和塞林格之间的对话。记者问:"您为什么在多年之后才出版《哈普沃斯,1924年16日》?"扮演塞林格的节目主持人答道:"滚出我的草坪!"

1997年2月20日,《纽约时报书评》刊登了一篇评论《哈普沃斯,1924年16日》的文章。这篇书评在同类作品中较为典型,远比深夜喜剧节目里的戏仿严肃得多。作者是《纽约时报》评论家角谷美智子,她认为这部小说"阴郁、有悖情理,毫无魅力"。她指责塞林格为讨好批评者不惜篡改西摩的性格,因为此前有不少评论指出,西摩身上的圣洁性是不真实的。角谷认为《哈普沃斯,1924年16日》在人物塑造、情节安排、结构设置和内在动机方面都存在不足,她为此感到十分惋惜。她对小说提出了严厉批评,这不是因为她蔑视塞林格和他的才华,而是因为她深刻地、仔细地分析了这部作品。角谷做足了功课,写出了一篇言辞尖锐又不乏敬意的批判文章，正如约翰·厄普代克多年前所做的那样。1998年，角谷因为这篇书评荣获普利策奖，这似乎表明她对《哈普沃斯，1924年16日》的悲观评价得到了认可。而出书一事也确实停滞不前，毫无进展。[01]那年2月，记者试图联系奥克赛斯出版公司，询问出书进度，但他们只听到一条录音信息，而这条信息承载着塞林格重返文坛的最后希望。

> 这里是奥克赛斯出版公司。《哈普沃斯，1924年16日》的出版推迟了，何时出版尚未确定。我们为此事的不确定性以及因此造成的混乱表示道歉。[22]

这段插曲令塞林格迷们备受煎熬。十二年后，网络书商再次传言《哈普沃斯，1924年16日》即将出版，但这一消息最终被证实为虚假新闻，从而加剧了读者的失望之情。奥克赛斯出版公司的老板罗杰·拉思伯里将出书失败归咎于自己。其实，他早已和塞林格达成广泛共识，准备重新包装《哈普沃斯，1924年16日》，并且在国家美术馆的公共

---

[01] 2007年，发行精装本《哈普沃斯，1924年16日》一事再次被提上议程，出版日期定在2009年1月1日，塞林格90岁生日那天。无论是读者还是评论家都对这一消息表示怀疑。考虑到该书的出版时间曾一再推迟，他们的反应也是合乎情理的。这件事再度引发人们对奥克赛斯出版公司的兴趣。2007年，奥克赛斯出版社因出版诗集而名声大噪，塞林格很可能是这项事业的推动者之一。

餐厅里与作家举行了面对面会谈。但他不小心向新闻界透露了出书计划，塞林格的反应可想而知。他畏缩了，于是这笔交易也就终止了。然而，拉思伯里不必为此事过度自责，塞林格出版《哈普沃斯，1924年16日》可能是为了满足他的控制欲，而不是出于文学上的考量。到了1997年，凡是公开出版的作品，版权都依法掌握在塞林格自己手里，唯一的例外是《哈普沃斯，1924年16日》，这篇小说的版权由他和《纽约客》共享。如果他按照原计划，以精装书的形式出版，那么这篇小说可以视为新作，受到比1965年更严格的版权法的保护。

............

20世纪90年代末，塞林格年近八十，但身体仍然健康，只是听力越来越弱，而且随着年龄的增长，身子有些伛偻。几年前，他乌黑的头发已经变得雪白，但目光依然深沉，幽暗的目光曾迷倒了乌尔辛纳斯学院的众多少女。他的孩子们早已长大成人，开拓了自己的事业。1979年，克莱尔卖掉她名下的老宅，把原先那90英亩土地都还给了前夫。她从科尼什搬去西海岸，在那里开始了新生活。[01]

---

[01] 克莱尔以令人敬佩的方式重新塑造了自己。20世纪80年代中期，她已获得心理学博士学位，在加利福尼亚州定居，并开设了一间欣欣向荣的诊所。除此之外，克莱尔出版了好几本书，从事教学，发表演说。她从未利用她与塞林格的婚姻关系谋取利益。

塞林格的一生中，曾有许多优秀的女子聚集在他身旁，但在大部分情况下，他的选择并不明智。在乌娜·奥尼尔身上，凡是塞林格鄙视和渴望的东西，都有所体现；而他和西尔维娅·韦尔特的婚姻则是轻率鲁莽的；在克莱尔·道格拉斯那里，塞林格好不容易找到一个与自己性格相仿的伴侣——他们都是郁郁寡欢的人。与克莱尔离婚后，塞林格又见了不少女人，但他做出的决定依然是错误的。1998年，与他交往的一个女性将以极其公开的方式展现他们的关系，对他造成无法摆脱的困扰。

1972年4月，塞林格在《纽约时报杂志》上读到一篇题为《18岁少年对生活的回望》的文章，作者是女大学生乔伊斯·梅纳德。塞林格不仅对文章内容很感兴趣，对作者本人更是一见倾心。她的照片登刊在杂志封面上，看起来是那么端庄、娴静。他写信给梅纳德表达他的钦慕之情。一开始，两人还停留在书信来往上，后来梅纳德直接来到科尼什与塞林格共同生活，和这个年长她35岁、阅历比她丰富得多的男人开启一段浪漫旅程。塞林格确实被梅纳德所吸引，但他对两人的恋情始终持谨慎态度。不到一年，他们的关系就破裂了，梅纳德再次回到父母身边。按照她的说法，塞林格利用了她，随后又无情地抛弃了她。

1998年，梅纳德出版回忆录《在世上，在家里》(*At Home in*

*the World*),讲述了二十六年前她与塞林格的关系。她在书里大肆抨击塞林格的为人,将他描述为冷酷无情、控制欲极强的人。她还声称当年的自己天真烂漫,正处在易受外界影响的年纪,塞林格便趁此机会占她便宜。人们对这本书的评价褒贬不一,其写作动机也立即受到怀疑,但读者们还是怀着极大的兴趣认真研读其中的字句。1999年6月23日,梅纳德决定拍卖她与塞林格在1972年的往来书信。她把14封信送到苏富比,总共拍出约20万美元的价格。这次拍卖的结局出人意料。买家是软件商彼得·诺顿,此人表示,他想通过购买这些信件来保护塞林格的隐私。他提出将信件还给塞林格或者彻底销毁,如果塞林格希望他这么做的话。[23]此后,这些信件一直保存在诺顿手里,其内容从未对外披露。

1992年,塞林格再婚。几年前他就和新娘见过面,有趣的是,他们初次相见是在科尼什的集市上。这一地点让人想起塞林格的父母,据说他们也是在赶集时认识的。新娘是本地人,名叫科琳·奥尼尔,性情温和、谦虚。她的职业是护士,但在闲暇时间也会替人做些针线活儿。人们很快在镇上发现了这对夫妇的身影,他们经常手牵着手,在杂货店购物,或在温莎镇吃饭。因为这段婚姻尚未公开,所以没人能说清他们究竟是何关系,就连塞林格的许多邻居也不知道。况且,科琳生于1959年6月,比塞林格小40岁,人们据此推测,她不太可能是塞林格的妻子。于是,两人的真实关系就更让人捉摸不透了。

…………

1992年12月初,塞林格家中起火。虽然消防队立即从周边城镇赶来,但火势仍然得不到控制。紧跟在消防车后面的是新闻车,记者们已经收到消息,知道是谁家着了火。塞林格和科琳正站在草坪上,注视着被大火吞噬的房屋,此时记者突然出现并试图上前采访他们。见此情形,两人仿佛脚底抹油,飞快地逃离了现场。这件事很快成为国内新闻,各大主流报纸纷纷发文,记述这位隐居作家为了躲避记者是如何匆匆离去的。这些报道还披露了科琳与塞林格的婚姻关系,并强调了他们之间的年龄差距。由于大火没有烧到塞林格的书房,他的手稿得以幸存。对于那一晚发生的事,塞林格自己也有过描述,但他并没有提到记者,也没有表现出对住宅和手稿的担忧。[24]能让他牵肠挂肚的反倒是他养的两只格力犬,它们在火灾发生后逃进森林,从此下落不明。[25]

不久之后,受损房屋修复如初,塞林格一如既往地住在他的"堡垒"中。1992年,一场大火给了人们窥探塞林格私生活的机会。但随着作家年龄的增长和外出次数的减少，能闯入他世界的人也越来越少。科尼什的居民依然忠诚地保护着他的隐私，为他提供庇护。如果有陌生人来询问塞林格家的住址，他们会故意指一条错路，这几乎成了村里的一项传统。事实上，村民们甚至乐在其中。他们告诉前来寻找塞林格的人，自己从未听说过这位作家。许多不请自来的访客被引向树林深处，走上蜿蜒曲折的断头路，或者被带到最不受欢迎的村民的车道上。科尼什人喜欢这样的消遣，正如他们喜欢谈论塞林格的趣事。例如，这位年事已高的作家在熟食店大发雷霆，要求把他的腊肠切成半透明的薄片;某一年,他把万圣节忘了,只能面带窘色地给孩子们分发铅笔,而不是糖果。大家说起这些故事时总是绘声绘色、妙语连珠。久而久之,阻挡外人的恶作剧和有关塞林格的传闻都成了黏合剂,将村民们凝聚在一起。不过,他们的忠诚也有务实的一面。塞林格已经成为科尼什的名片。在很多人心中,搬去科尼什意味着退隐山林。村民们自然愿意利用这一名声。这个小小村落被誉为富人逃避尘世的理想场所。这里的房地产价格也上涨得很快。

## 20　走出麦田

> 塞林格的早期小说实现了写作技巧上的真正突破,我仍然希望他能安然无恙地出现在公众眼前。
>
> ——约翰·厄普代克,1966年[1]

2010年元旦,J.D.塞林格年满91岁。一年前,在他90岁生日那天,数不尽的期刊和网站发表了大量庆祝文章。通常来说,他们只有在对待好莱坞明星时才会表现得这般热情洋溢。然而,当我们仔细阅读这些文章后就会发现,其中大部分都不是诚挚的祝福,而是对这位作家的指责,因为他胆大妄为,屡屡挑战常规。许多人利用这个机会批评他拒绝发表作品,还有一些人对《哈普沃斯,1924年16日》做出了新的评价,仿佛时间倒流,又回到1965年。尽管这些文章在表现不满时采用了千差万别的语气,但几乎所有文章都流露出强烈的感情,这足以证明塞林格的文学作品依然能够点燃大众的激情。

许多文章将塞林格定格在32岁,参照《麦田里的守望者》初版封底上的形象来描述他。这种行为即使算不上刻薄,也称得上诡异。事实上,塞林格正在感受衰老带来的后果。虽然他的思维依然敏捷,但他消瘦的身体已经变得非常脆弱,因此他经常需要使用拐杖来辅助行走。他的听力在战争期间受损,如今已经退化到几近失聪的状态。然而，90岁的塞林格有充分的理由相信，他的余生将会风平浪静、远离纷争。为了实现这一目标，他已经采取了一系列措施。在2008的大部分时间里，塞林格都在处理自己的法律和财务问题，以便消除遗产纠纷。7月24日，他正式成立J.D.塞林格文学信托基金，以防止任何个人独占他的出版物，确保在他去世后作品的经济收益将得到合理分配。随后，塞林格续签了几部小说的版权，并于10月15日委托信托基金全权管理他出版的所有作品，共计39部。[2]

............

2009年5月14日，塞林格对平静的渴望再次破灭。他得知有本新书即将出版，而且据说是《麦田里的守望者》的续集。[3]有关这本书的消息最早见于英国《卫报》，然后通过互联网迅速传到美国。听到这一消息，读者内心沉睡已久的希望被再次唤醒：塞林格将推出其经典小说的续作，以此来结束隐居生活。为了了解更多细节，人们找到续作出版商的网站。网页上的信息显示，该书由瑞典出版公司尼科文本及其子公司发条鸟负责发行。但在浏览过网站之后，人们变得更加困惑了。这本续作名为《六十年后：走出麦田》，在英国已经出版，但要等到9月才会在美国上架。其故事梗概让人读来有种似曾相识之感。《六十年后：走出麦田》讲述了76岁的主人公C先生的旅行。他从养老院逃走后在曼哈顿街头四处游荡，这与几十年前霍尔顿逃离预科学校、漫游纽约的情节如出一辙。《六十年后：走出麦田》生怕目标读者没能领悟它与《麦田里的守望者》的关联，于是将自己标榜为"大众最喜爱的经典作品之一的精彩续集"。

关于作者，人们掌握的信息相对有限，只知道他的笔名是约翰·大卫·加利福尼亚。根据作者小传的描述，此人当过掘墓人和铁人三项运动员，他第一次阅读塞林格的小说是在"柬埔寨乡下一间废弃的小木屋里"。读完这篇小传后，如果还有人指望塞林格与此书有关的话，只要看一眼出版商在互联网上公布的目录，就会立刻打消这个念头。这家出版公司出版了一系列笑话书籍、性爱词典和色情画册。

新闻记者登录网站后开始怀疑，所谓续作不过是一场骗局。为此，《六十年后：走出麦田》的作者被迫公开了他的真实身份。约翰·大卫·加利福尼亚其实是瑞典作家弗雷德里克·科尔廷，他是尼科文本和发条鸟出版公司的创始人。科尔廷向《星期日电讯报》发出呼吁，要求公众严肃对待他的作品。他一本正经地说道："这不是开玩笑。我们不在乎法律问题。我们认为《六十年后：走出麦田》是

一部原创度很高的小说,是对《麦田里的守望者》的重要补充。"⁴

在众人眼里,塞林格是个爱打官司的人,尤其是在涉及霍尔顿和《麦田里的守望者》的问题上,而科尔廷故意提到法律问题,这似乎证实了媒体的猜测,即他试图引诱塞林格打一场官司,借此来为他的新书做宣传。与此同时,科尔廷似乎的确被目前发生的事吓了一跳,《六十年后:走出麦田》引发的强烈反响令他时而感到困惑,时而感到震惊。他曾在瑞典出版了一些不起眼的书,每一部都以大胆和傲慢为特色,所以当他写作续集时,似乎完全没有意识到许多人对《麦田里的守望者》的深深眷恋。科尔廷辩解说:"我写这本书的初衷不是制造轰动,我也不想激怒别人,或是利用塞林格的名气。我只想写出一本有些新意的好书。"⁵

然而,恰恰是"新意"这一概念引发了争论。当塞林格在奥伯联营公司的长期经纪人菲莉丝·韦斯特伯格弄到科尔廷的续作后,她承诺代表塞林格阅读此书,检查其中的原创内容是否避开了塞林格的版权范围,但结果是早已预料到的。[01] 韦斯特伯格将续作与1951年出版的原著进行比

---

[01] 多萝西·奥尔丁担任塞林格的经纪人直到1990年,那一年她因患有中风而不得不提前退休。她在奥伯联营公司的职位被菲莉丝·韦斯特伯格接替,后者随即成为塞林格的经纪人。塞林格与奥尔丁的友谊持续了五十七年,彼此间的情感始终牢不可破。奥尔丁于1997年离开人世。

较，发现许多场景和事件都十分相似，霍尔顿的语言风格和心理状态也没有发生变化。人物还是原来那几个，只是随着年龄的增长，他们变得既可怜又可悲（霍尔顿无法控制自己的膀胱，菲比吸毒成瘾）。《六十年后：走出麦田》和《麦田里的守望者》有一个主要区别，也许在韦斯特伯格看来，这一区别是最致命的。在深入研究这本书时，她遇到了塞林格这个角色。故事的安排让人想起玛丽·雪莱的《弗兰肯斯坦》——霍尔顿前往科尼什与他的创造者对决，而后者创造这个文学"怪物"的目的就是要将他杀死。5月底，韦斯特伯格完成了对续作的评估。她将结果汇报给塞林格，并征求对方的处理意见。后来，在回应《每日电讯报》的询问时，两人的态度都十分坚定。维斯特伯格答复道："此事已交由律师处理。"

…………

2009年6月1日，J.D.塞林格和J.D.塞林格文学信托基金向纽约南区联邦地区法院提起诉讼，要求对《六十年后：走出麦田》一书发布初步禁令。塞林格认为，这部续作明显侵犯了他的版权，希望通过法律手段阻止该书在美国出版和发行。塞林格没有亲自递交诉状，在后续诉讼过程中也没有出现在庭审现场。代表他的人有两个——韦斯特伯格和他的律师玛西娅·保罗。二十二年前，正是玛西娅·保罗在伊恩·汉密尔顿案件中成功地维护了塞林格的利益。

6月8日星期一，正式听证会开始。案件由资深法官黛博拉·巴茨负责审理，她在联邦法院已有十五年的工作经验。开庭后不久，塞林格的团队就指控《六十年后：走出麦田》是一部"衍生作品"，因为其中不少素材都取自《麦田里的守望者》。由此得出的结论是：该书侵犯了塞林格的版权，应对其签发禁令。他们的总结陈词大胆且自信，揭露了这场纠纷的核心问题："无论是续写《麦田里的守望者》，还是在任何作品中使用霍尔顿·考尔菲尔德这个角色，这些权利只属于塞林格一人，而他本人已经明确表示，不再行使上述权利。"[6]

科尔廷的团队由律师爱德华·罗森塞尔率领，他们已经不再把《六十年后：走出麦田》描述成续作。相反，他们坚称这部小说不过是戏仿作品，应当受到《宪法第一修正案》的保护，尽管塞林格享有版权利益，但此书并未违反合理使用原则(doctrine of fair use)的相关规定。他们反对塞林格把霍尔顿这一人物据为己有，认为这才是"亟待解决的根本性问题"。[7]他们指出："一旦法院同意原告的诉求，对霍尔顿·考尔菲尔德这样的文学人物给予保护，小说就会被冻结在时间里。"[8]

除了霍尔顿之外，巴茨法官还需考虑其他问题。其中最重要的是，《六十年后：走出麦田》是否具有足够的"创新性"，以确保其对塞林格的版权不构成侵犯。科尔廷的律师坚持认为，此书在塞林格原著的基础上添加了大量新内容，是一部独立作品，但塞林格的律师称其为"不折不扣的剽窃"。他们将两部作品中较为明显的雷同点——列举出来，并主张霍尔顿的观点和用语习惯也该受到保护。

然而，只要科尔廷一方能够说服法官——他的小说确实是戏仿作品，只是针对《麦田里的守望者》发表了充分而具体的评论，那么巴茨法官将倾向于判定科尔廷胜诉，允许《六十年后：走出麦田》大量借鉴塞林格的原著。科尔廷的律师指出，书中霍尔顿与塞林格对峙的部分是在解释作家与人物之间的关系。这一论点成为他们为自己辩护的重要理由。但这部书里的原创性评论能否让法院感到满意，证明其引用原著的行为是合法的，至今仍然是个谜。

假定科尔廷打赢了这场官司，那法官还要考虑最后一个问题：《六十年后：走出麦田》可能会影响塞林格后续作品的销售情况。塞林格的团队认为，如果塞林格打算为《麦田里的守望者》出版续作的话，《六十年后：走出麦田》

的发行可能会使公众对真正的续作丧失兴趣。要是当事人换成另一个作家,这种顾虑也许是合情合理的,然而很少有人期待90岁的塞林格还能出版新书。至于他们指控科尔廷的作品妨碍读者购买《麦田里的守望者》,这种说法本身就是毫无根据的。

对媒体来说,这些法律上的争论不过是令人昏昏欲睡的杂耍。他们关注的焦点是塞林格本人,尽管他没有亲自现身或寄送录音。菲莉丝·韦斯特伯格提交了一份书面陈述,显然是为了请求法院不要强迫塞林格出庭。为了使法官接受她的代表身份,韦斯特伯格公开透露,塞林格已经完全失聪,需要依赖别人,他目前正在康复中心疗养,因为此前他摔伤了臀部。[9]新闻记者立即扑向这条消息,而关于科尔廷小说是否为"衍生品"的无聊讨论早被他们抛在一旁。头条新闻的标题是,《老年作家体虚耳聋,但依旧顽强地奋斗着》。

…………

读者们之所以反复阅读《麦田里的守望者》,正是因为其结局具有不确定性。在小说的结尾,霍尔顿的处境并不明朗,这是作者有意安排的,因为他希望读者将他们自己以及他们的怀疑、愿望和不满统统带进书里,以他们的视角来完成霍尔顿的旅程。

当媒体把注意力集中在塞林格虚弱的身体上时，读者关心的又是另一个问题。越来越多的社论和书评开始出现在报纸和互联网上，撰稿人回忆起他们初次阅读《麦田里的守望者》时的感受，并揭示霍尔顿·考尔菲尔德在他们的青年时代产生过怎样重要的影响。每段记忆都与霍尔顿有关，但每个人心中的霍尔顿都是不尽相同的。如此一来，出现了多种多样的霍尔顿，每一个都活灵活现、个性鲜明。对每位读者而言，霍尔顿的形象也不是一成不变的。一名男子写道，少年时唯有霍尔顿与他相伴，他依靠这种关系熬过了一段艰难岁月。另一人说，他曾经敬佩霍尔顿的反叛精神，在就读大学期间始终与塞林格的小说形影不离。此外，还有一些甜美的回忆，比如一个女子害羞地承认霍尔顿·考尔菲尔德是她的初恋，还有一个少女在写作时也怀揣着同样的感情。这些文章提出了一个问题：霍尔顿·考尔菲尔德究竟属于谁？在这场庭审结束后，他又会发生什么样的变化呢？很少有人站在科尔廷这边，但读者的反应足以说明不少人对塞林格也感到不满，因为他声称霍尔顿是他一个人的，而在读者眼里，霍尔顿显然已经成为他们的一部分，是自我形象的一个侧面。

…………

7月1日，巴茨法官做出宣判，禁止在美国境内发行未经授权的《麦田里的守望者》的续作，科尔廷的小说自然也在被禁之列。巴茨支持塞林格一方提出的所有主张，裁定霍尔顿·考尔菲尔德这个角色确实应该受到版权保护，并将科尔廷的书定性为"衍生作品"，而不是对原著的戏仿。她还发现，《六十年后：走出麦田》远不如被告所宣称的那样具有"创新性"。她指出，从原著中借用的东西越多，创新的成果就越少。[10]

虽然巴茨法官的意见是通过法律表达出来的，但她的某些观点已经超越了法律的范畴。她再三强调，应该依照塞林格的创作意图来维护其作品的完整性，这样做也是在维护读者的权利。法院断言："将人物故事的某些部分或方面留给读者，任凭他们运用丰富的想象力来进行填充，这是作家艺术视域的一大体现。"[11]

案件的核心问题是：作为仅仅存活在文字里的虚构人物，霍尔顿·考尔菲尔德是否受到《麦田里的守望者》版权的保护。与著名形象、艺术作品、标识和电影角色不同，霍尔顿没有物质载体。尽管如此，他还是成了偶像式的人物——虽然只有通过塞林格文本的力量才能实现。事实上，法院认为，霍尔顿具有鲜明的辨识度，与任何著名形象或艺术作品并无差别，因此享有版权。法院裁定："语言塑造了霍尔顿·考尔菲尔德。他是一幅用语言描绘出来的肖像。"[12]

在案件审理过程中,科尔廷早已失去耐心,变得越来越目中无人,如今巴茨法官的判决更是让他愤愤不平。他辩解说:"如果所有人都心悦臣服,那么反而说明你做得不对。毫无疑问,《麦田里的守望者》过去是,现在依然是一部伟大的作品。但福特T型车也是一个伟大的发明。我认为,能够开开心心地把旧金属板拼接起来,制造出与新时代相符的东西,这就是创造力。"[13]

审判结束后,当人们再去访问科尔廷的网站时会发现,首页上的"续作"宣传语已经消失不见,《六十年后:走出麦田》的封面上出现了一则红底白字的通告:"美国的禁书!"

…………

在《麦田里的守望者》中,当霍尔顿想起自然历史博物馆以及馆内始终如一的模型,他那忧郁不安的心灵就会得到抚慰。他怀着渴望的心情想到玻璃柜里的展品,它们被稳妥地保存在那里,展现出最完美的形态,永远都不会变老。他还记得印第安人取火时纹丝不动,因纽特人永远在钓鱼,鸟儿悬浮在空中,停滞不前。霍尔顿深情地回忆道:"一切都待在原地。没有人会发生变化。改变的唯有你自己。"[14]

自1951年以来,许多人都希望通过其他媒介对霍尔顿这一人物进行改编，但他们的请求均遭到塞林格的拒绝。被拒者包括伊利亚·卡赞、比利·怀尔德和史蒂文·斯皮尔伯格，这些名导都想把霍尔顿搬上银屏或舞台。2003年，英国广播公司计划将《麦田里的守望者》拍成电视剧。塞林格得知此事后立即发出警告，扬言要状告对方。除此之外，他还反对把霍尔顿的形象印在图书的封面上。

也许，塞林格之所以塑造出霍尔顿这个人物，是因为他想保留一个静止的世界，这个世界里充满着立体模型，什么都不会改变。但现在，他自己成了那个从玻璃柜里向外凝视的人。他满怀嫉妒和敬畏，观赏着自己亲手创造的杰作，渴望他不要发生任何变化。塞林格在1980年告诉贝蒂·埃普斯："霍尔顿·考尔菲尔德的故事已经结束了。他只是时间长河里一个凝固的瞬间。"[15]

............

科尔廷立即提出上诉，案件被移交给联邦上诉法院第二巡回法庭。7月23日，罗森塞尔代表科尔廷向法院提交了一份辩护词，其中罗列的观点比他在地方法院打官司时更为明确。他坚持认为，《六十年后：走出麦田》是戏仿作品，没有侵犯塞林格的版权。但这一次，他在上诉申请里暗示，由于《六十年后：走出麦田》从《麦田里的守望者》那里借用了不少素材，他们愿意承担一定的赔偿责任。

与此同时，尚在瑞典家中的科尔廷依然抱有希望，虽然他的意志也已经开始动摇，逐渐萌生出放弃的念头。他思忖道："我希望我们能赢。不仅是为了我自己的著作——这本书已经写完了，我不会因为它的遭遇而哭哭啼啼，也是为了其他著作，那些贪婪的人将把这些作品撕得粉碎。我鄙视他们。"[16]

8月7日星期五，科尔廷突然心情大好，因为上诉法院收到一份非当事人意见陈述书，其基本内容是：支持科尔廷的立场并要求推翻对塞林格有利的裁定。这份文件是由美国最具影响力的四家媒体巨头纽约时报公司、美联社、甘尼特公司和论坛报公司提交的。该书状言辞尖锐，态度坚决，指责6月1日"禁止"科尔廷出书的判决明显违反了《宪法第一修正案》，同时强调，"科尔廷的书没有造成任何不良后果，唯一受到伤害的似乎是那位隐居作家的自尊心，因为他的欲望没有得到满足"。[17]

8月13日，塞林格的律师发起抗辩，反驳科尔廷的上诉以及那份第三方提交的意见陈述书。马西娅·保罗在状词中详细阐述了地方法院的见解，即：被禁的《麦田里的守望者》续作侵犯了塞林格的版权。她还指控科尔廷和那些传媒大亨企图"全面修改法律，为颁发初步禁令设置新标准"，称此举将树立反面典型。[18]保罗的辩论条理清晰，表现出足够的勇气，但依然无法弥补媒体巨头造成的伤害，因为他们已经联起手来将矛头指向了塞林格。

对塞林格和他的法律团队来说，非当事人意见陈述书让他们背后发凉。这份书状被提交至法院后，媒体对此案的描述发生了巨大转变。新闻界开始指责塞林格试图封禁一部著作，同时提醒读者，数十年来《麦田里的守望者》本身也受到了许多不合理的限制——实质上这是在批评塞林格为人虚伪。对塞林格本人来说，陈述书背后暗藏杀机，因为撰稿者是传媒界的权威，全国数百家报纸、杂志、广播电台和电视台都在他们的掌控之中，更不用说还有数不胜数的网站。他们能凭一己之力左右公众舆论。就算上诉法院判塞林格胜诉，他们也可能会毁掉他的文学遗产，以此作为报复。

…………

9月3日，上诉法院开庭审理此案，但没有做出判决。塞林格91岁生日来临时，案件依然没有结果。无论结果如何，这次诉讼都将对美国版权法产生深远影响，但对塞林格来说，结局是显而易见的。撇开法院裁决不论，他已经失去了对霍尔顿·考尔菲尔德的控制，只能拼尽全力保住自己剩下的文学遗产。媒体对这一事件的反应也在意料之中。他们确信塞林格将始终保持沉默，于是开始肆无忌惮地表达不满。他们对塞林格的论点渐感厌烦,很快就形成统一意见,要求他停止诉讼,指责他为个人私欲舍弃《宪法第一修正案》。

1986年,当塞林格挑战伊恩·汉密尔顿时,他聘用的律师就是马西娅·保罗,而两起案件都是由同一个联邦法院受理的。但自1987年以来,世界已经焕然一新——其变化之迅猛远远超出了他的想象。续作已在欧洲出版,美国版权法鞭长莫及,因此人们可以通过互联网在世界各地买到这部作品。无论法庭如何判决,任何国家的任何人只要能收取邮件或使用电脑,都可以获取《六十年后:走出麦田》。对于这种情况,上诉法院自然心知肚明。

事实上,此时的塞林格已经失去了对霍尔顿的控制——不是因为审判、盗版,或疏忽大意,而是因为技术。从更深刻的意义上说,他从未真正占有过霍尔顿·考尔菲尔德,这一点比任何法庭诉讼或金科玉律更加重要。他创作的人物不是用来交换的商品,霍尔顿早已融入读者的生活。他属于崇敬他的叛逆者,属于从他身上汲取力量的弃儿,属于迷恋他的年轻姑娘。读者热爱这个人物,把他视为自己的财产,希望在每次翻开《麦田里的守望者》时都能遇到一个独一无二的霍尔顿。如果有哪位作家对此不以为然,他们就痛恨这个人。

经典电影《梦幻成真》(Field of Dreams)里有一个著名场景，演员詹姆斯·厄尔·琼斯走进一片长势旺盛的玉米地，那里飘荡着死者的灵魂。琼斯饰演的角色知道自己即将进入幽冥之境，但他并不害怕，相反，他笑容满面，如孩子一般心怀憧憬。这场戏来源于小说《没有鞋的乔》。原著出版于1982年，作者是加拿大人W.P.金塞拉。其实，在金塞拉的小说里，琼斯扮演的那个角色就是塞林格，而在电影中他的名字被改成了特伦斯·曼。《没有鞋的乔》的最后一章题为"J.D.塞林格的狂喜"。在这一章中，塞林格踏入玉米地，与旧日的灵魂和他创作的人物进行交流。

2009年春天，塞林格在做完臀部手术之后回到妻子身边，重返温馨舒适的家庭生活。此后，他的健康状况明显好转。这么多年来，他和科琳一直有个习惯——他们几乎每周都要赶去附近的佛蒙特州哈特兰镇，参加公理会教堂举办的公共烤牛肉晚餐。塞林格恢复了这项每周例行的仪式，即使在寒冷的冬天，依然坚持赶往哈特兰。从表面上看，他似乎已经完全康复了。元旦那天，他度过了自己91岁的生日。家人相信，在未来的许多年里，他还将继续陪伴他们。然而，进入1月后，他的身体一天不如一天。他似乎没有感到疼痛，但他的生命正在慢慢流逝。2010年1月

27日星期三深夜，J.D.塞林格去世了。

1月28日，经纪人宣布了塞林格去世的消息。韦斯特伯格宣读了马修代表塞林格家人撰写的声明，这是一份非同寻常的声明，实际上是塞林格留给世界的遗言。

> 塞林格曾说过，他活在这个世界上，却不属于这个世界。他的身体已经离开，但作为家人，我们希望他仍然与他所爱的人在一起，无论这些人是宗教人物还是历史人物，是私交密友还是小说角色。

塞林格活在世间，但早已是世外之人，这是几十年来有目共睹的事实。这种说法源于《圣经》，如果出自其他作家之口，就难免有自负之嫌；但对塞林格来说，这是恰如其分的自我认识。他说的是大实话，没有掺杂任何自吹自擂的成分，大家对此都深信不疑。家人的声明是对塞林格思想的重申。他们相信塞林格将与所爱之人永远相伴，这一表述呼应了作家长期以来通过作品传达的宗教信仰。此外，这份声明将小说角色与旧友的灵魂以及塞林格渴望结识的宗教人物或历史人物相提并论，从而创造出与他本人相称的丰富形象。

塞林格去世后，世界以罕见的方式停顿下来。尽管他年事已高、离群索居，但他的死还是令全社会感到震惊。媒体争相发文，或表达崇高敬意或给予高度赞扬，其声势之浩大五十年来尚属首次，而上一回能在新闻界引发如此轰动的作家之死要追溯到1961年海明威的逝世。即使在一年前的同一天，当约翰·厄普代克去世的消息公布后，人们对他的哀悼也多少有些心不在焉。像对待大多数作家一样，新闻媒体把厄普代克的死当成文学事件，但塞林格是美国文化的一部分，是一个近乎神秘的人物：一方面他通过持之以恒的隐居生活保持着他的魅力，另一方面又通过霍尔顿和《麦田里的守望者》与普通人产生联系。

J.D.塞林格是独一无二的。许多人发现，他的叛逆与反抗其实是令人宽慰的高尚品质。还有一点令人感到安心：有些人的青春早已远去，甚至没有留下半点儿痕迹，但塞林格依然存在。塞林格去世后，人们立即意识到一个可怕的事实：世界上可能再也找不到他那种独特的多元混杂的品格，这种品格已经灭绝了。

塞林格逝世的消息使整个互联网为之沸腾。马修的声明一经发布，立即引发公众热议。短短数小时内，已有成千上万的博客和网站发表悼念文章。从斯蒂芬·金和乔伊斯·卡罗尔·欧茨，到《纽约客》和利特尔-布朗公司的员工，许多作家和出版商纷纷表示，塞林格曾对他们产生重要影响。威廉·肖恩的长期伴侣、塞林格教子的母亲莉莲·罗斯打破了多年的沉默,追忆好友塞林格的优秀品质。她还分享了一组塞林格与她儿子埃里克的照片,当时的埃里克还是个蹒跚学步的孩童——两人一同玩耍嬉戏、一同放声大笑,照片上的这些神奇场景让人想到塞林格创作的许多故事。

电视网络尽其所能,用很长的专题节目来回顾塞林格的一生,但因为素材有限,只能重点介绍《麦田里的守望者》的持久影响。公共电视台邀请大批学者分析解读塞林格长期吸引公众的原因以及他留给世人的文学遗产。这个话题似乎跨越了国界,塞林格不仅成为通俗小报关注的焦点,也是学术节目重点研究的对象。

塞林格之死成为美国各大报纸乃至全世界大多数报纸的头版新闻。《纽约时报》刊发长文纪念这位作家,尽管该公司在一年前还向法院递交书状,支持科尔廷的上诉请求。这家报纸在封面上登出一张黑白快照,是塞林格与威廉·麦克斯韦尔的合影,拍摄于1961年,但很少有人见过。在读者的记忆里,这是《纽约时报》第一次刊登塞林格的照片。除了在头版文章里宣布塞林格去世的消息之外,该报还用两页版面发表文章,沉痛哀悼这位文坛宠儿的离去。《纽约时报》并不孤单,刊发长文缅怀塞林格的报纸还有很多家，而且分布在美国乃至世界各地，因为在公众眼里，塞林格的死是国家的重大损失。

不幸的是，由于"塞林格热"突然爆发，许多离奇故事和错误信息也不胫而走，被人反复谈论。有人说塞林格的母亲是爱尔兰人，甚至有人说她出生于苏格兰；还有报道称，塞林格迷恋少女，以冷冻豌豆为食。在他死后不久，他的照片和影像就开始浮现在公众面前。而他在世时，这些形象都被人刻意隐藏起来。他的短篇小说脱离了书页，以其他形式与读者见面——这种安排是他永远不会允许的。《绅士》杂志重新刊载《没有蛋黄酱的三明治》和《破碎故事之心》，与此同时，《纽约客》则允许网络订阅者下载塞林格的12个短篇小说。此前，杂志社已将这12部作品汇编成《纪念文集》并公开出版。

据说塞林格自1965年以来创作了大量作品，这些传说中的文学宝藏激发了人们强烈的好奇心，成为公众在谈论塞林格时无法避免的话题。他锁在保险箱里的神秘作品是引发外界猜测的源泉，而媒体也在一旁推波助澜，声称他至少完成了15部长篇小说。就连斯蒂芬·金也评论说，世人或许最终会知道塞林格这些年来是否一直在积累伟大作品。文学界早已屏住呼吸，对此翘首以待。

但在科尼什，剩下的唯有沉寂。距离塞林格逝世已经过去四天，报纸杂志仍在发表悼念文章，但在韦斯特伯格宣布死讯的那一天后，塞林格的家人们就不再公开露面。当时韦斯特伯格请求大家以对待塞林格的方式来对待他的亲人，尊重他们并保护他们的隐私。因此，关于塞林格的葬礼或火化仪式的时间、地点和举办方式，外人一概不知。至于他所立遗嘱的内容以及保险箱里的杰作，更是外界不得而知的秘密。

2月1日，美国史密森学会将塞林格的肖像放在国家肖像馆里公开展出，以此向这位作家致敬。塞林格在世时，这种荣誉是可望而不可即的，但在他逝世后，被压抑了半个世纪之久的崇敬之情终于如开闸之水，急切地喷涌而出。

人们宣泄着内心的悲伤，却没有意识到其中包含的讽刺意味。人们以形形色色的方式纪念塞林格，给他增添种种光环，但塞林格若泉下有知，他很可能会背过身去，将这些好意拒之门外，因为他生前就在躲避别人的目光。然而，他的死至少对大众产生了一个积极影响，毫无疑问，这才是他真心希望看到的。为了纪念塞林格，人们又开始阅读他的作品，从他的文字中收获新的乐趣。读者人数激增，创下历史新高。塞林格去世后不到两天，《麦田里的守望者》就冲到全国畅销书排行榜的第五名，比它在1951年达到的最高排名仅仅低了一位。世界上最大的图书销售商亚马逊网站不仅售出了库存的所有《麦田里的守望者》，还卖完了《九故事》《弗兰妮与祖伊》《抬高房梁，木匠们；西摩：小传》。这家公司最终承认，上述小说暂时脱销，美国国内已经买不到塞林格的书了。

正当塞林格按照他家人认为妥当的方式获得安息时，一件不寻常的事情开始发酵，而这件事本身又是由一系列微小的、独特的行为组成的。这些行为聚合在一起，使纪念塞林格的其他努力都黯然失色。互联网上开始出现即兴拍摄的家庭录像，视频时间不长，发布者都是普通人。起初，数小时内才冒出一两个，到后来，作品的数量越来越多，出现的频率也越来越高。最开始，上传录像的人只有一人。他敢为人先，勇气十足，而且不在乎自己在镜头前的形象。侧影好不好看？头发乱不乱？这些细节他全没放在心上。一天之内，互联网上就涌现出几百部类似的短片。两天之内，短片数量达到1000个。录制视频的都是普通人——大部分是年轻人，他们下意识地把脸对准镜头，开始说话，并不在意自己拍摄的片子会被数百万人看到，还是压根儿就没人看。他们在谈论塞林格，讲述塞林格对他们的意义，描述塞林格给予他们的馈赠。他们感到内心有一种冲动，必须向世人倾诉衷肠。他们要告诉全世界，塞林格的作品曾在他们的生命里留下烙印，他们将永远怀念他。

之后，众人之间仿佛达成了某种默契，几乎所有视频拍摄者都自发地干起同一件事来：摄像机前的每个人都捧着一本书，开始高声朗读。他们朗读《弗兰妮与祖伊》，朗读《西摩：小传》，朗读《九故事》，但最重要的是，他们朗读《麦田里的守望者》。其结果是震撼人心的：数百位读者同时朗读霍尔顿的话，他们的声音时常因哽咽而变得嘶哑，有时又因陶醉而变得激昂，但总是发自肺腑的，每个人都隐隐约约地意识到，自己并不孤单，还有一些人也在做着相同的事情。

…………

如果我们想要研究——实际上是评判——J.D.塞林格的一生，就必须首先从其人生的复杂性入手：他是勇敢的战士，是失败的丈夫，是充满创造力的灵魂，而在晚年，他又化身为自我保护意识极强的隐士。

人性中总有一种莫名的力量，迫使我们推翻亲手塑造的偶像。我们坚持把自己崇拜的人捧上高位，但只要认真审视这些人在现实中的德行，就会发现他们根本不配处于那样的位置。然后，我们好像又对强加给偶像的高度感到不满，非得把他们拽下来。我们的性格里也许存在着一种毁坏偶像的欲望，但同样的性格又促使我们不断寻找新的偶像。

至少在一段时间里，塞林格可能把自己当成了美国的先知——一个浪迹于城市荒野里的呐喊者。直到今天，人们还记得他在法庭上短暂出现的身影，还在谴责他退出文坛的决定，仿佛他欠这个世界的比他给予的还要多。然而，流淌的时光将向世人揭示：J.D.塞林格早已履行了作家应尽的义务，甚至可能完成了他作为先知的使命。但不知为何，时光往往以近乎神秘的方式述说真相，正如塞林格小说里那一次次温柔的顿悟。剩下的责任应由我们来承担。唯有如此，塞林格的故事才不会结束，虽然书写结局之人已从作家变成了读者。让我们凝视塞林格的一生，不要回避其中的悲伤和缺陷；让我们研究他作品中蕴含的深意，更重要的是，以塞林格的人生为镜，照见自己的生命轨迹。我们有必要反思生活，剖析自我与他者的关系，判断我们是否诚实、正直。

# 致谢

在我写作此书的过程中,有不少机构和个人向我提供了友好的帮助和宝贵的支持。在此,我向他们致以最诚挚的谢意!

我要感谢的机构包括普林斯顿大学的善本与特藏部以及燧石图书馆(提供《故事》杂志和《故事》出版社档案、哈罗德·奥伯联营公司档案、伊恩·汉密尔顿工作文件以及欧内斯特·海明威文集)、纽约公共图书馆手稿和档案司(提供《纽约客》档案以及1891—1948年查尔斯·汉森·汤手稿)、德克萨斯大学奥斯汀分校哈里·兰塞姆人文研究中心(提供塞林格文集)、摩根图书馆和博物馆(提供J.D.塞林格与迈克尔·米切尔往来书信)、布林莫尔学院图书馆(提供凯瑟琳·怀特手稿及馆藏的《纽约时报》)、圣地亚哥历史学会。

我还要感谢以下个人:首先是我的家人,其次是迈克尔·阿内洛(Michael Anello)、约瑟夫·阿尔凡德(Joseph Alfandre)一家、布林·弗瑞森(Brin Friesen)、W.P.金塞拉(W. P. Kinsella)、格热戈日·穆夏尔(Grzegorz Musial)、德克兰·基利(Declan Kiely)、杰雷·考尔(Jere Call)以及安迪·霍利斯(Andy Hollis)。

最后,我要特别感谢兰登书屋的编辑苏珊娜·波特(Susanna Porter)和本杰明·斯坦伯格(Benjamin Steinberg)。还有英国编辑马克·霍金森(Mark Hodkinson),一直以来,他都任劳任怨,也正是他促成了这本书的诞生。

# 参考书目

## Chapter 1: Sonny

1. J. D. Salinger, *Raise High the Roof Beam, Carpenters and Seymour—an Introduction* (Boston: Little, Brown and Company, 1991), 144.
2. Ibid., 177.
3. Birth certificate of Solomon Salinger, Board of Health of the City of Cleveland, March 16, 1887. This document gives Fannie's age as twenty-two and Simon's as twenty-six. The birthplace of both parents is named as being "Polania, Russia," as Lithuania was then part of the Russian Empire. The document also provides the Salingers' address of 72 Hill Street, Cleveland, an address that no longer exists.
4. Paul Alexander, *Salinger: A Biography* (Los Angeles: Renaissance Books, 1999), 31.
5. Ibid.
6. Social Security Death Index Number 107-38-2023; Miriam Jillich Salinger. Social Security and census records give Salinger's mother's birth year as 1891, but Miriam herself often insisted that she had been born in 1882.
7. Twelfth Census of the United States, 1900.
8. Thirteenth Census of the United States, 1910.
9. Fourteenth Census of the United States, 1920.
10. Sidney Salinger to the author, December 26, 2005.
11. Fourteenth Census of the United States, 1920.
12. Selective Service Registration, Solomon Salinger, October 5, 1917. The registration was for the First World War and contained a physical description of him at age thirty.
13. *1930 Camp Wigwam Annual*, 65.
14. 1932–1933 and 1933–1934 report cards for Jerome Salinger, the McBurney School, copies in Ian Hamilton Working Papers.
15. Salinger to Jeffrey Dix, July 1993.
16. Richard Gonder to Ian Hamilton, March 1985.
17. J. D. Salinger, "Class Prophecy," *Crossed Sabres*, 1936 Valley Forge Military Academy yearbook.
18. J. D. Salinger, "A Girl I Knew," *Good Housekeeping*, February 1948, 37.
19. J. D. Salinger, "Contributors," *Story*, November–December 1944, 1.
20. William Maxwell, "J. D. Salinger," *Book-of-the-Month Club News*, July 1951.
21. Francis Glassmoyer to Ian Hamilton, February 12, 1985.
22. J. D. Salinger, "Musings of a Social Soph: The Skipped Diploma," *The Ursinus Weekly*, Monday, October 10, 1938, 2.

## Chapter 2: Ambition

1. Whit Burnett to Salinger, November 7, 1959.

2. J. D. Salinger, "Early Fall in Central Park," 1939, Charles Hanson Towne Papers (1891–1948), New York Public Library, Manuscripts and Archives Division.

3. J. D. Salinger, "A Salute to Whit Burnett," *Fiction Writer'sHandbook*, Hallie and Whit Burnett (New York: Harper and Row, 1975).

4. Salinger to Whit Burnett, November 21, 1939.

5. Burnett, *Fiction Writer'sHandbook*.

6. Salinger to Whit Burnett, April 17, 1940.

7. Salinger to Whit Burnett, November 21, 1939.

8. Salinger to Whit Burnett, January 28, 1940.

9. Ibid.

10. Whit Burnett to Salinger, February 28, 1940.

11. Whit Burnett to Salinger, April 18, 1940.

12. Salinger to Whit Burnett, April 19, 1940.

13. Salinger to Whit Burnett, May 16, 1940.

14. Salinger to Whit Burnett, September 4, 1940.

15. Salinger to Whit Burnett, September 6, 1940.

16. Salinger to Whit Burnett, September 4, 1940.

17. Salinger to Whit Burnett, September 6, 1940.

18. Passenger list (staff), SS *Kungsholm*, March 6, 1941.

19. Salinger to Colonel Milton G. Baker, Supt. VFMA, December 12, 1941.

20. J. D. Salinger, "The Ocean Full of Bowling Balls," unpublished, 1944, 1.

21. Salinger to Whit Burnett, June 1943.

22. Gloria Murray to Ian Hamilton, 1984.

23. Jane Scovell, *Oona Living in the Shadows: A Biography of Oona O'Neill Chaplin* (New York: Warner, 1998), 87.

24. Ian Hamilton, *J. D. Salinger: A Writing Life* (unpublished October galley) (New York: Random House, 1986), 54.

25. Memo from Kurt M. Semon (editor at *Story*) to Harold Ober, August 11, 1941.

26. J. D. Salinger, "The Heart of a Broken Story," *Esquire*, September 1941, 32.

27. Salinger to Whit Burnett, January 22, 1942.

28. Ibid.

29. Ben Yagoda, *About Town: The New Yorker and the World It Made* (Cambridge, Mass.: Da Capo Press, 2001), 233.

30. John Mosher to Harold Ober, February 14, 1941.

31. Salinger to Elizabeth Murray, October 31, 1941.

32. Ibid.

33. Ibid.

34. Salinger to Herb Kauffman, July 1943.

35. J. D. Salinger, "Slight Rebellion off Madison," *The New Yorker*, December 1946, 76–79.

### *Chapter 3: Indecision*

1. Salinger to Whit Burnett, January 11, 1942.

2. Ibid.

3. Salinger to Whit Burnett, January 2, 1942.

4. William Maxwell to Harold Ober, February 26, 1942.

5. Salinger to Whit Burnett, January 2, 1942.

6. William Maxwell to Harold Ober, ND (but after February 1942).

7. Salinger to Colonel Milton Baker, December 12, 1941.

8. U.S. National Archives and Records Administration, Enlistment Records, Jerome David Salinger, 32325200.

9. J. D. Salinger, "The Last and Best of the Peter Pans," unpublished, 1942.

10. U.S. National Archives and Records Administration, Enlistment Records, Jerome David Salinger, 32325200.

11. Salinger to Whit Burnett, June 8, 1942.

12. Colonel Milton Baker to Colonel Collins, June 5, 1942.

13. Whit Burnett to Colonel Collins, July 1, 1942.

14. Salinger to Randy Troup, December 4, 1969. Tara was the name of the plantation in *Gone with the Wind*.

15. Salinger to Whit Burnett, September 3, 1942.

16. Whit Burnett to Dorothy Olding, November 25, 1942.

17. Salinger to Whit Burnett, ND (no date) but after September 1942.

18. Truman Capote, "La Côte Basque," *Unanswered Prayers* (London: Plume, 1987). The chapter was first published in the November 1975 issue of *Esquire*.

19. Salinger to Whit Burnett, ND (but March 1943).

20. Salinger to Elizabeth Murray, December 27, 1942.

21. Salinger to Whit Burnett, ND (but after Christmas 1942 or early 1943).

22. Ibid.

23. J. D. Salinger, "The Varioni Brothers," *The Saturday Evening Post*, July 17, 1943, 12–13, 76–77.

24. Salinger to Whit Burnett, ND (but soon after Christmas 1942).

25. Salinger to Whit Burnett, ND (but March 1943).

**26.** Salinger to Elizabeth Murray, October 31, 1941.

**27.** Salinger to Elizabeth Murray, January 11, 1943.

**28.** Salinger to Whit Burnett, ND (but July 1943).

**29.** J. D. Salinger, "Soft-Boiled Sergeant," *The Saturday Evening Post*, April 15, 1944, 18, 32, 82–85.

**30.** J. D. Salinger, *Raise High the Roof Beam, Carpenters and Seymour—an Introduction* (Boston: Little, Brown and Company, 1991), 163.

**31.** Salinger to Elizabeth Murray, October 31, 1941.

**32.** Salinger to Whit Burnett, ND (but June 1943).

**33.** Ibid.

**34.** J. D. Salinger, "Two Lonely Men," unpublished, 1944.

**35.** J. D. Salinger, "Both Parties Concerned," *The Saturday Evening Post*, February 26, 1944, 14, 47–48.

**36.** Salinger to Whit Burnett, July 1, 1943.

**37.** Salinger to Whit Burnett, ND (but June 1943).

**38.** Salinger to Herb Kauffman, June 7, 1943.

**39.** Salinger to Elizabeth Murray, June 1943.

**40.** J. D. Salinger, "Elaine," *Story*, March–April 1945, 38–47.

**41.** Salinger to Herb Kauffman, ND (but late summer 1943).

**42.** Ibid.

**43.** Captain James H. Gardner to Whit Burnett, July 15, 1943.

**44.** Salinger to Whit Burnett, ND (but the week of October 3, 1943).

**45.** Ibid.

**46.** J. D. Salinger, "Last Day of the Last Furlough," *The Saturday Evening Post*, July 15, 1944, 26–27, 61–62, 64.

**47.** Ibid.

### *Chapter 4: Displacement*

**1.** Salinger to Whit Burnett, October 3, 1943.

**2.** Story Press interoffice memo, circa late 1943 or early 1944.

**3.** Whit Burnett to Harold Ober, December 9, 1943.

**4.** Whit Burnett to Harold Ober, February 3, 1944.

**5.** Salinger to Whit Burnett, January 14, 1944.

**6.** Salinger to Wolcott Gibbs, January 20, 1944.

**7.** Salinger to Herb Kauffman, ND (but late summer 1943).

8. William Maxwell to Dorothy Olding, February 4, 1944.
9. Margaret Salinger, *Dream Catcher* (New York: Washington Square Press, 2000), 50, 53.
10. J. D. Salinger, "For Esmé—with Love and Squalor," *The New Yorker*, April 8, 1950, 28–36.
11. Salinger to Whit Burnett, March 13, 1944.
12. Salinger to Whit Burnett, March 19, 1944.
13. Salinger to Whit Burnett, May 2, 1944. In referring to this story, Salinger shifted between two titles, "The Children's Echelon" and "Total War Diary," and because the story was never published, it is known by both names today.
14. J. D. Salinger, "The Children's Echelon," unpublished (but spring 1944).
15. Story Press interoffice memo, 1944.
16. Salinger to Whit Burnett, April 22, 1944.
17. Whit Burnett to Salinger, April 14, 1944.
18. Salinger to Whit Burnett, March 19, 1944.
19. J. D. Salinger, "Two Lonely Men," unpublished (but spring 1944).
20. Ralph C. Greene and Oliver E. Allen, "What Happened off Devon," *American Heritage*, February 1985, 4.
21. Gordon A. Harrison, "The Sixth of June," *Cross Channel Attack* (Washington, D.C.: Center of Military History, United States Army, 2002 [1951]), 270.
22. Salinger to Whit Burnett, May 2, 1944.
23. Whit Burnett to Salinger, April 14, 1944.
24. Ibid.
25. Salinger to Whit Burnett, May 2, 1944.
26. J. D. Salinger, "I'm Crazy," *Collier's*, December 22, 1945, 36, 48.

### Chapter 5: Hell

1. Margaret Salinger, *Dream Catcher* (New York: Washington Square Press, 2000), 53.
2. Richard Firstman, "Werner Kleeman's Private War," *The New York Times*, November 11, 2007.
3. Gordon A. Harrison, "The Sixth of June," *Cross Channel Attack* (Washington, D.C.: Center of Military History, United States Army, 2002 [1951]), 329.
4. Salinger, *Dream Catcher*, 45.
5. U.S. Center of Military History, Combatant Reports for the Fourth Infantry Division (hereafter USACMH), June 6, 1944–July 1945, Division Report for June 8, 1944.
6. Sergeant Jim McKee, 3rd Battalion, 12th Infantry Regiment, January 12, 2003.
7. USACMH, Fourth Infantry Division Report for June 12, 1944.
8. Salinger to Whit Burnett, June 12, 1944.

9. USACMH, Fourth Infantry Division Report for June 25, 1944.
10. Burnett to Harold Ober, June 9, 1944.
11. Ibid.
12. Salinger to Whit Burnett, June 28, 1944.
13. Salinger to Elizabeth Murray, September 25, 1945.
14. Charles R. Corbin (391 Field Artillery Battalion Third Armored Division), "100 Yards to Mortain 1944."
15. USACMH, Fourth Infantry Division Report for August 25, 1944.
16. Salinger to Whit Burnett, September 9, 1944.
17. Ibid.
18. Salinger to Ernest Hemingway, July 27, 1945.
19. The capitalization is by Burnett.
20. Salinger to Elizabeth Murray, December 30, 1945.
21. J. D. Salinger, "The Magic Foxhole," unpublished (but 1944).
22. USACMH, June 6, 1944–July 1945.
23. Colonel Gerden E. Johnson, *History of the Twelfth Infantry Regiment in World War II* (Boston: National Fourth Division Association, 1947), 215–216.
24. Shelby W. Wood, Company I, 12th Infantry Regiment, Fourth Infantry Division, December 15, 2000.
25. Hugh M. Cole, *The Ardennes: Battle of the Bulge* (Washington, D.C.: USACMH, 2000), 238.
26. USACMH, Fourth Infantry Division Report for the end of October 1944.
27. Salinger, *Dream Catcher*, 65.
28. Marc Pitzke, "Verschollene Salinger-Briefe: Wir gingen durch die Hölle" (Unknown Salinger Letters: "We Went Through Hell"), *Der Spiegel*, March 17, 2010, www.spiegel.de/kultur/literatur/0,1518,683492,00.html.
29. Salinger to Werner Kleeman, April 25, 1945.
30. J. D. Salinger, "Contributors," *Story*, November–December 1944, 1.
31. Phoebe Hoban, "The Salinger File," *New York*, June 15, 1987, 40.
32. J. D. Salinger, "A Boy in France," *The Saturday Evening Post*, March 31, 1945, 21, 92.
33. J. D. Salinger, *Raise High the Roof Beam, Carpenters and Seymour—an Introduction* (Boston: Little, Brown and Company, 1991), 121.
34. Cole, *The Ardennes*, 238.
35. USACMH, Fourth Infantry Division Report for December 16, 1944.
36. Cole, *The Ardennes*, 242–257.
37. Whit Burnett/Story Press office memo, January 9, 1945.

**38.** J. D. Salinger, "This Sandwich Has No Mayonnaise," *Esquire*, October 1945, 54–56, 147–149.

**39.** Salinger to Elizabeth Murray, September 25, 1945.

**40.** J. D. Salinger, *Raise High the Roof Beam, Carpenters and Seymour—an Introduction*, 202.

**41.** J. D. Salinger, "The Ocean Full of Bowling Balls," unpublished, 1944.

**42.** Diary of Sergeant Ichiro Imamura, April 29, 1945; Pierre Moulin, *Dachau, Holocaust, and US Samurais: Nisei Solidiers First in Dachau?* (Bloomington, Ind.: Authorhouse, 2007), 125.

**43.** "Concentration Camp Listing," Jewish Virtual Library, American-Israeli Cooperative Enterprise, www.jewishvirtuallibrary.org, 2008.

**44.** Salinger, *Dream Catcher*, 156.

**45.** Salinger to Herb Kauffman, June 7, 1943.

**46.** Ian Hamilton, *J. D. Salinger: A Writing Life* (unpublished October galley, 1986).

**47.** Salinger to Elizabeth Murray, May 13, 1945.

**48.** Donald M. Fiene, *A Bibliographical Study of Salinger: Life, Work, and Reputation* (Madison: University of Wisconsin Press, 1962), 96.

**49.** J. D. Salinger, "Backstage with Esquire," *Esquire*, October 24, 1945, 34.

**50.** Salinger to Ernest Hemingway, July 27, 1945.

**51.** J. D. Salinger, "The Stranger," *Collier's*, December 1, 1945, 18, 77.

### *Chapter 6: Purgatory*

**1.** Salinger to Ernest Hemingway, July 27, 1945.

**2.** Salinger to Elizabeth Murray, December 30, 1945.

**3.** Manifest of Alien Passengers, SS *Ethan Allen*, April 28, 1946.

**4.** Margaret Salinger, *Dream Catcher* (New York: Washington Square Press, 2000), 71.

**5.** Paul Alexander, *Salinger: A Biography* (Los Angeles: Renaissance Books, 1999), 113.

**6.** Salinger to Elizabeth Murray, September 25, 1945.

**7.** Ibid.

**8.** *History and Mission of the CounterIntelligence Corps in World War II* (Baltimore: Counter Intelligence Corps School [Fort Holabird]), 1959.

**9.** Basil Davenport to Salinger, March 28, 1946, Basil Davenport mss., Beinecke Rare Book and Manuscript Library, Yale University.

**10.** List of United States Citizens, SS *Ethan Allen*, May 10, 1946.

**11.** J. D. Salinger, "Birthday Boy," unpublished, ND (but 1946), Ransom Center, University of Texas at Austin.

**12.** Whit Burnett to Dorothy Olding, December 5, 1963.

**13.** Phoebe Hoban, "The Salinger File," *New York*, June 15, 1987, 40.

**14.** Salinger to Elizabeth Murray, September 25, 1945.

**15.** William Maxwell, "J. D. Salinger," *Book-of-the-Month Club News*, July 1951, 5–6.

**16.** "Backstage with Esquire," *Esquire*, October 24, 1945, 34.

**17.** J. D. Salinger, *Raise High the Roof Beam, Carpenters and Seymour—an Introduction* (Boston: Little, Brown and Company, 1991), 196.

**18.** Phoebe Hoban, "The Salinger File," 41.

**19.** 'Sonny: An Introduction," *Time*, September 15, 1961.

**20.** A. E. Hotchner, *Choice People: The Greats, Near-Greats, and Ingrates I Have Known* (New York: William Morrow & Company, 1984), 65–66.

**21.** Ibid.

**22.** J. D. Salinger, "The Inverted Forest," *Cosmopolitan*, December 1947, 73–109.

### Chapter 7: Recognition

**1.** Salinger to Elizabeth Murray, May 13, 1945.

**2.** Salinger to Herb Kauffman, ND (but late summer 1943).

**3.** Salinger to William Maxwell, November 19, 1946.

**4.** Salinger to Elizabeth Murray, August 14, 1947.

**5.** Ben Yagoda, *About Town: The New Yorker and the World It Made* (Cambridge, Mass.: Da Capo Press, 2001), 205–206.

**6.** J. D. Salinger, "A Perfect Day for Bananafish," *The New Yorker*, January 31, 1948, 21–25.

**7.** J. D. Salinger, *Raise High the Roof Beam, Carpenters and Seymour—an Introduction* (Boston: Little, Brown and Company, 1991), 13.

**8.** Salinger to Elizabeth Murray, November 29, 1948.

**9.** Dorothy Olding to Whit Burnett, April 10, 1947.

**10.** J. D. Salinger, "A Girl I Knew," *Good Housekeeping*, February 1948, 37, 186–196.

**11.** J. D. Salinger, "Blue Melody," *Cosmopolitan*, September 1948, 50–51, 112–119.

**12.** J. D. Salinger, "The Inverted Forest," *Cosmopolitan*, December 1947, 73–109.

**13.** A. E. Hotchner, *Choice People: The Greats, Near-Greats, and Ingrates I Have Known* (New York: William Morrow & Company, 1984), 66.

**14.** Alec Wilkinson, *My Mentor: A Young Man's Friendship with William Maxwell* (Boston: Houghton Mifflin, 2002), 58–62.

**15.** Ian Hamilton, *J. D. Salinger: A Writing Life* (unpublished October galley, 1986), 102.

**16.** J. D. Salinger, "Uncle Wiggily in Connecticut," *The New Yorker*, March 20, 1948, 30–36.

**17.** J. D. Salinger, "Just Before the War with the Eskimos," *The New Yorker*, June 5, 1948, 37–40, 42, 44, 46.

## Chapter 8: Reaffirmation

1. Margaret Salinger, *Dream Catcher* (New York: Washington Square Press, 2000), 17–18.
2. J. D. Salinger, *The Catcher in the Rye* (Boston: Little, Brown and Company, 1991), 139.
3. J. D. Salinger, "Notes on the Holocaust," 1948, Harry Ransom Center, University of Texas at Austin.
4. Joseph Wechsberg, "The Children of Lidice," *The New Yorker*, May 1, 1948, 51.
5. Paul Alexander, *Salinger: A Biography* (Los Angeles: Renaissance Books, 1999), 132.
6. J. D. Salinger, "Down at the Dinghy," *Harper's*, April 1949, 87–91.
7. Truman Capote, "La Côte Basque," *Unanswered Prayers* (London: Plume, 1987).
8. Salinger to Elizabeth Murray, November 29, 1948.
9. Salinger to Gus Lobrano, January 14, 1949.
10. Donald M. Fiene, *A Bibliographical Study of J. D. Salinger: Life, Work, and Reputation* (Louisville: University of Louisville, 1961), 23.
11. Gus Lobrano to Dorothy Olding, ND (but 1949).
12. Salinger to Gus Lobrano, October 12, 1948.
13. From "Conversations with John Updike," NPR, 1994.
14. Martha Foley, *Best American Short Stories, 1915–1950* (Boston: Houghton Mifflin, 1952), 449.
15. "J. D. Salinger—Biographical," *Harper's*, April 1949, 8.
16. Mary Milligan, Sarah Lawrence College Secretary, to Donald Fiene, June 7, 1971.
17. Ian Hamilton, *J. D. Salinger: A Writing Life* (unpublished October galley, 1986), 110.
18. "Backstage with Esquire," *Esquire*, October 24, 1945, 34.
19. Alexander, *Salinger: A Biography*, 142.
20. J. D. Salinger, "For Esmé—with Love and Squalor," *The New Yorker*, April 8, 1950, 28–36.
21. Salinger to Whit Burnett, March 14, 1944.

## Chapter 9: Holden

1. Salinger to Gus Lobrano, April 20, 1950.
2. Jack Skow, "Sonny: An Introduction," *Time*, September 15, 1961, 84–90.
3. Ian Hamilton, *In Search of J. D. Salinger* (London: Minerva Press, 1988), 122.
4. William Maxwell, "Salinger," *Book-of-the-Month Club News*, July 1951, 5–6.
5. Salinger to the *Saturday Review*, July 14, 1951, 12–13.
6. Robert Giroux to Ian Hamilton, May 2, 1984.
7. Jamie Hamilton to Salinger, August 18, 1950.

**8.** Salinger to Jamie Hamilton, December 11, 1951.

**9.** Robert Giroux to Ian Hamilton, May 2, 1984.

**10.** Don Congdon to Ian Hamilton, September 1985.

**11.** Jamie Hamilton to John Betjeman, ND.

**12.** Gus Lobrano to Salinger, January 25, 1951.

**13.** Sarah Van Boven, "Judging a Book by Its Cover," *Princeton Alumni Weekly*, June 10, 1998.

**14.** Salinger to Jamie Hamilton, December 11, 1951.

**15.** Arthur Vanderbilt, *The Making of a Bestseller: From Author to Reader* (Jefferson, N.C.: McFarland & Company, 1999), 94.

**16.** Whit Burnett to the Publicity Department, Little, Brown and Company, April 6, 1951.

**17.** D. Angus Cameron to Whit Burnett, April 14, 1951.

**18.** Salinger to Gus Lobrano, June 3, 1951.

**19.** J. D. Salinger, *The Catcher in the Rye* (Boston: Little, Brown and Company, 1991), 117.

**20.** Salinger to Gus Lobrano, June 3, 1951.

**21.** Salinger to Jamie Hamilton (from Fort William, Scotland), June 7, 1951.

**22.** Passenger list, SS *Mauretania*, July 11, 1951.

**23.** "With Love & 20-20 Vision," *Time*, July 16, 1951, 97.

**24.** James Stern, "Aw, the World's a Crumby Place," *The New York Times*, July 15, 1951.

**25.** Maxwell, "J. D. Salinger."

**26.** Salinger to Dorothy Olding, September 7, 1973.

### *Chapter 10: Crossroads*

**1.** Joyce Carol Oates, *First Person Singular: Writers on Their Craft* (Windsor: Ontario Review Press, 1983), 6.

**2.** J. D. Salinger, "A Salute to Whit Burnett," *Fiction Writer's Handbook* (New York: Harper and Row, 1975).

**3.** William Faulkner, *Faulkner in the University*, ed. Frederick L. Gwynn and Joseph L. Blotner (Charlottesville: University of Virginia Press, 1959).

**4.** J. D. Salinger, *The Catcher in the Rye* (Boston: Little, Brown and Company, 1991), 18.

**5.** Margaret Salinger, *Dream Catcher* (New York: Washington Square Press, 2000), 11.

**6.** J. D. Salinger to Eloise Perry Hazard, "Eight Fiction Finds," *Saturday Review*, February 16, 1952, 16.

**7.** Ian Hamilton, *In Search of J. D. Salinger* (London: Minerva Press, 1989), 127.

**8.** Salinger, *Dream Catcher*, 11.

**9.** Salinger to Jamie Hamilton, August 4, 1951.

10. Salinger to Jamie Hamilton, October 17, 1951.
11. Salinger to Jamie Hamilton, December 11, 1951.
12. Salinger to Gus Lobrano, ND (but from Westport, 1951).
13. Gus Lobrano to Salinger, November 14, 1951.
14. Salinger to Gus Lobrano, November 15, 1951.
15. J. D. Salinger, "De Daumier-Smith's Blue Period," *World Review,* May 1952, 33–48.
16. Salinger to Jamie Hamilton, December 11, 1951.
17. Thomas Wolfe, "The Virtues of Gutter Journalism," *San Francisco Chronicle,* December 17, 2000.
18. Paul Alexander, *Salinger: A Biography* (Los Angeles: Renaissance Press, 1999), 160.
19. Wolfe, "The Virtues of Gutter Journalism."
20. Whit Burnett to Salinger, February 19, 1952.
21. Ian Hamilton, *J. D. Salinger: A Writing Life* (unpublished October galley, 1986), 127.
22. Salinger to William E. Ferguson, June 25, 1952.
23. Ramakrishna-Vivekananda Center of New York, 1997.
24. Salinger, *Dream Catcher,* 80–82.
25. Salinger to Gus Lobrano, November 15, 1951.
26. J. D. Salinger, "Teddy," *The New Yorker,* January 31, 1953, 26–34, 36, 38, 40–41, 44–45.
27. J. D. Salinger, *Raise High the Roof Beam, Carpenters and Seymour—an Introduction* (Boston: Little, Brown and Company, 1991), 205.

### *Chapter 11: Positioning*

1. Sullivan County Registry of Deeds, vol. 354, 1953, 233.
2. Ian Hamilton, *J. D. Salinger: A Writing Life* (unpublished October galley, 1986), 138.
3. Jamie Hamilton to Salinger, November 25, 1952.
4. Salinger to Jamie Hamilton, November 17, 1952.
5. Jamie Hamilton to Salinger, November 25, 1952.
6. Salinger to Gus Lobrano, April 1, 1953.
7. Charles Poore, "Books of the Times," *The New York Times,* April 9, 1953.
8. Eudora Welty, "Threads of Innocence," *The New York Times,* April 5, 1953.
9. Salinger to Gus Lobrano, April 1, 1953.
10. Ibid.
11. Margaret Salinger, *Dream Catcher* (New York: Washington Square Press, 2000), 83.
12. List of In-Bound Passengers, SS *Vulcania,* September 16, 1953.
13. J. D. Salinger, *The Catcher in the Rye* (Boston: Little, Brown and Company, 1991), 204.

## *Chapter 12: Franny*

1. Joanna Mockler, "Life Can Begin at Any Age When You Decide to Make a Difference in the Lives of Others," *The Advisor,* Summer 2004, 3.

2. Manifest of Alien Passengers for the United States, SS *Scythia,* July 7, 1940.

3. Margaret Salinger, *Dream Catcher* (New York: Washington Square Press, 2000), 6–7.

4. Salinger to Gus Lobrano, December 15, 1951.

5. J. D. Salinger, *Franny and Zooey* (Boston: Little, Brown and Company, 1991), 41.

6. Salinger to Gus Lobrano, December 20, 1954.

## *Chapter 13: Two Families*

1. Certificate of Marriage for Jerome D. Salinger and Claire Douglas, Office of Secretary of State, State of Vermont, February 17, 1955.

2. Ian Hamilton, *In Search of J. D. Salinger* (London: Minerva Press, 1988), 146.

3. Phoebe Hoban, "The Salinger File," *New York,* June 15, 1987, 41.

4. M., *The Gospels of Sri Ramakrishna* (New York: Ramakrishna-Vivekananda Center, 1944), chap. 1, "Master and Disciple."

5. J. D. Salinger, *Raise High the Roof Beam, Carpenters and Seymour—an Introduction* (Boston: Little, Brown and Company, 1991), 7.

6. J. D. Salinger, *Franny and Zooey* (dust jacket excerpt) (Boston: Little, Brown and Company, 1961).

## *Chapter 14: Zooey*

1. Certificate of Live Birth, State of New Hampshire, Margaret Ann Salinger, December 17, 1955.

2. J. D. Salinger, *Raise High the Roof Beam, Carpenters and Seymour—an Introduction* (Boston: Little, Brown and Company, 1991), 91.

3. Margaret Salinger, *Dream Catcher* (New York: Washington Square Press, 2000), 115.

4. Salinger to Learned Hand, April 16, 1956.

5. Ibid.

6. Sue Publicover, "Still Growing at 91? Windsor Teacher Celebrates 65 Years of Organic Farming," *Vermont Woman,* April 2006, www.vermontwoman.com/articles/0406/organic_gardener.shtml, retrieved April 2006.

7. Salinger to Jamie Hamilton, June 19, 1957.

8. Salinger to Learned Hand, April 16, 1956.

9. Mordecai Richler, "The Road to Dyspepsia," *The New York Times,* August 9, 1987.

10. Ibid.

11. Salinger to K. S. White, March 29, 1956.

12. Salinger to Whit Burnett, February 24, 1940.
13. Salinger to "Miss Cardoza," April 16, 1956.
14. William Maxwell to Harold Ober, February 8, 1956.
15. Salinger to Jamie Hamilton, April 16, 1956.
16. Ibid.
17. Ben Yagoda, *About Town: The New Yorker and the World It Made* (Cambridge, Mass.: Da Capo Press, 2001), 286.
18. Salinger to "Miss Cardoza," April 16, 1956.
19. Mel Elfin, "The Mysterious J. D. Salinger," *Newsweek*, May 30, 1960, 92–94.
20. K. S. White to Salinger, November 20, 1956.
21. K. S. White to Salinger, January 2, 1957.
22. Ibid.
23. Salinger, *Dream Catcher*, 115–116.
24. Jerry Wald to H. N. Swanson, January 25, 1957.
25. J. D. Salinger, *Franny and Zooey* (Boston: Little, Brown and Company, 1991), 51.
26. "Backstage with *Esquire*," *Esquire*, October 24, 1945, 34.
27. Salinger, *Franny and Zooey*, 169.
28. Salinger, *Franny and Zooey*, 201.

### *Chapter 15: Seymour*

1. Paul Alexander, *Salinger: A Biography* (Los Angeles: Renaissance Books, 1999), 199.
2. Salinger to Jamie Hamilton, June 19, 1957.
3. Ibid.
4. Salinger to Robert Machell, February 1958.
5. Salinger to Learned Hand, January 10, 1958.
6. Salinger to Learned Hand, October 27, 1958.
7. Ian Hamilton, *J. D. Salinger: A Writing Life* (unpublished October galley, 1986).
8. Ben Yagoda, *About Town: The New Yorker and the World It Made* (Cambridge, Mass.: Da Capo Press, 2001), 287.
9. Salinger to Warner G. Rice (English Department chairman, University of Michigan), January 10, 1957.
10. Salinger to "Mr. Hammond," June 16, 1957.
11. Salinger to "Mr. Stevens," October 21, 1962.
12. J. D. Salinger, *Raise High the Roof Beam, Carpenters and Seymour—an Introduction* (Boston: Little, Brown and Company, 1991), 160.

13. Ibid., 114.
14. Salinger to Learned Hand, April 18, 1958.

### *Chapter 16: Dark Summit*

1. Salinger to Learned Hand, April 18, 1958.
2. Letter to the editor, *New York Post*, December 9, 1959, 49.
3. Whit Burnett to Salinger, November 7, 1959.
4. Dorothy Olding to Whit Burnett, November 10, 1959.
5. State of Vermont, Certified Copy of Certificate of Birth, Matthew Robert Salinger, August 9, 1960.
6. Salinger to Learned Hand, April 18, 1960.
7. Ibid.
8. Jamie Hamilton to Ian Hamilton, June 26, 1984.
9. J. D. Salinger, *Franny and Zooey*, dedication (Boston: Little, Brown and Company, 1961).
10. Ernest Havemann, "The Mysterious J. D. Salinger," *Newsweek*, May 30, 1960, 92–94.
11. *New York Post Magazine*, April 30, 1961, 5.
12. Donald Fiene, *A Bibliographical Study of J. D. Salinger: Life, Work and Reputation*, unpublished thesis paper, August 26, 1961.
13. Frederick A. Colwell, Chief, American Specialists Branch, Bureau of Educational and Cultural Affairs, to Judge Learned Hand, September 20, 1960.
14. Learned Hand to Frederick A. Colwell, September 28, 1960.
15. Frederick A. Colwell to Learned Hand, October 5, 1960.
16. Judge Learned Hand to Frederick A. Colwell, October 11, 1960.
17. Salinger to Ned Bradford, May 13, 1961.
18. Norman Mailer, "Evaluation: Quick and Expensive Comments on the Talent in the Room," *Advertisements for Myself* (New York: Putnam, 1959), 467–468.
19. Alfred Kazin, "J. D. Salinger: Everybody's Favorite," *The Atlantic Monthly*, August 1961, 27–31.
20. Joan Didion, "Finally (Fashionably) Spurious," *National Review*, November 18, 1961, 341–342.
21. John Updike, "Anxious Days for the Glass Family," *The New York Times Book Review*, September 17, 1961, 1, 52.
22. Mary McCarthy, "J. D. Salinger's Closed Circuit," *The Observer*, June 1962.
23. Frances Kiernan, *Seeing Mary Plain: A Life of Mary McCarthy* (London: Norton, 2002), 493.
24. J. D. Salinger, *Franny and Zooey*, dust jacket excerpt (Boston: Little, Brown and Company, 1961).

25. "Sonny—an Introduction," *Time*, September 15, 1961, 84–90.

26. Ernest Havemann, "The Search for the Mysterious J. D. Salinger," *Life*, November 3, 1961, 141.

## *Chapter 17: Detachment*

1. J. D. Salinger, *Raise High the Roof Beam, Carpenters and Seymour—an Introduction* (Boston: Little, Brown and Company, 1991), 121.

2. Salinger to Learned Hand, April 18, 1960.

3. Salinger to Robert Machell, March 22, 1960.

4. Salinger to Learned Hand, February 19, 1961.

5. Margaret Salinger, *Dream Catcher* (New York: Washington Square Press, 2000), 148.

6. J. D. Salinger, *Franny and Zooey*, dust jacket excerpt (Boston: Little, Brown and Company, 1961).

7. Salinger to Donald Fiene, September 6, 1960.

8. Heinemann Press memo, March 20, 1962.

9. Salinger to Miss Pat Cork, Hughes Massie & Co., Ltd., May 26, 1962.

10. Miss Pat Cork, Hughes Massie & Co., Ltd., to Ober Associates, May 1, 1962.

11. J. D. Salinger, *Raise High the Roof Beam, Carpenters and Seymour—an Introduction*, dust jacket commentary.

12. Irving Howe, "More Reflections in the Glass Mirror," *The New York Times Book Review*, April 7, 1963, 4–5, 34.

13. "The Glass House Gang," *Time*, February 8, 1963.

14. J. D. Salinger, *Raise High the Roof Beam, Carpenters and Seymour—an Introduction*, dedication.

## *Chapter 18: Farewell*

1. Eliot Fremont-Smith, "Franny and Zooey," *The Village Voice*, March 8, 1962.

2. M., *The Gospels of Sri Ramakrishna* (New York: Ramakrishna-Vivekananda Center, 1944), ch. 4, "Advice to Householders."

3. Margaret Salinger, *Dream Catcher* (New York: Washington Square Press, 2000), 142.

4. Paul Alexander, *Salinger: A Biography* (Los Angeles: Renaissance Books, 1999), 221–223.

5. Salinger, *Dream Catcher*, 154.

6. Whit Burnett to Salinger, April 17, 1965.

7. Salinger, *Dream Catcher*, 185.

8. William Shawn to Jock Whitney, April 8, 1965.

9. Salinger to Jock Whitney, April 1965.

10. Kenneth C. Davis, *Two-Bit Culture: The Paperbacking of America* (Boston: Houghton

Mifflin, 1984), 204.

11. William Maxwell to Susan Stamberg, *All Things Considered*, NPR, February 24, 1997.
12. J. D. Salinger, "Hapworth 16, 1924," *The New Yorker*, June 19, 1965, 32–113.
13. Janet Malcolm, "Justice to J. D. Salinger," *The New York Review of Books*, June 21, 2001, www.huffingtonpost.com/2010/01/28/jd-salinger-reviews-the-n_n_440847.html, retrieved July 27, 2010 (the Web version of the original article has expired).
14. J. D. Salinger, *Raise High the Roof Beam, Carpenters and Seymour—an Introduction* (Boston: Little, Brown and Company, 1991), 169.
15. Dorothy Olding to Hughes Massie & Company, January 14, 1972.
16. Salinger to E. Michael Mitchell, October 16, 1966.

### *Chapter 19: The Poetry of Silence*

1. Dr. Gerard L. Gaudrault to State of New Hampshire Superior Court, filed September 28, 1967.
2. State of New Hampshire Superior Court, Libel for Divorce, *Claire Salinger v. Jerome D. Salinger*, September 14, 1967.
3. Salinger to E. Michael Mitchell, October 16, 1966.
4. State of New Hampshire Superior Court, Libel for Divorce, *Claire Salinger v. Jerome D. Salinger*, September 14, 1967.
5. Dorothy Olding to Hughes Massie & Company, January 14, 1972.
6. Salinger to Whit Burnett, January 18, 1968.
7. Olding to Hughes Massie & Company, January 14, 1972.
8. "Depositions Yield J. D. Salinger Details," *The New York Times*, December 12, 1986.
9. Lacey Fosburgh, "J. D. Salinger Speaks About His Silence," *The New York Times*, November 3, 1974.
10. Ibid.
11. Betty Eppes, "What I Did Last Summer," *The Paris Review*, July 24, 1981, 221–239.
12. Salinger to Janet Eagleson, March 2, 1981.
13. Salinger to Janet Eagleson, June 28, 1981.
14. Salinger to E. Michael Mitchell, December 25, 1984.
15. Margaret Salinger, *Dream Catcher* (New York: Washington Square Press, 2000), 388.
16. Salinger to Janet Eagleson, May 1, 1981.
17. Salinger to E. Michael Mitchell, April 6, 1985.

18. Ian Hamilton, *In Search of J. D. Salinger* (London: Minerva Press, 1988), 191.
19. Salinger to Ian Hamilton, ND (but 1986).
20. Mordecai Richler, "Summer Reading; Rises at Dawn, Writes, Then Retires," *The New York Times Book Review*, June 5, 1988.
21. Ian Hamilton, interview with Don Swain for CBS Radio, 1988.
22. *All Things Considered*, NPR, February 24, 1997, 7.
23. *The World Today*, ABC News, June 24, 1999.
24. Salinger to E. Michael Mitchell, December 16, 1992.
25. Salinger to William Dix, July 6, 1993.

### *Chapter 20: Coming Through the Rye*

1. Jane Howard, "Can a Nice Novelist Finish First?" *Life*, November 4, 1966, 81.
2. Exhibit B, Filing 1, *Salinger et al. v. John Doe et al.*, 09civ 50951dab, F2d 31-36, June 1, 2009.
3. Filing 5, *Salinger et al. v. John Doe et al.*, 09civ 50951dab, F2d 12. June 1, 2009.
4. Fredrik Colting to *The Sunday Telegraph*, May 30, 2009.
5. Fredrik Colting to the author, January 14, 2010.
6. Filing 5, *Salinger et al. v. John Doe et al.*, 09civ 50951dab, F2d 3, June 1, 2009.
7. Filing 17, *Salinger et al. v. John Doe et al.*, 09civ 50951dab, F2d 13, June 15, 2009.
8. Ibid.
9. Filing 6, *Salinger et al. v. John Doe et al.*, 09civ 50951dab, F2d 3, June 2, 2009.
10. *Salinger et al. v. John Doe et al.*, 09civ 50951dab, F2d 22 (2d Cir. 2009).
11. *Salinger et al. v. John Doe et al.*, 09civ 50951dab, F2d 35 (2d Cir. 2009).
12. *Salinger et al. v. John Doe et al.*, 09civ 50951dab, F2d 11 (2d Cir. 2009).
13. Fredrik Colting to the author, January 14, 2010.
14. J. D. Salinger, *The Catcher in the Rye* (Little, Brown and Company, 1991), 121.
15. Betty Eppes, "What I Did Last Summer," *The Paris Review*, July 24, 1981, 221–239.
16. Fredrik Colting to the author, January 14, 2010.
17. Brief for amicus curiae filing, *Salinger v. Colting et al.*, 09 2878 cv, F. App. 2d 42, August 7, 2009.
18. Brief for plaintiff-appellee, *Salinger v. Colting et al.*, 09 2878 cv, F. App. 2d 1, August 17, 2009.

## 图书在版编目(CIP)数据

塞林格传/(美)坎尼斯·斯拉文斯基著;唐悦译. — 北京:中央编译出版社,2024.7
ISBN 978-7-5117-4600-9

Ⅰ.①塞… Ⅱ.①坎… ②唐… Ⅲ.①塞林杰(Salinger, Jerome David 1919-2010)- 传记 Ⅳ.① K837.125.6

中国国家版本馆 CIP 数据核字 (2024) 第 064970 号

Copyright © Kenneth Slawenski 2010
Translation published by arrangement with Pomona Books, UK (www.pomonauk.com) and erzähl:perspektive Literary Agency, Germany (www.erzaehlperspektive.de).

The simplified Chinese translation rights arranged through Rightol Media (本书中文简体版权经由锐拓传媒取得 Email:copyright@rightol.com)
Cover image © Antony Di Gesu/The San Diego History Center.

版权登记号:图字:01-2023-5297

## 塞林格传

SAILINGE ZHUAN

| | |
|---|---|
| **总 策 划** | 李 娟 |
| **责任编辑** | 李媛媛 高冀蒙 |
| **执行策划** | 邓佩佩 |
| **装帧设计** | 潘振宇 |
| **责任印制** | 李 颖 |
| **出版发行** | 中央编译出版社 |
| **地 址** | 北京市海淀区北四环西路 69 号(100080) |
| **电 话** | (010)55627391(总编室) (010)55627362(编辑室) |
| | (010)55627320(发行部) (010)55627377(新技术部) |
| **经 销** | 全国新华书店 |
| **印 刷** | 北京盛通印刷股份有限公司 |
| **开 本** | 787 毫米 ×1092 毫米 1/32 |
| **字 数** | 350 千字 |
| **印 张** | 20.875 |
| **版 次** | 2024 年 7 月第 1 版 |
| **印 次** | 2024 年 7 月第 1 次印刷 |
| **定 价** | 98.00 元 |

**新浪微博**:@中央编译出版社  **微 信**:中央编译出版社(ID:cctphome)
**淘宝店铺**: 中央编译出版社直销店(http://shop108367160.taobao.com) (010)55627331

**本社常年法律顾问**:北京市吴栾赵阎律师事务所律师 闫军 梁勤
凡有印装质量问题,本社负责调换,电话:(010)55626985

**人啊,认识你自己!**